MANUEL
DU SPÉCULATEUR
A LA BOURSE

Paris, imprimerie de P.-A. Bourdier, et Cie, 30, rue Mazarine.

MANUEL

DU

SPÉCULATEUR

A LA BOURSE

PAR P.-J. PROUDHON

QUATRIÈME ÉDITION

PARIS

LIBRAIRIE DE GARNIER FRÈRES

6, RUE DES SAINTS-PÈRES ET PALAIS-ROYAL, 215

1857

PRÉFACE.

Les deux premières éditions de ce *Manuel* ont paru anonymes. Je crois de mon devoir de dire pourquoi j'appose ma signature à la troisième.

Lorsqu'en 1853-54, MM. Garnier frères, désirant pour leur librairie une espèce de *Vade mecum* de la Bourse, me prièrent de me charger de ce travail, je ne crus pas d'abord qu'une pareille compilation eût besoin devant le public d'un répondant. Quelques notions d'économie politique, servant à déterminer le rôle de la spéculation, soit comme force productrice, soit comme opération boursière ; quelques appréciations critiques, de simple bon sens, dont le temps a depuis confirmé la justesse, ne me paraissaient pas constituer ce que les lois sur la propriété littéraire nomment pompeusement *œuvre de génie*. L'entrepreneur de commerce et d'industrie a sa marque de fabrique ; l'ouvrier qui travaille pour le compte de cet entrepreneur n'a pas la sienne : il ne peut pas l'avoir. Dans l'espèce, je n'étais qu'un ouvrier.

J'ai donc fourni l'*article*, comme on dit en style de comptoir : travail répugnant et pénible ; c'est le sort des plébéiens de la littérature. Je n'y ai pas mis mon nom : qu'importait au lecteur de savoir que dans ma carrière de publiciste, il m'arrivait parfois de travailler sur commande ?

Aujourd'hui, ma position est changée.

Sous la pression des événements, et tout en suivant ma pensée première, j'ai été conduit à discuter plus à fond les *affaires*, à qualifier les actes, à en dégager les causes, à définir les situations, à calculer les tendances, d'après des considérations d'économie et de droit qui dépassent la responsabilité du libraire.

Voilà ce qui m'oblige à paraître, et sur quoi je demande à m'expliquer.

Deux considérations d'ordre majeur dominent tous les jugements exprimés dans ce recueil : la morale publique, et le mouvement économique.

Morale publique.

L'ordre agricole et industriel, cette première et profonde assise sur laquelle repose l'édifice social, est en pleine révolution.

Est-ce une nation qui déchoit, une société qui s'en va, ou une civilisation supérieure qui commence ? Le lecteur en décidera. Ce qui est sûr au moins, c'est que la transformation, pour la liberté ou pour la servitude, pour la suprématie du travail ou la prépotence du privilége, je ne l'examine point, est partout à l'ordre du jour. Tel est le fait général, décisif, qui ressort en premier lieu de notre inventaire industriel.

Or, quel que soit le but où elles tendent, les Révolutions, et entre toutes celles qui ont pour objet la distribution et l'exploitation de la fortune publique, sont des occasions de triomphe pour l'improbité. On l'a vu à toutes les époques, mais jamais peut-être autant qu'à la nôtre, jamais surtout avec un tel accompagnement d'indifférence.

Ainsi l'on a affecté de ne voir dans les scandales de l'époque que de l'agiotage. Le *Moniteur* l'a fait entendre ; la magistrature, suivant l'exemple donné d'en haut, a fulminé ses mercuriales. La comédie à son tour a fait semblant d'agiter ses grelots. Qu'accusent cependant l'organe officiel, et la justice, et le théâtre? le jeu, rien que le jeu. Mais, messieurs,

Le JEU ne produit pas de si puissants efforts.

Nous ne serions pas si malades si nous n'avions à nous reprocher que cette peccadille. Disons la vérité.

Au spectacle de quelques fortunes subites, inattaquables peut-être au point de vue d'une légalité incomplète, mais parfaitement illégitimes devant la conscience, et jugées telles, s'est ébranlée la multitude des âmes faibles, en qui la soif du bien-être avait marché plus vite que le sens moral.

Une conviction s'est formée dans le silence universel, sorte de profession de foi tacite, qui a remplacé pour les masses les anciens programmes politiques et sociaux :

« Que de toutes les sources de la fortune, le travail est la plus précaire et la plus pauvre;

« Qu'au-dessus du travail, il y a, d'abord le faisceau des forces productrices, fonds commun de l'exploitation nationale, dont le gouvernement est le dispensateur suprême;

« Qu'ensuite vient la *Spéculation*, entendant par ce mot l'ensemble des moyens, non prévus par la loi ou insaisissables à la justice, de surprendre le bien d'autrui;

« Que du reste, l'économie des sociétés n'est, d'après les définitions des auteurs en crédit, qu'un état d'anarchie industrielle et de guerre sociale, où les instruments de production servent d'armes de combat; où chaque propriété, privilége, monopole, tient lieu de place forte; où le droit et le devoir sont indéterminés de leur nature, la justice exceptionnelle, le bien et le mal confondus, la vérité relative, toute garantie illusoire; où les licences de la pratique, les contradictions de la théorie, le vague de la législation, l'arbitraire de l'autorité, viennent sans cesse déconcerter la raison et donner l'entorse à la morale; où chacun enfin combattant contre tous, soumis aux chances de la guerre, n'est tenu de respecter que la loi de la guerre. »

Aussi, tandis que la Sagesse constituée accuse le jeu, que la Scène le châtie, que la Bourse elle-même, ravie de se voir si bien chaperonnée, le dénonce : l'improbité règne dans les mœurs, la piraterie dans les affaires. Sous l'apparence de transactions régulières et libres, de réalisations facultatives, d'exercice légitime de la propriété, sévissent, sans nul empêchement, le charlatanisme, la corruption, l'infidélité, le chantage, l'escroquerie, la concussion, le vol.

Interrogez le premier venu : il vous dira qu'aucun gain, obtenu par les concessions de l'État, les combinaisons de la commandite, les négociations de la Bourse, les entreprises de commerce, le bail à cheptel ou à loyer, n'est pur de corruption, de violence, ou de fraude; qu'il ne se fait pas aujourd'hui de fortunes sans reproche, et que sur cent individus enrichis, pris au hasard, il n'y en a pas quatre de foncièrement honnêtes.

C'est à cette mésestime, universelle, réciproque, qui semble devoir remplacer chez nous l'antique foi, qu'il faut attribuer les brigandages qui chaque jour frappent à l'improviste les Compagnies, et ne laissent plus la moindre sécurité à leurs actionnaires.

La logique, hélas! va toujours plus vite dans la dissolution que dans la vertu.

Des subalternes, témoins des grands coups de leurs chefs, se disent qu'en pillant les caisses qui leur sont confiées, ils ne sont, après tout, ni plus ni moins prévaricateurs que leurs honorables patrons : et ce qu'il y a de triste, tandis que ces misérables s'absolvent dans leur conscience, le public n'est pas loin de leur appliquer le bénéfice des circonstances atténuantes !

Compagnie d'assurances l'*Économie* : détournement de plus d'un million, espèces, par le directeur ;

Compagnie du chemin de fer du Nord : soustraction de cinq à six millions, actions, par le caissier ;

Succursale de la Banque, à Besançon : détournement de 400,000 francs par le caissier ;

Sous-Comptoir des Denrées coloniales, à Paris : pillage de la caisse par le gérant ;

Compagnie du Crédit mobilier : vol de 147,000 francs par un courtier de la Compagnie... Je m'arrête : la kyrielle tiendrait une feuille.

Pas un département, pas un chef-lieu, qui n'ait son scandale. Et combien que l'on ignore ! Combien que l'on dissimule, par respect des familles, et pour ménager la dignité des Compagnies ! Chez nos alliés d'outre-Manche, les *sinistres* se sont multipliés au point que l'on a proposé de former une assurance contre le vol. On ne se fie plus à la morale, contredite par tant de faits éclatants, que revêt le caractère sacré de la loi.

Quoi ! vous adjugez des concessions, vous créez des monopoles qui, du soir au matin, sur des centaines de milliers d'actions, créent des centaines de francs de prime ; — quarante millions sont distribués aux porteurs d'actions de jouissance, en indemnité de bénéfices *éventuels* que l'État n'avait point garantis, que les canaux n'eussent su jamais produire ; — 661 millions de subvention sont accordés aux Compagnies de chemins de fer, plus une garantie d'intérêt pour leurs actions : et vous accusez le jeu!

Les fournitures de l'État et des Compagnies engendrent aux heureux adjudicataires des millions ; le pot-de-vin est devenu le privilége de tout mandat, de toute gérance : et ce monde d'employés, de commis, d'ouvriers, de petites gens, vous lui parlez désintéressement, intégrité, morale!

Le prêt sur report donne jusqu'à 250 p. 0/0 d'intérêt ; le privilége des agents de change produit à la corporation, en une seule année, 80 millions : et vous déclarez infâme, vous frappez de confiscation l'usurier de village qui prête sur hypothèque à 8 0/0! Tâchez donc, vous-même, avec votre Société de Crédit foncier, de faire concurrence à l'usure.

Le boutiquier et le prolétaire voient en un jour leur loyer augmenté de moitié, de trois quarts, sans autre cause que le bon plaisir du maître de maison ; et vous poursuivez comme crime d'État la grève du travailleur, grève dont la cause première est le loyer ; vous signalez aux vengeances de la multitude l'épicier, le charcutier, le boulanger, le marchand de vin, falsificateur, accapareur!...

Ah! sachez-le une fois : les faits et gestes de la Bourse ont fait table rase de l'honnêteté commerciale ; l'exagération arbitraire, insultante des loyers, la mobilité des tarifs, les fusions de Compagnies, les confiscations, expulsions, pour cause d'utilité publique, ont détruit le respect de la propriété, et, ce qui est pire, l'amour du travail dans les cœurs. Nous n'existons plus que par la police, par la force.

Mouvement économique.

Une espérance nous reste.

Après avoir constaté l'état révolutionnaire dans lequel la société est fatalement engagée ; après avoir, en second lieu, reconnu le caractère pour ainsi dire théorétique de l'immoralité qui l'accompagne, nous sommes conduits à cette conclusion rassurante, que si le mal est profond, incalculable, s'il a besoin de chambres ardentes plutôt que de comédies et de harangues, du moins il n'est pas sans remède : il tient aux idées plutôt qu'aux hommes.

Oui, les idées : ce sont elles qui, par leur logique et notre inconscience, produisent la désolation des mœurs. Suivez ce progrès.

Il n'y a pas plus de quinze ans, les hommes qui observaient avec attention le mouvement économique faisaient ressortir, au sein de la paix, l'incohérence des éléments sociaux ; ils en montraient l'antagonisme et les innombrables contradictions. C'était l'*anarchie industrielle*, idéal de l'économisme anglican, adopté par les praticiens français, et que la critique des novateurs niait comme irrationnelle et instable. Une telle situation, disaient-ils, est éminemment critique, et ne peut se soutenir ; elle doit fatalement, par le jeu de ses principes, aboutir, sous l'action prépondérante du capital, à une formation corporative, à une FÉODALITÉ INDUSTRIELLE.

Anarchie industrielle, FÉODALITÉ INDUSTRIELLE : telle était, selon eux, l'inévitable gradation.

On se moqua des prédiseurs : c'étaient des socialistes, des utopistes, des humanitaires, quoi de plus? des ennemis de la famille et de la propriété. — « Nos pères, disait-on, dans la simplicité de leurs cœurs, avaient vécu sous l'empire des idées qu'on reprochait aujourd'hui ; ils avaient combattu pour elles, pour elles ils avaient fait la Révolution. Depuis la Révolution, les fils avaient grandi par ces mêmes idées; la France s'était enrichie, elle leur devait le plus clair et le plus net de sa puissance. » — La foi était donc entière; la bonne foi, par conséquent, l'honnêteté, inviolées.

Maintenant la prédiction est accomplie. L'*anarchie industrielle* a produit ses légitimes conséquences; du même coup la foi aux vieilles idées s'est ébranlée, et l'honnêteté publique a disparu. Je défie qui que ce soit de dire qu'il croit à quelque chose. La FÉODALITÉ INDUSTRIELLE existe donc, réunissant tous les vices de l'anarchie et de la subalternisation, toutes les corruptions de l'hypocrisie et du scepticisme :

Système de concurrence anarchique et de coalition légale :

Système de concessions gouvernementales et de monopoles d'État;

Système de corporations, maîtrises et jurandes, en commandite et anonymes;

Système de dettes nationales et d'emprunts populaires;

Système d'exploitation du travail par le capital;

Système de bascule mercantile et de brigandages boursiers;

Système de sublimation des valeurs et de mobilisation des propriétés;

Système de consommation de l'avenir par un présent de plus en plus appauvri.

Puis, ce que les prophètes de la transformation sociale n'avaient pas eux-mêmes prévu, voici que la FÉODALITÉ INDUSTRIELLE n'est pas plus solide que ne l'avait été l'*a*-

narchie industrielle; ce n'est encore qu'une crise, qui doit passer comme la première :

Sic erat instabilis tellus, innabilis unda.

Anarchie ou féodalité, en effet, l'histoire le démontre, c'est toujours le défaut d'équilibre, l'antagonisme, la guerre sociale, auxquels, dans l'état actuel des esprits, on ne saurait imaginer de remède qu'au moyen d'une concentration plus puissante, d'un troisième terme sériaire, que nous nommerons, sans nulle intention maligne, EMPIRE INDUSTRIEL.

Tout nous y pousse : la tradition monarchique, les analogies de l'histoire, l'instinct populaire, les préjugés de la démocratie.

Ici du moins nous aurons l'accord, l'unité, aux jacobins si chère, le silence et la paix. Mais aurons-nous la liberté? aurons-nous l'égalité? aurons-nous le droit?

L'EMPIRE INDUSTRIEL n'est autre chose que le principe anarchique lui-même, le fameux *laissez faire laissez passer*, poussé à son extrême conséquence; une réduction à l'absurde de l'économie politique classique et officielle, en un mot une contradiction.

Or, une contradiction n'est pas le droit, encore moins la liberté et l'égalité.

Et sans liberté, sans égalité, sans droit, la crise ne finit pas; elle est seulement à sa troisième phase.

Voilà pourquoi le gouvernement de Napoléon III, il faut rendre à sa modération la justice qu'elle mérite, résiste tant qu'il peut à cette logique des idées, à cette fatalité implacable des choses, qui le pousse, malgré qu'il en ait, à se faire d'empire politique empire industriel; voilà pourquoi il s'accroche aux institutions féodales sauvées par lui de la république; pourquoi enfin il s'efforce de retenir un reste de cette anarchie qui avait fait la gloire du règne précédent.

Que ne donnerait pas aujourd'hui le gouvernement de Napoléon III à celui qui trouverait moyen de lui concilier ces trois termes fatidiques : *anarchie industrielle*, **FÉODALITÉ INDUSTRIELLE**, EMPIRE INDUSTRIEL; mélange d'autocratie, d'aristocratie, de démocratie, quelque chose comme le gouvernement de la Charte Saint-Ouen !

Vain espoir! le constitutionnalisme, instable en politique, est absurde en économie. Le droit social ne saurait être le produit de trois formules du non-droit, pas plus que l'unité ne peut sortir d'une addition de zéros.

Que les partisans de l'*Idée napoléonienne*, reconnaissant ici l'insuffisance de leur principe, daignent donc prendre en bonne part une conclusion forcée. Ils y trouveront plus de ressource pour leur pays et leur propre gloire, que dans la tradition des césars et toutes les rubriques de Machiavel.

La formule impériale est inapplicable à l'ordre économique.

Laissons de côté les Saint-Simoniens, initiateurs de la nouvelle féodalité et promoteurs d'un empire impossible; laissons avec eux les Ultramontains, les Anglo-Saxons et les Slaves, tous féodaux de vieille roche;

Et terminons, envers et contre tous, la Révolution commencée en 89, en fondant l'équilibre économique et social, c'est-à-dire le droit, la liberté, l'égalité, l'honneur, la paix, le progrès, la joie intérieure, toutes les vertus civiques et domestiques, — je ne parle pas du gouvernement, je ne fais point ici de politique, — sur la **RÉPUBLIQUE INDUSTRIELLE.**

Que personne ne s'effraye du mot. Il ne dépend pas de moi de désigner autrement le quatrième terme de cette série économique, dont l'évolution frappe tous les regards : *Anarchie industrielle*, *Féodalité industrielle*, *Empire industriel*, *République industrielle.*

De ces quatre termes le premier touche à sa fin ; le second est à son apogée, le troisième en éclosion, le quatrième à l'état fétal.

Du reste, les principes de l'économie républicaine, fort différents de ceux du *Contrat social*, ne pouvaient être qu'indiqués dans le présent *Manuel*, comme ils l'avaient été déjà dans d'autres publications. Je me réserve d'en donner l'exposition originale et complète dans un prochain ouvrage.

L'histoire des sociétés ne présente nulle part aux méditations du philosophe de plus grandes choses : comment se fait-il que nous daignions à peine les apercevoir?

Que sont les révolutions de thermidor, de brumaire, de 1814 et 1815, de 1830, 1848 et 1851, qui défrayent tant de narrateurs et n'agitèrent le pays qu'à la surface, auprès de ces changements profonds, accomplis en moins d'un quart de siècle, et que met à nu, sans phrases, une simple statistique, un brutal inventaire?

On a parlé des crimes de la Terreur, des hontes du Directoire, de l'arbitraire de l'Empire, des corruptions de la Légitimité et de la Monarchie Bourgeoise. Comparez donc ces misères avec la dissolution d'une époque qui a pris pour Décalogue la Bourse et ses œuvres, pour philosophie la Bourse, pour politique la Bourse, pour morale la Bourse, pour patrie et pour Église la Bourse !

On demande pour la presse une plus grande liberté. On voudrait qu'il fût permis aux journaux de discuter à l'aise l'affaire de Naples et l'affaire Suisse, les bulletins électoraux, le serment, etc. Le public français ne peut s'accoutumer, dit M. Véron, à ce bâillonnement de la parole et de la plume. Et certes, je ne suis pas le dernier à me plaindre : qui donc aurait plus à gagner que moi à la liberté de la presse?

Mais, avec toute la liberté, avec toute la licence imaginable, que pourrais-je dire, à des hommes intelligents, de plus que ce que leur révèle cette exposition authentique de la Bourse et de ses mystères?... Hélas! les hommes d'intelligence sont clairsemés, et je n'ai pas à compter sur d'autres lecteurs.

En revendiquant la responsabilité de ce recueil, le plus ancien qui ait paru en ce genre, et le seul encore où se trouvent abordées les questions de droit économique et de moralité boursière, je dois déclarer ici, pour être tout à fait dans la justice, que je dois à M. G. Duchêne, ancien rédacteur du *Peuple*, qui a bien voulu se charger pour moi du gros de la besogne, nombre de pages d'une excellente rédaction, des traits d'une vive ironie que je n'ai pas cru devoir supprimer, des analyses et des jugements d'une ferme et nette intelligence.

Paris, 15 décembre 1856.

P.-J. Proudhon.

MANUEL
DU SPÉCULATEUR
A LA BOURSE

INTRODUCTION

1. Des différentes formes de la Production, et en particulier de la Spéculation.

La production des richesses peut se ramener à quatre principes généraux, qui, bien que semblables dans leur source, l'activité humaine, se distinguent nettement les uns des autres quant à la forme.

1° *Le travail.* — On entend communément par ce mot la façon donnée par la main de l'homme à la matière. Ainsi, le labour de la terre, la taille des pierres, l'extraction du minerai, la coupe des bois, le creusement des canaux, le percement des puits, l'ensemencement des grains, la greffe des arbres, sont du travail. C'est à ce point de vue, d'ailleurs restreint, qu'il est passé en usage de désigner spécialement, sous le nom de *classe travailleuse*, la masse des fabricants, artisans, laboureurs, vignerons, journaliers, tous ceux enfin qui mettent, comme on dit, *la main à l'œuvre.*

2° *Le Capital.* — On définit le capital : *du travail accumulé.* Ce qui ramène cette catégorie à la précédente, et revient à dire que la production du capital n'est autre que celle du travail même.

Ainsi, le forgeron emploie, dans l'exercice de sa profession, du fer brut, de la houille, des outils : c'est, avec l'argent qui lui sert de fonds deroulement, *son capital.* Sa main-d'œuvre, la façon nouvelle qu'il donne au fer, c'est *son travail* proprement dit.

Mais le charbon qu'il brûle, le fer qu'il forge, sont le résultat d'un travail antérieur, semblable au sien. D'un autre côté, les charrues, les essieux, les ferrures de charrettes et de tombereaux qu'il livre à l'agriculteur, deviennent pour ce dernier des instruments de production. En sorte que dans le système général de l'économie, capital et travail se confondent. Ce qui est *produit,* sortant des mains de l'un, devient matière première, ou *capital,* entrant dans les mains de l'autre. Les cotons, les laines, produit du colon ou du fermier, seront le capital, ou du moins partie du capital du filateur; les fils, produit de celui-ci, deviendront la matière ouvrable du tisseur; les toiles et les draps, produit de ce dernier, formeront la matière première des ateliers de confection pour la lingerie et l'habillement.

Donc le capital, c'est la matière sur laquelle et avec laquelle on travaille; le travail proprement dit est la façon nouvelle donnée à cette matière.

Le premier capital est fourni gratuitement à l'homme par la nature. Avec le temps, ce premier capital, transformé par le travail, est presque entièrement approprié, et la prestation en est faite par les détenteurs, qui prennent, pour cette raison, le titre de *capitalistes* ou *propriétaires.* On nomme *crédit* (bail, loyer, fermage, amodiation, commandite, etc.) l'acte général par lequel le capital passe des mains du capitaliste ou propriétaire à celles du travailleur ou industriel.

3° *Le Commerce.* — La prestation des capitaux, pour tout ce qui est en dehors de l'exploitation du sol, suppose le transport ou la circulation des produits. Ce transport est à juste titre considéré comme une nouvelle forme de la production.

Par exemple, le navigateur qui amène dans nos ports les denrées des tropiques livre, il est vrai, sa cargaison de thés, de cotons, de sucres, d'indigos, de cafés, de bois de teinture, telle qu'il l'a reçue; les mariniers, les compagnies de chemins de fer, qui transportent ces marchandises dans l'intérieur du pays; les messagers qui les font arriver jusque dans les moindres villages, n'ajoutent rien, comme façon, aux produits qu'ils voiturent. Ils n'en sont pas moins producteurs : ils amènent d'un lieu où il y a surabondance dans d'autres où il y a disette des marchandises qui, sans ce déplacement, resteraient *non-valeurs*. En effet, la production, dans le sens économique du mot, n'est pas une création de matière; c'est une création d'utilité : et tout ce qui ajoute de l'utilité à la matière, soit en la façonnant, soit en la livrant, soit en la déplaçant, est véritablement productif.

Si le voiturier qui fait le transport des produits peut et doit être dit légitimement producteur, le commerçant qui les emmagasine, à ses risques et périls, et les tient à la disposition du consommateur, l'est également. Il est impossible d'abord que chaque particulier aille s'approvisionner à la source de tout ce qu'il consomme. Dans les cas mêmes où cette impossibilité n'existe pas, il en résulterait pour lui des voyages et pertes de temps d'une importance bien supérieure au bénéfice dont il fait jouir le marchand. S'il est des industries où l'ouvrier peut traiter directement avec le consommateur, et *vice versâ*, comme la menuiserie, l'ébénisterie, la cordonnerie, le charronnage, le nombre en est très-restreint. Et encore faut-il que les marchés de ce genre portent sur une valeur d'une certaine importance : le cloutier, par exemple, qui serait obligé de quitter sa forge pour aller vendre sur des marchés éloignés quelques kilogrammes de clous, eût-il pour lui le bénéfice du quincaillier, ne trouverait certainement pas au bout de la journée ce qu'il gagne à son enclume quand il ne se dérange pas.

Ainsi, non-seulement le travailleur produit, non-seulement l'industriel qui engage son activité et sa fortune dans une entreprise où il fait travailler d'autres ouvriers produit, mais le capitaliste, qui fournit un fonds de roulement et des instruments à cette entreprise, et rend possible la nouvelle façon donnée à la matière par les travailleurs, contribue à la production; le banquier, en contrôlant la solvabilité des commerçants et des fabricants et en donnant, par sa signature, la circulation à des billets qui sans lui resteraient en portefeuille, produit encore.

Main-d'œuvre, transports, commerce, entreprises, prêts ou commandites, opérations de change et d'escompte, sont autant de formes diverses du même fait économique, la PRODUCTION.

4° Au-dessus du Travail, du Capital, du Commerce ou de l'Échange et de leurs innombrables variétés, il y a encore la *Spéculation*.

La Spéculation n'est autre chose que la conception intellectuelle des différents procédés par lesquels le travail, le crédit, le transport, l'échange, peuvent intervenir dans la production. C'est elle qui recherche et découvre pour ainsi dire les gisements de la richesse, qui invente les moyens les plus économiques de se la procurer, qui la multiplie soit par des façons nouvelles, soit par des combinaisons de crédit, de transport, de circulation, d'échange; soit par la création de nouveaux besoins, soit même par la dissémination et le déplacement incessant des fortunes.

Par sa nature, la spéculation est donc essentiellement aléatoire, comme toutes les choses qui, n'ayant d'existence que dans l'entendement, attendent la sanction de l'expérience.

Un capitaliste trouve que ses fonds placés sur hypothèque ne lui rendent pas assez. Il passe, avec un ou plusieurs armateurs, un contrat par lequel il leur prête, sur le corps des bâtiments et sur leurs cargaisons, une somme considérable, en convenant que, si ces objets périssent, le capital prêté sera perdu pour lui; si, au contraire, ils arrivent à bon port, il aura une part de 50 0/0 dans le bénéfice de la vente. — C'est ce que le Code de commerce nomme *Contrat à la grosse*, une vraie spéculation.

Une réunion de capitalistes se forme en société anonyme, avec approbation et sous la surveillance de l'État, dans le but d'assurer, moyennant une prime de 2 pour 1000, les propriétaires contre les risques d'incendie. Ils ont calculé, d'après la moyenne plus ou moins exacte des sinistres annuels, qu'à ce faible taux, insignifiant pour les assurés, les fonds de la compagnie, sans cesser de fonctionner dans d'autres entreprises comme capital, pouvaient, comme enjeu d'une opération aléatoire, rendre 50, 100 et 150 0/0 de bénéfice net annuel. — Spéculation.

On connaît l'histoire de ce fabricant de chapeaux de paille d'Italie, qui offrit 10,000 fr. à une femme de chambre de l'impératrice Joséphine, si elle parvenait à faire porter par sa maîtresse un de ses chapeaux. La mode en effet ne tarda pas à s'en répandre parmi toutes les dames de la capitale, et fit la fortune de l'industriel. — Spéculation.

Un ingénieur se dit que s'il trouvait le moyen de réduire de 4 kilogrammes à 1, par heure et force de cheval, la dépense du combustible dans les machines à vapeur, ce serait comme s'il avait découvert une mine de houille dont la richesse exploitable serait égale à la quantité de charbon qui se fût consommée, en plus de 1 kilogramme par heure et force de cheval, dans toutes les machines à vapeur. Il dépense un million en études et essais : réussira-t-il? ne réussira-t-il pas? Si oui, sa fortune peut être décuplée : si non, il perd tout. — Spéculation.

Dans tous ces exemples, la Spéculation est éminemment productive, non-seulement pour le spéculateur, mais pour le public, qui participe aux résultats.

Le contrat à la grosse est productif, puisque, s'il ne se trouvait personne pour courir le risque de mer, il n'y aurait pas de commerce maritime.

L'assurance est productive, puisqu'elle fait disparaître presque en entier les dangers de l'incendie en les distribuant sur un très-grand nombre de propriétés.

Le pot-de-vin payé à une femme de la cour a été productif (nous ne parlons pas en ce moment du côté moral de la spéculation, nous y viendrons tout à l'heure), puisqu'il a causé un surcroît de production dans l'industrie des chapeaux.

L'ingénieur-mécanicien serait producteur s'il parvenait à réaliser sa pensée ; il produirait trois fois autant que l'industrie minière, puisqu'il réaliserait une économie de combustible égale, en ce qui concerne les machines, aux trois quarts de la consommation.

La Spéculation est productive encore dans les cas suivants : Un ébéniste fait ouvrir une bille de palissandre ou d'acajou. Il l'a achetée, à ses risques et périls, 300 fr. Si le bois est sain, tant mieux pour lui; s'il est gâté ou de qualité inférieure, tant pis. A mesure que le trait de scie avance, la sciure paraissant être de bon aloi, les chances d'un marché avantageux se changent en probabilités, mais pas encore en certitude. Un second ébéniste offre au premier 100 fr. de bénéfice et devient acquéreur. Le même jeu se répète avec d'autres avant que la bille soit entièrement refendue, en sorte que le dernier acheteur la paye 600 fr. La pièce de bois n'a pas doublé de valeur, sans doute; mais elle a doublé de prix, et ce prix s'est réparti entre les différents propriétaires, depuis le premier vendeur jusqu'au dernier acheteur. Cette répartition est, au même titre que le transport ou l'échange, une production.

Un marchand de vin en gros, au lieu d'écouler sa marchandise au prix courant, la garde en cave jusqu'à ce que la tenue de la vigne fasse augurer favorablement ou défavorablement de la récolte pour l'année suivante. Vient une gelée qui compromet la pousse; la grêle détruit les bourgeons; la coulée emporte le dernier espoir du vigneron : le vin double de prix. Que signifie cela? Que la consommation de l'année qui suit devra être en partie couverte par la récolte de celle qui précède, et qu'à défaut de la prévoyance publique, le spéculateur a pris sur lui d'y pourvoir. C'est donc un service qu'il rend tout en faisant fortune : son épargne devient pour tout le monde production. — Posons le cas contraire : la vendange s'annonce sous d'heureux auspices, et la récolte dépasse à la fin toutes les évaluations; le prix des vins diminue de moitié. Le marchand perd dans la même proportion qu'il comptait gagner. Que s'est-il passé? C'est que le négociant, en ajournant sa vente, a détruit non pas la moitié du vin qui était dans ses caves, mais la moitié de la valeur de ce vin, en le dérobant à la consommation qui le réclamait. Sans doute on peut regretter de voir le bien-être du peuple livré ainsi à l'arbitraire des spéculateurs : c'est une question à traiter à part. Mais autant il est vrai de dire qu'il y a eu destruction de valeur dans le second cas, autant il est certain qu'il y avait production dans le premier.

Un armateur de Marseille vient de recevoir d'Odessa le connaissement d'une cargaison de blé qui doit lui arriver sous un mois. La disette sévit ; les céréales sont en hausse : transport de marchandises, production. Au moment où le navire entre dans le port, le blé a été vendu et revendu cinq ou six fois, toujours avec profit : partage de bénéfices, production. Dans l'intervalle du débarquement, le gouvernement abaisse les droits de douane et de péage sur les blés, dont le prix se réduit de 10 0/0. L'affaire devient mauvaise pour le dernier spéculateur, qui s'est trop aventuré et qui paye pour tous : destruction de valeur entre ses mains, par conséquent démonstration de la productivité spéculatrice chez ses confrères.

La plus gigantesque spéculation, financière et mercantile, dont il soit parlé dans l'histoire est peut-être celle de l'Écossais Law. La *Compagnie des Indes*, fondée par lui en 1717, devait embrasser à la fois les opérations de banque, le commerce de la Chine, de l'Inde, de l'Afrique et de l'Amérique ; la ferme de l'impôt, la ferme des tabacs, le remboursement de la dette publique ; finalement la substitution du papier, en guise de monnaie, aux écus. Aucune des parties de cette vaste entreprise n'implique en soi d'impossibilité ; rien de plus logique que leur systématisation ; et quant à l'idée de remplacer, dans les transactions, les métaux précieux par un titre en papier, revêtu du sceau de l'État et de l'acceptation nationale, on peut affirmer aujourd'hui que si la pratique ne l'a pas encore réalisée, ce n'en est pas moins une vérité démontrée aux yeux de la science. Il est clair que si le projet de Law avait pu être mené à bien, le gouvernement aurait pu rembourser, avec avantage pour eux, les inscriptions de ses créanciers en actions de la compagnie, et qu'ensuite la rentrée du numéraire dans les caisses de l'État lui aurait constitué profit net de la totalité des espèces. Le succès ne répondit point à la hardiesse du plan : un agiotage effréné, l'ignorance universelle, le mauvais vouloir des financiers et du parlement, la précipitation du fondateur, firent avorter une combinaison que la postérité est loin, quant au fond, d'avoir condamnée. Toutefois le désastre de 1720-21 ne fut pas sans compensation : un déplacement énorme de capitaux avait eu lieu ; tandis qu'une noblesse dépravée engloutissait dans ses portefeuilles les actions du Mississipi, son or et ses biens passaient aux mains des roturiers et allaient donner à l'industrie, à l'agriculture et au commerce un surcroît de fécondité.

Ainsi donc la Spéculation est, à proprement parler, le génie de découverte. C'est elle qui invente, qui innove, qui pourvoit, qui résout, qui, semblable à l'Esprit infini, *crée de rien* toutes choses. Elle est la faculté essentielle de l'économie. Toujours en éveil, inépuisable dans ses ressources, méfiante dans la prospérité, intrépide dans les revers, elle avise, conçoit, raisonne, définit, organise, commande, LÉGIFÈRE ; le Travail, le Capital, le Commerce *exécutent*. Elle est la tête, ils sont les membres ; elle marche en souveraine, ils suivent en esclaves.

Son action est universelle. Le premier qui laboura un champ, qui enferma du bétail dans un parc, qui fit fermenter du jus de pomme ou de raisin, qui creusa, au moyen de la flamme, un canot dans un tronc d'arbre, fut tout autant spéculateur que celui qui, longtemps après, imagina la monnaie ou la lettre de change.

La politique elle-même est une variété de la Spéculation, et, comme telle, une variété de la production.

Ce fut une grande et belle spéculation que celle qui fit nommer les rois de Macédoine généralissimes de la Grèce contre la Perse, et qui, par ce moyen, assura la prépondérance de l'Europe sur l'Asie, fit jouir de l'ordre et de la paix les républiques helléniques, et prépara la voie au christianisme.

César ne fut pas moins heureux spéculateur à son tour, lorsque, reprenant les projets d'Alexandre et les agrandissant encore, il opposa à l'égoïsme des patriciens de Rome l'intérêt des provinces soumises, et fonda, sur l'admissibilité de tous les peuples au droit de cité, la puissance impériale.

2. Des abus de la Spéculation.

Toute chose a son mauvais côté, toute institution ses abus, tout avantage traîne après soi ses inconvénients.

C'est le Travail qui a fait imaginer l'esclavage ; et tout le monde sait, sans que nous ayons besoin de le redire, quelles misères engendrent de nos jours le service des machines, la division parcellaire, les métiers insalubres, les séances excessives, l'exploitation immorale de l'enfance et du sexe. Après la tyrannie des maîtrises et des jurandes, détruites en 89, les tortures de la concurrence et les ignominies du salariat : tel est l'apanage du travailleur.

Le Crédit semble avoir pour corélatif obligé l'usure : et ce n'est pas le moindre vice qui déshonore la prestation des capitaux. Le prix excessif des loyers, surtout à Paris, est une plaie sur laquelle il serait presque séditieux, en ce moment, de nous arrêter.

Le Commerce, de son côté, ne se contente pas du prix de ses transports, de ses commissions, de la prime due aux risques qu'il court ou du produit légitime de ses découvertes : il lui faut encore le privilége, le monopole, la subvention, la prime, la contrefaçon, la fraude, l'accaparement...

La Spéculation ne pouvait échapper à la commune loi : et comme les pires abus sont ceux qui s'attachent aux meilleures choses, *corruptio optimi pessima*, c'est sous le nom de Spéculation que le parasitisme, l'intrigue, l'escroquerie, la concussion dévorent la richesse publique et entretiennent la misère chronique du genre humain.

La Spéculation, avons-nous dit, est essentiellement aléatoire. Toute combinaison industrielle, financière ou commerciale, emporte avec elle un certain risque ; par conséquent, à côté de la rémunération d'un service utile, il y a toujours, ou presque toujours, un bénéfice d'agio.

C'est cet agio qui sert de prétexte ou d'occasion à l'abus.

En tant qu'il sert de compensation au risque que toute spéculation productive emporte avec elle, l'agio est légitime. Recherché pour lui-même, indépendamment de la production spéculative, l'agio pour l'agio enfin, il rentre dans la catégorie du pari et du jeu, pour ne pas dire de l'escroquerie et du vol : il est illicite et immoral. La Spéculation ainsi entendue n'est plus que l'art, toujours chanceux cependant, de s'enrichir sans travail, sans capital, sans commerce et sans génie; le secret de s'approprier la fortune publique ou celle des particuliers sans donner aucun équivalent en échange : c'est le chancre de la production, la peste des sociétés et des États.

Faisons-la connaître par quelques exemples.

Le jeu et le pari sont la forme la plus simple de la Spéculation agioteuse entièrement dépourvue de productivité et d'utilité, mais non encore tout à fait criminelle. Un certain nombre de personnes se réunissent dans un salon, autour d'une table, entassent sur le tapis de l'or et des bank-notes, parient pour la rouge ou la noire, ou mettent leurs enjeux sur un coup de dés, sur un coup de cartes. Le hasard, aveugle ou intelligent, caresse celui-ci, maltraite celui-là. L'un s'en va ruiné, l'autre se retire avec un léger bénéfice, un troisième a fait fortune. Qu'ont-ils produit tous? Nous supposons que la partie s'est jouée le plus loyalement du monde : qu'ont-ils fait produire à leurs capitaux, à leur intelligence? Quelle valeur ont-ils conquise? Absolument aucune. Des millions auront pu être jetés sur le tapis, sans qu'ils aient produit la moindre utilité nouvelle : tout au plus auront-ils changé de propriétaire.

Des amateurs de l'espèce chevaline élèvent, à grands frais, des étalons et des juments pour les courses. Le prix d'entrée pour courir est de 1,000 fr. Ce luxe peut avoir son utilité pour l'amélioration de l'espèce, qui est une partie de la richesse nationale. Mais les paris qui s'engagent, en dehors du cercle des éleveurs, entre les spectateurs désintéressés, à quoi servent-ils? Jeu pur, qui n'a d'autre effet que de distraire l'intelligence des parieurs, et qui, s'il se propageait dans la nation, entraînerait dans la production un déficit notable.

Un individu, qui n'est ni industriel, ni commerçant, qui se garderait fort d'aucune entreprise sérieuse, parie que le prix du pain, aujourd'hui de 50 centimes le kilogramme, sera l'hiver prochain à 60 ; — que celui des vins dépassera, après vendange, 40 francs l'hectolitre, franc de droits ; — que tel navire, chargé de coton et attendu au Hâvre le 1er décembre, ne sera pas arrivé en janvier. De quoi se mêle ce brouillon ? Qu'il perde ou qu'il gagne, qu'en peut-il résulter pour le commerce ? Qu'est-ce que cela fait à la fortune publique ? Bien plus, n'y a-t-il pas déjà quelque chose de répréhensible à venir ainsi, sans but, sans utilité, sans motif sérieux, jeter le trouble dans les transactions ?

Les capitaux, comme toute espèce de marchandises, sont soumis à l'offre et la demande, et subissent les oscillations du crédit. Il est donc tout naturel et tout simple, lorsque le commerce, l'industrie ou l'hypothèque offrent à l'argent 5 et 6 0/0 d'intérêt, que les créanciers de l'État vendent leurs titres, et cherchent à placer ailleurs des capitaux qui, engagés dans les fonds publics, ne rapporteraient que 4. Pareillement, si l'argent regorge sur le marché, ou si le commerce et l'industrie n'offrent pas au capitaliste une sécurité suffisante, il est naturel encore qu'il reporte ses fonds sur l'État, et qu'il achète des rentes. Dans le premier cas, les fonds publics seront en baisse, ce qui sera un signe de prospérité générale ; dans le second ils seront en hausse, ce qui témoignera du défaut de confiance. S'il y a hausse partout à la fois, c'est que le capital surabonde, et que l'offre du détenteur dépasse la demande de l'entrepreneur. Telle est la signification normale des mouvements de la Bourse, en ce qui concerne les fonds publics.

Mais l'agiotage vient dénaturer cette signification, au point que le rapport est changé du tout au tout, et que dans l'immense majorité des cas, baisse de la rente à la Bourse signifie affaires mauvaises ; hausse de la rente, au contraire, bonnes affaires, tant pour le pays que pour le gouvernement. La raison de cette anomalie est qu'au lieu de voir dans la dette publique un déversoir assuré des capitaux disponibles, on s'est habitué à considérer l'État lui-même comme un grand entrepreneur de commerce, industrie, banque, salubrité, sécurité, etc., dont le crédit monte ou descend, suivant que ses opérations paraissent plus ou moins avantageuses et plausibles, et qui, par l'importance de ses affaires, par la solidarité qu'ils imposent au pays, domine et gouverne le marché.

Un particulier se rend à la Bourse, le 4 1/2 étant à 90 fr. Il offre de livrer fin courant pour 100,000 fr. de rentes de cette valeur à 89 fr., c'est-à-dire qu'il parie, en se fondant sur n'importe quelles conjectures, que la rente 4 1/2, qui dans ce moment est à 90, sera descendue fin courant à 88. En conséquence, il s'engage à livrer à la même époque à 89 : différence, 1 fr., qui constitue le bénéfice de son pari. Certes, c'est déjà une chose profondément irrégulière, immorale, désastreuse ; une chose qui accuse à la fois l'organisation politique du pays, la moralité et la capacité du pouvoir, que cet enchaînement de la fortune et de la sécurité des citoyens aux décisions ministérielles, et cette assimilation des actes du souverain au tirage d'une loterie. Il est évident que de semblables paris, non-seulement ne contiennent en eux-mêmes aucun élément d'utilité, de productivité ou d'économie, mais qu'ils sont souverainement contraires à la tenue des opérations réelles, et destructifs de toute spéculation sérieuse.

Allons au fond, et nous découvrirons bientôt que ce pari, cette spéculation de Bourse, qui, abstraction faite des intérêts qu'elle compromet, pouvait jusqu'à certain point paraître innocente, n'est le plus souvent qu'une violation de la foi publique, un abus du secret de l'Etat, une trahison envers la société.

Un ministre, dont la fortune personnelle se compose de 50,000 livres de rentes en placement sur l'État, sait, de source certaine, qu'il existe entre le gouvernement dont il fait partie et une puissance étrangère telle difficulté diplomatique de laquelle sortira infailliblement une déclaration de guerre. Il met sa fortune à l'abri, en vendant à 92 des rentes qu'il sait devoir descendre dans cinq ou six semaines à 85. Un pareil acte, de la part d'un ministre, est une lâcheté, une désertion. Il fait plus : non content de sauver par une félonie ses propres capitaux, il joue à la baisse sous le couvert impénétrable d'un agent de change, et réalise en quinze jours plusieurs millions. C'est un vol commis de nuit, en maison habitée, avec préméditation et guet-apens. Mais le secret de l'agent de change lui est assuré ; et puis, comme dit Gilbert,

Il est puissant : les lois ont ignoré son crime !

Le monde boursier admet, tolère, excuse ou pardonne de tels actes. Ce n'est plus de la trahison ; cela s'appelle euphémiquement spéculation.

La plupart des spéculations de Bourse, qu'elles aient pour objet les fonds publics ou les valeurs industrielles, reposent aujourd'hui, soit sur des éventualités plus ou moins ingénieusement calculées, et dont la cause première est généralement l'État ; soit sur des secrets dérobés aux compagnies ou à l'État ; soit enfin sur la faveur, l'indiscrétion, la connivence ou la vénalité présumée des administrateurs de compagnies et des fonctionnaires de l'État. A cette heure, la spéculation n'est plus un jeu où chacun a le droit de faire tout ce que la loi ne défend pas, et de corriger, autant que le permet la prudence, les caprices du hasard. C'est une réunion de tous les délits et crimes commerciaux : charlatanisme, fraude, monopole, accaparement, concussion, infidélité, chantage, escroquerie, vol.

Le gouvernement met en adjudication le chemin de fer de Paris à ***. Plusieurs sociétés se présentent en concurrence pour obtenir cette concession. Au lieu de soumissionner au rabais, elles conviennent, la veille des enchères, de ne déposer entre elles toutes qu'une seule soumission et de se partager le lendemain les actions. Elles obtiennent ainsi un bail de 99 ans, quand par une concurrence sincère il aurait pu n'être que de 50. — C'est une coalition, aux termes de la loi : on nomme cela, dans le monde honnête, spéculation.

D'après les études publiées par les journaux, le rendement de ce chemin ne sera pas moindre de 10 à 15 0/0. Les actions s'élèvent aussitôt de 500 fr. à 1,000 fr. ; les premiers souscripteurs vendent et réalisent : l'expérience démontre ensuite que le rendement de la voie n'est que de 7 1/2 0/0. Les actions tombent de 1,000 à 650 : différence 450 fr. par action qu'empochent les fondateurs et premiers actionnaires. — Charlatanerie macairienne : spéculation !

Après la révolution de 1848, il fut longtemps question d'annuler la concession du chemin de fer de Lyon. La compagnie n'avait pu fournir son cautionnement, elle était dans l'impossibilité d'exécuter, et sollicitait l'annulation de ses engagements. Les actions tombèrent au plus bas. Grâce à l'Assemblée législative, qui prit l'affaire en main, un nouveau cahier des charges fut rédigé, de nouvelles conventions faites, une loi votée par les représentants du pays. Le lendemain du vote, les actions haussaient dans une seule Bourse de 400 fr. — Abus des influences : spéculation !

Depuis le 2 décembre 1851, les chemins de fer ne se donnent plus par adjudication, mais par concession directe. Les coalitions entre compagnies soumissionnaires étant devenues impossibles, le génie spéculatif s'est reporté tout entier sur la sollicitation. Or, il est bien difficile, quelle que soit l'intégrité des dépositaires du pouvoir, qu'ils échappent aux filets des soi-disant spéculateurs. Supposons qu'ils trouvent moyen de se faire appuyer auprès du prince par les représentants plus ou moins accrédités d'un gouvernement ami. — Intrigue diplomatique : spéculation !

Une compagnie de chemin de fer achète la batellerie des rivières et canaux qui pourraient faire à sa ligne une concurrence dangereuse, pour le transport, soit des marchandises, soit des voyageurs. Le prix du matériel est de 10 millions. Or, *il n'est pas permis à tout le monde d'aller à Corinthe*, disait Démosthène. Un capital de 10 millions ne se souscrira pas en un jour, surtout en présence de la rivalité d'un chemin de fer. La navigation est anéantie : le public, dépouillé d'une industrie précieuse, est rançonné. — Monopole : spéculation !

Une compagnie s'était formée pour l'exploitation d'une industrie minéralogique. Les bénéfices de la fabrication ne paraissant point à cette compagnie assez considérables, elle songe à se faire acheter, avec indemnité, par l'État. En conséquence, elle sollicite, sous main, par des voies détournées, la suppression générale de son industrie, sous prétexte d'insalubrité; il s'en faut de peu qu'un décret, prononçant à la fois la suppression de toute une branche de travail et l'indemnité de ces agioteurs, ne soit rendu... Si ce plan eût réussi, la compagnie réalisait, outre son capital, un bénéfice de quelques millions. — Hypocrisie, philanthropie, sacrifice de la fortune publique : spéculation !

Un particulier, qui compte sa fortune par millions, s'avise un jour d'acheter tous les cuivres, au fur et à mesure de l'extraction. Il est le maître du marché, et comme l'industrie ne peut se passer de cuivre, elle est forcée de payer de 25 à 50 0/0 de prime. — Accaparement : spéculation !

Une maison de banque fait mieux encore : elle se rend propriétaire des mines de mercure, métal indispensable à l'exploitation des minerais d'or et d'argent. Par cette propriété inviolable, ladite maison prélève, outre le prix normal du mercure, un droit de 10 0/0 sur l'extraction des métaux précieux. — Aliénation du domaine public : spéculation !

Un juif, qui en était encore à gagner ses premiers 100,000 fr., fonde, dans une grande ville, un journal. Dans la partie nécrologique, il s'avise de publier, sous prétexte de statistique médicale, à côté du nom de chaque personne décédée, le genre de maladie, le mode de traitement, avec le nom et l'adresse du médecin. Aussitôt la savante corporation s'empresse d'imposer silence au malencontreux révélateur, moyennant une grosse indemnité. Un pareil homme ne pouvait manquer de devenir millionnaire. — Intimidation ou chantage : spéculation !

Il dépend d'un ministre, et de son rapport plus ou moins véridique et favorable, que telle mine soit concédée à une compagnie de capitalistes, en instance auprès du gouvernement. Il sait que cette concession, que la loi l'oblige de faire gratuitement, fera gagner à la compagnie impétrante 10 millions. Le ministre laisse l'affaire en souffrance, jusqu'au jour où un agent de la compagnie dépose sur sa cheminée un portefeuille contenant 100 billets de 1,000 fr. — Concussion : spéculation !

Diverses sociétés se forment pour le percement de puits dans un bassin houiller qu'on sait être fort riche, mais jusqu'à ce moment à peine exploité. Certes, c'est une richesse qu'elles vont mettre au jour, une valeur immense qu'elles vont créer. Pour assurer au public le bénéfice d'une partie de cette richesse, le gouvernement établit certains droits sur l'extraction, tant au profit de l'État qu'en faveur des propriétaires superficiaires; de plus il défend, à peine de révocation, l'agglomération, soit par vente, soit par fermage, des mines. Mais si le fermage et la vente des concessions minières sont interdits, l'association ne l'est pas. Une grande compagnie charbonnière se forme donc entre les sociétés concurrentes, pour l'exploitation unitaire, la vente et la hausse du prix des houilles; et il y a tant d'intérêts respectables, politiques, diplomatiques, judiciaires, parlementaires, engagés dans l'association, que le gouvernement n'a jamais su y trouver remède. — Association, réunion, participation, entente, concert ou tout ce qu'on voudra, c'est-à-dire art d'éluder la loi : spéculation!

D'autres compagnies, qui ont obtenu des concessions distinctes de canaux, de chemins de fer, s'entendent, mais cette fois avec approbation du gouvernement, non pas précisément pour améliorer le service des transports ou en diminuer le tarif, mais afin d'en relever et maintenir les prix. Pour plus de sûreté, après avoir fixé l'apport et le revenu de chacune, elles se groupent sous une administration centrale et confondent leurs intérêts. On ne voit pas pourquoi la législation anti-unitaire des mines ne s'appliquerait pas aux chemins de fer, ni ce que le public gagne à cette fusion; mais il est sûr que le profit des compagnies s'en augmente. — Spéculation!

Une institution de crédit, sous la forme d'une société anonyme, s'établit pour l'achat et la vente des actions industrielles. Les administrateurs de cette société, devenus les patrons obligés de toutes les entreprises, profitent de leur position pour se faire offrir de tous côtés des actions qu'ils reçoivent, comme simples particuliers, au pair ou même en baisse, et qu'ils s'achètent ensuite à eux-mêmes, en leur qualité d'administrateurs de la société, au nom, pour compte et avec les fonds de cette société, à 100, 150, 200 fr. de prime. — Confusion d'attributions, infidélité : spéculation !

Une compagnie se forme, au capital de 60 millions, pour la construction d'un chemin de fer d'une longueur de 120 kilomètres, tous frais de matériel, gares, embarcadères, stations, etc., compris. A 500,000 fr. par kilomètre, c'est cher : mais on est au début de ces entreprises gigantesques ; le public est enivré ; on s'arrache les actions, on jette l'argent par les fenêtres. Cependant, au lieu de 60 millions, la voie en coûte 96, — soit, par kilomètre, 806,000 fr. Il se trouve que les fondateurs, administrateurs, directeurs, gérants, inspecteurs et patroneurs de la compagnie sont en même temps, pour son compte, entrepreneurs de terrassements, viaducs, tunnels, fournisseurs de rails, traverses et coussinets, constructeurs de locomotives, etc. Les marchés qu'ils passent, pour ces objets divers, au nom de la compagnie, et en qualité de ses fondés de pouvoirs, ils les signent comme partie contractante avec cette même compagnie, chose permise, quand elle n'est pas expressément défendue, par le système de société anonyme. Cumul, collusion : spéculation !

Une société en commandite s'annonce au public, sous le patronage le plus respectable et avec les plus beaux rapports d'ingénieurs, pour l'exploitation d'une mine. Les actions gagnent, en quelques semaines, 100 0/0 ; les concessionnaires ou leurs ayants droit, ainsi que les premiers souscripteurs d'actions qui ont monté, de connivence avec eux, l'entreprise, réalisent vite ; puis, quand arrivent les fouilles, on s'aperçoit que la couche est bouleversée, inexploitable. On s'est TROMPÉ ! Affaire nulle ! les actions valent zéro. Rendez l'argent alors, dirait, en s'appuyant sur la loi de 1810, le sens commun. — Non, répondent les compères ; l'exploitation d'une mine est une entreprise aléatoire : la chance, qui pouvait être pour vous, a tourné contre vous ; vous n'avez pas droit de vous plaindre. — Mystification, escroquerie, *macairisme* : spéculation !

Le besoin se fait sentir d'une communication directe et

rapide entre l'Europe occidentale et les ports opposés de l'Amérique. Une compagnie puissante, patronée et commanditée par l'État, peut seule exécuter un pareil service. Que le gouvernement lui garantisse une subvention annuelle de 10 ou 12 millions par an, elle sera bientôt formée. 10 millions par an! il y a de quoi doter vingt mille rosières!... Les ports de l'Océan et de la Méditerranée, les chambres de commerce, les municipalités, les conseils généraux, les sénateurs, les armateurs, les ingénieurs, les journalistes, un tiers de la France, se met en mouvement pour avoir part à l'immense curée. La sollicitation arrive des quatre points cardinaux au ministère, d'autant plus effrontée qu'au moment même où les solliciteurs demandent protection pour la marine, ils prêchent le libre-échange pour tout le reste. — Favoritisme, dilapidation, corruption : spéculation!

Telle est, en général, la spéculation abusive : elle se multiplie sous mille formes, s'attache au travail, au capital et au commerce, dont elle s'approprie le plus clair, le plus net et le plus beau; elle singe et déshonore la spéculation utile, dont les poursuivants généreux et modestes ne recueillent trop souvent pour récompense que la misère, tandis que les amants éhontés de l'autre, insultant à la morale publique, nagent dans les honneurs et l'opulence.

Il ne faut pas confondre les ABUS de la spéculation avec ses *erreurs* : les premiers, ainsi que nous venons de le faire voir, sont essentiellement l'œuvre du parasitisme et de la fraude, justiciables de la police correctionnelle et des cours d'assises; les seconds ne sont que les mécomptes d'une intelligence entreprenante, mais peu éclairée et malheureuse.

Un perruquier, qu'enflamme l'exemple d'Arkwright et que séduit la découverte de Montgolfier, s'imagine avoir résolu le problème de la direction des aérostats; il quitte tout pour suivre son idée, engage son mobilier, fait appel à la bourse de ses amis, ouvre des souscriptions, lance des annonces, gagne la confiance de riches amateurs et en obtient des sommes considérables, dont tout le fruit, après de ridicules essais, est une démonstration nouvelle de l'impossibilité de l'entreprise. — Voilà une erreur de spéculation.

La liste des brevets d'invention que délivre chaque année le gouvernement, mais *sans garantie* de sa part, n'est, pour les quatre cinquièmes, que la liste des fausses spéculations qu'enfante incessamment le génie industriel. Mais cette exubérance de découvertes est comme la fumée, qui recèle dans ses tourbillons la flamme : si le plus souvent elle n'apporte que la ruine à ses auteurs, elle est, pour la société, la condition nécessaire du progrès, et, à ce point de vue, encore respectable.

En 1785 le ministère français conclut avec l'Angleterre un traité par lequel les poteries des deux provenances seront introduites réciproquement en franchise dans les deux pays. Le ministère français avait compté, pour les manufactures de Sèvres et de Beauvais, sur un débouché immense, dans un pays qui ne produisait que des poteries communes. Mais la spéculation était fausse : tandis que l'Angleterre achetait à peine pour 100,000 fr. de porcelaines, elle nous expédiait pour des millions de terres cuites. Il fallut, non sans honte, résilier le marché.

Afin d'assurer la propriété des écrivains et éditeurs français, et mettre fin à la contrefaçon belge, le gouvernement de France fait avec le gouvernement de Belgique un traité par lequel la propriété littéraire est garantie réciproquement dans les deux pays. Bonne affaire pour les auteurs et publicateurs de livres nouveaux ; mais mauvaise spéculation pour la librairie belge, si les tarifs de douane sont maintenus ; pour la librairie française s'ils sont abolis. Tandis que la France acquiert un marché de 3 millions d'âmes, elle offre à la Belgique le sien, qui est de 36 millions : les conditions ne sont pas égales.

Pour doter le pays de canaux, le gouvernement fait appel aux capitaux privés, leur garantit, avec l'intérêt de 5 0/0, une part considérable dans le produit net des voies navigables, pendant 99 ans. L'expérience démontre ensuite que le plus faible tarif sur la batellerie est prohibitif, et qu'un canal, pour rendre tous les services dont il est susceptible, ne doit rien rapporter du tout : chose dont on aurait pu s'assurer en discutant le cahier des charges. La spéculation en ce qui concernait les actionnaires, était donc fausse; ils la rendirent abusive en s'obstinant à empêcher la réduction des tarifs, et en obligeant le pouvoir à leur racheter complaisamment, à très-haut prix, leurs actions de jouissance.

Nous ne nous étendrons pas davantage sur cette matière. On voit, par ces quelques exemples, qu'autant la condition aléatoire, inséparable de toute spéculation sérieuse, fournit de prétextes à la spéculation abusive; autant les erreurs, dont la première est involontairement et innocemment susceptible, fournissent d'excuses et de déclinatoires à la seconde. C'est une mer remplie d'écueils, de bas-fonds, de courants et d'entonnoirs, visitée par les trombes, les glaces, les brouillards, les ouragans, infestée par les flibustiers et les corsaires.

3. Importance de la Spéculation dans l'économie des sociétés. Politique de la Bourse.

On vient de voir comment l'action du travail, du crédit et de l'échange est dominée de haut par ce quatrième pouvoir de l'économie sociale, la *Spéculation*.

Mais, de même que par la division du travail et la spécialité des fonctions, toutes les opérations industrielles, capitalistes et mercantiles sont plus ou moins dépendantes les unes des autres et solidaires; de même il y a dépendance et solidarité plus ou moins étroite entre toutes les affaires spéculatives, de quelque nature qu'elles soient. Les fonds publics, par exemple, ne peuvent éprouver ni hausse ni baisse, sans que les valeurs industrielles, cotées à la Bourse, en reçoivent aussitôt le contre-coup, lequel se propage ensuite, comme un écho, dans tout le monde spéculateur. Le banquier de Marseille et de Bordeaux, aux nouvelles de la Bourse de Paris, élargit ou resserre son crédit; le notaire de province, le petit prêteur, se montre plus réservé ou plus facile; le commissionnaire restreint ou augmente ses commandes; l'entrepreneur donne plus ou moins d'essor à sa fabrication; l'ingénieur est excité ou retenu dans la poursuite de ses découvertes; le fermier, le vigneron, l'éleveur de bétail, augmentent ou diminuent le prix de leurs produits; et si la masse ouvrière ne répond pas à son tour à chaque impulsion qu'elle reçoit par une élévation ou une réduction proportionnelle de ses salaires, elle ne subit pas moins les conséquences du mouvement, en en faisant tous les frais. Dans l'économie générale, celui qui refuse de marcher quand les autres sont en route paye pour tout le monde.

Ainsi la production se divise en quatre facultés solidaires : la faculté capitaliste est solidaire de la faculté travailleuse, puisque, comme nous l'avons dit, le capital n'est autre chose que du travail accumulé, servant de matière première et d'instrument à un autre travail; — la faculté mercantile, voiturière ou échangiste est solidaire des deux précédentes, puisqu'elle n'a d'action qu'autant qu'il y a des produits à échanger, des capitaux à faire valoir; — la faculté spéculative, enfin, dépend des trois autres autant qu'elle les gouverne, puisque d'une part ses combinaisons embrassent à la fois, dans leur ensemble et leurs détails, le travail, le crédit et le commerce, et que de l'autre, elle pourvoit à leurs besoins, prévient leurs risques, assure leur équilibre, et leur imprime une même direction.

L'économie sociale peut être regardée comme parvenue à son plus haut point de perfection lorsque ces quatre facultés sont exercées simultanément, et dans une proportion égale, par tous les producteurs; elle est au degré le plus bas lorsque ces mêmes facultés sont partagées entre des classes spéciales de citoyens, formant par là autant de corporations distinctes ou de castes.

De tout temps, la constitution politique a été le reflet de l'organisme économique, et la destinée des États réglée en raison des qualités et des défauts de cet organisme. A Rome, où la propriété rurale était l'élément dominant, le gouvernement fut dévolu à un sénat de laboureurs, graves, mais avares, comme tous les paysans. La république périt, beaucoup moins par l'invasion de la plèbe (les journaliers), que par l'exagération même de la possession foncière, de ses fermages et de ses usures. — A Carthage, le commerce et l'industrie furent tout-puissants : les rivalités mercantiles, la compétition des monopoles que procurait le gouvernement, la fureur des concessions, des subventions, des primes; l'agiotage organisé avec protection et participation du pouvoir, plus que les victoires des deux Scipions, amenèrent la ruine de l'État. — Dans la vieille Égypte, la classe prépondérante paraît avoir été un corps de savants presque autant que prêtres : l'appropriation du savoir, le privilége des lumières, l'énorme distance qu'il créa entre la plèbe ouvrière superstitieuse et le sacerdoce savant et artiste, contribua, plus que toutes les invasions des barbares, à anéantir la société égyptienne. — Le moyen âge distingua, spécialisa toutes les facultés, fit de tout un privilége de corporation ou de caste. Mais bientôt le tiers-état, réunissant en soi toutes les facultés productrices, tandis que la noblesse et le clergé ne conservaient que la propriété du sol, le surplis et la cuirasse, devint maître de la société et de l'État, et expulsa de leurs biens les castes rivales. — Depuis 1789, le pêle-mêle, la fusion des facultés économiques, est passée en droit, et jusqu'à certain point en fait : tout citoyen a le droit d'être simultanément travailleur, capitaliste, entrepreneur, commerçant ou commissionnaire et spéculateur, et un certain nombre le sont en effet. Toutefois, la révolution de 1789 est loin encore d'avoir, sous ce rapport, produit toutes ses conséquences; la fusion est à peine commencée, et les perturbations qu'éprouve depuis soixante-neuf ans notre état politique sont les symptômes de ce laborieux enfantement...

Quoi qu'il en soit, comme toute faculté, dans la société aussi bien que dans l'individu, doit avoir son expression et son organe, il était inévitable que la spéculation obtînt aussi le sien; qu'elle eût son appareil, son lieu de manifestation, ses formules, son temple. La politique a ses palais, la religion ses églises, l'industrie ses manufactures et ses chantiers, le commerce ses ports, le capital ses banques : pourquoi la Spéculation serait-elle demeurée à l'état de pure abstraction?

La Bourse est le temple de la Spéculation.

La Bourse est le monument par excellence de la société moderne.

Ce n'est pas seulement l'atelier, la ferme, le magasin, les docks et les ports, les entrepôts et les comptoirs, la terre et l'océan, qui lui sont soumis et lui payent tribut : elle passe avant l'école, l'académie, le théâtre, les assemblées politiques, les congrès; avant l'armée, avant la justice, avant l'Église elle-même.

Aucune puissance, ni dans l'antiquité, ni dans les temps modernes, ne peut se comparer à la sienne. Jamais les templiers, les ordres de Jérusalem et de Malte, cette milice des papes qui dominait les empereurs et les rois; jamais les franciscains, les dominicains ou les jésuites; jamais les tribunaux vehmiques et la franc-maçonnerie ne produisirent des effets plus prompts, plus universels, plus puissants. Les Alexandre, les César, les Charlemagne, les Napoléon, dans toute leur gloire, n'étaient auprès d'elle que des pygmées. L'imprimerie elle-même, servie par les génies les plus profonds et les plus sympathiques, assistée de la vapeur, est au-dessous de cette puissance souveraine, qui trône, invisible, à la Bourse, et chaque jour y rend ses oracles, non pas toujours équitables, mais toujours sûrs.

C'est là que le philosophe, l'économiste, l'homme d'État, doivent étudier les ressorts cachés de la civilisation, apprendre à résoudre les secrets de l'histoire, et à prévoir de loin les révolutions et les cataclysmes. C'est là que les réformateurs modernes devraient aller s'instruire, et apprendre leur métier de révolutionnaires. On ne peut dire à quelle hauteur ces hommes se fussent élevés, quelle prodigieuse influence ils eussent exercée sur les destinées du globe, si, maîtres de nos flottes, de nos capitaux, de notre industrie, de nos propriétés, ils avaient eu la moindre étincelle de génie spéculatif, s'ils avaient été, dans la plus faible mesure, des prophètes de ce dieu qu'adorent les boursiers.

Tout le monde sait que notre première république tomba sous le poids d'une condamnation portée par la Bourse : le 8 novembre 1799, veille du coup d'État appelé 18 *brumaire*, le tiers consolidé était à 11 francs 30 centimes; le 21, il était à 22 fr. — Mais ce qu'on a beaucoup moins remarqué, c'est que la Spéculation ne fut jamais entièrement ralliée à Napoléon : le taux le plus élevé de la Bourse, pendant la période impériale, fut celui du 10 mars 1810, 88 fr. 90 cent., soit 11 fr. 10 cent. au-dessous du pair.

Le 29 mars 1814, l'empereur se débattait dans les plaines de la Champagne et tenait encore en échec la coalition victorieuse : il est achevé par la Bourse. Le 5 0/0 à 45 fr. marque sa réprobation et amène sa chute; le 31, la proclamation des alliés est accueillie par une hausse de 2 fr. Paris a capitulé, et le conquérant abattu va signer son abdication à Fontainebleau. En moins d'un an, malgré la présence des armées étrangères, les fonds publics auront regagné tout ce qu'ils avaient perdu depuis le 10 mars 1810 : le 5 mars 1815, ils seront cotés à 88 fr.

Quinze jours plus tard, le 20 mars, Bonaparte, échappé de l'île d'Elbe, rentre aux Tuileries : le baromètre bursal marque 20 fr. de baisse. Quelle puissance tiendrait devant une pareille manifestation de la pensée économique? Certes, ce n'est pas la Bourse de Paris qui a fait perdre la bataille de Waterloo ; mais on peut dire qu'elle a donné cœur à l'ennemi. C'est elle qui lui a révélé que si le soldat, l'ouvrier, le fonctionnaire étaient pour l'empereur, le capital, l'industrie, le commerce, la propriété, la spéculation, la bourgeoisie étaient contre lui. Sait-on ce qu'a pesé dans la balance du destin cette bourse du 20 mars? Le 18 juin, elle était à 53 fr.; le 20, à la première nouvelle du désastre, elle monte à 55; le 22, le bruit se répandant que l'empereur abdique pour la deuxième fois, elle est à 60. La cote suit le grand capitaine dans ses marches et contre-marches, pour le condamner s'il triomphe, pour l'accabler s'il est défait.

La Spéculation ne se pique ni de patriotisme ni de gloire : elle ne connaît pas le point d'honneur, pas plus que la pitié. Quel cœur français ne frémit encore au souvenir de nos blessures de 1815, des misères de nos soldats et des insolences de l'étranger? La Bourse obéit à d'autres considérations. Elle pense que la chute de Bonaparte, achetée même au prix de la déchéance nationale, de l'occupation des coalisés, des hontes d'une royauté bigote et réactionnaire, vaut mieux, après tout, pour la richesse publique, pour le progrès des sciences, des lettres et des libertés, que la restauration de l'empire : il n'y a que l'antique et impassible Destin à qui elle se puisse comparer.

Vingt francs de hausse ou de baisse font la légitimité ou l'illégitimité des pouvoirs, déterminent leur stabilité ou leur chute. Qu'aurait pensé de cela Blaise Pascal ?

Après la révolution de juillet, l'opinion du mouvement était que le gouvernement des barricades devait déchirer les traités de 1815, réclamer pour la France la frontière du Rhin, appuyer la Pologne dans la revendication de sa nationalité. — Non, dit la Bourse : détestez ces traités, je vous y autorise; mais respectez-les, ou je me retire. Contentez-vous de la frontière que la Sainte-Alliance vous a assignée, et laissez périr la Pologne : tel est mon plaisir, je le veux. Et Louis-Philippe, serviteur toujours obéissant de la Bourse, trahit la révolution et règne dix-huit ans.

Il y fut trompé pourtant, le fin politique, le roi de la bourgeoisie capitaliste et boursière; car ce n'est pas tout de suivre attentivement les oscillations de la mercuriale, il faut savoir deviner sa pensée secrète. La Spéculation, en tant que vous la prenez pour organe de l'opinion publique, n'a que deux mots pour exprimer ses jugements, *oui* ou *non*, c'est-à-dire hausse ou baisse. L'important est donc de savoir à quelle question répond la Bourse : sans cela vous courez risque d'être pris au dépourvu, comme il arriva à Louis-Philippe.

Jamais la hausse n'avait été aussi constante, aussi forte que pendant les dernières années de ce règne; jamais non plus la baisse des salaires, la multiplication des faillites, symptômes irrécusables du malaise de la production, ne s'étaient manifestées avec plus d'énergie. De 2,618 qu'avait été en 1840 le nombre des faillites, il s'était élevé à 4,762 en 1847. Il était clair qu'en présence d'une situation commerciale et industrielle aussi calamiteuse, la hausse soutenue des fonds publics ne pouvait plus recevoir la même interprétation. Le capital, chassé de la commandite et de l'hypothèque, se rejetait vers le Trésor ; il commençait cette immense migration à laquelle nous assistons aujourd'hui : c'était la seule conséquence qu'il fût permis d'en tirer. Louis-Philippe crut que la bourgeoisie appuyait sa politique, et tint ferme contre l'opposition : sa chute fut le châtiment de son erreur.

La république de 1848 fut victime d'une méprise semblable.

Après le décret du 25 février qui garantissait au peuple le droit au travail, après les prédications du Luxembourg et les journées du 17 mars et du 16 avril, il était évident que la question était posée entre le capital et le salaire ; conséquemment, que la révolution ayant été faite contre le premier et au profit du second, tout abaissement des valeurs capitalistes pouvait et devait, jusqu'au jour d'une liquidation finale, être considéré comme un symptôme heureux pour la révolution, toute hausse comme une reculade. Le peuple de Paris ne s'y trompa point. « C'est signe que nos affaires vont bien, disait-il, quand il y a baisse là-bas ! » Le Gouvernement provisoire, la Commission exécutive et la Constituante furent d'avis contraire. Dès ce moment ni la révolution ni la république n'avaient une raison suffisante d'existence : elles disparurent.

Depuis que le 10 décembre 1848, et plus encore le 2 décembre 1851, ont donné à la nation la certitude que la pensée révolutionnaire est jusqu'à nouvel ordre évincée, et que les anciens rapports du Capital et du Travail seront maintenus *in statu quo*, la Bourse a repris sa signification accoutumée, la Spéculation est redevenue ce qu'elle avait toujours été, essentiellement conservatrice, et son influence sur le pouvoir a pris un nouvel essor. Son opinion, exprimée en francs et centimes, fait loi et supplée au silence des journaux.

Le bruit court-il que le gouvernement impérial, plus hardi que celui du roi citoyen, se propose de revendiquer la frontière rhénane, d'envahir la Belgique, le duché de Trèves, de réparer le désastre de Waterloo, voire même d'opérer une descente sur la côte d'Angleterre : un avertissement est donné au pouvoir par la Bourse : les fonds baissent, les *on dit* circulent, l'inquiétude se propage, jusqu'à ce qu'une commnnication du *Moniteur*, démentant ces bruits absurdes, vienne témoigner des intentions pacifiques du gouvernement et ramener les esprits.

Jadis tout se faisait par les femmes, aujourd'hui tout se règle par les intérêts. Une rumeur étrange circule et répand la consternation dans le monde privilégié. *La vénalité des offices est en danger !* Le gouvernement, cédant à l'on ne sait quelle inspiration, va doubler le nombre des agents de change et changer la condition du notariat!... Le signal d'alarme est donné : les fonds baissent, les commentaires ne sont point épargnés ; le public, qui croit plus à la Bourse qu'à la fortune de César, se dit que le pouvoir n'a plus la confiance du pays. On ralentit les achats et les ventes, on renvoie les ouvriers, la Grève se peuple d'une tourbe menaçante et désœuvrée. — Le *Moniteur* s'empresse de désavouer des intentions perfides, il accuse la malveillance de ces bruits calomnieux : aussitôt la Bourse répond par des *vivat!* Cinquante centimes de hausse, et l'incident est terminé.

Quelques mesures de police à l'occasion de la mauvaise récolte de 1853 et des achats de blé faits par l'administration font craindre aux spéculateurs que le gouvernement, se faisant l'organe des méfiances populaires, n'entrave la liberté du commerce des grains. On se demande s'il aurait la prétention, avec les fonds du Trésor et la marine militaire, de pourvoir seul au déficit ; s'il serait en mesure de transporter et payer 10 millions d'hectolitres de céréales ? A moins de cela, tout ce que le gouvernement pourrait faire contre la spéculation ne servirait qu'à décourager le commerce et à compromettre l'approvisionnement du pays. La Bourse s'agite ; et bientôt des explications officielles viennent calmer les inquiétudes des négociants et rendre l'essor aux transactions. L'entente devient alors si complète, si cordiale entre la spéculation et le pouvoir, qu'elle servira de thème à la première moitié du message impérial. Ce qui depuis un siècle était passé à l'état d'axiome pour les gens instruits, la libre circulation des grains, exprimé par une bouche souveraine, put paraître encore, au vulgaire de 1854, une marque de la sagesse du gouvernement.

Mais c'est surtout dans la question d'Orient que la tenue de la Bourse va nous paraître instructive, et ses significations à l'État, si l'on nous permet ce style d'huissier, pleines d'intérêt.

Depuis 1840 la question d'Orient sommeillait; et malgré les impatiences de la Russie, la plus proche héritière, peut-être était-il possible de prolonger pendant quelques années encore cette léthargie, d'ailleurs irrémédiable, de l'empire ottoman. Un ambassadeur français, zélé pour la gloire de son prince, peut-être aussi poussé par quelque catholique influence, obtient de la Porte, pour l'empereur Napoléon, un nous ne savons quel droit de protection sur les lieux saints. Chef de l'orthodoxie grecque, le tsar dépêche aussitôt à Constantinople le prince Mentschikoff, protester de son mécontentement et exiger des compensations. La Porte, en effet, en se donnant un nouvel ami et protecteur, élevant le conflit entre les deux Églises, diminuait de moitié l'influence de la Russie sur l'Orient. Le sultan se hâte d'offrir satisfaction; le Russe demande que sa position nouvelle soit garantie par traité. Refus de la Porte, appuyée par l'ambassadeur français; invasion par l'armée russe des provinces moldo-valaques; intervention de la flotte anglo-française. L'Europe est menacée d'une guerre générale. Que va penser, que dira, que fera la Bourse, dernier refuge de l'opinion, suppléant à la fois, par ses variations thermométriques, la tribune et la presse? Suivons ses mouvements : le sens en est plus clair que celui des circulaires de M. Drouyn de l'Huys et des *memoranda* de M. de Nesselrode.

Le taux le plus élevé qu'ait atteint la Bourse de Paris depuis le coup d'État est celui du 16 novembre 1852 : ce jour-là, le 3-0/0 fermait à 85 50 au comptant, 86 75 fin courant; le 4 1/2 0/0 à 106 15 au comptant, 107 90 fin courant. A cette époque, on se préparait aux élections pour l'empire; le *Moniteur* venait de publier les proclamations des réfugiés et le manifeste de Henri V : de telles pièces étaient plus faites pour rallier les intérêts au nouvel ordre de choses que pour leur inspirer le moindre regret. Du reste, rien n'avait été ménagé depuis un an pour rendre aux capitaux la sécurité et l'audace; l'empire, s'annonçant avec les intentions les plus pacifiques, redoublait la ferveur de la spéculation. Napoléon III, disait-on, ne voulait régner que par et pour la rente et le dividende.

Surgit la question d'Orient : sans doute la raison des intérêts va plier devant la raison d'État! Détrompez-vous : comme Catilina poussé au désespoir s'écriait en plein sénat. *Incendium meum ruinâ restinguam*, la puissance qui règne à la Bourse semble dire à celle qui commande aux Tuileries : Si tu me brûles, je t'écrase!...

Dès le 17 mars 1853, quinze jours après l'arrivée du prince Mentschikoff à Constantinople, le 3 0/0 n'était plus qu'à 80 80, le 4 1/2 à 104. Le 21, à la nouvelle du départ de la flotte française pour la baie de Besika, baisse de 2 fr. Les mêmes dépressions se manifestent à chaque nouvelle alarmante, suivies de vigoureuses reprises à chaque éclaircie de l'horizon. Ainsi le 3 0/0, qui était encore six mois après, le 17 septembre, à 76 90, tombait, le 5 octobre, à la suite de publications menaçantes pour l'Autriche dans les journaux anglais, à 72 70, en baisse de 8 fr. 80 c. depuis la mission du prince Mentschikoff; puis tout à coup, à la réception de bulletins défavorables aux Turcs, les fonds remontent, et le 12 décembre, jour où fut connu à Paris le désastre de Sinope, le 3 0/0 fermait à 76 10. Quoi donc! les capitaux français, qui ont applaudi au coup d'État du 2 décembre, qui ont accueilli par une hausse énorme la nouvelle du rétablissement de l'empire, seraient-ils, en moins d'un an, devenus, comme en 1814, partisans de l'étranger?...

Qui le croirait méconnaîtrait l'essence et le génie du capital.

Le capital est cosmopolite : il ne connaît ni rivalités d'États, ni haine de religions ou de races. Que lui fait par exemple le Saint-Sépulcre? Il se soucie bien de cette relique!... Vous lui parlez des chrétiens d'Orient. Est-ce, demande-t-il, qu'ils n'eussent pas été protégés tout aussi bien et même mieux par l'empereur des cosaques que par celui des Français? — Mais, observez-vous, il s'agit de faire prévaloir l'orthodoxie latine sur l'orthodoxie grecque. — La pièce de 5 fr., comme la loi, est athée, répond le capital. — Quoi ! vous ne voyez pas que le protectorat des Russes serait pour la Sublime-Porte la perte de sa souveraineté? — C'est l'affaire de la Porte. Tout État qui ne conserve pas assez de vitalité pour subsister sans protection mérite son sort. Cette maxime est celle du pays qui connaît le mieux le gouvernement des intérêts, de l'Angleterre. — Mais l'équilibre européen? — Que la France, que l'Angleterre et *tutti quanti* se joignent à la Russie, alors, et prennent leur part du cadavre. Deux ou plusieurs quantités augmentées d'une quantité égale conservent entre elles le même rapport qu'auparavant : c'est de la comptabilité, cela ! Pourquoi ne pas accepter les propositions de Nicolas? — Assassinat, spoliation! Où serait la gloire de la France? — Je ne vous comprends pas, répond le capital...

Toutes ces considérations d'églises, d'équilibre européen, de protection des faibles contre les forts, sont en effet au-dessous et en dehors de la sphère des idées boursières : l'esprit mercantile ne s'abaissera pas jusqu'à elles. En toute chose il n'a que deux éléments d'appréciation, dont il ne se départ jamais : le risque couru, l'utilité du résultat. Que risquons-nous, se dit-il, dans une guerre contre la Russie? C'est que cette guerre, par elle-même déjà si redoutable, se généralise et devienne révolutionnaire. Révolutionnaire ! ce mot dit tout..... Quel avantage, au contraire, pourrons-nous attendre du succès, après une si grande consommation d'hommes et d'argent? Napoléon III lui-même l'a dit, c'est pour lui une question toute de dévouement. En retour de son intervention victorieuse dans le différend turco-russe, la France ne demande à l'Europe que l'honneur de l'avoir servie. D'une part donc, risque énorme de révolution, la banqueroute imminente, la rente flambée ; de l'autre, sacrifices en pure perte, destruction improductive de capitaux, ralentissement du trafic, manque à gagner sur tous les points. Évidemment l'affaire est détestable.

Et maintenant n'est-ce pas la Bourse, toute-puissante

à Londres, Paris, Vienne, Hambourg, Francfort, Amsterdam, qui, après l'envahissement des provinces danubiennes, a forcé les ministres de France et d'Angleterre de déclarer que cet envahissement ne serait pas regardé comme *casus belli?* N'est-ce pas elle encore qui, après l'entrée des flottes dans la mer Noire, a voulu que cette manifestation fût présentée comme un acte de protection pour la Turquie, nullement comme nn fait d'hostilité envers les Russes? Donc que la Porte cède; que le tsar se déclare satisfait, et que tout rentre dans le *statu quo*. Hausse pour la paix, 15 centimes.

Mais les vœux des mortels, même quand ils s'élèvent du sanctuaire de Mammon, sont impuissants contre le destin. Une force supérieure, invisible, inconnue, pèse sur les conseils de l'Europe; et la Bourse, qui parle de résignation, ne peut faire autre chose que rétrograder.

Le 13 décembre, menaces du parti turcophile, à Londres : baisse de 25 cent.

Le 14 et le 15, articles du *Times* hostiles à la Russie : baisse de 95 cent.

Le 16, on parle de la retraite de lord Aberdeen, dernier espoir d'une solution pacifique : baisse de 5 cent.

Le 17, ordre à l'amiral Hamelin d'entrer dans la mer Noire : baisse de 35 cent. Le 3 0/0 reste à 74 50.

Chaque probabilité de conflit est accueillie par une baisse désespérée; chaque dépêche, apportée par le paquebot ou le télégraphe, et révélant une velléité de paix, est saluée par une hausse furieuse. La spéculation agite la diplomatie, qui réagit sur la spéculation. Plus que jamais les hommes d'État protestent de leurs intentions modérées : selon qu'ils se montrent belliqueux ou paisibles, ils reçoivent les applaudissements ou les imprécations des hommes d'affaires. La retraite de lord Palmerston est reçue par 10 cent. de hausse; l'annonce d'un manifeste guerrier de Napoléon par 40 cent. de baisse. La Bourse, mieux que le conseil des ministres, sait ce qu'elle veut et où elle va : ses oscillations sont plus explicites que tous les protocoles. A ses yeux, une rixe entre les deux empereurs serait infailliblement suivie d'une conflagration européenne, guerre de religions, guerre de races, guerre d'États, guerre révolutionnaire! Or, depuis 1848, la Bourse, un instant à la démocratie, est redevenue absolutiste et conservatrice. Peut-elle permettre à ses chefs, rois et empereurs, de se battre?....

Les événements se précipitent : 1854 débute par une baisse de 1 fr. 25 : le 3 0/0 reste à 72 20. En vain les journaux d'opinion républicaine prennent parti pour la guerre, et encouragent de leur appui désintéressé le gouvernement impérial; en vain celui-ci, pour rendre cœur au capital, ordonne une nouvelle transportation de révolutionnaires à Lambessa; en vain on répand la nouvelle d'une dernière conférence, et l'on se berce de l'espérance que le sultan consentira à traiter seul à seul avec le tsar. Le feu est aux poudres; les têtes s'enflamment, la presse patriotique, en France et en Angleterre, fulmine contre l'ambition de Nicolas; défaits en Asie, les Turcs obtiennent quelques avantages sur le Danube. D'oscillation en oscillation, le 3 0/0 tombe, le 2 février, à 67 50.

A ce moment, une étoile de salut semble se lever sur le monde capitaliste, entrepreneur et propriétaire. Le prince Napoléon est envoyé à Bruxelles; une ligue, une sainte-alliance nouvelle est projetée entre la France, l'Angleterre, l'Autriche, la Prusse, la Belgique, la Turquie, et tous les États qui voudront y accéder, contre le tsar. Afin de donner à cette ligue une signification non équivoque, on la proclame tout à la fois contre la Russie et contre la révolution : *ni républicaine ni cosaque*, tel est le mot d'ordre, renouvelé et modifié de celui de Napoléon à Sainte-Hélène, de cette étrange coalition. Le thermomètre de la Bourse répond à la pensée des diplomates : en trois jours, le 3 0/0 monte de 2 fr. 10, à 69 60.

Mais, ô spéculateurs malavisés, ne voyez-vous pas qu'en retournant les rôles, vous vous jetez dans un système illogique, impossible? que si le tsar se présente avec tant de confiance à la lutte, c'est qu'il se sent le représentant de 80 millions de Gréco-Slaves, dont la haine séculaire appelle la fin de l'empire turc, et pour qui l'expulsion des Ottomans est la révolution? que vous prononcer ainsi, et par un même acte, contre la démocratie et le tsarisme, c'est les unir ; que le seul moyen, au contraire, de balancer la révolution en Orient, serait de lui donner satisfaction en Occident ; et que vouloir la refouler dans son double courant par une sainte-alliance insoutenable, c'est entreprendre une tâche plus folle et plus rude que celle des coalisés de 93 ?......

La Bourse, qui tout à l'heure ne voulait rien entendre à la politique d'État, ne saurait être plus touchée de la politique de progrès et de nationalité. Les considérations les plus décisives, les faits les plus écrasants ne produisent sur elle qu'un effet négatif : on peut l'effrayer, on ne la convaincra pas. Elle ira en baisse jusqu'à extinction de capital : elle ne changera pas d'allure et d'opinion. S'allier à la révolution, ce serait embrasser son bourreau. Elle le sait : et plutôt que de s'y résoudre, elle se raccroche à tous les plans, et se résigne à toutes les chances.

Mais, lui criez-vous, vous savez ce qu'il en coûte de combattre une révolution. Voici que déjà le gouvernement demande à la Banque 60 millions ! L'encaisse disparaît, remplacé par la circulation du Trésor. — Hélas ! tant pis, dit la Bourse. Baisse de 90 cent. (8 fév.).

Mais, si vous abandonnez la révolution, craignez que le tsar ne fasse alliance avec elle ; qu'il appelle aux armes tous les brouillons de l'Europe, Hongrois, Polonais, Italiens, comme déjà il vient de faire appel aux Grecs, aux Monténégrins, aux Bosniaques, à ceux de Bulgarie, Servie, Herzégowine ! — Ce serait un grand malheur, répond la Bourse. Baisse de 2 fr. Le 3 0/0 est à 66 (20 février).

Mais cette alliance de la Prusse et de l'Autriche, que vous escomptez depuis huit jours, n'est rien moins qu'assurée. Si la bourgeoisie allemande est hostile à la révolution et aux Russes, la Confédération germanique n'a pas plus d'envie de servir les intérêts anglais : sa politique lui commande la neutralité. — Je le crains fort ! Baisse de 1 fr. 40 cent. (Du 1er au 3 mars.)

Mais ces chrétiens de l'Église grecque, en faveur desquels vous prenez tant de souci, se moquent de votre diplomatie : tout ce qu'ils veulent, comme Manin, c'est que les Turcs, leurs oppresseurs, s'en aillent. — C'est très-fâcheux! Stagnation absolue des affaires, suspension de payements, emprunt de 250 millions. (Du 4 au 14 mars.)

60 millions pris à la Banque, plus 250 millions versés ou à verser par les 98,000 souscripteurs de l'emprunt font déjà 310 millions effectifs que vous coûte la question d'Orient. Ajoutez la suspension générale des affaires, la non-production et la dépréciation, c'est un milliard d'englouti, et vous n'avez pas encore brûlé une amorce. — C'est désespérant! Baisse de 4 fr. 20 cent. (Du 14 au 31.)

3 avril. — Les Russes ont passé le Danube sur trois points différents. Ils occupent toute la contrée entre le Danube et la mer Noire. Prises de Matschin, Isakscha, Babadagh, Hirsova, Kustendjé; marche sur Warna. Attaques furieuses de l'armée russe contre Kalafat : trois redoutes enlevées d'assaut. En même temps, la Russie brûle ses forts sur la côte d'Asie, obstrue les bouches du Danube, ensable les passes dans le golfe de Finlande, fait rentrer à l'intérieur la population de ses villes cotières, et s'apprête à une lutte à outrance. Ce n'est pas un corps de 60,000 hommes qu'il faut pour la réduire, c'est une armée de 500,000! A Londres, lord Aberdeen rend hommage à la bonne foi de Nicolas, à la loyauté du *memorandum* de 1844; à Berlin, M. de Vincke, orateur du côté gauche, opposé à l'alliance russe, déclare le tsar *le premier parmi ses pairs*. Le *Times*, pour consoler la Bourse, calcule que la guerre d'Orient pourra coûter à l'Angleterre 10 millions sterling, 250 millions de fr., par année, pas davantage. MM. Bright et Cobden accusent les ministres. — Mon Dieu! s'écrie la Bourse, *qu'allait-il faire dans cette maudite galère?* Baisse de 1 fr. 20. Le 3 0/0 est à 61 70; le 4 1/2 à 88 20. En 17 mois, la baisse totale est de 24 fr. sur le 3 0/0, et de 18 sur le 4 1/2......

A quoi servirait de prolonger ce commentaire? Il est visible que les intérêts, tels que les a reconstitués le 2 décembre, après avoir forcé le gouvernement impérial à se déclarer tout à la fois contre le tsar et contre la révolution, se sentent engagés dans une politique sans issue, et que leur vœu secret est d'en finir au plus vite par le sacrifice de l'empire ottoman, et un concordat amiable entre les puissances *protectrices*, la Russie, l'Autriche, la Prusse, la France et l'Angleterre. Déjà le gouvernement anglais, par le ministère de son ambassadeur, a fait savoir à la Porte qu'elle eût à opter entre l'abandon des *principes erronés du Coran* et la retraite de ses puissants alliés, le suicide ou la mort!... Que Paskewitch se dépêche donc d'en finir avec l'armée turque, pendant que les Anglo-Francs occupent Constantinople : alors il ne restera plus qu'à négocier, et la Bourse montera de 10 fr. (Du 3 avril au 1er juin.) Une fois de plus, le fait accompli aura tranché le nœud gordien de la politique; la Turquie anéantie, par les ravages de ses ennemis, les exigences de ses alliés, l'insurrection de ses sujets, la peur des révolutionnaires, on procédera au partage; et tous ensemble, le tsar Nicolas, les empereurs Ferdinand et Napoléon, le roi Frédéric-Guillaume et la gracieuse Victoria auront sauvé, par l'inspiration de la Bourse, la civilisation occidentale et l'équilibre européen!...

Tel était, nous osons le dire, en 1855, le vœu secret de la Bourse, vœu parfaitement calculé, s'il laissait à désirer au point de vue de l'humanité et du droit. La fortune en a décidé autrement. L'armée russe, dévorée par les maladies et les fatigues, n'a pu entamer l'empire ottoman, et nos soldats ont emporté la moitié de Sébastopol. Force a donc été aux puissances belligérantes de reprendre haleine : mais la paix de Paris ne résout rien, n'est qu'une suspension d'armes. Malgré toutes les excitations, la Bourse, qui y voit de plus loin que les hommes d'État, ne s'est pas relevée : le 3 0/0 est aujourd'hui, 10 novembre 1856, à 66...

4. Moralisation de la Bourse.

Par la nature même des choses, la Spéculation est ce qu'il y a de plus spontané, de plus incoercible, de plus réfractaire à l'appropriation et au privilége, de plus indomptable au pouvoir, en un mot de plus libre. Infinie dans ses moyens, comme le temps et l'espace, offrant à tous ses trésors et ses mirages, monde transcendant, que l'Ordonnateur souverain a livré aux investigations des mortels, *tradidit disputationibus eorum*, plus d'une fois le pouvoir, sous prétexte de moralité publique, a essayé d'étendre sur elle sa main réglementaire, et toujours elle l'a convaincu d'ineptie et d'impuissance. Que la presse soit muselée, la librairie tarifée, la poste surveillée, la télégraphie exploitée par l'État : la Spéculation, par l'anarchie qui lui est essentielle, échappe à toutes les constitutions gouvernementales et policières. Entreprendre de placer, sur ce dernier et infaillible truchement de l'opinion, un abat-jour, ce serait vouloir gouverner dans les ténèbres d'Égypte, ténèbres si épaisses, au dire des rabbins, qu'elles éteignaient les lanternes et les bougies !

Comment, par exemple, interdire les *marchés à terme ?*

Pour défendre les *marchés à terme*, il faudrait arrêter les oscillations de l'*offre* et de la *demande*, c'est-à-dire garantir à la fois au commerce la production, la qualité, le placement et l'invariabilité du prix des choses ; annuler toutes les conditions aléatoires de la production, de la circulation et de la consommation des richesses ; en un mot, supprimer toutes les causes qui excitent l'esprit d'entreprise : chose impossible, contradictoire. L'abus est donc indissolublement lié au principe, à telle enseigne que, pour atteindre l'abus, par toutes voies de prévention, coercition, répression, interdiction, exception, on fait violence au principe ; pour se guérir de la maladie, on se tue.

Il n'y a pour une société, pour un gouvernement, qu'une manière de mettre fin aux abus de la spéculation boursière : c'est, pour les fonds publics, et généralement pour tous placements de capitaux, d'organiser l'amortissement des dettes, ce qui implique une autre organisation du crédit ; en second lieu, de rendre cet amortissement facile par la réduction indéfinie de l'intérêt ; enfin, de faire de l'amortissement, comme autrefois de l'intérêt, la condition *sine quâ non* de tout emprunt, tant privé que public ; — pour les chemins de fer, les canaux, les mines, les assurances, la Banque, etc., de liquider les sociétés existantes, et de remplacer la commandite des capitalistes par la mutualité des industries et l'association des travailleurs ; — pour les affaires de commerce et de change, d'abolir le monopole des offices et tous priviléges d'intermédiaires ; d'opposer aux efforts de l'agiotage la garantie puissante d'établissements spéciaux fonctionnant pour le compte des communes et du pays ; par ce moyen, de créer un vaste système de publicité, de balance et de contrôle qui déjouerait toutes les ruses de la spéculation improductive.

Mais cette heureuse révolution ne semble pas encore mûre ; l'opinion, celle du moins des intérêts qui pourraient parler, ne l'appelle nullement. Quant aux intérêts qui ne parlent pas, outre que leur silence s'interprète dans le sens des premiers, qui ne sait que tout ce que nous pourrions dire en leur faveur serait accusé d'utopie et de tendance révolutionnaire, et comme tel non avenu?...

Toutefois, s'il n'y a pas lieu d'espérer, quant à présent, que ni le gouvernement prenne l'initiative de cette réforme, ni le pays émette à cet égard un simple vœu, il peut se faire que l'excès du mal amène le remède, et, comme toutes les institutions vieillies, que la spéculation se purge par l'exagération même et la corruption de son idée.

L'institution des Bourses, dans les centres de commerce et d'industrie, imposait à la bourgeoisie française un triple devoir : envers elle-même, envers les classes travailleuses et pauvres, envers l'État.

Envers elle-même, la bourgeoisie avait à surveiller le mouvement des valeurs mobilières et immobilières, en empêcher la dépréciation et en maintenir l'équilibre ; prévenir les fraudes commerciales, les contrefaçons ; démasquer le charlatanisme, assurer la libre concurrence, combattre le monopole ; conserver, augmenter les fortunes particulières engagées dans les diverses branches de la production ; encourager les entreprises sérieuses, mettre un frein à l'esprit d'aventure, réfréner l'usure, organiser le crédit, stigmatiser et flétrir toute spéculation de pur agiotage, toute fortune acquise par des moyens que réprouve la délicatesse et que condamne un système de garanties réciproques et de loyales transactions.

Envers les travailleurs, l'initiative de toutes les mesures générales qui peuvent affecter le bien-être et l'éducation des masses lui revenait : organisation de l'apprentissage; soutien, amélioration, équilibre des salaires; facilités offertes à l'étude; police et garantie des subsistances, diminution des loyers, admission des ouvriers en participation des bénéfices, création d'un patrimoine populaire, élévation et équation progressive de toutes les classes de citoyens...

Envers l'État, il lui appartenait de procurer, au moyen d'une baisse soutenue des fonds publics, motivée sur le développement d'une commandite lucrative, l'amortissement de la dette; de régir la douane, l'impôt, la diplomatie; de couvrir les emprunts, d'empêcher l'aliénation du domaine, et de mettre un frein au favoritisme des subventions, concessions, octrois de priviléges et de primes, qui sont la ruine des gouvernements et le chancre des sociétés.

Pour une bourgeoisie intelligente, généreuse et probe, la Bourse eût été le parlement duquel seraient émanés chaque jour des décrets plus efficaces que toutes les ordonnances des ministres et les lois votées par quatre cent cinquante-neuf représentants. Il n'est police, armée ni tribunaux qui eussent pu se comparer à cette force de la spéculation pour le maintien de l'ordre. Sous un tel régime, le pays avait la possession absolue de lui-même : la non-confiance devenait impossible.

La bourgeoisie, il faut l'avouer, est loin d'avoir compris ces hautes et nobles fonctions. Saisie d'une fièvre de spéculation agioteuse, avide de concessions, de subventions, de priviléges, de primes et de monopoles, elle a considéré la fortune publique comme une proie qui lui était dévolue; l'impôt comme une branche de son revenu; les grands instruments du travail national, chemins de fer, canaux, usines, comme les gages de son parasitisme; la propriété, comme un droit de rapine; le commerce, l'industrie, la Banque, comme des façons naturelles d'exploiter le peuple et de pressurer le pays. A force de prélibations, d'anticipations, de réalisations, d'usures, d'escomptes, elle donne au monde le spectacle d'un débauché qui, au lieu de faire valoir en bon père de famille l'héritage de ses ancêtres, améliorant le fonds et ne consommant qu'une partie du revenu, dévore tout en viager.

N'est-il pas monstrueux, en effet, de voir cette opération si utile, si morale, quand elle ne s'applique qu'à de médiocres valeurs, à de courtes échéances, l'*escompte*, devenu général et systématiquement appliqué à des opérations dont l'importance se compte par centaines de millions, et la durée de 50 à 99 ans? Une ligne de fer est à peine concédée par le gouvernement, que les premiers souscripteurs, portant leurs titres à la Bourse, les vendent avec prime, *réalisent* : le produit de vingt, trente et quarante années est escompté, encaissé comme si déjà il existait, livré au parasitisme, qui se gorge sans vergogne, à la barbe du prolétaire confondu. Les prodigalités, les dilapidations, les anticipations, qui amenèrent la chute de la monarchie en 89, amèneront tôt ou tard la faillite de la bourgeoisie : déjà la Bourse, aux yeux d'un observateur attentif, en manifeste les symptômes, et la Bourse ne trompe jamais :

Cet oracle est plus sûr que celui de Calchas.

De ces mœurs nouvelles, irrémédiables, qui infectent notre bourgeoisie, sont nés le dégoût du travail, l'incapacité dans les affaires sérieuses, la surexcitation de l'avarice, l'abaissement des consciences, et ces inspirations de la lâcheté qui, depuis 1830, refluant sans cesse des classes moyennes vers les régions supérieures, caractérisent la politique de nos déplorables ministères. Louis-Philippe fut le grand procurateur de cette politique, qui malheureusement n'a pas pris fin avec son règne..... Que la bourgeoisie exalte ce roi et le canonise : elle n'a pas le droit de l'accuser. Mais la France lui doit la dépravation de ses mœurs, l'éclipse de son génie, l'avilissement de son nom, une évolution républicaine sans énergie, sans idée et sans gloire, et peut-être, dans un avenir que nul n'oserait dire éloigné, la perspective d'une révolution sociale.

L'antique haine, qui sous la vieille monarchie s'attachait

au traitant, s'est généralisée : elle frappe, comme une réprobation, le monde bourgeois. L'ouvrier, enfermé dans le cercle étroit des salaires, a deviné le secret de tant de scandaleuses opulences. Il ne se dit point que le patronat, qu'il déteste, a aussi ses amertumes ; que tout n'est pas vol dans la richesse acquise par des entreprises périlleuses, par des spéculations utiles, par une action loyale et intelligente des capitaux ; et qu'après tout, la modeste existence d'un ouvrier habile, rangé et irresponsable, vaut autant pour la réalité du bien-être que la fortune plus ou moins factice d'un entrepreneur consumé d'ennuis et de veilles. L'ouvrier enveloppe de sa haine socialiste tout ce qui dépasse sa condition, et qu'il s'est accoutumé, sans justice, mais par la faute des classes supérieures, à regarder comme ennemi.

La scission entre la bourgeoisie et le prolétariat, de jour en jour plus apparente, est, on peut le dire, irrévocable. Nous en avons dit les causes fatales : ce sont les abus qui accompagnent la Production dans ses quatre facultés essentielles, le Travail, le Capital, l'Échange, et, par-dessus tout, la Spéculation. En traçant, d'une plume rapide, le rôle que le cours du siècle et la nécessité des choses imposent à la classe bourgeoise, nous avons indiqué sommairement aussi le remède au cataclysme révolutionnaire qui menace d'engloutir la France. L'objet de ce travail ne nous permet pas de pousser plus loin nos investigations.

Notre but, en offrant au public cet abrégé de la statistique spéculative, a été de servir les intérêts de toute nature que peuvent compromettre, sans qu'ils s'en doutent, les fluctuations boursières. Le rentier, qui vit sur la foi de son inscription ; l'actionnaire, qui compte sur son dividende ; le propriétaire foncier, dont l'avoir est tout en terres et en maisons ; le commerçant, dont la sécurité repose sur l'éventualité des bénéfices ; le père de famille, qui cherche, pour l'établissement de ses fils, pour la dot de ses filles, le placement le plus solide et le plus productif ; tous ceux dont la fortune est engagée, soit dans les fonds publics, soit dans les entreprises industrielles, soit dans des propriétés rurales ou urbaines, et qui trop souvent oublient que cette fortune change incessamment, tant en capital qu'en intérêts, par les mouvements quotidiens de la Bourse; tout ce monde, étranger pour la plupart à la spéculation, a besoin cependant d'en connaître à peu près les objets, d'en observer les oscillations et d'en prévoir les résultats. Tous, tant que nous sommes, jusqu'au simple journalier, nous gagnons ou nous perdons chaque jour quelque chose à la Bourse : pour l'un c'est le capital qui s'accroît de valeur ou se déprécie, pour l'autre c'est le revenu ; pour celui-ci c'est le prix de ses marchandises, pour celui-là c'est la valeur des matières premières; pour tous c'est la mercuriale des subsistances qui monte ou qui baisse, et par conséquent le salaire qui diminue ou qui augmente.

Un *Manuel du Spéculateur* doit contenir :

1° Les lois qui régissent la Bourse et ses divers agents, le sens général et le détail des opérations, leur moralité, leur influence, les combinaisons de vente et d'achat, l'époque et le mode des liquidations, en un mot, les formes, rubriques et procédures de la Spéculation ;

2° Une notice claire et complète des effets formant la matière de la Spéculation ; leur origine, leur gage, leur valeur réelle, c'est-à-dire une monographie de chaque espèce de fonds cotés au parquet.

Notre ouvrage se divise donc en deux parties principales : 1° *Formes de la Spéculation* ; 2° *Matière de la Spéculation*.

PREMIÈRE PARTIE.

FORMES DE LA SPÉCULATION.

CHAPITRE PREMIER.

Tenue, police et administration de la Bourse.

L'institution de la Bourse est ainsi déterminée par le Code :

« La *Bourse de commerce* est la réunion, — qui a lieu sous l'autorité du roi, — des commerçants, capitaines de navires, agents de change et courtiers. » (Code de commerce, art. 71.)

On appelle aussi *Bourse* le lieu où se tient cette réunion.

« Le gouvernement pourra établir des Bourses de commerce dans tous les lieux où il n'en existe pas et où il le jugera convenable. » (Loi du 28 ventôse an IX, art. 1er.)

Selon la définition de la loi, la Bourse est une assemblée de marchands, traitant d'affaires sérieuses. Or les réunions de ce genre ne sont pas une innovation moderne ; elles sont nées avec le négoce même. Sous une appellation ou sous une autre, on en trouverait des traces chez les peuples de l'antiquité, les Phéniciens, les Grecs, les Carthaginois, les Romains, ainsi qu'au moyen âge, chez les Génois, les Vénitiens, les Hollandais, les Portugais, les Anglais, chez toutes les nations enfin qui ont dû leur richesse et leur importance au commerce de mer et aux transactions avec l'étranger.

A Rome, 500 ans avant Jésus-Christ, il existait une assemblée des marchands, *Collegium mercatorum*, dans laquelle on peut fort bien voir une Bourse.

Il existe une ordonnance de Philippe le Bel (1304), qui assigne aux opérations de *change* le pont qui en conserve encore le nom. Mais c'est à Bruges, dit-on, que la Bourse fût ainsi nommée pour la première fois. La Bourse de Toulouse remonte à 1549 ; celle de Rouen à 1566.

Il ne faut pas prendre la date des édits et règlements pour celle de l'institution même. Les lois, en matière commerciale surtout, ne créent rien, elles définissent et réglementent un état de choses déjà existant : voilà tout.

L'établissement *légal* de la Bourse est de septembre 1724, quatre ans après la chute du système de Law. Elle se tenait alors à l'hôtel de Nevers. Fermée le 27 juillet 1793, elle rouvrit au Louvre le 10 mai 1795. Fermée de nouveau le 13 décembre de la même année, elle fut rétablie, le 12 janvier suivant, dans l'église des Petits-Pères, puis transférée, le 7 octobre 1807, au Palais-Royal, et le 23 mars 1818, sur le terrain des Filles-Saint-Thomas, dans un hangar qui ne pouvait être que provisoire. Les frais de construction du palais actuel de la rue Vivienne ont été couverts en partie par les souscriptions des commerçants et des agents de change ; le gouvernement et la ville ont payé le surplus. L'inauguration a eu lieu en 1826, le 6 novembre.

La propriété du monument a été réglée par la loi du 10 juin 1829, ainsi conçue :

« Article unique. — Le ministre des finances est autorisé à abandonner en toute propriété, au nom de l'État, à la ville de Paris, l'emplacement occupé par le palais de la Bourse et ses abords, ainsi que les constructions élevées aux frais du gouvernement et les terrains acquis par l'État pour cette destination, ou provenant de l'ancien couvent des Filles-Saint-Thomas, et qui se trouvent en dehors des alignements soit du palais, soit de la place. Au moyen de cet abandon, la ville de Paris devra faire terminer à ses frais le palais de la Bourse et ses abords, et demeurera seule chargée de leur entretien. »

Les besoins du commerce, qui avaient fait instituer les foires et les marchés périodiques, ont donné naissance, avons-nous dit, à l'institution des Bourses. Seulement elles ne pouvaient, suivant la nature des choses et le développement des transactions, venir qu'en dernier ; il fallait qu'au préalable le change et le crédit eussent pris des proportions assez considérables pour permettre aux négociants de stipuler et d'échanger sur de simples titres, et de faire une partie notable des affaires avec du papier.

En effet, dans les foires et marchés on vend et on achète des denrées en nature ; il y a livraison matérielle des objets. A la Bourse, rien de pareil : ni marchandises, ni échantillons. Les conventions s'établissent sur des titres tels que lettres de change, connaissements, actions de chemins de fer, obligations, etc. C'est la sublimation ou quintessence du commerce. Aussi les juifs ont-ils été les créateurs des Bourses chez les nations modernes.

Dans la plupart des cas, les titres sont tout l'objet de la transaction. Cependant il se fait aussi, ou plutôt il se faisait autrefois, des ventes et des achats de marchandises, telles que cotons, savons, suifs, fers, huiles, sucres, cafés, trois-six, etc. Seulement, à la différence des foires, la livraison ne s'effectue jamais au lieu même du marché. On convient du prix à la Bourse, on livre à l'entrepôt ou chez le commissionnaire.

Aujourd'hui, c'est principalement dans les villes d'entrepôt et d'arrivages, comme le Havre, Marseille, Bordeaux, dans les districts manufacturiers et agricoles, comme Lyon, Rouen, le Languedoc, l'Alsace, que le jeu sur les marchandises s'est concentré. Bien que ce genre d'agiotage soit le contre-coup des jeux de Bourse, il n'entre pas dans le cadre de notre sujet d'en décrire les procédés, qui au surplus se résument presque tous en des coalitions de capitalistes détenteurs de matières premières ou acquéreurs de tout le disponible et de toute la production pendant trois mois, six mois, un an et plus.

Nombre d'institutions, sans changer de nom, se transforment et se modifient parfois au point de devenir méconnaissables en moins d'un demi-siècle. La suite de ce traité nous montrera qu'il n'en est point autrement de celle qui nous occupe. C'est à peine si les spéculateurs d'aujourd'hui se doutent qu'il y a des courtiers de marchandises attachés à la Bourse. Les transactions honnêtes ont dû céder la place à l'agiotage parasite. Le jeu, qui était l'exception, est devenu la règle. Quoi qu'il en soit, la création des Bourses a répondu, dans le principe, à un besoin impérieux du commerce, et elles ont été, comme les comptoirs, les factoreries, les banques, un auxiliaire puissant du crédit et des relations internationales.

Un fait constant, mais qui ne nous étonnera pas, c'est que dès avant 89, comme après, le gouvernement n'a cessé de prendre toutes les précautions imaginables contre ce public agiotant et spéculant, dont il redoute par-dessus toute chose la critique, dont il ne cesse par conséquent de solliciter la faveur. La Convention, dans sa logique dictatoriale et avec ses façons sommaires, pensa que si la Bourse était le centre de manœuvres suspectes, le plus simple était de la fermer. Il en fut ainsi, en effet, jusqu'au 6 floréal an III, où un décret de la même assemblée ordonna de la rouvrir.

Aux termes de l'article 28 de l'arrêt du 24 septembre 1724, les particuliers qui voulaient acheter des effets publics ou commerçables, devaient remettre, *avant l'heure de la Bourse*, l'argent ou les effets aux agents de change. Le législateur avait cru prendre par là une garantie contre le jeu. La loi du 13 fructidor an III (30 août 1795) se montra plus explicite encore. Considérant que « les négociations de la Bourse n'étaient plus qu'un jeu de primes, où chacun vendait ce qu'il n'avait pas, achetait ce qu'il ne voulait pas prendre, et où l'on trouvait partout des commerçants et nulle part du commerce, » elle défendit, sous des peines très-sévères (deux ans de détention, exposition publique avec écriteau sur la poitrine portant ce mot : AGIOTEUR, et confiscation, au profit de l'État, des biens du condamné), de vendre des marchandises ou effets *dont on ne serait pas propriétaire au moment de la transaction*. — Un autre arrêté du 5 ventôse an IV (21 février 1796), dans le but d'assurer l'exécution de la précédente loi, exigea que tout marché conclu par un agent de change ou un courtier fût proclamé à haute voix, enregistré par le crieur, avec indication du nom et du domicile du vendeur, ainsi que du dépositaire des effets ou espèces, afin que la police pût *vérifier l'existence des objets vendus*. Le même arrêté n'admettait à la Bourse que les agents de change ou courtiers de marchandises légalement nommés, et les banquiers et négociants qui, indépendamment de leur patente et de la quittance de leur part dans l'emprunt forcé, justifieraient, par un certificat de leurs municipalités, qu'ils avaient maison de banque ou de commerce en France, et domicile fixe.

Mais la légalité, dans sa lutte contre l'agiotage, a toujours eu le dessous. De guerre lasse, l'autorité, par l'arrêté du 27 prairial an X (16 juin 1802), abrogea l'obligation de désigner le vendeur et l'acheteur, ouvrit la Bourse à tous les citoyens, même aux étrangers, et renonça à exiger qu'on justifiât de la propriété des objets vendus ou échangés.

Toutes les ordonnances sur la matière, depuis 1724 jusqu'à nos jours, sont d'accord sur ce point qu'il ne peut être fait aucune négociation d'effets commerçables en dehors du local et des heures qui y sont affectés. L'autorité voulait absolument avoir l'œil sur les boursiers : l'expérience de cent trente années doit lui avoir appris que si son inspection est parfaitement motivée, elle est tout à fait impuissante.

« Défend Sa Majesté, dit l'arrêt du 24 septembre 1724, de faire aucune assemblée et de tenir aucun bureau pour y traiter de négociations, soit en maisons bourgeoises, hôtels garnis, cafés, limonadiers, cabaretiers, et partout ailleurs, à peine de 6,000 livres d'amende contre les contrevenants... Et seront tenus les propriétaires ou les principaux locataires, aussitôt connaissance de l'usage qui sera fait de leurs maisons en contravention au présent article, d'en faire déclaration au commissaire du quartier, à peine de 6,000 livres d'amende. »

Les arrêtés de 1781, de 1785 et la loi du 13 fructidor an III sanctionnent par des peines encore plus sévères les prohibitions précédentes. Un décret du 27 prairial an X renouvelle les mêmes dispositions. Il n'est rien de pire pour un gouvernement que de ne savoir ou ne pouvoir se faire obéir. En 1819 et 1823, le préfet de police renouvelle aux agioteurs ses injonctions sévères : il aurait pu continuer sur ce pied en 1824, 1825, etc., sans obtenir plus de résultats. L'agiotage est inséparable de la spéculation sérieuse, comme l'abus de la propriété.

Le gouvernement de Louis-Philippe, en philosophe qui subit ce qu'il ne peut empêcher, ferma les yeux sur les réunions du café Tortoni et du passage de l'Opéra. Mais en 1849, M. Carlier, ayant prétendu que force devait rester à la loi, fit fermer le cercle du boulevard des Italiens. Chassés par la porte, les spéculateurs rentrèrent, comme on dit, par la cave : depuis 1853, la police a fourni contre eux deux campagnes, d'abord en les dépistant du passage de l'Opéra, ensuite du Casino où ils s'étaient réfugiés en dernier lieu. Devant les sergents de ville, les contrevenants semblaient s'être résignés. Mais voici qu'ils tiennent leurs réunions ambulantes sur l'asphalte du boulevard, et jamais la spéculation coulissière ne s'est livrée plus tranquillement à ses manœuvres.

La police de la Bourse appartient, à Paris, au préfet de police; aux commissaires généraux de police dans les places de Lyon, Marseille, Bordeaux ; aux maires dans les villes où il n'y a pas de commissaires spéciaux.

« Aucun pouvoir militaire, dit la loi du 28 vendémiaire an IV, n'exercera de fonctions dans l'intérieur de la Bourse, qui ne sera soumise qu'à la surveillance de la police administrative. »

Un commissaire assiste, à Paris, à chaque séance.

« La Bourse est ouverte à tous les citoyens et même aux étrangers. » (Arrêté du 27 prairial an X.) — « Nul commerçant failli ne peut s'y présenter, à moins qu'il n'ait obtenu sa réhabilitation. » (Code de comm., art. 614.)

L'entrée en est également interdite aux individus condamnés à des peines afflictives et infamantes. L'arrêt de 1724 défendait aux femmes d'entrer à la Bourse, pour quelque cause et prétexte que ce fût. L'arrêté de prairial an X maintint implicitement cette exclusion, en n'y admettant que les personnes jouissant de leurs *droits politiques*. Aucune loi n'est venue jusqu'ici abroger cette prohibition, et elle continue de rester en vigueur. C'est un paragraphe à ajouter au chapitre de l'émancipation de la femme.

Depuis le 1er janvier 1857, un droit d'entrée a été établi à la Bourse par la municipalité de Paris : ce droit est de 1 fr. par personne, et de 50 centimes par abonnement.

Le produit de cette taxe, pendant le mois de janvier 1857, a été de 120,000 fr., soit, pour 26 jours de Bourse, en ne tenant pas compte de la différence de l'abonnement, 4,615 fr. par jour : ce qui porte le nombre des habitués quotidiens à 5,000 au moins en moyenne : il n'était pas, il y a dix ans, de 500.

« A Paris, dit l'arrêté de prairial précité, le préfet de police règlera, de concert avec quatre banquiers, quatre négociants, quatre agents de change et quatre courtiers, désignés par le tribunal de commerce, les jours et heures d'ouverture, de tenue et de fermeture de la Bourse. — Dans les autres villes, le commissaire général de police ou le maire fera cette fixation de concert avec le tribunal de commerce. »

L'ordonnance de 1809 n'accordait qu'une heure pour la négociation des effets publics, et deux heures pour les affaires de commerce. Ces dispositions restèrent en vigueur jusqu'au 12 janvier 1831, où il fut accordé deux heures pour les effets, et trois heures pour les marchandises.

Aujourd'hui la Bourse est ouverte de une heure à trois à la spéculation sur les fonds, et de trois heures à cinq aux transactions commerciales. L'ouverture et la fermeture s'annoncent au son de la cloche. Il est interdit de faire aucune négociation de titres ou de commerce hors des heures fixées par le règlement. A cinq heures un quart, les agents de police font évacuer la salle.

On appelle *parquet* l'endroit interdit au public. C'est, à Paris, l'espace circonscrit par les deux balustrades circulaires entre lesquelles se trouvent les agents de change, qui seuls ont le droit d'y pénétrer.

La *coulisse* n'est point, comme le parquet, un lieu déterminé dans la salle. Ce mot n'a de sens qu'au figuré. On dit *les opérations de la coulisse*, par opposition aux *opérations du parquet*, pour désigner les transactions qui se font sans le ministère des agents de change.

Le cours des négociations doit être crié à haute voix, chaque fois qu'il s'agit d'effets publics (ordonnance du 2 thermidor an II, 21 juillet 1801). Il n'en était pas ainsi sous l'empire de l'ordonnance de 1724 : l'article 15 défendait d'annoncer le prix des effets à haute voix, « afin d'établir l'ordre et la tranquillité, et que chacun pût faire ses affaires sans être interrompu. » Mais alors la loi n'admettait pas que vendeurs ou acheteurs eussent la faculté de donner des ordres pendant la Bourse : on ne devait négocier que des effets *préalablement déposés* chez les officiers publics.

« Le résultat des négociations et des transactions qui s'opèrent dans la Bourse, dit le Code de commerce, détermine le cours du change, des marchandises, des assurances, du fret ou nolis, du prix des transports par terre ou par eau, des effets publics et autres dont le cours est susceptible d'être coté. » (Art. 72.)

Ici la pratique dément considérablement la théorie. Les affaires sérieuses se retirent de plus en plus de la Bourse, à mesure que le jeu y prend des proportions plus gigantesques. Le change est rentré dans les attributions des banques et des comptoirs d'escompte ; les ventes sérieuses de marchandises se font dans les fabriques, les entrepôts ou par les commissionnaires ; les assurances ne figurent au parquet que pour y faire coter leurs actions ; il en est de même de la batellerie et des chemins de fer. En sorte qu'il ne reste guère à la Bourse que les fonds publics et les actions des entreprises industrielles ; encore, dans la masse des transactions quotidiennes qui s'y font en deux heures, en trouverait-on à peine une sur dix mille de sérieuse.

CHAPITRE II.

Intermédiaires officiels des opérations de Bourse : Agents de change et Courtiers.

« La loi, dit l'article 74 du Code de commerce, reconnaît, pour les actes de commerce, *des agents intermédiaires*, savoir les agents de change et les courtiers. »

La révolution de 89 trouva ces professions, comme toutes les autres, organisées en privilèges. Il n'était pas extraordinaire que les offices fussent monopolisés quand l'industrie et le commerce étaient eux-mêmes constitués en corporations. Toutefois ce fut seulement au mois de mars 1791 que la loi rangea dans le domaine commun les professions d'agent de change et de courtier. Dès lors chacun fut libre d'embrasser ces carrières, à la charge, bien entendu, de se pourvoir d'une patente et de se conformer aux règlements sur la matière.

Cette liberté ne fut pas de longue durée; le 28 vendémiaire an IV, le privilége fut rétabli, sous prétexte que « la liberté et la sûreté du commerce ne pouvaient être confondues avec la licence et le trafic de l'agiotage. » Pour restreindre l'abus on le constituait en monopole! quelle politique! La loi du 28 ventôse an XI vint confirmer celle de l'an IV en déclarant exclusives les fonctions des agents de change et des courtiers dans toute la France.

Le nombre de ces officiers publics est fixé par une ordonnance. La loi du 28 avril 1816 et l'ordonnance du 3 juillet de la même année leur permettent, comme aux notaires, aux avoués, etc., de présenter au gouvernement leurs successeurs, sauf en cas de destitution. Cette présentation se fait moyennant un prix de... au profit du cédant. Rien, comme on voit, en ce qui concerne cette industrie, n'a été changé à l'ancien régime.

Les charges d'agents de change, à Paris, dans les dernières années de la restauration, se vendaient déjà jusqu'à 400,000 fr. A la fin du règne de Louis-Philippe, elles atteignaient le prix de 950,000 fr. Depuis l'empire elles se sont élevées au prix de 1,800,000 fr. Aussi se sont-elles mises depuis longtemps en association. Ce sont les copropriétaires de l'office qu'on désigne sous les noms de quart, de huitième, de seizième d'agent de change selon l'importance de leur participation.

S'agit-il d'établir des agents de change et des courtiers dans une ville où il n'en existe pas encore, ou bien d'en augmenter le nombre dans un lieu où il y en a déjà? le mode de nomination est ainsi réglé par la loi du 29 germinal an IX :

« Le tribunal de commerce de la ville choisira, dans une assemblée générale et spéciale, dix banquiers ou négociants, et pour Paris huit banquiers et huit négociants. Ces citoyens se rassembleront pour former une liste double du nombre d'agents de change et courtiers à nommer. Ils adresseront cette liste au préfet du département, qui pourra y ajouter les noms qu'il voudra, sans excéder toutefois le quart du total. — Le préfet l'enverra au ministre de l'intérieur, qui pourra ajouter un nombre de noms égal aussi au quart de la première liste. Il présentera ensuite la liste entière, avec les propositions, au chef de l'État, qui fera la nomination. »

Tout ce verbiage équivaut à dire que le gouvernement fait les nominations *ad libitum*.

Les conditions de capacité et d'aptitude sont déterminées par différentes lois.

Il faut : 1° être citoyen français ; 2° être âgé de vingt-cinq ans au moins ; 3° n'avoir jamais fait faillite, ou dans ce cas s'être réhabilité ; 4° justifier qu'on a fait le négoce ou qu'on a travaillé dans une maison de banque, de commerce, ou chez un notaire à Paris pendant quatre ans au moins ; 5° fournir un cautionnement (il est de 125,000 fr. à Paris) ; 6° se pourvoir d'une patente et prêter serment à la barre du tribunal de commerce.

Les agents de change de chaque place forment une compagnie, et lorsqu'ils sont en nombre suffisant, ils ont une chambre syndicale.

La compagnie des agents de change de Paris est fixée à soixante membres ; elle est placée dans les attributions du ministre des finances. Celles des autres places sont sous la dépendance du ministre de l'intérieur.

Outre les agents de change, l'article 77 du Code de commerce reconnaît :

« Des courtiers de marchandises ;
« Des courtiers d'assurances ;
« Des courtiers interprètes et conducteurs de navires ;
« Des courtiers de transport par terre et par eau. »

Le décret du 15 décembre 1813 a ajouté « les courtiers-gourmets-piqueurs de vin, » ou dégustateurs.

« Il y a des courtiers dans toutes les villes qui ont une Bourse de commerce. » (Art. 75.)

Cela ne veut pas dire qu'il y aura près de chaque Bourse

des courtiers de chaque espèce. Les interprètes conducteurs de navire, par exemple, ne sont utiles que dans les ports. Il y a pour Paris soixante courtiers de commerce et huit courtiers d'assurances. Le cautionnement des premiers est de 13,000 fr. ; celui des seconds, de 15,000 fr.

Les conditions d'admission, de nomination, de cession d'emploi, d'installation, sont les mêmes que pour les agents de change.

Les agents de change ont seuls, et à l'exclusion de tous autres, le droit de négocier : 1° les effets publics français ; 2° les effets publics étrangers et ceux des compagnies de commerce ou de finance qui sont cotés au parquet par la chambre syndicale ; 3° les lettres de change et tous effets privés qui sont commerçables. Ils font, concurremment avec les courtiers de marchandises, les négociations des matières d'or et d'argent ; mais ils ont seuls le droit d'en constater le cours. Ils ont encore le droit exclusif de constater le cours des effets publics et du change.

Il est bien entendu que le monopole s'applique au courtage et non au commerce. La loi doit être comprise ainsi : Nul autre que les agents de change ne peut s'interposer *comme intermédiaire* dans les spéculations sus-énoncées. Mais les particuliers peuvent contracter directement entre eux, sans intervention aucune, sauf pourtant quand il s'agit d'effets publics. Là, il y a monopole de vente et monopole d'agence tout à la fois ; la négociation ne peut se faire qu'à la Bourse. Les transferts de rente sur l'État sont également réservés aux agents de change. Ils certifient les comptes de retour qui accompagnent les lettres de change et les billets à ordre protestés.

Nous allons maintenant donner un résumé des lois qui concernent ces officiers publics. Nombre de spéculateurs honnêtes, que l'agiotage contemporain scandalise et qui peut-être s'étaient habitués à y voir une tolérance coupable du pouvoir, s'imagineront, en lisant ces textes, que c'est une exhumation de vieux arrêtés tombés depuis longtemps en désuétude. En pratique, ils n'auront pas tort ; en droit, c'est différent.

« Un agent de change ou courtier, dit l'article 85 du Code de commerce, ne peut, *dans aucun cas et sous aucun prétexte*, faire des opérations de commerce ou de banque pour son compte. Il ne peut s'intéresser directement ni indirectement, sous son nom ou sous un nom interposé, dans aucune entreprise commerciale. Il ne peut recevoir ni payer pour le compte de ses commettants. »

L'article 10 de l'arrêté du 27 prairial an X, dont le Code résume et consacre les dispositions, est encore plus explicite.

« Les agents de change et les courtiers de commerce ne pourront être associés, teneurs de livres ni caissiers d'aucun négociant, marchand ou banquier; — ne pourront pareillement *faire aucun commerce* de marchandises, lettres, billets, effets publics et particuliers, *pour leur compte;* — ni endosser aucun billet, lettre de change ou effet négociable quelconque; — ni avoir entre eux ou avec qui que ce soit aucune société de banque ou en commandite; —ni prêter leur nom pour une négociation à des citoyens non commissionnés, sous peine de 3,000 fr. d'amende et de destitution. »

La raison de ces interdictions est facile à comprendre :

« Il ne peut y avoir de sûreté pour le commerçant, dit l'Exposé des motifs, si l'intermédiaire ne conserve pas un caractère de neutralité absolue entre les contractants qui l'emploient. Dès que son intérêt peut être attaché directement ou indirectement à la négociation dans laquelle il s'entremet, il trompe nécessairement une des parties, et souvent toutes les deux. »

Aussi la loi n'admet point de faillites pour ces fonctionnaires.

« En cas de faillite, tout agent de change ou courtier est poursuivi comme banqueroutier. » (Code de comm., art. 89.)

Puisqu'ils ne peuvent faire de marchés, ils ne peuvent rien perdre ; chaque transaction dont ils sont les intermédiaires leur rapporte tant pour cent : ce n'est pas un profit, c'est un honoraire. La faillite de la part de l'agent de change est un vol : le mot de banqueroute est ici trop doux. Aussi l'article 404 du Code pénal dispose-t-il avec raison :

« Les agents de change et courtiers qui auront fait faillite seront punis de la peine des travaux forcés à temps; — s'ils sont convaincus de banqueroute frauduleuse, la peine sera celle des travaux forcés à perpétuité. »

« Toutes négociations *en blanc* des lettres de change, billets à ordre ou autres effets de commerce sont défendues. » (Loi de vendémiaire an IV.)

« Les agents de change et courtiers ne peuvent s'assembler ailleurs qu'à la Bourse, ni faire de négociations à d'autres heures que celles indiquées, à peine de destitution et de nullité des opérations. » (Arrêté du 27 prairial an X, art. 3.)

« Ils ne pourront exiger ni recevoir aucune somme au delà des droits qui leur sont attribués par le tarif, sous peine de concussion. » (Arrêt du 24 septembre 1724.)

« Il leur est défendu de prêter leur ministère pour des *jeux de Bourse*, sur quelques effets que ce soit. » (Lois de l'an IV et de l'an X.)

« L'agent de change doit se faire remettre à l'avance les effets qu'il est chargé de vendre, ou les sommes nécessaires pour payer ceux qu'il est obligé d'acheter. » (Arrêté du 27 prairial an X, art. 13.)

Nouvelle preuve que l'intermédiaire ne peut jamais perdre.

C'est l'interdiction formelle des jeux de Bourse.

Le Code pénal n'est pas moins explicite :

« Art. 421. — Les paris qui auront été faits sur la hausse ou la baisse des effets publics seront punis des peines portées par l'article 419. »

« Art. 422. — Sera réputée pari de ce genre : *toute convention de vendre ou de livrer des effets publics qui ne seront pas prouvés par le vendeur avoir existé à sa disposition au temps de la livraison.* »

De pareilles prescriptions, sauf tout le respect qui est dû à la loi, sont à faire sourire les gens qui ont la moindre connaissance des affaires et de la manière dont se font les transactions boursières.

Voici maintenant quelques dispositions de police relatives aux opérations et aux personnes.

Les agents de change, comme tous les officiers publics, ne peuvent se faire représenter que par un de leurs collègues. Toutefois ceux de Paris sont autorisés à se faire remplacer, pour quelques-unes de leurs fonctions, par un commis principal agréé par la compagnie, et révocable à la volonté tant du représenté que de la Chambre. Il n'a procuration que pour signer des bordereaux et des mandats sur la Banque.

Les agents de change doivent le secret le plus inviolable à ceux de leurs clients qui ne veulent pas être connus.

Ils ne peuvent refuser de signer des reconnaissances des effets qui leur sont confiés.

Ils sont tenus d'avoir un livre revêtu des formes prescrites par l'article 11 du Code de commerce. La tenue de ce livre est assujettie à toutes les prescriptions relatives à la comptabilité commerciale.

Ils doivent remettre aux parties les bordereaux signés d'eux et constatant les opérations dont elles les ont chargés.

Lorsque deux agents de change ont consommé une opération, chacun d'eux doit l'inscrire sur son carnet et le montrer à l'autre.

Les agents de change et les courtiers, en raison de leur privilége, ne peuvent refuser leur concours à ceux qui le réclament pour une transaction légale.

Ils ne peuvent négocier aucun billet ni aucune marchandise appartenant à des personnes dont la faillite est déclarée.

Il leur est interdit de négocier les actions ou obligations des sociétés non constituées ; à plus forte raison, de vendre ou acheter de simples *promesses* d'actions.

Les inscriptions de rentes excédant 1,000 fr. en capital et appartenant à des incapables ne peuvent être aliénées sans autorisation de justice. Même défense pour les actions de la Banque quand il y en a plus d'une. La prohibition du transfert des pensions sur l'État est absolue. Elle l'est également pour les rentes et les actions de la Banque affectées à des majorats.

Les principales circonstances où la responsabilité de l'agent de change offre quelque gravité sont les suivantes :

Il est responsable de la livraison et du payement de ce qu'il a vendu et acheté. C'est le droit, puisqu'il doit posséder à l'avance les effets négociables et les sommes à payer.

Il garantit pour cinq ans la validité des transferts de rente et d'actions de la Banque, en ce qui concerne l'identité du propriétaire, la vérité de sa signature et des pièces produites.

Il est civilement responsable de la vérité de la dernière signature des lettres de change et autres billets qu'il négocie.

Son cautionnement est affecté, par premier privilége, aux créanciers envers qui sa responsabilité a été encourue, et qu'on nomme créanciers pour *faits de charge*. Ils ont également premier privilége sur le prix de l'office, au cas où il devrait être vendu pour couvrir le déficit.

La Chambre syndicale des agents de change est composée d'un syndic et de six adjoints, élus chaque année en assemblée générale, à la majorité absolue des suffrages ; ils sont toujours rééligibles.

Dans les villes où les agents sont en trop petit nombre, moins de six, pour former une Chambre, ils font tous l'office du syndicat.

La Chambre syndicale a pour mission de veiller à ce que ses membres ne s'écartent pas des règlements administratifs auxquels la loi les astreint ; elle peut les censurer et provoquer auprès du ministre leur destitution. — La dénonciation des étrangers qui s'immiscent dans les fonctions d'agents de change lui appartient également. — Elle préside aux liquidations, et délègue deux de ses membres pour y veiller spécialement. — Elle peut intervenir en conciliation quand deux ou plusieurs de ses membres ont entre eux une contestation relativement à l'exercice de leurs fonctions ; mais elle n'a le droit de donner qu'un avis. — Elle donne son avis motivé sur les listes de candidats présentés au gouvernement pour les nominations en cas de vacance. — Celui qui veut disposer de sa charge doit faire agréer son successeur par le syndicat.

La Chambre syndicale a encore pour mission de constater le cours des effets et d'en rédiger la cote. — Aucune valeur nouvelle ne peut se produire avec cours authentique sans son intermédiaire.

Le syndicat représente naturellement les intérêts, les ambitions, les passions de la compagnie, dont il est le bras et la parole. Toute tentative d'envahissement, d'extension d'attributions, cette préoccupation constante des corporations privilégiées, vient par cette voie. Certaines de ses décisions empiètent d'une manière flagrante sur les droits du gouvernement. Ainsi l'affluence des effets publics résultant de la création des chemins de fer a certes porté l'encombrement dans les marchés. Pour parer à cet inconvénient, la Chambre syndicale a imaginé la double liquidation mensuelle. C'est double courtage, doubles reports, au bénéfice des agents de change et au détriment des spéculateurs. Il n'appartenait, selon nous, qu'à l'administration publique de prendre une décision à ce sujet : peut-être aurait-elle résolu la difficulté d'une autre manière, par exemple en augmentant le nombre des offices.

Pendant le dernier trimestre de 1852, l'affluence des spéculateurs était si grande, que les agents de change ne pouvaient suffire à réaliser seulement les ordres au comptant; tel acheteur était obligé d'attendre trois jours et de payer plus cher, si la cote montait, les valeurs qu'il avait demandées. C'était une démonstration patente de l'insuffisance du nombre des agents : l'opinion pouvait s'en émouvoir. Que fit la Chambre syndicale? Elle prit, le 8 novembre, une décision imposant à tout spéculateur à terme une couverture de 150 francs par action de chemin de fer.

Sans doute il y a une loi plus stricte que cela : celle qui oblige l'agent à ne vendre que des titres déposés chez lui et à n'acheter que pour les sommes qu'on lui a remises. Mais, puisque la pratique s'est affranchie de ces prescriptions et qu'elle admet les opérations à découvert, la décision du 8 novembre est un véritable coup d'État.

Le but de cette mesure était d'éliminer les joueurs sans capitaux, non dans l'intérêt de la morale, mais afin de désencombrer la place. Quel en a été le résultat? un peu plus de bénéfice pour les agents. « Vous voyez, disent-ils aux spéculateurs à découvert, nous sommes tenus d'exiger de vous 150 fr. de couverture par action. — Mais les différences n'atteignent jamais ce chiffre; ne pourrait-on s'arranger? — Fournissez-moi une caution : M. X pourra, je crois, faire cette affaire. » Une caution ne s'accorde pas par philanthropie, comme on pense; il faut en payer l'intérêt. C'est tout bénéfice pour ces messieurs. Le gouvernement n'a pas cru à propos de contrecarrer les agents de change en cette occasion, pas plus qu'en la première. Il ne le pouvait pas : le moment n'était pas venu. Il se serait brisé contre la force des choses, s'il l'avait entrepris. La compagnie est un des pouvoirs de l'État. Il ne s'agit plus de lui dénier ce caractère : mieux vaudrait mille fois le lui reconnaître, en le définissant.

Les courtiers de commerce sont intermédiaires entre l'acheteur et le vendeur d'un même endroit, à la différence des commissionnaires, qui représentent des maisons d'une autre localité que celle où ils opèrent. Il peut exister des courtiers, même dans les villes où il n'y a point de Bourse.

La pratique des affaires s'est depuis longtemps affranchie de ce privilége qui, s'il était pris à la lettre, serait un véritable embargo sur les transactions. Il n'existe en réalité que pour les opérations de Bourse, c'est-à-dire pour les spéculations non sérieuses.

La fonction des courtiers d'assurances est de rédiger, concurremment avec les notaires, les contrats ou polices, d'en attester la vérité par leur signature, de certifier le taux des primes pour tous les voyages de mer ou de rivière. (Code de commerce.)

Les charges de courtier ont beaucoup perdu de leur importance depuis que la commandite par actions a pris un développement si considérable. Il est bien plus facile de jouer sur des titres en papier que sur des marchandises.

Les agents de change ont à peu près, en droit sinon en fait, le monopole de toutes les négociations de la Bourse. Le spéculateur ne connaît point le courtier, si ce n'est le *courtier-marron*, dont il sera parlé au chapitre suivant, et dont les fonctions, simplement tolérées, ne sont autres que celles des agents de change eux-mêmes.

DROITS DE COURTAGE.

Par délibération en date du 21 janvier 1856, la Chambre syndicale a fixé comme suit le minimum du droit de courtage dû aux agents de change.

DROITS A 1/8 0/0.

Rentes françaises.
Certificats d'emprunts en rentes françaises.
Bons du Trésor.
Actions de la Banque de France.
Actions du Crédit mobilier.
Actions et obligations du Crédit foncier.
Obligations de la ville de Paris.
Obligations des villes et des départements.
Annuités municipales des ponts.
Actions des canaux.
Actions et obligations des Compagnies de chemins de fer français et étrangers, sauf les exceptions indiquées ci-dessous.
Obligations de la Liste civile.
Actions du Comptoir d'escompte.
Actions des diverses banques et comptoirs français.
Actions et obligations de la Grand'Combe.
Actions et obligations des Mines de la Loire.
Actions de la Caisse hypothécaire.
Actions des Compagnies d'assurances.
Actions de la Compagnie générale des Omnibus.
Actions de la Compagnie parisienne d'Eclairage et de Chauffage par le gaz.
Actions de la Compagnie des Services maritimes des Messageries impériales.
Actions de la Compagnie générale maritime.
Actions de la Société générale de navigation à vapeur (Bazin, Léon Gay et Cie).
Actions de la Banque de Belgique.
Fonds publics étrangers, sauf ceux désignés ci-dessous.

DROITS A 1/4 0/0.

Actions de jouissance et billets de prime des canaux.
Actions de la Banque de Darmstadt.
Actions de la Société de la rue de Rivoli.
Actions du chemin de fer de Manage à Erquelines.
Actions du chemin de fer de Naples à Castellamare.
Actions du chemin de fer de Tarragone à Reuss.
Toutes les actions de sociétés particulières non désignées ci-dessus.
Emprunt d'Haïti.

Emprunt prussien de 1832.
Lots d'Autriche.
Fonds espagnols de toute nature.
Tous les effets publics ou particuliers dont la négociation est faite en vertu d'un jugement, d'une délibération de conseil de famille, ou d'un acte authentique prescrivant un remploi.

OBSERVATIONS.

1° Pour les valeurs comprises dans la première partie (droit à 1/8 0/0), dans toutes les opérations à terme, quelle qu'en soit l'importance, et même pour les reports, le droit de courtage doit toujours être calculé à 1/8 0/0. Il n'est admis d'exception que pour les rentes françaises et les actions de la Banque.

2° Le droit de courtage à 1/8 0/0 est aussi le minimum dans toutes les négociations d'actions de chemins de fer, soit au comptant, soit à terme. Lorsque ce droit ainsi calculé est inférieur à 50 c. par action, on doit porter 50 c., pourvu toutefois que cette perception ne dépasse pas le taux légal de 1/4 0/0. — (Ainsi le courtage à percevoir est de : 1/4 0/0 sur les actions au prix de 200 fr. et au-dessous ; — 50 c. par action au prix de 201 à 400 fr. ; — 1/8 0/0 sur les actions du prix de 401 fr. et au-dessus.)

3° Le minimum de droit sur les actions de la Banque de France ne peut être inférieur à 2 fr. par action dans les transactions à terme de toute nature.

4° Le courtage sur les effets publics ou particuliers qui ne sont pas entièrement payés doit être pris comme si leur complète libération avait eu lieu.

Pour extrait conforme :

Le Syndic : A. BILLAUD.

Cette dernière disposition est appréciée en ces termes par M. de Mériclet, huitième d'agent de change :

« Une réduction que le public doit réclamer avec instance comme l'expression d'un principe et comme une justice, c'est celle du courtage sur l'emprunt, les actions et les obligations non libérées. Que le courtage soit prélevé sur la somme payée, rien de plus juste ; mais sur les sommes non versées, *c'est une exaction*. C'est particulièrement sur l'emprunt que ce courtage est écrasant : ainsi dès les premiers jours de l'émission, on achetait 6,000 fr. de rente 3 0/0 avec un capital de 6,800 fr. Pour ce faible capital, l'agent de change réclamait un droit de 170 fr. ! et en cas d'application, il prélevait un autre courtage de 170 fr. : en sorte qu'une simple vente de 6,000 fr. de rente entre deux clients produisait 340 fr. de courtage, sans responsabilité : les titres sont au porteur et l'opération se faisait au comptant.

« On punit un usurier qui prête de l'argent à 12 0/0, et l'agent de change peut impunément écraser son client de son énorme courtage; il peut servir d'intermédiaire pour faire prêter sur dépôt de titres à 15 et 20 0/0 sans que la loi le punisse! Le ministre des finances devrait s'opposer à un tel abus. L'émission d'un emprunt se ressent toujours des charges qui l'entourent, et c'est une charge très-injuste que celle de payer un courtage entier sur un titre non libéré. » (*La Bourse de Paris*, 3ᵉ édition.)

Telle est la morale du monopole.

Suivant l'auteur que nous venons de citer, les sommes prélevées par les agents de change chaque année ne s'élèvent pas à moins de 80 millions, dont moitié fournis par les droits de courtage et moitié par les reports. 80 millions à répartir entre les soixante offices, c'est un million un tiers par titulaire.

Qui croirait que des officiers publics, en position de gagner légalement par an treize cent mille francs, puissent céder à la tentation de chercher des profits illicites? Vous écrivez à votre agent de vous acheter des actions de la Banque au cours du jour. Dans la même Bourse, lesdites actions ont fait 4,100, 4,110, 4,120; l'agent, à quelque prix qu'il ait acheté, vous cote au plus haut, 4,120, et bénéficie de la différence, sans préjudice du droit de courtage. Si vous êtes vendeur, il vous cote au plus bas, 4,100, et garde la plus-value. Qu'avez-vous à y voir? C'est ce qu'on appelle, dans une sphère infiniment plus obscure, *faire danser l'anse du panier*.

Les 80 millions d'honoraires ne forment peut-être pas la cinquième partie des bénéfices annuels de la corporation : ce qui ne l'empêche pas de compter par-ci par-là des banqueroutiers, des membres qui *lèvent le pied*, emportant la fortune, l'honneur et la vie de quelques milliers de dupes.

M. Coffinières écrivait en 1825 :

« Sur 121 individus inscrits au tableau des agents de change depuis vingt-deux ans, 4 se sont suicidés de désespoir de ne pouvoir remplir leurs engagements, 61 ont failli en faisant éprouver une perte considérable à leurs créanciers, ou ont abandonné leur état, étant à peu près ruinés, ou du moins avec un avoir moindre que celui qu'ils avaient apporté. » (*De la Bourse et des Spéculations sur les effets publics.*)

Cependant la corporation s'estime si honorable qu'elle entend recevoir vos fonds et vos titres sans jamais donner de reçu. M. de Mériclet s'exprime ainsi sur cet abus :

« Vous reportez chez un agent de change 50 actions ; le lendemain de la liquidation, vous vous présentez à la caisse, vous remettez 50 ou 60,000 fr. ; le caissier vous regarde à peine, ne fait pas de reçu, et vous rentrez chez vous, sans qu'une seule note indique le versement que vous avez fait. Cette situation présente plusieurs sortes de dangers. Il est possible que vous ayez affaire à un caissier infidèle. Le feu peut faire disparaître le registre où est inscrite la somme versée. Si le caissier était joueur, et qu'après avoir reçu votre argent, il vînt à partir pour l'étranger, sans vous inscrire sur son livre de caisse, vous seriez exposé à perdre vos 60,000 fr.... A Lyon, la maison Milannais fut brûlée ; des valeurs au porteur furent consumées, et les propriétaires d'une partie de ces titres n'ont pas été admis à se faire rembourser...

« On compte un certain nombre de clients qui déposent chez des agents de change 30 et 40,000 fr. pour faire des reports. Étrangers ou obligés de faire de longs voyages, la mort peut les surprendre ; personne ne réclame. Le temps s'écoule, et les familles ignorent l'héritage. Nous connaissons un banquier qui, depuis quinze ans, jouit d'un dépôt de 200,000 fr., sans qu'on lui ait jamais fait une réclamation. »

A propos des 80 millions d'honoraires prélevés chaque année par la corporation des agents de change, n'oublions pas qu'au droit *maximum* de 1/4 0/0, ils représenteraient 32 milliards de transactions boursières, c'est-à-dire trois fois la production annuelle de la France. Or, le courtage moyen est de 1/8 seulement ; puis, outre les agents officiels, il y a encore les *coulissiers*, les *remisiers*, les *courtiers-marrons*, qui servent d'intermédiaires dans les opérations de Bourse : en sorte qu'on peut, sans exagération, évaluer à 60 ou 80 milliards au moins les ventes et achats annuels dont le temple de la rue Vivienne est le marché.

Qu'après cela on trouve des économistes, des membres de l'Institut, pour faire l'apologie et soutenir la nécessité, l'utilité de pareils tripotages, c'est ce qui pourrait confondre, démoraliser un Chinois, un Huron ; mais en France, il ne faut s'étonner de rien.

AGENTS DE CHANGE

PRÈS LA BOURSE DE PARIS.

Messieurs

Archdeacon, 72, rue de Provence.
Bagier, 45, rue de Provence.
Basire, 43, rue de Grammont.
Béjot, 17, rue de la Banque.
Billet, 41, rue Laffitte.
Blerzy, 12, rue Ménars.
Bouillant, 22, rue Grange-Batelière.
Bourdin, 12, rue de la Victoire.
Chauffert, 23, rue Saint-Georges.
Coin, 6, rue Basse-du-Rempart.
Crépon, 8, rue de la Michodière.
Delaville-le-Roulx, 8, rue Laffitte.
De Leau, 5, rue Saint-Georges.
Dubois, 8, rue Ménars.
Du Bos, 72, rue de Provence.
Duval-Destains, 1, rue Rossini.
Empaire, 2 *bis*, rue Saint-Georges.
Ganneron, 6, rue Ménars.
Geffroy, 65, rue de Provence.
Genty de Bussy, 50, rue Neuve-des-Petits-Champs.
Giblain, 8, rue Drouot.
Gide, 18, rue Drouot.
Gillois, 18, rue Grange-Batelière.
Gourlez de Lamotte, 3, rue de Grammont.
Guérinet, 11, rue de Grammont.
Guilhiermoz, 44, rue Notre-Dame-des-Victoires.
Guyet, 6, rue du Port-Mahon.
Hart, 23, rue Lepelletier.
Hébert, 14, r. N.-D.-des-Victoires.
Juillien, 12, rue Ménars.
Lagarde, 9, place de la Bourse.
Lagarde, 29, rue Laffitte.
Lambert, 11, place de la Bourse.
Laurent, 38, r. N.-D.-des-Victoires.
Legras, 22, rue Vivienne.
Leray, 8, place de la Bourse.
Mahou, 11, cité d'Antin.
Marion, 12, rue du Port-Mahon.
Millet, 21, rue de Provence.
Moreau, 131, rue Montmartre.
Munster, 31, rue de Provence.
Norzy, 11, rue Drouot.
Nouette-Delorme, 9, pl. de la Bourse.
Pollet, 23, rue de Grammont.
Pomme, 79, rue Richelieu.
Reynart, 32, r. N.-D.-des-Victoires.
Rigaud, 20, rue Neuve-St-Augustin.
Risler, 30, rue de Provence.
Roblot, 16, rue de Choiseul.
Roblot, 79, rue Richelieu.
Rodrigues-Henriques, 28, rue de la Chaussée-d'Antin.
Roland-Gosselin, 64, rue de la Chaussée-d'Antin.
Rougemont, 6, rue Ménars.
Santerre, 6, rue de la Michodière.
Sarchi, 14, rue Rougemont.
Tattet, 29, rue Lepelletier.
Tibaud, 10, rue Neuve-St-Augustin.
Tilliet, 18, rue de la Michodière.
Vacheron, 9, rue Lepelletier.
Vieyra-Molina, 11, rue Grange-Batelière.

Chambre syndicale, 6, rue Ménars. — M. Solliers, secrétaire, agent comptable.

CHAPITRE III.

Intermédiaires non officiels des opérations de Bourse : Courtiers-marrons, Coulissiers.

On appelle *courtiers-marrons*, *remisiers*, les intermédiaires non reconnus qui négocient pour le compte d'autrui les valeurs cotées à la Bourse. Ils remplissent, comme on voit, entre les spéculateurs, les fonctions réservées par la loi aux agents de change. Les *coulissiers* sont dans le même cas; seulement ils n'agiotent que sur la rente, tandis que les courtiers s'occupent spécialement des actions industrielles.

Les opérations de la coulisse sont considérables; aussi ne laissent-elles pas que d'avoir une influence sur le cours des fonds. Elles sont essentiellement du domaine du jeu. La plupart de ceux qui s'y livrent n'ont ni l'intention ni souvent la faculté de payer. Les liquidations ne se terminent jamais par des livraisons d'effets, mais par des soldes de différences. La coulisse est le centre de tous les *bruits de Bourse*. Le *canard financier* y éclot sous les bigarrures les plus merveilleuses.

La position des agents non officiels est nettement dessinée par la loi.

« Il est défendu, sous peine d'une amende qui sera au plus du sixième du cautionnement des agents de change ou courtiers de la place, et du douzième au moins, à tous individus autres que ceux nommés par le gouvernement d'exercer les fonctions d'agent de change ou de courtier. » (Loi du 28 ventôse an IX, art. 8.)

« Il est défendu à toutes personnes autres que celles nommées par le gouvernement de s'immiscer en aucune façon, et sous quelque prétexte que ce puisse être, dans les fonctions d'agent de change ou de courtiers, soit à l'intérieur, soit à l'extérieur de la Bourse. Les commissaires de police sont spécialement chargés de veiller à ce qu'il ne soit pas contrevenu à la présente disposition.

« En cas de contravention, les commissaires de police, les syndics ou leurs adjoints feront connaître les contrevenants aux autorités compétentes, lesquelles, après la vérification des faits et audition du prévenu, pourront lui interdire l'entrée de la Bourse. En cas de récidive, il pourra être déclaré incapable de parvenir à l'état d'agent de change ou de courtier, le tout sans préjudice des peines portées par la loi.

« Il est défendu, *sous les peines portées contre ceux qui s'immiscent illégalement dans les opérations*, à tout banquier, négociant ou marchand de confier ses négociations, ventes et achats, *et de payer des droits de commission ou de courtage* à d'autres qu'aux agents institués par la loi.

« Toutes négociations faites par des intermédiaires sans qualité sont déclarées nulles. » (Arrêté du 27 prairial an X, art. 4, 5, 6 et 7.)

Les délinquants peuvent être condamnés à des dommages-intérêts envers les officiers publics dont ils ont usurpé ou fraudé les fonctions. Ces sortes de délits se prescrivent par trois ans. Les condamnés sont passibles de la contrainte par corps pour le payement des dommages-intérêts, des amendes et des frais.

Ainsi la loi punit non-seulement les agents usurpateurs, mais ceux qui emploient leur intermédiaire. La dénonciation du délit appartient et au ministère public, et à la compagnie sur laquelle on a empiété.

Ici, comme dans une foule de circonstances, le fait et le droit sont parfaitement distincts. Le droit est clair, précis, formel : aucun individu sans qualité ne peut s'immiscer dans la négociation des effets cotés au parquet. Le fait n'est pas moins positif : des spéculations immenses se font par d'autres intermédiaires que les agents légalement institués, et cela non pas dans l'ombre et le mystère, mais au grand jour, avec circulaires et réclames, sous les yeux, même pour le compte des fonctionnaires et de la compagnie chargés de réprimer l'usurpation.

Que celui qui est dans les termes de la loi nous dénonce ! pourraient dire les contrevenants. Et, en effet, il n'y a personne. La loi est inapplicable, impossible. En poursuivant l'agiotage, le jeu, la fraude, elle entrave, elle tue la spéculation et le commerce, elle met l'embargo sur les transactions. On a peint Thémis un bandeau sur les yeux. Ce n'est pas seulement dans la poursuite des coupables qu'elle est aveugle; c'est dans la conception de ses propres lois. Ne statuons jamais sur ce que nous ne connaissons point.

La tolérance des agents de change paraîtra peut-être plus inexplicable que celle de l'autorité : ce sont leurs attributions qu'on usurpe, une concurrence au rabais qui se produit contre eux, des droits de courtage dont on les frustre. Et l'on sait combien les compagnies privilégiées sont jalouses de leurs prérogatives.

Cependant tout ce monde vit en bonne intelligence :

l'astre radieux ne refuse point sa lumière aux humbles satellites qui pivotent autour de lui ; le maître du festin laisse les petites gens se disputer les miettes qu'il dédaigne comme trop mesquines pour son estomac. — La curée est si abondante !

Revendiquer ses priviléges, c'était bon aux agents de change de l'autre siècle, quand ils avaient à se partager, entre eux soixante, quelques maigres créances sur l'État et de rares billets de commerce. C'était bon encore au temps de la Restauration, lorsque le bulletin de la Bourse était limité aux rentes, aux actions de la Banque, aux actions des canaux, de vraies bimbeloteries.

Mais aujourd'hui qu'à ces valeurs anciennes sont venus s'ajouter les mines, les forges, le gaz, les chemins de fer, des milliards de commandite, il serait vraiment mesquin de chercher noise à de pauvres hères qui se contentent d'opérer sur quelques centaines de millions. Aussi nos agents de change d'aujourd'hui se conduisent-ils en grands seigneurs, libéraux et courtois. Non contents de tolérer les coulissiers et les courtiers sans mandat, ils chargent volontiers les premiers de leur acheter de la rente, et ils font une remise aux seconds, qui ont besoin de leur intervention pour certains marchés où le concours des agents officiels est nécessaire.

On se demandera peut-être pourquoi, lorsque le chiffre des titres négociables a plus que décuplé, le nombre des agents de change est resté le même. Ils ne sont que soixante aujourd'hui, comme en 1830, comme en 1815, comme en 1724. Ce chiffre de soixante est-il sacramentel?

Sans doute la compagnie, fort accommodante pour les petits empiétements, le serait infiniment moins s'il s'agissait seulement de doubler les offices. Un gouvernement pourrait-il sans danger indisposer la corporation, toucher à l'arche sainte du plus vieux monopole? Les anciens titrés crieraient bien haut ; la reconnaissance des nouveaux ferait-elle contre-poids à ce mécontentement ?...

Il n'y a, selon nous, que deux systèmes rationnels : ou la liberté, comme en 1791, pour tout individu, d'exercer, moyennant patente, la profession d'agent de change ; ou le privilége conféré à un nombre déterminé de citoyens de remplir cette fonction. Le régime bâtard que nous a fait la pratique n'est pas une solution ; ce n'est pas même un juste milieu, car il a les inconvénients des deux systèmes sans en offrir les avantages. D'une part, la loi reste lettre morte, ce qui est toujours d'un fâcheux exemple ; d'autre part, les gens suspects, que le monopole a la prétention d'évincer, ont beau jeu à l'ombre de la tolérance dont jouissent les faiseurs de toutes sortes.

Les partisans du privilége font valoir, à l'appui de leur thèse, les considérations suivantes :

« La sécurité des transactions et l'intérêt bien entendu des spéculateurs exigent que les fonctions d'agents intermédiaires ne soient pas accessibles au premier venu. Les négociations de la Bourse donnent lieu à des mouvements de valeurs considérables ; il y aurait là un appât trop tentant pour les malhonnêtes gens, si la loi n'avait soin de mettre le public à l'abri de leurs entreprises.

« Elle a donc entouré ces fonctions de toutes les précautions que suggère la prudence. Les candidats doivent être d'une moralité notoire, d'antécédents irréprochables, d'une capacité éprouvée par la pratique. C'est le chef de l'État qui fait lui-même les nominations, qu'il s'agisse de nouveaux offices à créer ou de mutations dans les anciens.

« Le chiffre du cautionnement, assez élevé pour écarter les aventuriers, offre à la fois une garantie matérielle et une garantie morale ; car la fortune ou le crédit qu'il suppose chez l'aspirant est un gage de sa probité.

« Les règlements qui régissent la compagnie sont des plus sévères ; le gouvernement se réserve, pour certains cas, le droit de destitution. La corporation elle-même se charge de sa propre police. La Chambre syndicale a pouvoir de réprimander ceux de ses membres qui enfreindraient les lois de l'honneur, et au besoin elle est la première à signaler les indignes, afin qu'il en soit fait justice.

« Voilà des garanties qu'on chercherait vainement dans le principe de la liberté des fonctions. »

A ces motifs, les adversaires du monopole opposent, entre autres objections, celles-ci :

« Le négociant est meilleur juge que personne du degré de confiance à accorder aux intermédiaires qu'il emploie. Son intérêt est un contrôle autrement sérieux que la sollicitude du pouvoir.

« La statistique de la criminalité ne témoigne point d'une plus grande moralité chez les officiers publics que chez le commun des citoyens. Le privilége, en réunissant dans une seule main des intérêts considérables, offre, par le fait de cette concentration, un vif appât à l'escroquerie. Un sinistre commercial dans cette catégorie de fonctionnaires devient une véritable calamité publique.

« L'absence de concurrence permet aux privilégiés de prélever sur les spéculateurs des droits de courtage que le système de liberté réduirait de cent pour cent et plus.

« En principe, garanties illusoires et cherté des services, voilà le bilan du monopole.

« En fait, l'abondance des titres négociables serait un embarras pour les agents de change, si les courtiers-marrons ne faisaient presque toutes les valeurs des compagnies privées. La grande affaire des premiers, ce sont les grosses entreprises ; ils ne tiennent pas du tout à ouvrir un compte et à se déranger pour deux ou trois actions d'omnibus, d'assurances, d'asphalte ou de toute autre compagnie au mince capital de quelques millions et au-dessous. D'où il résulte que le système de liberté reçoit déjà un commencement d'application, avec l'approbation tacite de l'autorité et l'assentiment des spéculateurs. Il s'agit simplement de légaliser une position toute faite. »

Tel est l'état de la situation et de la controverse. Il appelle une solution sinon urgente, du moins prochaine. Si le gouvernement se prononce pour le maintien du privilége, il y aura certainement lieu à augmenter dans une proportion assez considérable le nombre des charges. Alors une autre question se présente : les nouveaux offices devraient-ils être concédés à titre gratuit ou à titre onéreux ?

L'administration se montre généralement très-libérale chaque fois qu'elle a affaire aux financiers. Les concessions de chemins de fer, le rachat des actions de jouissance des canaux, les emprunts, en sont autant de témoignages. Quand l'État veut racheter sa dette au moyen de l'amortissement, il le fait avec publicité et concurrence. Ainsi, tandis que les agioteurs manœuvrent pour faire hausser ou baisser, suivant leurs intérêts, le cours de la rente, le gouvernement, lui, s'interdit le droit de spéculer sur la dépréciation de son crédit ; un tableau placé à la Bourse indique chaque jour la somme en capital affectée au rachat de telle ou telle nature de fonds.

Nous ne serions pas surpris que de nouvelles charges d'agents de change fussent concédées gratuitement à des gens qui, dès le lendemain, trouveraient couramment de leurs titres quatre à cinq cent mille francs.

Nous croyons cependant qu'en fait de scrupules, il ne faut pas pousser le rigorisme jusqu'à devenir dupe. La loi autorise les officiers publics à présenter leurs successeurs : ce droit de présentation est tout simplement la vente de l'office. Les charges d'agents de change valent actuellement un million et demi de francs. Une réforme qui les porterait en nombre au double, les ferait sans doute baisser de prix, mais non de moitié ; car, ainsi que nous l'avons fait remarquer plus haut, les valeurs négociables ont tellement augmenté depuis une douzaine d'années, que la part de chacun serait encore très-belle dans cette nouvelle condition. Ajoutez que les transactions abandonnées aux courtiers sans qualité feraient retour aux agents officiels. Nous ne voyons pas pourquoi l'État s'interdirait de profiter du bénéfice de la création, et ne vendrait pas ses nouvelles investitures.

Ce serait immoral, dira-t-on ; ce serait sanctionner avec éclat la vénalité des charges, qui n'est jusqu'ici qu'implicitement reconnue. — L'immoralité procède alors du principe même du privilége et non de la qualité du vendeur. Comment ! on trouvera tout naturel qu'un particulier vende un million ce titre qui lui a été conféré gratuitement, et on se scandalisera que le gouvernement s'attribue le prix de sa propre concession ! Comment ! si les monopoles étaient abolis, on verrait les ex-privilégiés, agents de change en tête, venir réclamer au gouvernement une indemnité, c'est-à-dire le remboursement d'offices qu'il n'a pas vendus, et cela paraîtrait simple ; et si ce même gouvernement réclamait une indemnité pour l'aliénation qu'il a faite du domaine public, ce serait immoral !...

Dans ce cas, qu'on tranche la question au profit de la liberté. Le bénéfice sera tout entier pour le public, qui gagnera à l'abaissement des droits de commission, et pour l'ordre, mieux protégé contre les abus de la spéculation par une liberté entière que par les insignifiantes restrictions des lois.

CHAPITRE IV.

Mobilisation des capitaux. — L'importance des opérations de Bourse en est la conséquence.

Nous avons expliqué dans l'*Introduction* comment toute opération de commerce ou de finance ayant pour but soit le transport des produits, soit la distribution des capitaux ou la circulation des valeurs, est essentiellement productive. Mais pour que le capital puisse se répartir avec intelligence et circuler dans toutes les parties du corps social, il faut qu'il soit doué d'une certaine faculté de déplacement ; c'est de ce déplacement, de cette mobilisation, comme on l'appelle, objet principal de la spéculation boursière, comme aussi de l'agiotage le plus éhonté, que nous allons exposer brièvement les causes et le mécanisme.

La forme la plus ancienne et la plus élémentaire de la prestation des capitaux est le prêt sur hypothèque, le bail à loyer ou à cheptel : plus tard sont venus le contrat à la grosse, la lettre de change et l'escompte des banques. La commandite, bien qu'elle n'ait pas été absolument inconnue aux anciens, ne s'est développée d'une manière vraiment remarquable, n'a reçu une organisation puissante, que dans notre siècle. Ce retard tenait à la fois à l'état de l'industrie et aux habitudes de la propriété.

Autrefois, et il n'y a pas beaucoup plus de quarante à cinquante ans de cela, le capitaliste engageait volontiers ses fonds, comme le propriétaire affermait ses domaines, pour un terme plus long que la vie de l'homme, quelquefois même à perpétuité. C'étaient des baux de quarante-neuf et quatre-vingt-dix-neuf ans, des constitutions de rentes viagères ou perpétuelles, des emphythéoses, champarts, domaines congéables, etc. Les transactions semblaient faites, comme les bâtisses, pour des éternités.

Aujourd'hui il n'y a plus guère que des compagnies à millions qui se constituent pour une pareille durée. Encore le nombre d'années prévu dans leurs actes a-t-il bien plus pour objet de faire valoir la richesse de leur exploitation, l'importance de la concession qui leur est faite, la solidité et la sécurité qu'elles offrent aux actionnaires, que d'affirmer dans sa teneur littérale l'effectivité de leur durée. *Le temps est de l'argent*, disent les Anglais. La durée d'une commandite n'est, pour ainsi dire, qu'une forme d'appréciation de sa valeur. Une société se constitue au capital de..... et pour une durée de....., voilà l'affaire. Le chiffre du capital, ajouté à celui de la durée, constitue la valeur réelle de l'entreprise. Une fois établie, elle tiendra ce qui sera nécessaire, ou qu'elle jugera utile à ses intérêts : la fixation du terme, ordonnée par la loi, ne signifie pas autre chose.

La division du travail, dont l'effet le plus remarquable et le moins prévu a été de solidariser les industries ; la multiplicité des entreprises, notamment en ce qui concerne les travaux publics ; le développement de la mécanique, qui réduit presque à rien la production individuelle, et l'immense circulation qui en a été la suite : toutes ces causes ont fait subir à la propriété, à la consommation, à l'état des citoyens, des modifications aussi profondes que variées, dont la Bourse est devenue l'expression et l'écho. Sous l'action de ces causes irrésistibles, un capitaliste avisé ne se dessaisit plus de ses fonds, par un acte spécial, individuel, nominatif, et pour un long temps, entre les mains d'un emprunteur unique. Il sait que, par la création incessante de valeurs nouvelles, par la proportionnalité variable des produits, par les oscillations de la politique, sa fortune est soumise à des chances perpétuelles de hausse et de baisse; et dans la prévision de toutes ces éventualités, il se met, autant que possible, en engageant ses fonds, à même de les déplacer, distribuer, et au besoin réaliser, à la convenance de ses intérêts.

La commandite par actions représentées en titres circulables et au porteur lui en fournit le moyen.

Le prêt hypothécaire à longue échéance n'est maintenant un placement de fonds que pour le petit rentier qui renonce à augmenter son capital, ou qui, spéculant au fond d'une province sur la misère et l'ignorance du paysan, fait ses placements à un taux dont l'élévation est en raison même de l'immobilisation de la dette. La *Société de Crédit foncier*, en substituant au crédit individuel et déclaré un commanditaire multiple et anonyme, dont les obligations sont à tout instant négociables, a détruit, au moins en principe, ce vieux système usuraire, et fait du gage immobilier, de l'antique hypothèque, un instrument de mobilisation. La nouvelle procédure, pour les cas d'expropriation, ajoute encore à la rapidité et à la certitude du mouvement. Grâce à cette organisation savante, le sol n'est décidément plus, suivant la définition des modernes économistes, qu'un outil ; l'agriculture et l'industrie sont assimilées dans un même régime de crédit et de commandite : la révolution est complète. L'impulsion une fois donnée, le mouvement devient une cause incessante de mouvement. Les inventions, les perfectionnements qui se succèdent et se pressent sans relâche, changent à chaque instant les conditions du travail. La vapeur a bouleversé, transformé l'industrie. Déjà l'on peut prévoir le jour où le travail agricole lui-même sera industrialisé, où le hameau ne sera plus qu'une manufacture, et la vie du paysan identifiée à celle de l'ouvrier des fabriques, chantiers de construction, chemins de fer, usines et ports. Dans un tel entraînement, la pratique capitaliste ne pouvait rester stationnaire : force lui était de marcher avec le nouveau système.

On peut se faire une idée de l'importance de cette réforme par la comparaison des procédés.

En dépit de l'hypothèque, le crédit, dans les conditions anciennes, était moins réel que personnel. On prêtait ses capitaux, soit à des agriculteurs, soit à des industriels, dont la bonne foi, la capacité, l'expérience formaient encore pour le prêteur la plus sûre garantie. Aussi, que de lenteurs dans les informations, les expérimentations, les enquêtes!... que de précautions dans les actes! que de cérémonies pardevant le notaire! que de difficultés soulevées par les droits des mineurs et des femmes!... Puis, une fois les fonds remis, le capitaliste ne pouvait plus se déprendre. Exiger un remboursement anticipé, c'était impossible : les termes du contrat s'y refusaient. Proposer une résiliation, c'était s'exposer à un sacrifice énorme : on compromettait l'entreprise, on ruinait l'emprunteur, on portait atteinte à sa fortune, au gage même du crédit!... Pour se dégager, le commanditaire ou prêteur était obligé de chercher un substitut dans ses droits, dont la confiance était à créer, et qui dans tous les cas prétendait à un émolument. De là nouvel examen, enquête, inventaire, débats : après bien des démarches, on n'arrivait à rien. Le capitaliste était rivé à l'hypothèque; sa position était fixe, comme le capital qu'il avait fourni à l'entreprise. Pour lui, plus de délivrance avant l'heure solennelle du remboursement!...

Maintenant, grâce à la mobilité de l'action, le capital est délivré de toutes ces entraves, en même temps que l'emprunteur rencontre plus de facilités. Le crédit, entièrement dépersonnalisé, est devenu tout réel. On disait jadis : Tant vaut l'homme. On dit maintenant : Tant vaut la chose. Or, puisque l'on prête sur la chose, que fait le nom de l'homme dans le contrat? Qu'importe le nom du commanditaire, celui du commandité, quand le talent, l'honorabilité, la vertu de celui-ci, quand les motifs qui font agir celui-là, peuvent tous se ramener à cette expression algébrique : *Action-Capital-Bénéfice-Dividende?* On prête à l'entreprise, non au gérant. Dès lors plus d'autre enquête que celle qui se traduit en un compte de recettes et de dépenses. Quant à la durée du prêt, elle n'embarrasse plus : pour l'entreprise, aussi longue qu'on voudra; pour les capitalistes, résiliable à toute heure, par la transmissibilité de l'action.

Maintenant, qu'une commandite plus lucrative se présente, ou bien, ce qui revient financièrement au même, que l'entreprise dans laquelle le capitaliste a engagé ses fonds éprouve des contre-temps, des pertes; que les apparences deviennent pour elle moins heureuses : en un instant, sans formalités, ni poursuites, ni discussions, sans ministère de notaire, sans payer un centime de droit de mutation, par le simple ministère d'un agent de change, le porteur d'actions peut vendre ses titres, en toucher le montant, au cours du jour, soit avec bénéfice, soit avec une perte légère; se procurer le placement qu'il ambitionne, doubler, tripler quelquefois son revenu, par conséquent aussi son capital; changer du tout au tout sa condition de fortune; comme aussi, dans le cas où ses appréhensions auraient été mal fondées et ses espérances déçues, il peut voir ses nouvelles actions perdre 25, 30 et 50 0/0, et sa fortune réduite dans la même proportion.

C'est ainsi que le capital est devenu marchandise comme le produit, plus circulante, plus aisément échangeable que le produit lui-même. C'est par là que les nations modernes ont pu, en moins d'un quart de siècle, creuser des canaux, construire des chemins de fer, entreprendre des travaux gigantesques, subvenir à des entreprises qui laissent bien loin derrière elles tous les monuments de Rome, de l'Égypte, de l'Assyrie, de la Perse et de l'Inde. C'est à l'aide de cette organisation du crédit que l'Angleterre, la plus riche des nations modernes, a pu entreprendre une lutte de vingt-cinq années contre la République et contre l'Empire, contracter une dette de 27 milliards, dont elle sert aujourd'hui les intérêts avec la même facilité que la Banque de France paye le dividende de ses actionnaires; tandis qu'avec ses armées permanentes, avec son budget de la guerre et son écrasante centralisation, notre gouvernement n'a su, depuis un demi-siècle, ni conserver ses frontières, ni améliorer son crédit, ni faire respecter toujours sa diplomatie, ni arrêter le morcellement et la dévastation du sol français, ni défricher en Algérie un seul pouce de terrain.....

Toute valeur capitalisée, toute action de commandite, toutes obligations circulables affluant à la Bourse, depuis les inscriptions de rente et les bons du Trésor jusqu'aux *éventualités* de la faveur et du sort, la Bourse peut être définie : le *marché aux capitaux*.

On conçoit, d'après cela, quelle importance le gouvernement attache à surveiller les opérations de la Bourse, et quel jeu énorme il s'y peut faire.

L'actionnaire sérieux, qui ne cherche qu'un emploi lucratif de ses fonds, avec la facilité de les retirer à commandement, s'occupe généralement peu du jeu de Bourse. Il achète des actions en vue du revenu qu'il en espère, et n'en vend guère, sauf le cas de nécessité. La hausse et la baisse quotidiennes lui importent peu; pourvu qu'il touche ses dividendes aux époques fixées. Il ne s'inquiète du cours qu'autant qu'il lui ferait présager une dépréciation menaçante pour ses intérêts. Il en est de même du rentier, qui ne voit dans les fonds publics qu'un moyen de revenu fixe, sous la garantie de l'État et du pays, et qui reste étranger à la spéculation. Que le 4 1/2 soit à 105 ou à 90, il n'en touchera ni plus ni moins d'arrérages au semestre : la conversion ou la banqueroute peuvent seules l'atteindre. Dans les temps calmes, cette quiétude de l'actionnaire et du rentier peut être prise pour sagesse; mais il est des cas, et ils peuvent se produire d'un instant à l'autre, où l'on ne saurait y voir que de l'ineptie.

Le gouvernement a le projet de former un emprunt de 100 millions, 4 0/0, à 75 : contre un versement de 75 fr., il offre donc de souscrire une obligation de 4 fr. d'intérêt. Le 4 1/2 est à 110, ce qui veut dire que les capitaux engagés dans cette valeur produisent 4 fr. 9 c. 0/0. En vendant du 4 1/2 à ce taux, et prenant du 4 0/0 à 75, le spéculateur gagne 1 fr. 50 c. d'intérêt, ce qui, au taux de 110 du 4 1/2 0/0, lui constitue une augmentation de capital de 30 0/0.

Tout le monde, à ces conditions, voulant vendre de la rente et prendre de l'emprunt, il y aura baisse sur le 4 1/2, et hausse des titres de l'emprunt, oscillation sur les deux valeurs : ce qui signifie que le gouvernement, pour trouver 75 millions réels à emprunter, est obligé d'offrir aux souscripteurs de l'emprunt, à leurs cessionnaires et sous-cessionnaires, une curée de 25 à 30 millions, plus ou moins; le tout aux dépens du Trésor, des rentiers de l'État et du pays. Évidemment les porteurs de rente ont intérêt à savoir ce qui se passe, afin de se conduire au mieux de leurs intérêts.

Supposons que la Californie, l'Australie, le Pérou et l'Oural versent tout à coup, dans la circulation, une masse de métaux précieux double de celle qui sert aujourd'hui à la circulation monétaire de l'Europe. La valeur de l'or et de l'argent diminuera, comparativement à celle du blé, du vin et de la viande. Mais, le taux des rentes, dividendes, tarifs, etc., ne changeant point, et se payant toujours en la même monnaie, le revenu du rentier, de l'actionnaire, aura diminué. Qui profitera de la différence? l'État d'abord, le changeur ensuite, et finalement tous les genres de producteurs, à mesure qu'ils auront eu le soin de se mettre à la hausse. — Là donc encore, il y a sujet à réflexion pour le rentier comme pour l'actionnaire.

Une compagnie d'armateurs se forme au Havre, dans les conditions ordinaires de la navigation, pour le commerce de l'Amérique et de l'Inde. Survient tout à coup, avec un système de bâtiments d'une capacité dix fois plus forte et d'une économie de service quadruple, une compagnie rivale au capital de 60 ou 80 millions. L'ancien système est écrasé. Il importe donc à l'actionnaire d'échanger ses premières actions contre de nouvelles, ce qui équivaut à une fusion de la première compagnie dans la seconde.

Ces causes de hausse et de baisse varient à l'infini, souvent tombent à l'improviste, comme la foudre, sur le marché. Quand elles n'existent pas, la peur, la malveillance, l'intrigue, la mauvaise foi, les inventent, les grossissent, les dénaturent, et, à force d'agitation, finissent quelquefois par leur donner la réalité. C'est là le métier du joueur, de celui qui, sans intérêt dans aucune entreprise, spécule, comme on l'a dit, à la hausse et à la baisse. Pour celui-là, commandite, crédit public, dividende, intérêt ne sont absolument rien : l'oiseau de proie ne chasse pas les mouches. Ce qu'il cherche, ce sont des entreprises, des coups de Bourse, des râfles comme à la roulette, des razzias comme sur les Kabyles. C'est là surtout, c'est dans cet abus de la mobilisation des capitaux, dans cette dénaturation de la commandite, qu'est le danger; danger certes plus sérieux, pour la fortune du pays et la moralité publique, que l'envahissement par les courtiers marrons des fonctions d'agents de change.

CHAPITRE V.

Opérations de la Bourse. — Différentes sortes de marchés. — Combinaisons auxquelles ils donnent lieu.

De tout ce qui précède, il résulte :

Que les opérations auxquelles donnent lieu les effets cotés à la Bourse, indépendamment de leur caractère plus ou moins prononcé d'utilité publique et de moralité, sont de deux sortes : les placements de fonds et la spéculation; en d'autres termes, la *commandite*, ou *prestation* des capitaux, et leur *mouvement*.

Si nous n'avions à parler que des placements, nous le ferions en deux lignes. Quoi de plus simple que la vente et l'achat? La négociation des titres ne se fait pas autrement que celle des marchandises. Les agents de change sont les notaires du contrat; ils donnent l'authenticité aux conventions.

Le législateur reconnaît les marchés au comptant et les marchés à terme, mais avec force restrictions pour ces derniers, qu'on a même essayé de prohiber d'une manière absolue.

La loi du 28 vendémiaire an IV dit en effet :

« Attendu que les marchés à ferme ou à prime ont déjà été interdits par de précédentes lois, tous ceux contractés antérieurement au présent décret sont annulés. ».

L'ordonnance du 12 novembre 1823 maintient les dispositions de l'arrêt de 1785, qui répute jeux de Bourse et prohibe les marchés à terme faits *sans dépôt préalable* et hors de deux mois.

Nous avons cité ailleurs les articles 421 et 422 du Code pénal sur les paris et les ventes à découvert.

Le Code civil, article 1965 :

« La loi n'accorde aucune action pour une dette de jeu ou pour le payement d'un pari. »

La jurisprudence est conforme à l'esprit et au texte de la législation ; elle a successivement consacré :

1° Que les marchés à terme sur les effets publics, qui n'ont d'autre objet que des différences, doivent être réputés jeux de Bourse et annulés comme dépourvus de cause et de réalité, comme contraires aux lois, à l'ordre et à la morale ;

2 Que l'absence du dépôt rend présumable le défaut de cause et de réalité ;

3° Que ces sortes de paris, *déguisés sous la forme de marchés*, ne peuvent engendrer aucune espèce d'action devant les tribunaux, au profit de qui que ce soit, ni du client contre l'agent de change, ni de celui-ci contre son client, ni de l'agent de change contre son confrère ;

4° Que la ratification du marché faite par le débiteur, même depuis l'échéance du terme, par la souscription d'une reconnaissance ou de billets pour les différences, ne saurait couvrir le vice originaire de ce marché ; que la reconnaissance et les billets sont également nuls.

Cependant, depuis quelques années le jeu a tellement pénétré dans nos mœurs, que les tribunaux, tout en restant fidèles à la lettre du Code, semblent vouloir user d'une certaine indulgence. La Cour impériale de Paris a consacré, par arrêt du 25 janvier 1856, que :

« Les marchés à terme sur actions industrielles sont valables si le vendeur justifie, par des offres régulières, avoir eu entre les mains, au moment de l'échéance du terme, le nombre d'actions par lui vendues; peu importe le défaut d'identité des titres offerts s'il s'agit d'actions au porteur, car la désignation dans ce cas serait sans intérêt. »

Cette doctrine est un premier pas hors de la voie traditionnelle, bien qu'il ressorte évidemment du texte de l'arrêt que la Cour a cru avoir affaire à un vendeur de bonne foi. L'obligation de prouver par des offres réelles, *le jour de l'échéance*, qu'on est en mesure de livrer des titres quelconques, ne suffit plus à démontrer que le marché était sérieux. Quel agioteur en effet n'est en position de trouver des amis qui lui prêtent, pour une heure seulement, des titres au porteur qui lui donnent un aspect de rentier-propriétaire, d'homme honorable? Si l'affaire en vaut un jour la peine, il ne manquera pas de s'établir un bureau de location de titres à l'usage des joueurs qui voudront échapper aux suites désastreuses d'un pari, en montrant, pièces en main, qu'ils ont entendu faire une vente réelle.

Un arrêt du tribunal de commerce du 26 février suivant va beaucoup plus loin :

« La vente des actions d'une compagnie industrielle *à créer* est valable, dit-il, pourvu que les parties *aient en vue* une livraison de titres, et non le payement de simples différences. »

Cette fois la jurisprudence tombe dans les *restrictions mentales* et les *directions d'intention* des pères jésuites, dont Blaise Pascal a tant égayé ses lecteurs. Cependant, tant que le législateur reconnaîtra les marchés à terme, les tribunaux en seront réduits à faire de la casuistique.

Nous ne nous arrêterons pas davantage sur des dispositions législatives dont les boursiers, au surplus, ont su depuis longtemps s'affranchir, et dont l'application n'irait à rien de moins qu'à la fermeture de la Bourse et à la mise en jugement de tout son public. Il serait temps que nos jurisconsultes se persuadassent enfin que s'il n'est rien de plus aisé, dans tous les temps, que de légiférer (notre production législative est, dit-on, de plus de cinquante mille lois !...), il n'est rien de plus ridicule que de philosopher sur des lois rendues sans aucune connaissance pratique des affaires, et toujours à rebours de l'utilité publique.

1. DES DIFFÉRENTES SORTES DE MARCHÉS.

Les opérations de la spéculation, c'est-à-dire qui ont pour objet le mouvement des capitaux, sont celles qui attirent surtout l'attention publique et qui exercent la principale influence sur le cours des effets. Elles empruntent les formes et les combinaisons les plus diverses. Nous allons les passer successivement en revue, laissant désormais à la sagacité du lecteur le soin de distinguer ce qui est jeu ou pari d'avec ce qui est affaire et marché sérieux.

§ 1er. OPÉRATIONS AU COURS MOYEN.

Un peu avant l'ouverture de la Bourse, les agents de change, réunis dans leur cabinet, vendent et achètent, au *cours moyen*, des titres de rentes, des obligations ou des actions industrielles. Ces transactions ne sont pas considérées comme tombant sous l'application de la loi qui défend toute négociation en dehors du local et des heures déterminés, par la raison qu'elles se font sans stipulation de prix. En effet, c'est la cote rédigée après la tenue de la séance publique qui donnera le chiffre du marché. Par exemple, les actions de la Banque ont fait, au plus haut, 4,150 fr.; au plus bas, 4,100 ; le cours moyen sera 4,125.

Les affaires au cours moyen se font presque toujours au comptant; cependant il s'en fait aussi quelques-unes à terme.

§ 2. NÉGOCIATIONS AU COMPTANT.

Nous n'avons rien à dire sur la forme de cette opération ; elle ne comporte aucun détail, puisqu'elle ne présente qu'une forme possible d'exécution : livraison des titres contre espèces.

Les effets transmissibles par voie d'endossement doivent être délivrés dans l'intervalle d'une Bourse à l'autre.

Ceux qui sont assujettis à la condition du transfert, comme les actions de la Banque, les rentes sur l'État, ne peuvent être livrés dans un aussi court intervalle. L'agent de change acheteur donne au vendeur, pendant la Bourse qui suit celle où a lieu la négociation, un bulletin indiquant les conditions du marché et les noms auxquels doit être fait le transfert. Si avant la cinquième Bourse qui suit la négociation la livraison n'est pas encore effectuée, l'acheteur fait annoncer, par affiche, le rachat pour le lendemain. Ce rachat a lieu, par le syndic ou un adjoint, à la sixième Bourse, si l'acheteur dans cet intervalle n'a pas reçu ses effets. Le délai est donc de cinq jours francs (non compris les jours fériés) pour l'échange des titres entre les agents de change : il est accordé un jour de plus pour la livraison de l'agent de change au client.

La Chambre syndicale a pris la décision suivante relativement aux retards apportés par ses membres dans l'exécution des conventions :

« Après l'expiration des délais, la partie lésée par les retards sera libre de refuser la consommation de la négociation en prévenant le syndic ou l'un de ses adjoints, ou de l'exiger en vendant ou achetant par leur entremise, pour le compte de la partie en retard et aux risques de l'agent de change, sauf tout recours de droit contre ses commettants. »

Les négociations *au comptant* ne sont guère accessibles qu'aux gens riches : or, nombre de gens ne spéculent à la Bourse que pour s'enrichir. Il y a donc cercle vicieux : les négociations *à terme*, aussi légitimes de leur nature que celles au comptant, mais rendues presque toujours abusives par l'agiotage, ont pour objet de nous en tirer.

§ 3. NÉGOCIATIONS A TERME.

La loi défend les négociations à plus d'un mois d'échéance pour les actions de chemins de fer, et à plus de deux mois pour les autres effets. Nous verrons, à la question des *Reports*, comment on peut prolonger ces délais.

L'acheteur a toujours le droit de se faire livrer les titres avant le terme échu, moyennant le payement du prix convenu. C'est ce qu'on appelle l'*escompte*.

Le règlement des agents de change impose à l'escompteur les conditions suivantes. Il doit prévenir l'agent vendeur avant l'ouverture de la Bourse, au moyen d'une affiche visée par le syndicat, et donnant la nature, la quantité et le prix des valeurs escomptables. L'affiche est placée sur un tableau *ad hoc*, dans le cabinet des agents de change. De ce moment, les formalités et délais pour la livraison sont les mêmes que pour les affaires au comptant, dont nous venons de parler.

On appelle marché *à découvert* celui par lequel on vend des effets qu'on ne possède pas et qu'on est obligé d'acheter, à ses risques et périls, afin de remplir ses engagements. Les opérations à la baisse sont généralement dans ce cas. Un grand nombre d'escomptes arrivant à la fois peuvent donc, en forçant les vendeurs à découvert de se mettre en mesure, provoquer une hausse.

On a intérêt à escompter lorsque les fonds sont à un taux sensiblement plus fort que celui auquel on a acheté. Ainsi, j'ai acquis, pour fin courant, 25 Nord à 1,120; quinze jours avant l'échéance, ils sont à 1,125. Je me fais livrer par anticipation, et je suis en mesure de profiter de la plus-value, en revendant au comptant. Si je revends à terme, je n'ai pas besoin d'escompter, sauf le cas où je douterais de la solvabilité de mon vendeur.

Dans les négociations à terme, les agents de change se donnent, entre les deux Bourses, des engagements énonçant la nature, la quantité, le prix et l'époque de la livraison. Ils remettent à leurs clients un bulletin contenant les mêmes indications, et de plus le nom du collègue avec lequel ils ont négocié. Les nombres doivent être écrits en toutes lettres et en chiffres.

L'encaissement des dividendes est à la charge du porteur de l'effet vendu.

Afin de faciliter les liquidations, un arrêté de la Chambre syndicale a décrété que les marchés à terme ne porteraient que sur des sommes rondes ainsi déterminées et leurs multiples :

2,250 fr. de rente	4 1/2 0/0 français.		
2,000	—	4	—
1,500	—	3	—
2,500	—	5 0/0 piémontais.	
1,500	—	3	—
1,000 liv. sterl. en capital	5 0/0 portugais.		
1,000	—	3	—
500 ducats rente 5 0/0 de Naples.			
250 piastres rente 5 0/0 d'Espagne.			
300	—	3	—
25 obligations de la ville de Paris.			

25 actions ou obligations des Compagnies diverses, Banque de France, chemins de fer, Crédit foncier, mobilier, etc.

Quant à la quotité de la hausse ou de la baisse, elle n'est jamais moindre de 5 c. pour les rentes, et pour les actions de la Banque de France et des chemins de fer, de 5 fr. ou des sous-multiples de 5 fr., 1 25, 2 50, 3 75.

Les marchés à terme sont de deux sortes, *fermes* ou *à primes*.

1° Marchés fermes.

Les *marchés fermes* engagent à la fois le vendeur et l'acheteur; ils n'impliquent aucune restriction ultérieure aux conventions stipulées. Les échéances sont au 15 du mois courant, fin courant, 15 du mois prochain, ou fin prochain. Ces sortes de négociations n'offrent pas plus de difficulté que les ventes et achats au comptant.

Exemple. — Les fonds sont à la baisse : une question politique, dont la solution semble se compliquer, paraît devoir tenir longtemps la cote en souffrance. Vous vendez, au 1er juin, livrables fin courant, 2,250 fr. de rente 4 1/2 0/0, à 92 fr. Si vous ne possédez pas les titres vendus, vous pouvez, dans le courant du mois, vous les procurer. Le 15, le 4 1/2 est tombé à 90 fr. Vous achetez, pour fin courant, à 90 fr. les 2,250 fr. de rente que vous devez livrer à 92. Vous vous trouvez en mesure de faire face à votre engagement, et vous bénéficiez de 1,000 fr. sur votre marché.

Autre exemple.— Les fonds sont à la hausse. Vous achetez au 15 juin pour fin juillet 1,500 de rente 3 0/0 à 67. Dans l'intervalle de la livraison, le 3 0/0 monte à 68. Vous vendez, comptant ou à terme, car vous avez toujours la faculté de vous faire livrer par anticipation, moyennant payement, les effets vendus. Vous encaissez le boni, soit 500 fr.— Si, contre vos prévisions, le 3 0/0 se maintenait toujours en baisse et que vous fussiez obligé de vendre à 66 50, vous en seriez quitte pour la perte de la différence, soit 250 fr.

Comme il y a chances de perte, l'agent de change a le droit d'exiger de vous *une couverture*, c'est-à-dire une somme proportionnée aux fluctuations de la cote et à l'importance des affaires qu'il fait pour votre compte, comme garantie du payement des différences en cas d'insuccès. Avec une couverture de quelques mille francs vous pouvez faire des centaines de mille francs d'affaires.

Dans les marchés fermes, la perte n'est pas limitée. Ainsi vous achetez fin courant 25 actions du Crédit foncier à 700 fr. Si à l'échéance elles ne sont qu'à 680, vous n'êtes pas moins obligé de les *lever* à 700. Comme le spéculateur n'achète que pour vendre, il peut, si la baisse se prolonge, perdre des sommes considérables. Au cas où il garderait ses titres en attendant la hausse, il a toujours un capital engagé qui ne lui produit rien. Il lui reste toutefois la ressource de se *faire reporter*, dont nous parlerons plus loin. En revanche, s'il y a hausse, c'est tout bénéfice pour lui : qu'il revende à 710 après avoir payé 700, c'est 250 fr. qu'il empoche (sauf déduction des droits de commission).

Ici toute la science du spéculateur consiste à prévoir les oscillations de hausse et de baisse, ou même à provoquer celles dont il a besoin, s'il est assez puissant pour cela.

L'énormité des risques de cette espèce d'opération en a fait imaginer une autre moins meurtrière, dont nous allons exposer le mécanisme.

2° Marchés à primes ou marchés libres.

Le mot *prime* a plusieurs sens dans la langue financière :

1° Il sert à désigner la plus-value acquise par un effet.— Des actions émises à 500 fr., qui se négocient à 700, font 200 fr. de *prime*.

2° Il désigne encore le bénéfice qu'on fait sur une opération. — J'achète des obligations du chemin de fer d'Orléans à 1,125 fr.; je les revends à 1,132, soit à 7 fr. de *prime*.

3° On appelle encore ainsi la somme en plus du capital et des intérêts qui échoit, par voie de tirage au sort, à telle obligation venant à remboursement. — En 1852, la ville de Paris a emprunté 50 millions; les obligations de 1,000 fr. portent intérêt à 5 0/0, et sont remboursables en 37 tirages semestriels; le premier numéro sortant gagne, en sus du remboursement, une *prime* de 50,000 fr. Cette prime est un appât au capitaliste. Elle ne suffit pas toujours pour *amener*, comme dit le proverbe, *l'eau au moulin* : témoin la société du Crédit foncier, qui n'a pu encore, malgré toutes les séductions de la prime, parvenir à faire prendre ses obligations.

4° Enfin, on désigne par ce nom le maximum de la perte qu'on peut faire dans l'espèce de marché à terme dont nous allons parler.

Les ventes et achats *à prime* engagent le vendeur sans engager l'acheteur.

Exemple. — J'achète à 1,055 fr. 50 actions du Nord *dont* 10. Cela veut dire que j'entends limiter ma perte à 10 fr. par action, soit 500 fr. pour le tout. Si à l'échéance j'ai intérêt à ne pas lever, par exemple dans le cas où les Nord seraient tombés à 1,030 fr., j'abandonne à mon vendeur la prime de 10 fr. par action, et le marché se trouve résilié. Je perds 500 fr., tandis qu'en levant à 25 fr. de baisse, j'en perdrais 1,250. Ai-je au contraire bénéfice à me faire livrer, au cas où les actions seraient, je suppose, à 1,060 : le vendeur ne peut refuser de tenir son engagement, la faculté d'annulation n'étant acquise qu'à l'acheteur.

La prime est imputée à compte sur le capital. Dans l'espèce, les 50 actions me coûteront 52,750 fr. Si la prime a été payée, comme c'est l'usage, au moment du marché, je ne dois plus que 52,250 fr.

Autre exemple. Vous achetez à prime 1,500 fr. de rente 3 0/0, à 80 50 fin courant, soit 40,250 fr. de capital. Vous payez comptant 500 fr. Si à l'échéance vous prenez livraison, vous n'avez plus à payer que 39,750 fr. Mais à la fin du mois, le 3 0/0 n'est plus qu'à 79, ce qui veut dire que vos 1,500 fr. de rente ne valent plus en capital que 39,500 fr. La perte pour vous est donc de 750 fr. Vous abandonnez vos 500 fr., et le marché est nul ; c'est le vendeur qui profite de la prime. Si au contraire la rente est à 81, vous prenez les titres, et vous bénéficiez de la plus-value.

Les primes, au lieu de se payer comptant, se portent quelquefois en compte; elle sont alors exigibles à la liquidation.

Sur la rente elles varient de 50 c. à 2 fr. par coupon; sur les actions, de 10 à 20 fr. Ce ne sont au surplus que des usages.

La faculté laissée à l'acheteur de maintenir ou de résilier le marché fait que les ventes à primes se font à un plus haut prix que les ventes fermes. Cette différence de cours donne lieu à des opérations combinées sur lesquelles nous aurons à revenir.

La négociation que nous venons de décrire a son inverse : le vendeur donne une prime à l'acheteur pour l'obliger à recevoir, à un prix convenu, aux jour et heure indiqués, les titres qui lui ont été vendus. Le marché est *libre* pour le vendeur et obligatoire pour l'acheteur. Les *primes pour recevoir* ne sont en usage que chez les coulissiers.

La *réponse des primes* se donne le 15 et le dernier jour du mois, à deux heures au plus tard, c'est-à-dire que les acheteurs préviennent les vendeurs s'ils lèvent ou non les effets achetés.

Les marchés à terme sont le véritable champ de bataille de la spéculation agioteuse. Les interdire, ce serait restreindre des quatre-vingt-dix-neuf centièmes les opérations plus ou moins abusives qui se font à la Bourse. Nombre d'individus seraient forcés de travailler pour vivre, qui, avec peu ou point de capitaux, font d'immenses affaires, et, sans trop de fatigue ni même de risques, mènent bon train et font chère lie.

Malheureusement, ainsi que nous l'avons démontré dans l'Introduction, empêcher les marchés à terme, ce ne serait rien de moins qu'empêcher le commerce, la circulation des capitaux et des produits; de même que vouloir empêcher l'abus de la propriété, ce serait supprimer la propriété elle-même. Pour atteindre l'abus sans compromettre l'institution, il faut un système de moyens qui impliquent toute une révolution de l'économie sociale. Nous voulons dire par là, non pas une révolution des lois de l'économie, qui sont éternelles; mais une révolution dans la manière dont ces lois sont aujourd'hui entendues et appliquées : ce qui, pour l'effet à obtenir, reviendrait à peu près au même. Depuis le 2 décembre, la société française s'est prononcée contre la Révolution. L'Empire, institué pour la protection des *intérêts*, n'oserait revenir aux PRINCIPES, à moins que, plus hardi que le gouvernement provisoire, plus révolutionnaire que la démocratie de 1848, reprenant résolûment la tradition de Louis XI, de Richelieu, de Colbert, de Turgot, il n'embrassât hautement le parti du travail, du talent et de la science, le parti de la Production enfin, contre celui de la bourgeoisie parasite, de la spéculation agioteuse et du privilége.

§ 4. LIQUIDATIONS.

Les négociations *à terme* ont une échéance déterminée. A part quelques affaires sur promesses d'actions qui se règlent *à l'émission*, c'est-à-dire au jour où les actions sont cotées au parquet, l'échéance est de plein droit à la fin du mois pour la rente, le 15 et le dernier du mois pour les chemins de fer. Chaque joueur, à cette époque, *liquide* en effet sa position avant de s'engager dans de nouvelles opérations. Les acheteurs *de ferme* prennent livraison, reçoivent ou soldent leurs différences; les acheteurs *à primes* donnent *leur réponse*, c'est-à-dire déclarent s'ils abandonnent la prime ou maintiennent leur marché.

Les liquidations sont aussi le moment des *exécutions*. Quand un acheteur n'est pas en mesure de tenir ses engagements, le vendeur a le droit de négocier les titres qui lui restent pour compte, et de se faire payer par l'acheteur inexact la différence entre le taux de la première acquisition et celui auquel il revend. C'est ce qu'on appelle *exécuter* un spéculateur. Il y a chance d'exécution lorsque les cours à la liquidation sont notoirement inférieurs à ceux où l'on a acheté, car s'ils sont supérieurs, l'acheteur n'a qu'à gagner. Le vendeur qui n'est pas en mesure de livrer est également exécutable. L'exécution est la faillite de l'homme de Bourse. Il peut l'ajourner au moyen du *report* dont nous parlerons tout à l'heure.

Quand un joueur est exécuté, si l'agent de change n'a pas de lui une *couverture* suffisante, il peut être tenu de combler de ses propres fonds le déficit. M. de Mériclet cite un fait de ce genre, où l'officier ministériel en fut pour 40,000 fr.; et, il y a quelques années, des bruits circulèrent d'un personnage laissant à ses agents un déficit de quelques cent mille francs, qu'ils furent obligés de couvrir. N'oublions pas toutefois que tout ce monde, agents et clients, s'est mis en dehors de la loi.

Les tiraillements entre haussiers et baissiers n'ont jamais plus d'activité qu'au moment des liquidations.

La liquidation mensuelle dure cinq jours (1). Le dernier du mois on donne la réponse des primes; — le premier, on liquide les actions de chemins de fer; — le second jour, on liquide les autres valeurs; — le troisième, les agents de change balancent leurs comptes et se mettent d'accord sur les différences qu'ils ont à se payer et les effets qu'ils doivent se livrer; — enfin le quatrième, on effectue les payements et les livraisons.

La liquidation du 15, étant spéciale pour les chemins de fer, dure un jour de moins ; à part cette différence, on procède comme pour celle de la fin du mois.

D'après ce que nous avons dit de la nature des opérations, il est aisé de comprendre combien les livraisons sont minimes, comparativement au chiffre des différences à solder.

(1) On ne compte que les jours où il y a Bourse; les jours fériés sont à déduire, et les liquidations sont retardées d'autant.

Nous avons exposé, en parlant de la Chambre syndicale, le motif qui a fait créer la liquidation du 15, et les résultats qu'elle a produits; il nous suffit de les rappeler ici.

Motif : encombrement causé par l'insuffisance des agents;

Résultats : doubles reports, double courtage à leur profit.

§ 5. REPORTS.

Le mot *report*, comme le mot *prime*, a plusieurs significations en langue boursière.

1° Les titres, avons-nous dit, se cotent plus cher à terme qu'au comptant; lorsque le 3 0/0 est à 66 au comptant et à 66 40 fin de mois, on dit que *le report de la rente à la fin du mois* est de 40 cent. — Dans ce sens, le *report* a pour terme opposé le *déport*. Lorsque les baissiers arrivent à la liquidation sans s'être pourvus des valeurs qu'ils ont à livrer, ils sont obligés d'acheter à tout prix, de crainte d'exécution; il arrive alors que le comptant devient plus cher que la vente à terme. La rente restant à 66 40 fin de mois, si le comptant s'élève à 66 70, le *déport* est de 30 cent.

2° Le *report* est un prêt sur dépôt de titres; celui qui prête est le *reporteur*, celui qui emprunte, le *reporté*. Le prêt sur gages a été prévu par le Code et soumis à de certaines formalités d'actes et d'enregistrement; il doit se faire au taux légal, sous peine de répression comme usure. Qu'ont imaginé les boursiers? Une fiction de marché dont l'auteur des *Provinciales* revendiquerait à juste titre l'idée première en faveur des RR. PP. Escobar et Lessius, inventeurs du *Mohatra*.

« Le contrat Mohatra, disent ces savants casuistes, est celui par lequel on achète des étoffes chèrement et à crédit pour les revendre, au même instant et à la même personne, au comptant et à bon marché. — Le Mohatra est quand un homme qui a affaire de 20 pistoles achète d'un marchand des étoffes pour 30 pistoles payables dans un an, et les lui revend à l'instant même pour 20 pistoles comptant. »

Inversement, le *Report* est un contrat par lequel un capitaliste achète des valeurs comptant et à bon marché, pour les revendre, au même instant et à la même personne, chèrement et à crédit. — Le *Report* est quand un homme, qui a besoin de 37,500 fr., vend au comptant 25 actions d'Orléans à 1,500 fr., qu'il rachète immédiatement à 1,510 fr. pour la liquidation suivante.

Dans le Mohatra, le propriétaire des valeurs n'est, comme on voit, qu'un prêteur déguisé; dans le report, c'est un emprunteur; voilà toute la différence. Les bons pères n'avaient en vue que de calmer les consciences des dévots usuriers; les financiers avaient à la fois à s'affranchir des lenteurs du contrat sur gages et à éviter la correctionnelle. Que pensent les fidèles et les jurisconsultes de ces échappatoires? Qu'on ose parler encore d'opposer la conscience et de bonnes lois aux mauvais instincts!

« Dans les reports, dit M. Deplanque, on voit fréquemment l'intérêt s'élever jusqu'à 10 0/0 de la somme prêtée par quinze jours, laps de temps pour lequel sont en général consentis ces sortes de contrats. A ce taux, si les capitaux pouvaient toujours être employés, on retirerait de son argent un petit revenu de plus de 250 0/0 par an. Quoi qu'il en soit, il n'y a pas à la Bourse d'opération qui vaille mieux que celle-là.

« Il y a tous les jours de pauvres diables d'imbéciles qui se font condamner comme usuriers pour avoir bêtement baillé leur argent à 12 ou 15 0/0 l'an, contre lettre de change ou autres engagements aussi sérieux, à quelques fils de famille qui se gardent bien de le leur rendre, préférant les faire condamner au nom de la morale publique. Mais on ne risque pas d'être taxé d'usure pour prêter en report à 25, 50 et 100 0/0 par an. A bien avisé, salut! » (*Almanach de la Bourse.*)

Montrons par quelques exemples toute l'excellence de la position du reporteur.

Je possède 60,000 fr. dont j'aurai besoin dans un mois ou deux; je ne puis les engager dans une affaire de commerce pour si peu de temps, et, afin de ne pas les laisser stériles, je fais l'opération suivante : j'achète du 3 0/0 à 67 au comptant, et je le revends de suite fin courant à 67 35. Mes fonds seront disponibles pour l'époque où j'en aurai besoin, et ils m'auront rapporté pendant ce mois 35 cent. de bénéfice par coupon, soit un taux de 5 fr. 40 0/0 l'an.

Si je veux prolonger mon opération :

J'ai opéré un premier report fin juillet. Je dois remettre à X les titres que je lui ai vendus; cependant je n'ai pas encore besoin de dégager mon capital. J'achète alors une somme de valeurs égale à celle que je dois livrer; mon dernier vendeur fera la livraison à X, et recevra de lui la somme que je devais toucher moi-même. Je garde ainsi mes titres. Je puis les revendre fin août, et recommencer de mois en mois, ou de deux en deux mois la même opération. Dans ce cas, mon premier achat devient une opération de placement; mes achats de fin de mois sont opérations de spéculation ; elles se trouvent consommées dans les délais légaux.

On a intérêt à employer ce moyen quand, à l'échéance du marché, les fonds sont en baisse. Ainsi, j'ai acheté comptant du 4 1/2 à 89; je le revends fin prochain à 89 75. A l'époque de la livraison le 4 1/2 est à 88. J'ai intérêt à racheter des rentes, car je bénéficie de la différence entre 88 et 89 75, soit 1 fr. 75, tandis qu'en livrant mes titres achetés à 89, ma plus-value n'est que de 75 centimes. Je puis ainsi attendre la hausse. Si je suis forcé de réaliser, je ne perds rien à la baisse, car j'ai vendu à 75 centimes de profit; seulement je manque à gagner.

Lorsqu'au contraire les fonds sont en hausse au moment de la livraison, il faut consommer la première opération, sauf à en recommencer une identique le mois suivant. Ainsi, dans l'exemple précédent, supposons que les fonds soient à 90 fr., je n'irai pas acheter à 90 pour livrer à 89 75; c'est mon acheteur qui profite de la plus-value de 25 centimes. Mais, encore une fois, je ne perds rien, puisque je reçois 89 75 et que j'ai payé 89.

Les opérations que nous venons de décrire sont relativement honnêtes. Les habiles ne s'en contentent pas. Ils s'empressent de vendre, font de nouveaux reports sur la même valeur, revendent et reportent à outrance, *écrasant* les cours et poussant à la baisse afin de pouvoir racheter à bas prix, en liquidation, les valeurs dont ils sont tenus de couvrir leurs reportés.

Ceux-ci emploient le report afin de prolonger une opération qui se solderait en perte, et d'éviter momentanément l'exécution.

Exemple. — J'achète 25 actions de la Banque de France à 3,685 fr. La baisse se déclare, et je suis obligé de vendre à 3,675; c'est 250 fr. de perte pour moi si je termine là mon opération. Mais j'ai foi au retour de la hausse : en même temps que je vends à 3,675, je rachète fin courant à 3,680, en supposant que le taux du report soit de 5 fr. Je paye en liquidation les 250 fr. à mon déficit; seulement mon opération n'est pas terminée; je puis, si la hausse reparaît, couvrir ma perte et me retirer en bénéfice. On peut répéter le même manége de mois en mois et se faire reporter ainsi indéfiniment. Les agents de change y trouvent leur profit, car c'est double commission, puisqu'il y a double opération; quant aux spéculateurs, avec des taux de 4 à 60 0/0 par liquidation, ils y rencontrent souvent la lente et douloureuse agonie au lieu de la mort violente qu'ils ont voulu éviter.

De même que le change et les valeurs, les reports sont cotés à la Bourse. Les opérations qui en résultent sont soumises aux mêmes règles que les autres : elles ne peuvent se faire à plus d'un mois pour les actions de chemins de fer, ni à plus de deux pour les autres effets.

On appelle *report sur prime*, dans le premier sens que nous avons donné du mot report, une opération par laquelle on achète ferme fin courant des effets qu'on revend à prime fin prochain. Comme la vente à prime est plus chère que la vente ferme, le report se trouve plus élevé; seulement, en cas de baisse, on court la chance de ne pas voir lever ses titres, et de rester acheteur de fonds dont on pouvait avoir intérêt à se débarrasser.

2. COMBINAISONS AUXQUELLES DONNENT LIEU LES DIFFÉRENTES SORTES DE MARCHÉS.

Nous avons signalé trois sortes de marchés :

Au comptant ;

A terme ferme;
A terme et à prime.

La vente et l'achat, suivant l'un ou l'autre de ces trois modes, peuvent se combiner deux à deux de toutes les manières possibles, au choix des joueurs, suivant leurs calculs et leurs intérêts.

Les spéculations sont *à la hausse* ou *à la baisse*. Dans le premier cas, on achète pour vendre; dans le second, on vend avant d'acheter. Ainsi, les cours sont à la hausse; je deviens acquéreur de 3 0/0 à 70 fr., et j'attends, pour vendre, que la rente ait monté à 70 50 ou au-dessus. — Inversement, la baisse va *crescendo*; je vends à 69, et j'attends pour acheter que le cours soit au-dessous de ce taux, à 69 50 par exemple.

D'où il résulte que les opérations à la baisse sont nécessairement à terme; qu'il y a intérêt pour les baissiers à discréditer les valeurs; que le gouvernement a par conséquent le droit et le devoir d'arrêter, par tous les moyens que la liberté des transactions autorise, cette débâcle : car c'est son crédit à lui qu'on cherche à ruiner, du moins en ce qui concerne la rente, crédit moral dans tous les cas, crédit matériel s'il a besoin d'emprunter.

§ 1er. OPÉRATIONS A LA HAUSSE.

Elles peuvent se faire au comptant ou à terme.

a) Achetant au comptant, vous pouvez revendre, 1° au comptant; 2° ferme; 3° à prime, dès que la hausse est venue.

A terme, vous pouvez :

b) Acheter ferme, vendre : 1° ferme; 2° à prime;

c) Acheter à prime et revendre : 1° ferme; 2° à prime.

Prenons des exemples.

a) J'achète au comptant 1,500 fr. de rente 3 0/0 à 70, soit en capital 35,000 fr.

1° Je les vends le lendemain au comptant à 70 20, soit 35,100 fr.; différence à mon profit, 100 fr.

2° Je les vends ferme fin du mois à 70 60, le taux du report étant de 60 c.; bénéfice, 300 fr.

3° Je les vends à prime fin prochain à 71 dont 1, la rente à prime étant toujours la plus chère, soit 35,500 fr.; excédant à mon profit, 500 fr., que les titres soient levés ou non. S'ils ne sont pas levés, c'est qu'il y a baisse, et je reste acquéreur de fonds publics en attendant la hausse.

b) J'achète ferme, fin courant, 25 actions du Comptoir d'escompte à 670 fr., soit en capital, 16,750 fr.

1° Je les vends ferme, fin prochain, à 680, soit 250 fr. à mon profit. Dans ce cas, il faut que j'aie de quoi prendre livraison à mon échéance; si je n'ai pas 16,750 fr., je ne puis pas revendre à un délai plus long que je n'ai acheté.

2° Je les vends à prime dont 5, fin courant, bénéfice à mon profit, 125 fr. si les actions sont levées. Si elles ne le sont pas, c'est qu'il y a baisse, et dans ce dernier cas, comme j'ai besoin de vendre pour lever moi-même, l'achat étant ferme, j'ai fait une fausse spéculation. Supposons que je sois obligé de les négocier à 663, ce sera 16,575 que je recevrai contre 16,760 que j'aurai à payer : différence à mon préjudice, 175 fr., dont il faut déduire la prime de 125 fr. qui me reste, et qui réduit mon déficit à 50 fr. Dans ce marché, les pertes sont illimitées.

c) J'achète à prime dont 10, fin courant, 50 Nord à 890; soit en capital, 44,500 fr.

1° Je les revends ferme à 894; différence à mon profit, 200 fr. Si les actions sont descendues à 885, comme j'ai payé 500 fr. de prime, j'ai intérêt à les lever; car revendant à ce prix, soit 44,250, je perds 250 fr., tandis qu'en ne prenant pas livraison, je perds les 500 fr. de prime. Dans ce marché, la perte ne peut excéder 500 fr.

2° Je les revends à prime dont 5, à 896; soit 44,800 fr.; différence à mon avantage, 300 fr. si la livraison s'effectue. Si elle ne s'effectue pas, c'est qu'il y a baisse, et les 250 fr. de prime me restent. Mais j'ai moi-même payé une prime de 500 fr.; si je dois l'abandonner aussi, mon déficit ne sera que de 250 fr.

Ce dernier exemple est une opération de prime contre prime, nous y reviendrons.

§ 2. OPÉRATIONS A LA BAISSE.

Elles sont nécessairement à terme.

a) Je vends ferme à découvert et j'attends la baisse.

Ainsi je vends ferme 50 obligations de la ville de Paris à 1,120 fr., soit en capital 56,000 fr. Entre l'époque du marché et de l'échéance, elles tombent à 1,110 ; j'achète à ce prix (comptant ou à terme) ; différence à mon profit, 500 fr. — Si les cours se maintiennent à 1,120, je ne gagne rien, mais je ne perds que les droits de courtage. Si la hausse survient au lieu de la baisse, ma perte peut devenir considérable.

b) Je vends à prime à découvert.

Exemple. — Je vends à prime dont 1 50, fin prochain, 4,000 fr. de rente 4 0/0 à 80; soit en capital, 80,000 fr., prime 1,500 fr. Si la baisse survient, et que la rente soit à 77 à l'échéance, on ne lèvera point les titres : je n'aurai pas besoin d'acheter ; je gagnerai les 1,500 fr. — S'il y a hausse, et que mon acquéreur prenne livraison, je perdrai la différence entre le prix de vente et celui auquel je serai obligé d'acheter, soit 1,000 fr., au cas où le 4 serait à 81. La perte, dans cette circonstance, n'est pas limitée pour le vendeur à découvert ; elle l'est à 1,500 fr. pour l'acheteur.

c) J'achète à prime et je vends ferme à l'instant même.

Exemple. — Le 3 0/0 à prime dont 1 est à 81 fin courant, et la rente ferme 80 60. J'achète 1,500 fr. de rente au premier taux, soit en capital 40,500 fr., prime 500 fr. Je les revends ferme de suite au second taux 80 60, soit en capital 40,300 fr. ; différence à mon détriment, 200 fr. Si la baisse survient, conformément à mes prévisions, et que le 3 descende à 79, j'annule mon premier marché par l'abandon de la prime, et j'achète ferme à 79 ; soit en capital, 39,500 fr. J'ai vendu 40,300 fr. ; bénéfice brut, 800 ; d'où il faut déduire la prime de 500 fr. que j'ai abandonnée; bénéfice net, 300 fr. — La hausse se maintient-elle jusqu'à l'époque de la livraison : je réalise mon achat à prime, qui me coûte 40,500 fr., et ma perte se trouve limitée à 200 fr.

§ 3. OPÉRATIONS COMPLEXES.

Les négociations dont nous venons d'exposer le mécanisme se composent des différentes sortes de marchés analysés dans la première partie de ce chapitre; celles qui suivent sont des combinaisons des opérations mêmes : elles présentent des complications à l'infini. On y a recours lorsque les fluctuations de la cote sont indécises, tantôt en hausse, tantôt en baisse. Nous citerons les plus usitées.

1° Opérations à la hausse ou à la baisse.

Si les variations ne sont pas considérables :

J'achète ferme 25 actions de la Banque à 2,700, ci 67,500 fr., et j'en vends 50 à prime dont 10, à 2,705, ci 135,250 fr. Les effets seront levés ou ne le seront pas.

1° S'ils sont levés :

J'aurai à racheter 25 actions au cours du jour. La hausse est-elle permanente : j'ai fait une fausse spéculation. Mais si mes prévisions se réalisent, il doit y avoir des alternatives de hausse et de baisse ; j'achète en baisse à 2,702, soit pour 25 actions, 67,550 francs.

Ainsi, j'ai d'une part :

25 actions à	2,700,	soit	67,500 fr.
25 —	2,702,	—	67,550
	Total		135,050
J'ai revendu le tout			135,250
Différence à mon profit			200 fr.

L'acheteur à prime à 2,705 prendra livraison si les actions sont seulement à 2,696, car il perd 9 fr. par action, soit 350 fr., au lieu qu'en abandonnant sa prime de 10 fr. par action, il perd 500 fr.

Nous avons supposé le second achat plus cher que le premier : l'inverse pouvait avoir lieu ; le bénéfice était alors augmenté d'autant.

2° Si les titres ne sont pas levés :

Je puis me trouver vendeur non-seulement de 25 actions, mais de 50 ; car j'ai dû me mettre en mesure en prévision de la livraison. J'ai vendu à mes risques et périls, à 2,695 supposons, soit en capital 134,750 fr.

Je dois payer 135,050

Déficit 300

Mais la prime de 500 fr. me reste, et je me trouve en fin de compte avoir gagné 200 fr.

Les chances favorables d'un marché de ce genre sont donc subordonnées aux deux conditions essentielles dont nous avons parlé, savoir : *oscillations perpétuelles dans la cote et variations peu considérables.* Des joueurs consommés peuvent seuls prévoir ces accidents.

Si les variations sont considérables :

J'achète 10 x à prime.

Je revends ferme de suite 5 x ; je suis en perte, puisque la vente ferme est moins chère que celle à prime.

J'attends pour vendre les 5 x restant que la hausse soit revenue au point de couvrir mon déficit et de me donner du gain. Dans ce cas, l'opération se termine là.

Si la baisse vient au-dessous du taux auquel j'ai vendu les 5 x, j'annule, par l'abandon de la prime, mon premier achat de 10 x, qui me coûte plus cher que je n'ai vendu, et je rachète en baisse les 5 x que j'ai à livrer.

2° Opérations de primes contre primes.

Elles ont l'avantage de limiter les pertes ; en revanche elles offrent peu de bénéfices. Elles reposent sur ce fait, que plus la prime est forte, moins le prix est élevé. Ainsi la prime dont 1 fr. est moins chère que la prime dont 50 centimes. — Ces sortes d'affaires exigent une grande habitude de la Bourse et ne sont pas bonnes pour les débutants.

Exemple. — J'achète 1,500 fr. de rente 3 0/0, dont 1, à 80. Je les revends de suite à 80 70, dont 50 c.

1° Si à l'échéance les cours sont en hausse, les primes sont levées, et je gagne la différence de 70 c. par coupon, soit 350 fr.

2° S'ils sont en baisse, l'acheteur m'abandonne sa prime dont 50 c., soit 250 fr., j'abandonne la mienne dont 1, soit 500 fr.; ma perte n'est que de 250 fr.

3° S'ils sont au pair ou à peu près, à 80 05, par exemple, mon acheteur ne lève point sa prime, qui me reste, soit 250 fr., et je revends à 5 centimes de bénéfice, soit 25 fr., en tout 275 fr., sauf déduction du courtage.

Autre exemple. — Inversement, j'achète à 80 70 dont 50, je revends à 80 dont 1.

1° Si à l'échéance le cours est en hausse, ma perte est limitée à 70 c.

2° S'il fléchit et que les primes soient abandonnées, je reçois 1 fr., je ne donne que 50 c.; bénéfice pour moi, 50 c.

3° Si la baisse n'est pas assez forte pour empêcher mon acheteur de prendre livraison, qu'elle ne soit que de 60 c., par exemple (79 40), j'abandonne mon premier marché et je rachète à 79 40; comme je suis vendeur à 80, mon bénéfice brut est de 60 c., d'où il faut déduire les 50 c. de prime que j'ai abandonnés; bénéfice net, 10 c.

Autre exemple. — Je vends 10 x à prime dont 50 c. fin courant; je rachète 10 x à prime dont 1 fin prochain.

Si à la fin du mois les 10 x ne sont point levés, je gagne les 50 c.; ce qui diminue de moitié ma prime dont 1.

S'ils sont levés, j'achète ferme fin courant les 10 x que j'ai à livrer, et je reste acquéreur pour un mois encore des premiers 10 x : ce qui me permet de profiter des chances de hausse. — C'est ce qu'on appelle *se faire reporter sur prime.*

On peut encore acheter une quantité de valeurs à primes dont 1, et en revendre le double à prime dont 50. Si les effets ne sont levés ni de part ni d'autre, l'opération est nulle.

Inversement, on achète une quantité de titres à prime

dont 50, on en revend le double à prime dont 1. Si les titres ne sont point levés, le spéculateur gagne quatre fois la prime d'achat.

3° Arbitrages sur effets publics.

C'est une opération qui consiste à échanger une valeur contre une autre, du 4 1/2 contre du 3 par exemple, afin de bénéficier de la différence. Elle repose sur ce fait que les diverses espèces de fonds ne sont pas toujours au même taux; ainsi le 3 0/0, sur lequel se porte de préférence la spéculation, est plus cher que le 4 et le 4 1/2. Il est à 67 quand le 4 1/2 est à 90; pour que les deux rentes fussent au même taux, il faudrait que le 4 1/2 valût 100 50 quand le 3 coûte 67.

Exemple d'une opération d'arbitrage.—Je suis possesseur de 1,500 fr. de rente 3 0/0. Le 3 monte à 85, tandis que le 4 1/2 reste à 105. Je vends à 85 et je réalise en capital 42,500 fr. Avec cette somme je rachète en 4 1/2, à 105, 1,818 fr. de rente au prix de 42,420 fr. Si je borne là mon opération, ma rente s'est accrue de 318 fr., et il me reste 80 fr. sur mon capital.

Mais si j'ai voulu faire une spéculation, j'ai été conduit à changer mon placement dans l'espoir de voir monter le 4 1/2 et baisser le 3; je ne suis donc qu'à moitié de la besogne. Supposons que ma prévision se réalise: le 4 1/2 est à 107 et le 3 à 80, je vends à 107 mes 1,818 fr. de 4 1/2.

Soit	43,228 fr.
Je rachète à 80, 1,500 fr. de 3 0/0, ci.	40,000
Différence à mon profit.	3,228
Plus les 80 fr. de la première opération. . .	80
Bénéfice total.	3,308

Ainsi je me trouve, comme auparavant, possesseur de 1,500 fr. de rente 3 0/0, et j'ai gagné 3,308 fr.

4° Moyens de bonifier les fausses spéculations.

Nous avons déjà indiqué comment au moyen des reports

on peut prolonger une opération devenue mauvaise au moment de la liquidation. Il y a encore d'autres ressources, dont nous devons parler également.

1. J'ai vendu à découvert de la rente à 80 50. La hausse survient; je suis forcé d'acheter à 81 pour faire ma livraison. Je perds 50 c. par coupon si mon opération finit là. Mais je crois au retour de la baisse. Je vends fin prochain à 81 30, le report étant présumé de 30 c.; je paye en liquidation la différence de 50 c., et je reste vendeur à terme en attendant la baisse.

2. J'ai acheté 1,500 fr. de 3 0|0 à 80; la rente tombe à 78; j'en achète à ce prix une même quantité. Je me trouve acquéreur de 3,000 fr. de rente au cours moyen de 79; pour peu que les fonds montent au-dessus de ce dernier chiffre, j'aurai du bénéfice. C'est ce qu'on nomme *une commune.*

3. Inversement j'ai vendu à découvert 1,500 fr. de rente à 80. Survient la hausse à 81; je revends à ce prix même quantité de titres. Je me trouve vendeur de 3,000 fr. de rente au cours moyen de 80 50, pourvu que la baisse revienne au-dessous de ce dernier chiffre, je pourrai acheter en bénéfice.

4. Opérant à la hausse, j'ai acheté 20 x. C'est la baisse qui survient; je suis en perte. Mais je revends 40 x. Acheteur de 20 x, vendeur de 40 x, je reste vendeur de 20 x. J'attends, pour les acheter, que la baisse me permette de couvrir au moins la perte de mon premier marché. — Cette opération, commencée à la hausse, se termine à la baisse.

5. Inversement, j'ai vendu à découvert 1,500 fr. de rente à 80. Survient la hausse, à 81. J'achète, non pas 1,500 fr., mais 3,000; je liquide à perte mon premier marché, mais je reste acheteur de 1,500 fr. de rente, et j'attends, pour vendre, que la hausse puisse m'indemniser de mon déficit. —Cette spéculation, commencée à la baisse, finit à la hausse.

Nous avons passé en revue les combinaisons les plus remarquables de la spéculation. Nous ne prétendons pas les avoir énumérées toutes, car elles revêtent, comme le Protée de la fable, les formes les plus diverses. A chaque instant on en invente de nouvelles. Ce qui les caractérise en général, c'est que, bien qu'elles puissent servir, par exception, à des opérations sérieuses, elles n'ont habituellement d'autre motif que le jeu, et qu'elles tombent en dehors de la spéculation productive, et sous le coup des interdictions de la loi. Mais la loi, le joueur à la Bourse la défie : que ne donnerait-il pas pour pouvoir défier aussi bien la fortune !...

ARITHMÉTIQUE SPÉCULATIVE.

Il ne sera sans doute pas inutile de terminer ce chapitre par un résumé des règles d'arithmétique nécessaires à la solution des problèmes dont se sert la spéculation.

Nous ne nous arrêtons certes pas à celui-ci : Combien coûtent 25 actions à 750 fr.? Mais plus d'un lecteur tâtonnerait peut-être pour résoudre cet autre un peu moins simple : Combien coûtent 2,250 fr. de rente 4 1/2 à 90? — 90 n'est pas le prix de 1 fr. de rente, mais le prix de 4 fr. 50. Donc il faut chercher combien de fois 2,250 contient 4 fr. 50. — Réponse : 500 fois. — C'est par 500 qu'il faut multiplier 90. — Produit : 45,000 fr.

Combien coûtent 3,000 fr. de rente 3 0/0 à 67?

$$\text{Réponse : } 67 \times \frac{3{,}000}{3} \text{ ou } 67 \times 1{,}000 = 67{,}000 \text{ fr.}$$

Presque tous les calculs dont on a besoin à la Bourse se résolvent par la règle de trois. Le point capital est de savoir poser la proportion. Nous allons en résumer les principes.

L'un des termes est toujours : Un capital C est à un capital c ; l'autre : Un intérêt I est à un intérêt i. — C doit correspondre à I, et c à i.

Exemples : $C : c :: I : i$
$c : C :: i : I$
$I : i :: C : c$

L'usage est de placer l'inconnue au dernier terme. Soit C l'inconnue : c sera le troisième terme, I le second, et i le premier :

$$i : I :: c : x = C$$

Appliquons cette théorie à nos calculs.

1. Reprenons celui de tout à l'heure : combien coûtent **2,250 fr.** de rente **4 1/2** 0/0 à 90?

Lorsque 4 fr. 50 de rente (i) se payent 90 fr. (c), combien 2,250 fr. de rente (I) se payeront-ils? — L'inconnue est C. Donc la proportion s'écrira :

Proportion : $i : I :: c : C$
En chiffres : $4\ 50 : 2{,}250 :: 90 : x$

$$\text{D'où : } x = \frac{2{,}250 \times 90}{4\ 50} = 45{,}000 \text{ fr.}$$

2. Quel est le taux d'un emprunt public 5 0/0 négocié à 80 fr.?

Quand 80 fr. de capital (c) donnent 5 fr. de rente (i), combien 100 fr. (C) en donneront-ils? — L'inconnue est **I**, et la proportion doit s'écrire :

Proportion : $c : C :: i : I$
En chiffres : $80 : 100 :: 5 : x$

$$\text{D'où : } x = \frac{100 \times 5}{80} = 6 \text{ fr. } 25.$$

L'emprunt est contracté à 6 fr. 25 0/0.

3. Le 3 0/0 est à 67 et le **4 1/2** à 90 : lequel est le plus cher?

Il y a deux manières de résoudre ce problème : l'une consiste à chercher le taux de chacun des cours et à en faire la différence; mais la suivante est plus expéditive.

Quand 3 fr. de rente (i) se payent 67 fr. (c), combien coûtent 4 fr. 50 (I)? — L'inconnue est C, et nous écrivons :

Proportion : $i : I :: c : C$
En chiffres : $3 : 4\ 50 :: 67 : x$

$$\text{D'où : } x = \frac{4\ 50 \times 67}{3} = 100\ 50$$

Puisque 100 50 est en **4 1/2** le cours correspondant à 67 en 3 0/0, et que le premier n'est qu'à 90, le 3 est le plus cher. — De combien par franc de rente est-il plus cher?

$$\text{De } \frac{100\ 50 - 90}{4\ 50}, \text{ soit } \frac{10\ 50}{4\ 50}, \text{ ou } \frac{105}{45}, \text{ ou } 2 \text{ fr. } 33.$$

On peut encore résoudre ce problème par la méthode dite de *l'unité* ou du *denier*.

Quand 3 fr. de rente (I) coûtent 67 fr. (C), combien coûtera 1 fr. de rente (i)? — L'inconnue est c, et nous posons :

Proportion : $I : i :: C : c$
En chiffres : $3 : 1 :: 67 : x$

D'où : $x = \frac{67}{3} = 22$ fr. 33.

On a de même : $4\ 50 : 1 :: 90 : x$

D'où : $x = \frac{90}{4\ 50} = 20$ fr.

Le 3 est au denier 22 33; le 4 1/2 au denier 20. — Différence 2 fr. 33 c.

4. Combien, avec 60,000 fr., peut-on acheter de 3 0/0 à 66?

Quand avec 66 fr. (c) on a 3 fr. de rente (i), combien en aura-t-on avec 60,000 fr. (C)? — L'inconnue est I, et je pose :

Proportion : $c : C :: i : I$
En chiffres : $66 : 60,000 :: 3 : x$

D'où : $x = \frac{60,000 \times 3}{66} = \frac{180,000}{66} = 2,727$ fr. 27.

On peut donc acheter 2,727 fr. de rente.

5. 92,500 fr. m'ont produit, dans une opération de report, 815 fr. en un mois : quel taux pour 100 l'an ce bénéfice représente-t-il?

Je dis : 815 fr. en un mois donnent, pour douze mois ou une année, 9,780 fr. La question est donc celle-ci : lorsque 92,500 fr. (C) produisent 9,780 fr. (I) dans l'année, combien 100 fr. (c) en produiront-ils? — L'inconnue est i.

Proportion : $C : c :: I : i$
En chiffres : $92,500 : 100 :: 9,780 : x$

D'où : $x = \frac{9,780}{925} = 10$ fr. 57.

Le bénéfice du report dans cette affaire représente donc un taux de 10 fr. 57 c. 0/0 l'an.

6. S'il s'agit de fonds étrangers, le mode de procéder n'est pas différent.

Quand 5 ducats rente de Naples en valent 105 en capital, combien vaudront 500 ducats de rente?

Proportion : $5 : 500 :: 105 : x$

D'où : $x = 10,500$ ducats.

Mais combien cela fait-il en francs, le ducat étant évalué à 4 fr. 40 c.? — Il suffit de multiplier 10,500 par 4 40; ce qui donne 46,200 fr. — En effet, 1 ducat donne 4 40 comme 10,500 ducats donnent x fr. — 1, c'est i; 4 40, I; 10,500, c, et x l'inconnue, C.

Proportion : i : 1 :: c . : C
En chiffres : 1 : 4 40 :: 10,500 : x

Comme 1 ne divise pas, il suffit de multiplier par 4 40.

7. Le florin d'Autriche vaut 2 fr. 60 : combien valent 10,000 florins en francs?

Puisque 1 ne divise pas, c'est 2 60 × 1,000, ou 2,600 fr.

8. Le type des monnaies étrangères est généralement plus élevé que le nôtre; en sorte que le calcul indiqué aux numéros **6** et **7** est applicable à peu près partout. Seulement il s'agirait d'un type plus faible, qu'il n'y aurait encore rien à changer, sinon dans la position des termes : l'unité du premier terme, c'est alors le type étranger.

Exemple. Quand le denier de gros d'Amsterdam vaut 54 centimes, combien valent en francs 248 deniers?

1 denier donne 54 centimes comme 248 deniers donnent x fr.

Proportion : 1 : 0 54 :: 248 : x

D'où : $x = 248 \times 0\ 54 = 133$ fr. 92.

9. Inversement, on peut avoir à convertir des francs en valeurs étrangères.

Quand la pistole d'Espagne vaut 15 fr., combien valent en pistoles 36,000 fr.?

Je dis : 15 fr. donnent 1 pistole comme 36,000 fr. donnent x

Proportion : 15 : 1 :: 36,000 : x.

1 ne multiplie pas; donc : $x = \frac{36,000}{15} = 2,000$ pistoles.

Il serait superflu de multiplier davantage les exemples.

CHAPITRE VI.

Matières métalliques. — Change.

Les courtiers de commerce ont le droit, concurremment avec les agents de change, de vendre les matières d'or et d'argent; mais aux derniers seuls appartient d'en constater le cours. Le jeu est interdit sur ces valeurs, comme sur toutes les autres.

L'or et l'argent ont leur prix au pair; ils perdent ou gagnent sur le marché, suivant les circonstances. Les grandes crises politiques font monter le prix de l'or, parce qu'il permet de transporter de grandes valeurs sous un petit volume.

L'*agio*, c'est le profit, et l'*escompte* la perte.

Or en barre, pièces de 20 et 40 fr., *agio*, 2 fr. 50 pour 1,000, signifient que l'or gagne 2 fr. 50 par 1,000 fr.

Au lieu du mot *agio*, il y aurait *escompte*, c'est que l'or perdrait 2 fr. 50 par 1,000 fr.

Or en barre, pièces de 20 et 40 fr. *au pair*, signifie qu'il n'y a ni agio ni escompte.

Or en barre, à 1000/1000, c'est l'or le plus pur, il vaut 3,444 fr. 44 c. au pair, le kilogramme.

Or en barre, à 900/1000, c'est l'or avec un dixième d'alliage. Prix au pair: 3,100 fr. le kilogramme.

Argent en barre, à 1000/1000. Prix le kil. : 222 fr. 22.

Idem à 900/1000. — 200 fr. »

Le change est une opération qui consiste à faire passer, à l'aide de simples effets, des sommes, souvent considérables, d'une place dans une autre. Il a pour but et pour résultat d'éviter le transport encombrant et coûteux des matières métalliques. On peut dire que ce dernier procédé serait à la lettre de change ce qu'en fait de rapidité la batellerie est à la télégraphie électrique.

Le change suppose des dettes réciproques entre les pays.

A, de Marseille, a vendu à *B*, de Lille, des savons pour une somme de 10,000 francs; *B* a fourni à *C*, de Marseille également, 10,000 fr. d'huiles. Il n'est pas nécessaire de déplacer un centime pour solder un pareil marché. *B* écrit à son débiteur *C* : « Payez à votre compatriote *A* les 10,000 fr. que vous me devez et que je lui dois moi-même. » Les trois contractants gagnent à cet arrangement, économie de temps et sécurité.

Lorsque le vendeur et l'acheteur ont à la négociation un intérêt égal, le change est *au pair*.

Mais il n'en est pas toujours ainsi.

La Nouvelle-Orléans expédie à Rouen pour 10 millions de cotons; Lyon vend à New-York 8 millions de soieries. Le négociant lyonnais reçoit en payement du papier sur Rouen; celui de la Nouvelle-Orléans reçoit le sien sur New-York. Si ces villes n'échangeaient qu'entre elles, il faudrait transporter l'appoint de 2 millions de Rouen à la Nouvelle-Orléans afin de parfaire les comptes.

Le commerce a sans doute des ressources plus expéditives; les relations que nous avons supposées entre quatre places ne sont nulle part circonscrites dans un cercle aussi restreint. Chaque centre d'affaires est en correspondance avec les principaux marchés du monde. Seulement, entre deux endroits il peut y avoir inégalité de créances, comme dans l'exemple ci-dessus, et alors le papier sur telle place est plus ou moins *demandé*, plus ou moins *cher*. D'où uen différence dans le *prix* du change.

Le change d'un lieu sur un autre est *bas*, lorsque ce lieu est *large* de l'argent de l'autre, c'est-à-dire lorsqu'il a plus à payer qu'à recevoir. Il est *haut* dans le cas inverse, quand il a plus à recevoir qu'à payer. La France doit 10 millions à l'Amérique, qui ne lui en doit que 8 : le change est *bas* pour nous et *haut* pour les Américains. En d'autres termes, l'Américain achètera le papier sur la France au-dessous de sa valeur, puisqu'il est abondant; le Français payera le papier sur l'Amérique au-dessus de son titre nominal, parce qu'il est rare.

L'abondance, la rareté sont donc pour les effets de commerce, de même que pour les produits, des causes de hausse ou de baisse, de cherté ou de bon marché.

Ces négociations sortent, comme on voit, du domaine de la spéculation ; elles appartiennent essentiellement au commerce et à la banque. Comment se trouvent-elles entre les mains des agents de change? Nous l'avons dit : la Bourse est le marché aux capitaux condensés sous forme de titres, et la loi n'accorde qu'aux agents de change le droit d'y servir d'intermédiaires. Ils ne vendent ni n'achètent autrement que par commission. Ils ne sont pour rien dans la *fixation* du cours ; la *constatation* seule leur en est réservée. Ils ne sont ni banquiers ni commerçants ; ils mettent à contribution la banque et le commerce. Ils jouissent d'un vieux privilége : il en a toujours été ainsi ; il en sera, espèrent-ils, longtemps encore de même.

Entre temps, la pratique, toujours en avance sur la législation, s'affranchit peu à peu du monopole : les opérations de change reviennent de droit et de fait aux banques publiques et privées et aux comptoirs d'escompte.

Ce n'est pas que MM. les officiers publics s'en préoccupent. Nous avons vu déjà combien ils sont bons princes avec les coulissiers et les courtiers-marrons. Leur libéralité ne se dément pas en cette occurrence. Qu'est-ce, en effet, que de misérables effets de commerce pour des gens qui ont la main sur la rente, les chemins de fer, les canaux, les mines, les usines, les forges, la Banque, les assurances, etc. ?

Ce qui précède suffit pour donner une idée de la nature du contrat de change, de sa nécessité, des combinaisons dont il est susceptible, des causes de variation entre les différentes places, de la hausse et de la baisse sur une même place à diverses époques. Il nous reste à compléter, par quelques détails techniques, ces notions générales.

On distingue deux sortes de monnaies : 1° *Monnaie réelle* ; elle existe matériellement en pièces d'or, d'argent ou de billon. — 2° *Monnaie de change* ; elle n'existe pas toujours en métal ; c'est le nom qu'on donne parfois à une somme d'espèces ou de fractions d'espèces.

Chez nous le franc est à la fois monnaie effective et monnaie de compte ou de change. Mais il n'en est pas de même partout. En Hollande, par exemple, la *livre de gros*, adoptée pour les négociations du change, n'existe pas en métal ; elle représente 6 florins de monnaie réelle.

Le prix du change entre deux places s'évalue par la comparaison de leurs monnaies *réelles* ou *de change*, servant, la première de type, la seconde d'unité monétaire.

On dit qu'une place donne le *certain* quand sa monnaie

sert de terme fixe dans la comparaison ; celle qui fournit le terme mobile donne l'*incertain*.

Ainsi, dans le change entre Paris et Londres, le terme fixe de la comparaison, c'est la livre sterling ; le terme mobile, sa valeur en francs, qui peut être, suivant les circonstances, de 25 fr., 24 fr. 95, 25 fr. 10. Entre Paris et Lisbonne le terme fixe est 5 fr., qui valent 495, 500, 504 reis, plus ou moins.

Entre deux places, il y a nécessairement un terme fixe et un terme mobile. Ce n'est ni un avantage ni un désavantage de donner l'un ou l'autre. Tels que l'usage les a établis, on les conserve, on ne les transpose jamais : Paris donne toujours l'*incertain* à Londres et le *certain* à Lisbonne.

MODE D'ÉVALUATION DU CHANGE

entre Paris et quelques places de l'étranger.

CERTAIN.	INCERTAIN.		
Paris 3 fr.	Amsterdam, de 53 à 58 deniers de gros.		
— 5 fr.	Lisbonne, 500 reis, plus ou moins.		
Hambourg, 100 lubs.	Paris,	185 fr. »»	plus ou moins.
Londres, 1 livre sterling. . .	—	25 fr. »»	—
Berlin, 1 rixdale.	—	3 fr. 70	—
Madrid, 1 pistole.	—	15 fr. »»	—
Livourne, 1 piastre.	—	5 fr. 15	—
Naples, 1 ducat.	—	4 fr. 40	—
Vienne, 1 florin.	—	2 fr. 50	—
St-Pétersb., 1 rouble papier.	—	1 fr. 10	—

Cet usage permet de ne mettre qu'un terme dans le cours du change. Ainsi, ces expressions : *Londres* 25 10, *Amsterdam* 57, signifient que 1 livre sterling payable à Londres s'achète à Paris 25 fr. 10 c.; que pour 3 fr. à Paris, on a 57 deniers de gros payables à Amsterdam.

Le change entre les villes de France s'évalue en francs. Il en est de même avec certaines places de l'étranger qui ont adopté nos monnaies. Dans ce cas, il s'exprime en un *tant pour* 0/0 *de perte* accolé au nom de la ville qui a le change défavorable.

Ainsi *Gênes* 2 *p.* signifie que 100 fr. payables à Gênes perdent 2 0/0 à X et n'y valent que 98 fr. *Bordeaux* 1/5 *p.*

veut dire que 100 fr. payables à Bordeaux coûtent 99 fr. 4/5 à Z.

Les opérations de change supposent chez ceux qui s'y livrent, non comme intermédiaires, mais comme négociants, une connaissance étendue des relations commerciales entre les divers marchés du globe, puisque l'abondance ou la rareté du papier sur ces marchés en détermine le cours. Les banquiers sont mieux en position que personne, par la multitude de leurs relations, de connaître les besoins et les ressources de chaque place.

Le change suppose aussi la connaissance des monnaies étrangères et de leurs valeurs respectives au pair; sans quoi il serait impossible de savoir si le change est favorable ou non sur telle ville. Par exemple, cette formule, *Naples* 4 20, signifie qu'un ducat de Naples vaut en France 4 fr. 20 c.; mais laquelle des deux monnaies perd au change? il faut pour cela connaître la valeur *au pair* du ducat napolitain : elle est de 4 fr. 40 c.

La formule employée entre les villes qui se servent d'une même monnaie, *x* 0/0 de perte, est infiniment plus simple. Qu'en faut-il conclure? — Que l'unité monétaire, appliquée à toutes les nations civilisées, de même que l'unité de poids et de mesures, simplifierait de 90 0/0 les relations commerciales, et supprimerait une foule de fonctions vivant aux dépens de la production, de l'imbroglio et des complications de comptes.

— A quand cette réforme?

— Bah! les questions de *concert* et d'*équilibre* sont bien autrement importantes.

CHAPITRE VII.

Que le régime actuel de la Bourse et du Crédit public est la condamnation du système économique.

Notre dessein n'est pas de faire ici la satire de toute une époque, de toute une société. Nous manquerions d'ailleurs à nos propres principes, nous imiterions la théologie si, au lieu de rechercher les causes de la dissolution contemporaine dans des principes mal définis, des notions mal différenciées, des formules inexactes, des forces mal équilibrées, surtout dans cet état de guerre sociale que les classes privilégiées ont de tout temps créé et entretenu comme l'expression de la liberté et de l'ordre, nous attaquions en masse personnes et corporations, c'est-à-dire l'humanité tout entière.

Que d'autres entreprennent, s'ils le peuvent, s'ils l'osent, l'épuration du corps social! Pour nous, qui ne sommes ni prédicateurs ni jacobins, nous ne nous chargeons que d'interpréter les faits et de tirer au clair les idées. Trop éclairés sur les mystères de la fortune pour garder de ses injures aucun ressentiment, c'est à des sophismes que nous faisons la guerre, non à des hommes; c'est pour une science que nous combattons, nullement pour des intérêts. Et quelle science? la Justice, dans ses applications à l'Économie...

Le coup de théâtre du 2 décembre a imposé silence aux défenseurs de la Révolution; il n'a pas fait taire ses ennemis.

Il y a des gens qui, à propos de la spéculation boursière, ont saisi l'occasion de desserrer une ruade au *socialisme*, et de soutenir, contre nos critiques, l'utilité et la haute moralité du jeu.

D'autres, qui avaient eu la gloire insigne de souffrir persécution et captivité pour la *république sociale*, qui depuis, libérés de Belle-Isle, aussitôt engagés dans les opérations CERTAINES de la Bourse, font consister la moralité de l'agiotage à se dérober à ses conditions aléatoires; des hommes qui avaient commencé en 1848 la croisade du travail contre la coalition du capital, ont crié que nous voulions ramener le monde à la barbarie primitive, créer l'égalité de misère, et faire manger à la France rajeunie de 1852 le brouet noir.

D'autres enfin, M. Mirès en tête, avouant que *depuis trois ans nous avons assisté à de grands* MALHEURS, *sur lesquels se sont élevées de grandes* FORTUNES; mais distinguant, après nous, la spéculation utile de la spéculation improductive et agioteuse dont ils font bénévolement une exception, essaient d'obtenir grâce, tolérance, pour le spéculateur *nécessiteux*, *faiseur de dupes et de victimes*, en faveur du *financier probe et austère*, qui...., dont....., auquel....., etc. On voit que M. Mirès parle de l'abondance de son cœur. Il connaît les *nécessiteux*, et il ne demande pas mieux aujourd'hui que de servir de Mécène au talent et à la vertu.

Quelques faits en réponse à ces fiers théoriciens trouveront naturellement ici leur place, et compléteront les éléments de la question que nous soumettons à nos lecteurs.

§ 1er. COMMENT LES OPÉRATIONS ALÉATOIRES, INDIFFÉRENTES DE LEUR NATURE, CONDUISENT FATALEMENT, DANS L'ÉTAT ACTUEL DES CHOSES, A L'ESCROQUERIE ET AU VOL. — COMPLICITÉ DE LA SCIENCE ET DE LA LOI. — INÉGALITÉ DE POSITION DES JOUEURS.

Ainsi que nous l'avons remarqué dans notre *Introduction*, dans un état de choses fondé sur l'absence complète de mutualité entre les organes de la production et de la circulation, aucune loi sérieuse, soit de prévention, soit de répression, contre les abus dont la Bourse en premier lieu, et après elle la commandite, sont le théâtre, n'est possible.

Cette impuissance du législateur contre des actes qui tous, du plus au moins, se ramènent à l'escroquerie et au vol, constitue, suivant nous, la réduction à l'absurde de la théorie qui les engendre, et qui par suite se trouve condamnée à en soutenir l'innocence, à en affirmer la légitimité.

Or, telle théorie, telle pratique; telle science, telle société. L'économie politique, telle que l'ont laissée Adam Smith, J.-B. Say, D. Ricardo, Malthus, etc., et que la représente l'Académie des Sciences morales et politiques, n'est autre chose que la description du galimatias social dans lequel croupit l'humanité depuis soixante siècles. Faut-il s'étonner que les adeptes de cette prétendue science en aient fait dans ces dernières années un engin de contre-révolution?...

Que le lecteur veuille bien nous accorder quelques minutes d'attention : notre dessein n'est pas de surprendre sa bonne foi.

Quelle loi morale, quel principe de justice peut, au for intérieur, défendre les marchés à terme?

Aucun assurément. En premier lieu, la condition aléatoire est de l'essence de la production et de la circulation des valeurs : d'autre part, le terme, ou, pour mieux dire, le délai entre la livraison de la marchandise et la réception de la contre-valeur qui la paye, est la condition non moins essentielle du crédit et de l'échange.

Le hasard, par lui-même, n'est ni moral ni immoral. Sans doute, dans une société organisée sur le principe de garantie mutuelle, tous les efforts combinés tendraient à éliminer le hasard : mais là où cette mutualité n'est pas décrétée, l'agiotage devient prépondérant, et toute loi qui prétendrait le restreindre dans un ordre de transactions pendant qu'elle le laisserait libre dans les autres serait une loi arbitraire, une loi de mensonge et d'iniquité.

En deux mots : la mutualité opère *contre* le hasard, comme on le voit par l'assurance; l'agiotage opère SUR. Aucune loi ou constitution mutuelliste n'ayant déterminé à cet égard les droits et les devoirs des citoyens, leur condition légale est le jeu : cette conséquence est forcée.

Il suit de là que ce qui serait illicite, coupable dans un régime de mutualité, à savoir, la recherche de l'agio pour lui-même, à la place du produit, cesse de l'être dans un régime d'insolidarité absolue, où tout est abandonné à la fortune.

Cela posé, on demande : Lequel des deux est le plus moral en soi, le plus utile, le plus conforme à la justice éternelle et à l'économie, de ces deux régimes : la mutualité ou la licence? Dépend-il de la volonté du législateur, du sophiste, que ce soit indifféremment celui-ci ou celui-là?

Et c'est à cela que nous répondons, contre les économistes : Voyez les faits.

D'après des documents officiels, le produit du service des agents de change, à Paris, pour 1855, a été de 80 millions, ce qui suppose une masse de transactions de 64 milliards, non compris les opérations de la coulisse, etc.

Les transactions sérieuses n'atteignent pas certainement

plus de 3 ou 4 milliards. L'importance des opérations de pur agiotage est donc à celle des affaires réelles comme 16 ou 18 à 1. Cela est-il moral?

Ajoutons : Cela est-il économique?

On a osé dire que les opérations de Bourse n'affectaient pas d'une manière sensible le crédit agricole et industriel; qu'il n'était pas vrai que les capitaux fussent détournés de leur destination naturelle. Qu'est-ce donc que ces 80 millions que se partagent les agents de change, présidents et appariteurs de cet immense tripot?

80 millions de courtages supposent que plusieurs centaines de millions ont été journellement engagées au jeu : n'eussent-ils pas été mieux placés dans l'agriculture, à laquelle la Société du Crédit foncier n'a pas un sou à offrir; dans le commerce, à qui la Banque ne cesse de serrer les courroies?

Nous voilà donc, par l'effet de la prépotence laissée à l'élément aléatoire sur l'élément juridique, dans un état de démoralisation chronique, organique, légale. Qui donc, voyant ce qui se passe, l'oserait nier?

L'unique pensée des gens de Bourse se résume en trois mots : GAGNER, AU JEU, DE L'ARGENT! Tous, ou la plupart, ont des revenus, un commerce, une industrie, un état, des moyens d'existence enfin. Que demandent-ils à l'agiotage, alors? Des profits sans travail, sans capital, sans esprit d'entreprise, sans génie. La Bourse a deux oscillations, la hausse et la baisse, comme la roulette a deux couleurs : vendre en hausse, acheter en baisse, parier sur la rouge ou la noire, c'est tout un. Le hasard est le grand artisan des succès et des revers.

Quand on nous citerait les bénéfices superbes encaissés par les heureux à une partie jouée le plus loyalement du monde, nous demanderions : Quel est cet élément, le hasard? est-ce une puissance économique, un principe créateur de valeurs utiles et échangeables?

« La plupart des agents de change, dit le Bulletin de la *Presse* du 18 janvier 1856, avaient reçu, depuis hier, de la province, un nombre infini de dépêches télégraphiques qui révoquaient les ordres de vente, et les remplaçaient par des ordres d'achat.

Voilà bien *la meule qui tourne à vide*, selon l'expression de J.-B. Say. Un déplacement de capitaux, stérile au point de vue de la production nationale, fatal aux victimes qui y perdent leurs moyens d'existence et de travail : telle est la Bourse. Ce n'est ni plus ni moins qu'une transformation de la loterie tant décriée. La police traque à outrance les rares tripots clandestins où quelques fils de famille vont risquer, avec des filles, une partie de leurs revenus ; elle protége la Bourse où les pères engloutissent, avec des escrocs, le patrimoine de leurs femmes, la dot de leurs filles, l'établissement de leurs garçons. Il y a donc, comme dit le professeur, une grande et une petite morale.

Dès qu'on ne s'assemble que pour jouer, qu'importe que l'on joue sur des chimères ou sur des réalités ?

« L'histoire de la tulipomanie en Hollande est aussi féconde en enseignements que celle d'aucune autre époque. C'est dans l'année 1634 que les principales villes des Provinces-Unies commencèrent à se lancer dans un trafic destructeur de toute espèce de commerce. La fureur du jeu qu'il alluma provoqua l'avidité du riche et les folles espérances du pauvre, fit monter la valeur d'une fleur au delà de son pesant d'or, et finit, comme toutes les frénésies de la même espèce se terminent ordinairement, par toutes les fureurs et toutes les misères du désespoir. Pour quelques personnes enrichies, il y en eut un nombre prodigieux de ruinées. En 1634, on recherchait les tulipes avec le même empressement qu'on a mis, en 1844, à se procurer des promesses d'actions de chemins de fer. La spéculation a suivi exactement la même marche dans les deux cas. On prenait l'engagement de livrer certains oignons; et, par exemple, lorsqu'il ne s'en trouvait que deux semblables sur le marché, comme cela arriva une fois, alors château, terres, chevaux, bœufs étaient vendus pour payer les différences. On passait des contrats et on payait des milliers de florins pour des tulipes que ni le courtier, ni le vendeur, ni l'acheteur ne devaient jamais voir.

« On peut juger jusqu'où allait cette manie, quand on voit établi par diverses autorités qu'il y avait telle tulipe que l'on paya en valeurs égalant 2,900 fr.; une autre variété fut payée 2,000 florins (2,320 fr.); on donna, en échange d'une troisième, un carrosse neuf, deux chevaux gris et leurs harnais; on livra douze acres de terre pour une quatrième. Il y eut un spéculateur qui, en quelques semaines, réalisa 60,000 florins (69,600 fr.)

« Mais à la fin, l'heure de la panique sonna, la confiance s'évanouit, on manqua aux engagements, on cessa de payer de tous les côtés, les rêves dorés se dissipèrent. Ceux qui, une semaine avant plaçaient les plus magnifiques espérances dans la possession de quelques tulipes, qui leur auraient suffi pour réaliser une fortune princière, restaient, le visage allongé et l'œil stupéfait, devant de mauvais oignons qui n'avaient aucune valeur intrinsèque, et qu'ils ne pouvaient vendre à aucun prix.

« Pour conjurer le mal, les marchands de tulipes convoquèrent des assemblées et firent de beaux discours, dans lesquels ils prouvaient que leurs tulipes avaient plus de valeur que jamais, et que la panique était aussi absurde que mal fondée. Ces discours excitèrent de grands applaudissements; mais les oignons n'en restèrent pas moins sans valeur. » (*La Bourse de Londres*, par J. FRANCIS, traduction de M. LEFEBVRE-DURUFLÉ, sénateur, ancien ministre.)

Quel rêve d'une imagination en délire s'élèverait jamais à la hauteur de l'histoire? La pierre philosophale fut mise en commandite de 1824 à 1825 :

« Parmi les compagnies qu'on voyait surgir chaque jour, il s'en forma une pour fabriquer de l'or. On annonçait que le succès était certain. Les actions furent enlevées avec fureur; mais, leur placement achevé, on avertit les actionnaires que, comme les frais qu'entraînerait la fabrication d'une once d'or en atteindraient deux fois la valeur, on était obligé de dissoudre la société, et que le versement effectué serait retenu pour payer les frais faits jusque-là. » (*Bourse de Londres*, page 272.)

Restons dans les données contemporaines. L'esprit humain, malgré sa passion effrénée du jeu, qui lui représente sa spontanéité et son indépendance, répugne au néant : il aime à se reposer sur des matérialités. Ici commence la conversion du jeu en escroquerie.

« En France comme en Angleterre, à Paris comme à Londres, le démon de l'agiotage a tourné la tête des habitués de la Bourse, et sali de son contact les affaires les plus recommandables. Alléchés seulement par l'appât des primes et par les différences considérables qu'il était possible d'occasionner d'un jour à l'autre sans risquer beaucoup d'argent, les hommes qui se sont mêlés à ces spéculations n'ont pas pris la peine de faire un choix entre les titres des différentes compagnies qu'ils trouvaient sur la cote de la Bourse; ils les ont tous acceptés sans distinction, les ont tous entourés de la même faveur, et sans se rendre compte de leur valeur réelle, ils en ont escompté l'avenir inconnu par des primes qu'ils réalisaient dans les quarante-huit heures.

« Les choses ont été ainsi pendant quelques mois; bientôt les profits obtenus par les plus avisés au moyen de ces manœuvres leur ont suscité de nombreux concurrents, qui, trouvant la place prise, le marché des actions industrielles trop circonscrit, se sont jetés à corps perdu dans des opérations bien autrement aléatoires, en escomptant, achetant et vendant à prime, non plus des actions existantes, ayant une base certaine, mais des promesses d'actions, des certificats de souscription, — moins que cela même, — de simples paroles : car on a vendu, acheté et coté à 40 fr. de prime des titres d'une compagnie qui n'existe encore qu'en projet; qui a reçu des demandes, mais qui n'a point encore ouvert de souscription et n'a même fait aucune réponse à ceux qui lui ont écrit pour prendre un intérêt dans l'opération qu'elle a en vue. »

Ainsi parlait le *Journal des Chemins de fer* du 28 décembre 1844. Il disait encore, le 2 août 1845 :

« Pour ne parler que d'une affaire récente, les récépissés de la compagnie Sellière pour les embranchements de Dieppe et de Fécamp sur le chemin de fer du Havre, l'agiotage a été poussé sur ces valeurs jusqu'à la frénésie. Les 36,000 actions représentant le capital de la compagnie, 18 millions, ont été vendues et achetées plusieurs fois dans la même semaine. Faut-il en conclure qu'acheteurs et vendeurs avaient une opinion différente de l'affaire? Pas le moins du monde : le même joueur achetait et vendait, dans la même Bourse, des actions qu'il ne possédait pas, qui n'existaient pas encore. Ainsi on vendait des récépissés à livrer aussitôt l'émission; puis on vendait à terme des récépissés qu'on n'avait pas, qu'on n'entendait pas acheter. Il ne s'agissait que d'un échange d'engagements et de payements de différences. Mieux que tout cela : la plupart du temps, acheteurs et vendeurs ne connaissaient l'affaire que sous le nom de *Dieppe* A *Fécamp*; c'est-à-dire que s'ils avaient essayé de se rendre compte de l'affaire sur laquelle ils jouaient, ils auraient dû croire, — et ils croyaient généralement, — qu'il s'agissait d'un chemin de fer de Dieppe *à* Fécamp : ce qui, soit dit en passant, eût été industriellement la chose la plus absurde. »

La Société du Palais de l'Industrie n'a pu se constituer, le monument n'a pu se construire qu'à la condition que le gouvernement garantît un intérêt annuel de 4 0/0 du capital engagé dans l'entreprise. Personne n'a jamais cru, en effet, qu'une construction colossale, du coût de 17 millions, impropre à tout autre usage qu'aux expositions, c'est-à-dire susceptible de produire tous les cinq ans quelques profits très-incertains, fût une affaire industrielle. L'État faisait appel, sous forme d'emprunt indirect, aux capitaux privés, pour l'érection d'un édifice tenant du luxe beaucoup plus que de l'utile. En réalité, les actions du Palais étaient une sorte de 4 0/0, et elles n'ont jamais touché que l'intérêt garanti par le Trésor. Or, dès leur émission, les actions de 100 fr. au pair faisaient 30 fr. de prime; en 1854, le monument n'étant pas encore achevé, elles se cotaient 170 fr.; elles ont monté jusqu'à 176 ; c'est-à-dire que pendant que le 4 1/2, mieux garanti, était à 92, la foule stupide et vorace se ruait sur le 4 0/0 à 176, retombé aujourd'hui à 70.

On prévoit déjà, d'après ces faits, que la position des joueurs n'est pas égale, ce qui ajoute singulièrement à l'immoralité du jeu ; mais ici, comme sur la question même de l'agiotage, les données sont telles qu'il est impossible de formuler, *à priori*, une condamnation, à moins de se placer hors du régime que l'économie anarchique, légale, nous a fait, et qu'il s'agit pour elle de défendre.

En effet, si le marché aléatoire, mais reposant sur une donnée réelle, ayant un objet réel, est permis ; et si le jeu, un jeu effréné, en est la conséquence, fera-t-on un crime au spéculateur assorti de capitaux, à qui une position inexpugnable permet d'attaquer à son gré ou de garder l'expectative ; lui fera-t-on un crime de profiter des écarts que l'emportement des joueurs ne manque jamais de produire sur le marché, de combiner le *ferme* avec la *prime*, le *comptant* avec le *fin courant?*

Le public de la Bourse, de même que le monde de la production, se divise donc en deux catégories : l'une, de beaucoup la plus nombreuse, est celle des *exploités* ; l'autre celle des *exploiteurs*.

Les premiers, masse moutonnière, *vile multitude*, ramassis de portiers, de domestiques, de rentiers, de petits bourgeois, laborieux, mais avides, de gens placés à tous les degrés de l'échelle sociale, ne connaissent de la Bourse et de ses ficelles qu'une chose : *Tenter la chance*. Franchement ils s'imaginent que les choses se passent à la Bourse comme à la loterie ; que tout dépend du hasard ou d'un calcul de probabilités!... Aussi de quel air vous les entendez professer ce fameux axiome de la sagesse populaire : Qui ne risque rien n'a rien ! Donc, pensent ces philosophes, c'est prudence d'exposer son pécule, sa vie sur un coup de dé. Vivre riche ou mourir!... La folie serait de croupir dans l'honnête aisance ou la médiocrité.

Où commence la richesse? Pour l'artisan et le domestique, ce serait mille livres de rentes ; pour l'industriel, un capital triple ou quadruple ; pour la moyenne bourgeoisie, le *million*, le saint et sacré million ! Ainsi en raisonne-t-on, du moins au point de départ. Mais le jeu, c'est la roue d'engrenage ; une fois le doigt pris, il faut que le corps suive ; l'impitoyable machine ne s'arrête ni aux cris d'angoisse ni aux tortures, elle ne rendra que les lambeaux d'un cadavre.

— Je suis allé une seule fois à la Bourse ; j'y ai gagné 50,000 fr. Je n'y remettrai jamais les pieds, disait un négociant parisien à ses amis. Ce sage n'était pas de son temps ; tous ses amis lui donnaient tort.

Sans la moindre expérience des affaires, complétement étranger aux combinaisons par lesquelles les privilégiés du temple de Plutus préviennent ou parent les catastrophes, le joueur que son imbécillité ou la médiocrité de son enjeu a marqué pour le repas du dieu, joue jusqu'à l'entière déconfiture, qui ne se fait jamais attendre. Rien de plus stupide, de plus glouton que cet animal : il mord aux plus grossiers appâts. S'arrêtant devant une affiche de spectacle, qu'il prend pour une annonce industrielle, il lit : *Chemin de fer de Paris à la lune*, et il écrit au directeur pour avoir des actions. Point n'est besoin d'habileté pour plumer de pareils oisons. Combien faut-il de goujons pour engraisser un brochet? combien de passereaux pour le dîner de l'épervier?

combien d'agneaux pour sustenter un lion? combien de petites fortunes pour les menus plaisirs et les maîtresses d'un nabab? Toujours est-il que le gibier ne manque pas : brochets, éperviers, lions et financiers s'endorment chaque soir en bénissant la Providence, qui donne la pâture quotidienne à tous ses enfants.

Dans le petit, le minime nombre de ceux qui gagnent de l'argent à la Bourse, et qui forme la catégorie des privilégiés, on distingue les *prudents* et les *habiles*.

Les *prudents* font d'un bout de l'année à l'autre des opérations d'arbitrage. Ce sont des capitalistes qui n'achètent jamais au delà de leur fortune disponible ; ils profitent de la baisse pour placer leurs fonds, et se contentent, en attendant la hausse, de palper leurs dividendes. Ils réalisent leur avoir quatre, cinq, six fois par an, plus ou moins, selon les circonstances. Ils vont du Mobilier au Foncier, du Foncier à la Rente, de la Rente aux Chemins de fer, des Chemins de fer aux Petites Voitures, des Petites Voitures aux Gaz, des Gaz aux Omnibus. Les plus avisés font des reports et deviennent les prêteurs à la petite semaine des joueurs qui ont encore quelques mille francs à risquer. Leur position est excellente au point de vue de la sécurité : le pire qui puisse leur arriver est de rester détenteurs de titres en stagnation, et d'en être réduits aux profits semestriels de leur placement. Ils tirent ainsi de 10 à 20 0/0 de leur capital. Ils se croient des citoyens éminemment utiles, et se donnent volontiers la vertueuse indignation de déclamer contre l'agiotage et le parasitisme. Les journaux de Bourse, les manuels de Bourse, les almanachs de Bourse les proposent en exemple ; la cour les prône, la ville les admire, la multitude les envie ; ils cumulent les bénéfices de la fortune et de la considération des citoyens. Ceux qui le peuvent les imitent : un mouvement s'est déclaré en ce sens, et l'on applaudit, comme à une amélioration de la moralité publique. Nous en sommes là !

Tout ce monde, monde honnête, monde d'élite, monde intelligent, prudent et sage, QUI JOUE A COUP SUR, complice et fauteur de toutes les extravagances, de toutes les fornications, de tous les crimes qui prennent leur origne à la Bourse et dont il profite, à quoi sert-il, d'ailleurs?... A quoi servent ses capitaux? Ceux qui s'en font les avocats, pour ne pas dire les souteneurs, devraient nous le dire.

Quant à nous, il nous est impossible d'avoir ici deux poids et deux mesures, d'amnistier l'exploiteur d'esclaves, quand nous condamnons le négrier. *La Bourse*, dit M. Mirès, *est le marché aux capitaux.* Nous l'avions dit nous-mêmes (page 75), et nous sommes heureux de nous rencontrer avec les chefs de la spéculation moderne. Mais sont-ce des marchands ou des parasites que ces piqueurs de différences qui ne tiennent à aucune entreprise, et qui n'auraient rien à recueillir, s'il n'y avait que des affaires sérieuses, si chaque actionnaire, comme le mot le donne à entendre, restait fidèle à sa commandite, si du moins de porteur d'actions à porteur d'actions il ne se faisait que des échanges réels, des arbitrages?

Ce sont les *habiles*, joints aux *nécessiteux*, comme les appelle M. Mirès, qui allument le jeu, et les *prudents* l'entretiennent.

Or, si peu que chacun contribue pour sa part à la corruption publique, dès lors que tout le monde y contribue, il s'engendre une immense corruption. C'est ce qu'exprimait fort bien la *Revue d'Édimbourg* à propos des opérations de Chemins de fer :

« Les grandes fraudes que nous avons signalées ne sont pas le fait de la déloyauté d'un seul individu, ou même d'un groupe d'individus; elles résultent de la combinaison des intérêts d'un grand nombre d'individus et d'aggrégation d'individus. Comme une histoire qui passant de bouche en bouche et recevant à chaque édition nouvelle une légère addition, revient à sa source sous une forme presque méconnaissable; de même c'est avec un peu d'abus d'influence de la part des propriétaires fonciers, un peu de favoritisme de la part des membres du Parlement, un peu d'intrigue de la part des gens de loi, un peu de collusion de la part des entrepreneurs et ingénieurs, un peu d'âpreté au gain de la part des directeurs, un peu d'atténuation des dépenses probables et d'exagération des bénéfices en expectative, que les actionnaires sont trompés d'une manière indigne, sans que la fraude puisse être imputée directement à personne. » (*Revue Britannique*, février 1856.)

Que disons-nous autre chose? Nous admettons avec l'écrivain anglais, que les individus *nécessiteux*, *prudents* ou *habiles*, à l'instigation, sous le patronage, et au profit desquels se produisent ces FRAUDES COLOSSALES, *ne sont peut-être pas, sous le rapport de la moralité, au-dessous de la moyenne générale.*

Nous soutenons seulement qu'en raison de l'élément aléatoire qui domine dans toutes les transactions, et qu'aucun principe de droit public n'est de force à conjurer, les œuvres de tous ces hommes sont mauvaises, leur conscience véreuse, leurs spéculations immorales; et nous ajoutons que si une distinction doit être faite parmi eux, ce ne sera pas à coup sûr en faveur des sophistes qui essaient, par de vaines déclamations, de légitimer ce que la conscience universelle réprouve.

Après les prudents les *habiles*.

Toute spéculation, industrielle, commerciale, financière, repose sur un calcul de probabilités. Dans un régime d'antagonisme, où les pensées, pas plus que les intérêts, ne se garantissent les unes les autres, nul ne peut être contraint de faire part aux autres de ses prévisions : voilà le droit.

Mais qui distinguera les prévisions légitimes des illégitimes? qui préviendra l'abus des confidences et des secrets d'État? qui osera dire devant la correctionnelle : La connaissance de tel fait, de telle résolution, devait être rendue publique, car elle appartenait à tout le monde, elle créait un cas de force majeure dont personne n'avait le droit de se prévaloir?

L'introduction de pareils principes dans le droit civil impliquerait une révolution, la révolution de la mutualité. Nous restons donc, par horreur de la justice révolutionnaire, dans l'anarchie immémoriale, où s'escriment à armes inégales la médiocrité avide et aveugle, le capitalisme clairvoyant et l'habileté escroqueuse.

Les *habiles* sont en quelque sorte la bohême de la Bourse. Avec un mince capital, voire même sans capital aucun, ils spéculent tous les jours, vendent et achètent quand même.

Leurs liquidations ne se soldent que par des différences. Ils peuvent vivre des années, opérer sur des millions, sans jamais posséder le moindre titre, sans avoir touché de dividendes. C'est le jeu à découvert dans sa plus haute expression. En revanche ils sont parfaitement maîtres de leur terrain : tous les chemins, les sentiers, les précipices, les coupe-gorge leur sont familiers; ils n'ont que faire de boussole pour se diriger dans ce labyrinthe. Ils chassent la prime à courre, à l'affût, au traquenard; les faiseurs les recherchent et les protégent, parce qu'ils emploient leur flair et leur adresse à lancer ou dépister le gibier, à diriger ou égarer la meute. Aussi vivent-ils assez bien de leur braconnage. Si quelqu'un d'eux, par hasard, se casse le cou ou se trouve happé par la correctionnelle, on se dit le lendemain, à la halte : « C'était un homme bien adroit; quel dommage! » Et après cette oraison funèbre, on n'en parle plus.

Voici un spécimen de leur industrie, que nous empruntons à la *Gazette des Tribunaux*, pour l'édification des prédestinés. C'est une des mille manières dont on les pipe à la hausse ou à la baisse. La parole est au chef d'emploi; il expose comment on *lance* une affaire.

« J'ai, par exemple, cinq courtiers; je leur remets à chacun mille actions de la société qu'il s'agit de lancer. Ils arrivent à la Bourse. La compagnie est déjà connue par des prospectus. Ils offrent de vendre immédiatement, au comptant, les actions dont ils sont détenteurs, et offrent en même temps de les racheter à terme avec plus ou moins d'écart, sur lequel écart est déduit encore le montant d'une prime.

« Je m'explique par un exemple. J'offre mille actions de la *Lignéenne* au comptant et au pair, à 100 fr.; j'offre en même temps de les reprendre, à la liquidation prochaine, à 110 fr., dont 5 fr. de prime. Cela veut dire que quand la liquidation arrivera, si je ne veux pas prendre livraison des actions que je viens de racheter à 110 fr., mon vendeur les gardera, moyennant que je lui paye 5 fr. par action.

« Il aura ainsi gagné 5 fr., et l'action qu'il avait payée 100 fr. ne lui en coûte plus que 95. Il peut recommencer la même opération pendant un nombre de liquidations indéterminé, avec chance de toujours gagner la prime et sans aucune chance de perte, car le pis qui puisse lui arriver, c'est de voir l'acquéreur prendre livraison si les actions montent, et dans ce cas, on les lui paye.

« Voilà comment il est possible d'ouvrir un marché à la Bourse sur la première valeur venue. Il faut trouver un vendeur et un acheteur. Le vendeur, c'est celui qui apporte ses titres; l'acheteur, c'est celui qui se résout très-facilement à prendre des actions au comptant, quelle que soit leur valeur, puisqu'en même temps qu'il les prend d'une main au comptant, il les lâche de l'autre main à terme, avec profit. Cette opération a pour effet immédiat de produire la hausse. »

C'est alors qu'arrivent les moutons de Panurge, et que les compères se voient arracher, contre bons et beaux écus sonnants, les chiffons de papier sur lesquels ils semblaient faire, dans leur coin, des transactions si animées. Voyons maintenant l'inverse.

« Voici comment opèrent les baissiers. Sans avoir d'actions, ils en vendent des quantités plus ou moins considérables, suivant le crédit dont ils peuvent disposer. Or plus une marchandise est offerte, plus son cours baisse. Quand les actions sont descendues à un cours inférieur à celui auquel il les ont vendues, ils en rachètent et gagnent ainsi la différence.

« Ces opérations de baissiers ont une grande influence sur le marché : elles ont pour effet de forcer les vendeurs à primes d'abandonner leurs primes; d'où résulte nécessairement une dépréciation de la valeur.

« Tel est le mécanisme des opérations de Bourse pour l'établissement d'un marché, et voilà comment je m'y suis pris pour lancer la *Lignéenne*. »

Qu'en disent ces bons provinciaux qui, du fond de leur sous-préfecture, prétendent, sur les indications d'un bulletin financier, souvent dupe, parfois complice, diriger à Paris une opération de Bourse et y gagner de l'argent?

§ 2. ASSOCIATION DU CAPITAL ET DE L'INTELLIGENCE DANS LES OPÉRATIONS DE BOURSE.

Si le jeu est la condition naturelle du producteur et de l'échangiste; si d'autre part il est permis au spéculateur d'user à la Bourse de l'avantage que lui assurent ses capitaux, la supériorité de combinaisons pour d'autres inaccessibles, la priorité des renseignements, sera-t-il défendu d'associer, contre les hasards vulgaires, ces puissances irrésistibles, le capital et le talent, comme disait Fourier?

Non certes : nous sommes toujours dans les termes de la probité légale.

Au-dessus des joueurs gros et petits, agiotant au jour le jour, — qui avec la probabilité plus ou moins grande d'un agio en sus de l'intérêt de ses fonds, qui avec la certitude finale de sa perte, — s'élèvent l'homme à millions et l'homme à idées, le juif Shylock et l'industrieux Figaro, ceux que l'union de leur fortune et de leur génie place à la tête de la spéculation. Car, nous l'avons dit, le monde spéculant forme une société complète, ayant, de même que le commerce et l'industrie, sa haute finance, sa bourgeoisie et son prolétariat. Inutile d'ajouter que la répartition des profits et des charges ne s'y fait pas autrement que dans le champ du travail.

Shylock est d'origine plébéienne. La source de sa fortune, c'est quelque calamité publique. Fournisseur, espion, servant, trahissant à la fois toutes les causes, il a grandi au milieu de la détresse de ses concitoyens; il s'est élevé sur des cadavres.

« Des aventuriers anglais des Indes-Orientales avaient gagné des sommes prodigieuses en peu de mois. Revenus dans la métropole, ils bâtissaient des habitations magnifiques où le faste tenait trop souvent lieu de goût; ils faisaient hausser le prix de tous les articles de consommation. En face, on les saluait jusqu'à terre; derrière eux chacun tremblait. On en racontait des histoires épouvantables; et le paysan, tout à la fois malicieux et craintif, frémissait de tous ses membres au passage du lourd carrosse où se rengorgeaient ces hommes, qui n'avaient acquis leurs richesses qu'en foulant aux pieds les lois de l'humanité. Il n'y a pas plus de vingt ans, on racontait à l'auteur de cet ouvrage que lord Clive avait sous son lit une boîte dans laquelle étaient entassées toutes les pièces constatant ses crimes, et qu'il ne s'était suicidé que parce que sa conscience ne lui permettait plus d'en supporter l'écrasant souvenir. »

« Fils d'un batelier, obligé, dans sa jeunesse, de dîner sur le bout d'un comptoir, avec un journal pour nappe, Thomas Guy ne laissa pas moins de 12 millions et demi de fr. à sa mort (1724). Ses premières opérations se portèrent sur les bons avec lesquels on payait les marins du temps de Charles II. Après plusieurs années de cruelles privations et de travaux plus grands encore, les défenseurs de la patrie recevaient leur solde en papier, non remboursable à la volonté des porteurs. Les marins trop souvent imprévoyants, étaient contraints d'abandonner ces gages incertains de leur paye aux usuriers qui les leur escomptaient au taux fixé par leur seule conscience. Des hommes qui avaient fait le tour du monde, comme Drake, ou qui avaient combattu corps à corps avec Tromp, étaient fort inhabiles à lutter contre les agents rusés des usuriers, qui les attiraient dans les ignobles repaires de Rotherhite, et achetaient leurs bons au plus bas prix possible. C'est ainsi que d'excellents matelots, la gloire de la marine anglaise, étaient volés, ruinés et contraints à porter leurs services chez des nations étrangères. C'est à l'achat de ces bons que Thomas Guy s'attacha d'abord, et c'est sur le préjudice porté à nos braves matelots qu'il commença à établir la base de son immense fortune.

« Il mourut à l'âge de quatre-vingt-un ans, laissant par son testament 240,000 livres sterling (6 millions de fr.) à l'hôpital qui porte son nom. Son corps, qui reposait dans la chapelle des Merciers, fut transféré en grande pompe à l'hôpital Saint-Thomas, et le 13 février 1734, dix ans après sa mort, une statue fut élevée à sa mémoire, dans la cour de cet hospice qu'il avait édifié avec la paye si péniblement gagnée par les matelots anglais. » (*Bourse de Londres.*)

Shylock est naturellement l'entrepreneur de concessions, l'adjudicataire d'emprunts, le patron de tout ce qui offre de gros profits. Son rôle n'est pas difficile, car, dit le proverbe, l'eau va toujours à la rivière. S'il avise de spéculer sur les marchandises, ce n'est pas à moins de l'accaparement de toute une nature de produits : hier le mercure, le lin ; aujourd'hui le cuivre, le trois-six ; demain le plomb, les sucres.

Le gouvernement décrète un emprunt 3 0/0 et appelle les capitalistes à soumissionner. Shylock se présente ; il devient adjudicataire au taux de 75 fr. 25 c. Ce même jour le 3 0/0 monte à 77. Il vend aux spéculateurs son privilége de verser l'emprunt, et sans sortir de sa caisse autre chose que le cautionnement dont on lui paye l'intérêt, il gagne en quelques heures 15 millions.

Plein de sollicitude pour son pays, il offre un jour à l'État de construire à ses frais, moyennant concession de 99 ans, indemnité pécuniaire et intérêts garantis, un railway « que les besoins du commerce réclament impérieusement. » L'État, protecteur du commerce, s'empresse de saisir une si belle occasion et de conférer à Shylock le privilége qu'il sollicite : « le privilége de se ruiner, » s'en vont criant les Jérémies chargés de prouver au public que Shylock n'a d'autre mobile qu'un ardent amour de l'humanité. Peu de temps après, le juif, trouvant au fond l'affaire bonne, et « jaloux d'en rendre les profits accessibles à tout le monde, » forme une Société à laquelle il vend, moyennant un nombre d'actions et un prélèvement perpétuel sur le produit net avant toute répartition aux actionnaires, son droit de construire et d'exploiter un chemin de fer *dans l'intérêt du commerce.*

Le ploutocrate n'a que faire de chercher les entreprises; elles viennent le trouver d'elles-mêmes. Le public ne veut point d'une spéculation qui ne se recommande pas d'un nom connu. Combien sont-ils, de ces hauts barons de la commandite, faisant de leur *honorabilité* métier et marchandise, et qui, après avoir un instant figuré sur les listes de fondateurs et premiers actionnaires, se hâtent, l'affaire lancée, d'encaisser leurs primes pour aller ailleurs trafiquer de leur patronage? un demi-cent au plus pour toute la France!

Et le public de s'écrier, et le gouvernement de répéter après lui : Il y a encombrement et souffrance ; la place est surchargée, le public saturé; plus de numéraire, le papier nous inonde. Jusqu'à nouvel ordre, le gouvernement ne fera plus de concessions nouvelles, n'autorisera aucune émission d'actions, n'homologuera les statuts d'aucune société anonyme. Il fera plus : il restreindra, par la gêne de ses lois et règlements, la commandite elle-même.

Imbéciles! vos écus se sont engloutis dans la caisse de Shylock, d'où ils ne sortiront que pour favoriser vos reports, accélérer votre ruine, racheter à vil prix vos actions, quitte à revenir à petit bruit à la masse, comme l'eau des sources leur revient sous forme de pluie.

L'homme à idées c'est Panurge, Scapin, Figaro devenu spéculateur. Il a la conscience élastique et l'esprit goguenard. Il connaît à fond toutes les ressources de la réclame et du canard. Il est aussi heureux des succès d'esprit que des bénéfices de ses mystifications. Il est passé maître dans l'art de faire la prime. Écoutez cet apologue.

Certain aventurier d'une ville d'Afrique, à la recherche d'une idée, comme tant d'autres, se lève un jour tout radieux, et se frappant le front : — J'ai trouvé, j'ai trouvé! s'écrie-t-il comme Archimède. Il brosse son habit râpé, cire ses bottes à soupape, met du linge blanc et s'en va trouver le gouverneur. L'intérêt de la morale l'amène auprès de l'autorité, dit-il. Les honnêtes habitants de la cité s'indignent de l'audace avec laquelle s'étale la prostitution. Il ne craint pas d'être démenti par ses concitoyens en demandant qu'un arrêté relègue au plus vite les maisons de débauche dans certain quartier isolé, à peu près désert, où le scandale n'aura pas de témoins. Le fonctionnaire, père de famille et gardien de la morale, spéculateur aussi, promet de s'occuper de l'affaire dans le plus bref délai.

Notre homme court chez un banquier. — J'ai besoin d'une caution, dit-il, je ne demande pas d'argent. Et il expose au financier sa démarche dans l'intérêt des mœurs. — C'est de l'or en barres, répond ce dernier. Attention!

Les trois puissances marchant de concert, l'administration, la spéculation, la Banque, le jour où parut l'édit purificateur, notre aventurier se trouvait locataire à bail de toute la rue assignée aux maisons de filles.

Ignoble, direz-vous, d'invention comme de style. — Eh bien! candide lecteur, nous pourrions attacher au carcan de cette véridique histoire un glorieux nom propre. Nous connaissons le banquier qui a fourni la caution et touché, pour sa part de bénéfice, 9,000 fr. C'est lui-même qui nous a raconté l'anecdote.

En voici encore une dont nous vous garantissons l'authenticité.

— A quoi songez-vous, mon cher, d'affermer à si haut prix un chemin qui ne couvre pas ses frais?

L'interpellé rit sous cape. — C'est peut-être une mauvaise affaire, répond-il; j'en courrai les risques.

Au bout d'un temps, le prolongement du railway en question vient donner à la tête de la ligne une importance considérable; les nécessités du service exigent la cassation du bail. Notre fermier invoque le respect des conventions. Toutefois, devant l'intérêt public, il consent à faire un sacrifice. Le bail est annulé moyennant indemnité de deux millions. — Si j'avais eu cette idée-là! s'écrient avec admiration les spéculateurs à petits profits.

Des coulissiers, le nez au vent et l'oreille au guet, ont vu plusieurs gros bonnets en conférence et parlant d'un air discret. — Il y a des nouvelles, pensent-ils. Et les voilà tous en quête du mystère, chacun pour son compte. Heureux qui découvrira le premier le pot aux roses!

La nouvelle, qui ne demande qu'à se laisser découvrir, devient bientôt le secret de Polichinelle. Seulement chaque investigateur, convaincu qu'il en a seul connaissance, opère avec sécurité. Ils sont deux ou trois cents dans le même cas, et en voyant l'unanimité de leurs tendances, ils commencent à soupçonner la vérité. Shylock et Figaro avaient besoin de produire soit une hausse, soit une baisse; les coulissiers ont donné en plein dans le piége. Fin courant ils payeront ou seront exécutés sans rémission.

Il est bruit d'une fusion de compagnies, d'un accroissement de concession. — Bon! les titres vont monter; c'est le cas de jouer à la hausse; seulement attendons que la nouvelle prenne consistance.

La hausse se caractérise un jour très-nettement; c'est le moment d'acheter; le symptôme est décisif, la fusion est certaine. Et les demandes d'achat d'affluer et de pousser à la cherté des titres. Enfin le grand jour arrive : la fusion n'est plus une hypothèse, c'est un fait accompli, officiel. La belle liquidation! Mais voilà que les actions restent stationnaires; elles ont même une tendance à la baisse. Pauvres dupes! l'affaire était escomptée quand vous vous êtes décidés à spéculer.

« La première mystification politique dont on ait gardé le souvenir à la Bourse eut lieu sous la reine Anne. Un beau jour, un homme bien vêtu apparut sur la route royale, galopant à toute bride. Prodigue de sa monture et de ses éperons, il faisait ouvrir toutes les barrières devant lui et annonçait à haute voix la mort subite de la reine. La nouvelle vola de l'orient au couchant, du midi au septentrion. Rapide comme un feu follet, elle atteignit la ville en traversant les solitudes où l'on voit se dresser aujourd'hui tant de palais. Les fonds tombèrent avec une rapidité proportionnée à l'importance de la nouvelle. »

« De toutes les fausses nouvelles, aucune ne fut plus fréquemment répandue ni plus favorablement accueillie que celle de la mort de Napoléon. Il y eut, entre autres, une occasion dans laquelle ce bruit fut universellement accrédité. Lord Grandville reçut un message qui la lui annonçait et qui en précisait toutes les circonstances. Personne n'éleva de doutes, les fonds haussèrent, et la nouvelle se répandit partout. L'histoire mise en circulation avait un certain caractère romanesque tout à fait en harmonie avec les actes de la vie du héros dont elle révélait la fin. On disait que Napoléon, ayant réuni un conseil de guerre auquel il avait appelé un des chefs du désert, qui ne lui avait témoigné quelque attachement que pour mieux assurer sa vengeance, ce barbare l'avait assassiné en plein conseil.

« Il est digne de remarque que cette frauduleuse invention ne fut pas imputée aux gens de Bourse, mais à deux spéculateurs d'État, assistés par des membres de la Chambre des communes. Bien que les habitués de la Bourse fussent innocents de cette supercherie, ils n'en supportèrent pas moins les conséquences qui résultèrent de la fluctuation des fonds, et il y en eut plusieurs de ruinés par l'ingénieuse gentillesse que s'étaient permise les spéculateurs d'État et les membres de la Chambre basse. » (*Bourse de Londres*, passim.)

Qui ne se rappelle le fameux message du Tartare sur la prise de Sébastopol ! Les souverains se complimentèrent ; l'Europe entière fut dupe vingt-quatre heures.

Lorsque Shylock et Figaro se coalisent dans une affaire, on peut s'attendre à une râfle complète.

« Le capital d'une compagnie de mines fut partagé entre cinquante propriétaires, qui déployèrent, dans leurs avertissements au public, tout ce que l'art du puff a de plus ignoble. Ils annoncèrent que les ustensiles les plus ordinaires des paysans de la contrée étaient en argent. Il n'y avait que 99 mines ouvertes dans tout le district, la compagnie proclama qu'elle en avait acheté 360. Une autre affirmait audacieusement que dans un pays où il n'y avait pas plus de cinq mille habitants, elle était propriétaire de 3,000 mines; et bien que celles qui existaient eussent été abandonnées après une perte de 170,000 livres sterl. (4,250,000 fr.), elles n'en furent pas moins achetées à un prix très-élevé. Grâce à ce puff, les actions atteignirent une prime énorme. »

« Une autre compagnie de mines se distingua par la magnanimité de ses sentiments. Ses règlements portaient qu'aucun des directeurs ne pourrait être propriétaire de plus de 200 actions; que toutes les autres seraient loyalement mises à la disposition du public, et que la plus stricte probité dominerait toutes les transactions. Malheureusement tous ces beaux sentiments s'affaiblirent à mesure que la puissance de la compagnie s'accrut. Des milliers d'actions furent partagées entre les administrateurs et soigneusement mises sous clef. On prit une délibération par laquelle les directeurs et les agents de la compagnie étaient dispensés de faire des versements. Après quoi, ceux-ci chargèrent les courtiers les plus respectables de la Bourse d'acheter mille actions, qui furent payées avec l'argent de la compagnie. Il en résulta une hausse sur la place, à la suite de laquelle ils firent vendre toutes leurs actions avec prime. C'était la personne même qui avait vendu les mines à la compagnie qui était chargée de donner des renseignements sur leur valeur. Quoique les mines ne valussent rien, ce compère ne laissait pas que d'en faire les descriptions les plus flatteuses. Telle mine qui ne valait pas 10,000 fr. fut achetée 275,000, et on paya 3,025,000 fr. pour d'autres qu'on trouva presque tout épuisées. » (*Bourse de Londres*, passim.)

A l'ombre de ces deux puissances, la Fortune et le Charlatanisme, le commun des martyrs perd ou gagne, selon les chances. De là un concert permanent de murmures et d'éloges où chacun à sa dévotion exalte ou maudit les rois de l'agio. Que leur importe ? Ils n'entendent point ce qui se dit si bas. Puis les mécontents d'aujourd'hui ne seront-ils pas les satisfaits de demain ?

Tel se croit habile parce qu'il a fait quelques bons coups. Le hasard a voulu qu'il opérât dans le même sens que Shylock et Figaro ; c'est pourquoi il a réussi.

Les gros ne s'associent qu'entre eux. Comme tout gain, entre joueurs et filous, suppose une perte, il faut bien que quelqu'un paie. Ce quelqu'un ne sera pas *la haute pègre !...*

Elle a bien ses protégés. Comment refuser de prévenir son portier, son laquais, son cireur, ses amis, ses maîtresses, son médecin, son journaliste, ses pensionnaires, ses pauvres, du moment favorable? dévoués clients dont il est bon d'entretenir le zèle, et qui rendent tant de services par leurs bavardages!.... Nous en trouvons dans l'*Almanach de la Bourse pour* 1857 un exemple par trop naïf pour que nous nous privions du plaisir de le rapporter à notre tour.

« On n'a connu qu'après la mort de M. Laffitte, et encore par la noble indiscrétion de ses obligés, les nombreuses infortunes qu'il secourait dans l'ombre. M. Mirès suit de près cette tradition. Que d'écrivains furent agréablement surpris en recevant par la poste cette riche nouvelle :

« Monsieur, j'ai l'honneur de vous prévenir que je vous ai ac-
« cordé... actions dans une entreprise de..., et que je les ai ven-
« dues d'après vos ordres. Veuillez donc, je vous prie, passer à ma
« caisse pour y toucher vos différences, qui s'élèvent à... »

« Une foule de traits d'aussi bon goût ont assuré à M. Mirès *tant d'amis dévoués dans la presse* et dans les arts, que leur gratitude *impose silence aux clameurs de l'envie.* »

Qand M. Mirès, qui prend aujourd'hui avec une dignité si comique la défense du *financier austère* contre le spéculateur *nécessiteux*, fait de ces envois aux gens de lettres qui cultivent son intimité, est-ce une leçon de morale, de désintéressement, de vertu civique qu'il leur donne? Lui, entrepreneur de tant de commandites, bonnes et mauvaises, serait-il de force à justifier sa conduite? Comment! vous êtes promoteur, entrepreneur, directeur et principal commanditaire d'une société par actions; et quand ces actions, chauffées par vos journaux, offrent une prime de 50 fr., vous vous permettez de les vendre!

Vous n'êtes donc pas un entrepreneur!

Vous n'êtes pas un commanditaire sérieux!

Et comme directeur et administrateur de la compagnie, vous manquez à votre devoir.

Or, puisque vous n'êtes plus un *nécessiteux*, et qu'il est

impossible de reconnaître en vous le *financier probe*, *austère*, que vous recommandez, pour une autre fois, à la justice dramatique de M. Dumas, qu'êtes-vous donc, monsieur Mirès ?

La conclusion est claire. Aux grands artistes de la Bourse comme à ceux de l'Opéra, il faut une clique et une claque qui fasse taire la critique et mette le spéculateur en rut ; et l'auteur de l'anecdote, M. P. de F., eût pu faire son métier d'une façon un peu moins sotte. Mais la pièce jouée, au diable la philanthropie : s'il fallait entretenir tout le fretin, où serait le profit ? Aussi rien à espérer pour les imprudents en cas de déconfiture, ainsi que nous l'enseigne l'apologue populaire.

La Coulisse, ayant monté
En pleine sécurité,
Se trouva fort dépourvue
Quand la baisse fut venue.
Pas d'argent, plus de crédit,
Pour payer point de répit.
Elle alla crier famine
Chez la Banque, sa voisine,
La priant de lui prêter
Quelques sous pour tripoter
Jusqu'à la hausse nouvelle.
— Je vous paîrai, lui dit-elle,
Fin prochain, délai légal,
Intérêt et principal.
La Banque n'est pas prêteuse :
C'est là son moindre défaut.
— Que faisiez-vous au temps haut?
Dit-elle à cette emprunteuse.
— Chaque jour, à tout venant
J'achetais, ne vous déplaise.
— Vous achetiez, j'en suis aise;
Eh bien! vendez maintenant.

§ 3. DÉVELOPPEMENT DE L'ESCROQUERIE ET DU VOL DANS LES OPÉRATIONS DE BOURSE : L'AGENT DE CHANGE, L'HOMME D'ÉTAT, LES GRANDES COMPAGNIES. — STRATÉGIE DE L'AGIOTAGE ; JOURNAUX.

On a déjà pu se convaincre par ce qui précède que le jeu de Bourse n'est pas une partie franche où chaque joueur ne relève que du hasard et de ses appréciations personnelles. Il y a des gens qui, selon l'expression de Me Berryer, voient dans les cartes : les dés pipés y sont de mise : les *grecs* n'y sont pas traités comme escrocs. En effet, le jeu proprement dit, si démoralisant qu'il soit, est la moindre plaie de la Bourse. Ce qui confond et qui devrait ouvrir les yeux aux braves théoriciens du *laissez-faire*, c'est que des faits dignes de toute la sévérité de la cour d'assises s'y commettent tous les jours, sans que la police ose les saisir, sans même qu'il soit possible à la justice de préciser le trait qui les distingue de ceux que la science officielle approuve et que la loi tolère.

De nombreux exemples vont nous édifier sur la marge laissée à l'escroquerie par la probité boursière. Les faits que nous allons citer sont authentiques : toutefois, nous le déclarons avec franchise, notre intention n'est pas de généraliser une inculpation qui n'atteint sans doute que quelques individus. Ce que nous voulons seulement faire remarquer, c'est que la même latitude pour le crime est laissée aux fidèles et aux infidèles ; c'est que rien ne garantit ici l'honorabilité de personne, et que dans ce régime de licence légale, où la cupidité n'a de frein que la conscience, une égale suspicion frappe à bon droit compagnies, corporations, tout le monde.

A tout seigneur tout honneur : commençons par l'agent de change.

Cet officier public, dont l'examen de conscience est préalablement fait par le pouvoir, puis par la corporation ; qui doit trouver, avant le prix de sa charge, un cautionnement de 125,000 fr. ; l'agent de change, dont nous avons dit la position légale, savoir, interdiction d'agioter pour son compte, défense de prêter son ministère à des opérations de jeu, l'agent de change est le premier à spéculer contre ses clients. Il connaît à l'avance, par les ordres qu'il a reçus, quelle sera la physionomie du marché : *il voit dans les cartes*, il peut les bizeauter au besoin.

« A la Bourse du jeudi 11 septembre 1851, les actions du chemin du Nord ont éprouvé une baisse subite et sans aucune cause apparente. Du cours de fermeture de la vielle, 463 75 demandé, elles sont tombées successivement et sans interruption à 457 50. Pendant la même Bourse, toutes les actions de chemins de fer se sont maintenues aux cours qu'elles avaient atteints la veille. Un mouvement aussi brusque a inquiété les porteurs d'actions du Nord ; ils ont craint qu'une circonstance spéciale, connue seulement des vendeurs, ne fût la cause de cette baisse.

« Nous sommes en mesure de dissiper ces craintes et de rassurer les esprits, en expliquant d'une manière précise la cause de la baisse que les actions ont subie.

« Par suite de la rareté des titres de rente, les vendeurs de 5 0/0 à découvert sont, sous l'influence des escomptes, obligés de fournir les titres vendus. L'abondance des capitaux disponibles, la quantité de rentes achetées journellement, soit pour la Caisse d'épargne, soit pour les gros et petits capitalistes, est telle que les escomptes sont insuffisants et que des rachats *forcés* sont par suite nécessaires.

« Ces rachats sont faits, quand il y a lieu, par le syndicat des agents de change, qui fait supporter à ceux des membres du parquet qui les rendent nécessaires un courtage de 250 fr. par 5,000 fr. de rente, au lieu du courtage ordinaire de 50 fr. La différence constitue une espèce d'amende qui a pour effet de limiter la spéculation à la baisse en la rendant onéreuse pour ceux qui s'y livrent sur une grande échelle.

« C'est pour échapper à la pénalité imposée par le syndicat et continuer ses opérations sans avoir à subir les conséquences de l'escompte, du rachat et du courtage plein, qu'un agent de change, connu par la hardiesse de ses spéculations à la baisse, a vendu, à la Bourse du 11 courant, des quantités considérables d'actions du Nord, et a ainsi écrasé les cours sur cette valeur.

« Voici comment son opération s'explique :

« Le capital du chemin du Nord étant représenté par 400,000 titres, l'agent en question compte que, grâce à cette abondance, il pourra facilement satisfaire, sans grand préjudice, aux ventes qu'il a effectuées, et qu'il pourra ainsi rester à la baisse sans courir la chance de voir les actions qu'il a vendues escomptées ou rachetées faute de titres à fournir; et comme les agents de change n'ont pas de courtage à payer, la double liquidation par mois n'a pour eux aucun inconvénient.

« A une époque comme la nôtre, quand tout ce qui constitue un privilége ou un monopole est attaqué avec violence, quand l'envie, cette lèpre des sociétés modernes, domine les esprits et les conduit à méconnaître tous les bienfaits que produisent les offices ministériels, pour n'en signaler que les abus ou les inconvénients, les titulaires doivent se montrer plus prudents et plus réservés qu'en aucun autre temps. Les Chambres syndicales ont un plus grand devoir à remplir; leur surveillance doit être incessamment éveillée sur tous les faits grands et petits. Ceux qui se sont passés dans plusieurs Bourses de la semaine dernière auraient dû, à notre avis, attirer l'attention de l'honorable syndic des agents de change, et motiver de sa part des avertissements sévères adressés à l'agent qui, oubliant sa mission et ses devoirs, faisait à haute voix l'offre des valeurs à des taux successivement inférieurs aux cours véritables, et cela avec une affectation si marquée, que ses collègues en étaient eux-mêmes scandalisés.

« Cette manière d'opérer est des plus blâmables. En effet, ou cet agent vendait pour le compte d'un client, et son devoir alors était d'opérer les ventes aux meilleurs cours, devoir qu'il méconnaissait en affectant l'intention de les affaiblir; ou au contraire, ce qui est plus probable, il vendait pour son compte, et alors il manquait doublement à sa mission d'officier ministériel, qui l'oblige à s'abstenir de toute affaire personnelle et à ne pas affaiblir par des manœuvres le cours de valeurs qui constituent la fortune publique. (J. Mirès. — *Journal des Chemins de fer.*)

Les manœuvres que nous venons de signaler sont prévues par l'article 419 du Code pénal :

« Tous ceux qui, par des voies ou moyens frauduleux quelconques, auront opéré la hausse ou la baisse du prix des denrées ou marchandises, ou des papiers et effets publics au-dessus ou au-dessous des prix qu'aurait déterminés la concurrence naturelle et libre du commerce, seront punis d'un emprisonnement d'un mois au moins, d'un an au plus, et d'une amende de 500, à 10,000 fr. Les coupables pourront de plus être mis, par l'arrêt ou le jugement, sous la surveillance de la haute police pendant deux ans au moins et cinq ans au plus. »

Tout cela semble fort concluant, n'est-il pas vrai? mais

tout cela pèche par la base. Quelle loi peut empêcher un agent de change de posséder des titres de rente et des actions de chemins de fer? Aucune. La qualité de rentier et propriétaire d'actions n'a rien d'incompatible avec celle d'officier ministériel. Etant donc ou pouvant être légalement propriétaire de valeurs, qui peut empêcher l'agent de vendre? Qui peut l'empêcher d'acheter? qui peut être juge mieux que lui de l'opportunité de la vente et de la suffisance du prix? — Son mandat, dites-vous, lui défend de se livrer à aucune opération pour son compte personnel. N'est-ce que cela? Il fera ses opérations sous le nom d'un tiers, ou par l'entremise d'un collègue.

« Autour de l'agent gravitent toujours cinq ou six associés commanditaires, dont plusieurs n'ont acheté leur fraction de charge que dans l'intention de jouer avec plus de sécurité, et surtout d'être initiés aux grandes opérations de la place. » (*Almanach de la Bourse pour* 1857.)

Il est clair d'après cela que tout agent de change est dans l'occasion prochaine, presque dans la nécessité de forfaire à son mandat. Comment, dès lors, n'en chercherait-il pas les moyens? Et qui nous dit que, malgré les tours qu'ils se jouent, la corporation tout entière des agents de change n'est pas coalisée?... Or, la porte une fois ouverte à l'abus, l'abus ne connaît plus de bornes. Bientôt il juge que ces précautions sont hypocrisie pure, et il s'en dispense: c'était probablement le cas de l'agent tancé par M. Mirès. Du contrebandier au brigand, il n'y a pas l'épaisseur d'un cheveu, témoin Mandrin. Mais qui fait la contrebande? L'insolidarité universelle. Nous rentrons dans notre thèse.

Passons à d'autres.

« Le prince de Talleyrand, dit M. de Mériclet, avait très-bien compris la difficulté des jeux de Bourse, l'impossibilité des bénéfices en jouant pour jouer. Quand il faisait une opération, il la voulait faire à coup sûr. Ce n'était jamais qu'avec l'appui d'un secret important, ou d'un événement dont il prévoyait la portée, qu'il se mettait au jeu. Il était d'ailleurs très-méfiant. Ce fut lui qui répondit à l'un de ses amis, qui se plaignait d'avoir été trompé au jeu: « C'est abominable; mais trouvez-moi donc un autre « moyen de gagner! »

L'auteur cite une opération dans laquelle ce roué de la diplomatie fut pourtant pris au piége de ses finasseries. Il avait fait vendre 600,000 fr. de rentes à découvert en quelques jours. L'agent du prince n'était pas sans inquiétude, car la tendance à la hausse était nettement accusée.

« Tout à coup on apprend l'intervention de la France en Espagne. C'était la guerre, et la guerre effraye toujours la Bourse. Mais on apprit en même temps que les puissances étrangères donnaient leur assentiment à cette intervention. La Bourse ne fut nullement effrayée, et la rente persista à monter. La vente de ces 600,000 fr. produisit une perte de 100,000 fr. L'agent présenta lui-même son compte de liquidation au prince, qui le reçut très-gracieusement, paya sa dette et se contenta de dire : « Nous serons plus heureux « une autre fois. »

Le même auteur rapporte qu'une duchesse de R*** lui proposa un jour de l'associer à une opération du genre de celles de M. de Talleyrand.

« Il me serait possible, dit-elle, d'entr'ouvrir les rideaux d'une réunion où se discutent des propositions qui ont la plus grande influence sur les cours de la Bourse. Je m'étais fait un devoir de ne jamais user des secrets dont je devinais l'importance ; mais la nécessité a opéré une transformation dans mes idées. Vous souvient-il de l'époque où la Banque de France réduisit son escompte de 5 à 4 0/0? Quelques paroles amies me furent confiées ; j'achetai 12,000 livres de rente. Peu de jours après, cette opération me valut quelques mille francs de bénéfice. Cette circonstance se renouvellera ; la réduction sera de nouveau réclamée, ou décidée par la Banque elle-même. Vous comprenez l'importance d'une telle décision ; vous êtes un homme d'intelligence et... d'argent, comme tous les hommes de notre époque. Ce ne sont pas des nouvelles politiques qui n'ont rien de décisif ; ce sont des certitudes d'une opération qui ne peut faillir ; c'est une pluie d'or, ou plutôt une victoire gagnée sans les hasards du combat. » (*La Bourse de Paris.*)

Lors de la prise de Sébastopol, le gouvernement, impatient d'annoncer au public le succès de son expédition, fit afficher la nouvelle à la Bourse aussitôt qu'elle lui fut connue. Ce ne fut, parmi les spéculateurs, qu'un cri d'admiration sur le désintéressement de l'empereur et de ses ministres, qui livraient immédiatement à la publicité un événement aussi grave, dont ils pouvaient tirer de merveilleux profits en le divulguant seulement quelques heures plus tard. Cette admiration n'était point de l'ironie, mais de la naïveté : elle donne la mesure de l'honnêteté des admirateurs et de ce qu'ils eussent fait s'ils avaient été au pouvoir. C'est la honte d'un pays que son gouvernement reçoive de pareils éloges.

Rappellerons-nous la concession des mines de Gouhenans et la condamnation de MM. Teste, Despans-Cubières et Pellaprat ? Le financier de l'entreprise disait avec une candeur piteuse, en parlant des pairs qui les avaient condamnés : « Mais ces gens-là n'ont donc jamais fait d'affaires ! » Il avait cent fois raison. Le procès Teste et Cubières ne fut qu'une satisfaction donnée à l'esprit révolutionnaire par le gouvernement bourgeois.

Dans une société fondée sur le principe de l'inégalité des conditions, le gouvernement, quel qu'il soit, féodal, théocratique, bourgeois, impérial, se réduit, en dernière analyse, à un système d'assurance de la classe qui exploite et possède contre celle qui est exploitée et ne possède rien.

Or, les hommes chargés d'exercer un tel pouvoir, qui sont-ils? De grands propriétaires, naturellement, de grands spéculateurs, des capitalistes, des financiers, de gros industriels, des entrepreneurs de travaux publics, des fournisseurs du gouvernement, des concessionnaires de l'État, des administrateurs-fondateurs de toutes les compagnies anonymes.

Aucune loi n'a déclaré ces fonctions et celle de ministre incompatibles. Loin de là, les chefs de l'aristocratie sont les prédestinés du ministère : l'inverse impliquerait contradiction. De tout temps les fonctions publiques ont été regardées comme la récompense de la capacité, du génie, du patriotisme, c'est-à-dire comme une occasion de faire fortune : la seule vertu qu'on demande, en cette occasion, à un ministre, est d'en user avec modération, discrétion. La Révolution, il est vrai, aspire à changer ce régime, parfaitement honorable sous nos anciens rois, témoin Colbert : elle ne peut pas se vanter jusqu'ici d'y avoir mis fin. C'est la démocratie qui a condamné M. Teste : or, la démocratie, qu'elle le sache, c'est la mutualité universelle. En droit et aux termes du Code, le malheureux ministre était coupable; en fait, et d'après les us et coutumes, plus ou moins avoués et officiels, de tous les gouvernements, il pouvait se dire sans reproche. La bourgeoisie doit réparation à sa mémoire.

Si donc il est absurde que sous un régime de concession, de spéculation, de guerre financière et industrielle, un bourgeois n'arrive aux AFFAIRES que pour s'exclure, qui osera dire que ce même bourgeois, devenu ministre, doive laisser périr sa fortune, engagée dans la circulation générale, plutôt que de la retirer à propos; que s'il lui est permis de réaliser sans bénéfice, et pour éviter un désastre facilement prévu, il lui sera interdit d'opérer avec bénéfice, et pour réparer une ruine?...

Tout cela se tient et s'enchaîne. Il n'y a pas de limite posée entre le droit et le non-droit; et si une loi d'envie se montre à la traverse et oppose son *veto*, la logique, disons même l'équité, proteste contre elle.

Mais il n'est pas donné à tout le monde d'être ministre, de vendre des concessions ou de spéculer avec les secrets de l'État. Aussi les *habiles* ont-ils su trouver des combinaisons de sociétés, des cumuls d'attributions, des agences de publicité non moins productives qu'une position officielle aux mains d'un fonctionnaire malversateur.

« Le Crédit mobilier, dit Me Berryer dans le procès Goupy, est la plus grande maison de jeu qui ait jamais existé dans le monde. Il ne faut pas se payer de vains mots. Il y en a de magnifiques, je le sais : la protection de l'industrie, l'affranchissement du crédit de l'État, le développement du crédit particulier, la consolidation de toutes les valeurs industrielles, c'est-à-dire un rêve. Tout cela c'est l'apparence : ils ont donné au jeu un nom nouveau, ils l'appellent dans leurs rapports l'industrie du crédit.

« La Société du Crédit mobilier avait annoncé déjà, dans un de ses rapports, l'insuffisance, pour les immenses opérations auxquelles elle se livre, de son capital de 60 millions. Le succès prodigieux qu'elle avait obtenu, je n'examine pas comment, nécessitait un accroissement de capital. Au mois d'août 1855, on commence à annoncer que le dividende pour l'année de ces actions, au capital de 500 fr., sera de 200 fr. au moins. Cette annonce anticipée circule sur la place. Les gens bien instruits, bien avisés, se trompent souvent dans la confiance qu'ils mettent aux rapports qui leur sont faits. Mais enfin ce bruit est répandu avec assez d'habileté : il y a plus de 200 fr. de dividende pour 1855. Là-dessus, des journaux, dont le langage change, j'en conviens, à certaines époques, se montrent très-favorables à la compagnie du Crédit mobilier.

« Le *Journal des Chemins de fer* de M. Mirès, entre autres, annonce qu'il existe pour la Compagnie du Crédit mobilier un projet de diviser les actions en coupons de 250 fr. et de doubler le capital en donnant une action nouvelle au pair à chaque action ancienne. On affirmait ailleurs qu'il n'en était pas encore question, et qu'il fallait ranger cette rumeur parmi celles qu'une spéculation effrénée répand pour en profiter et obtenir des mouvements factices. A qui fallait-il imputer la spéculation effrénée ? Je n'en sais rien. Mais le public, dans lequel on faisait circuler qu'il y aurait à la fin de 1855 un dividende de 200 fr. au moins, n'était pas induit en erreur. C'était une prévision singulière sur l'exercice 1855, qui avait encore cinq grands mois à courir, que de déterminer qu'il y aurait 200 fr. de bénéfices à la fin de l'année, sans savoir quels événements pourraient survenir. Nous étions en pleine guerre ; on ne savait pas quels besoins l'État pourrait éprouver, quelles négociations détourneraient de certaines valeurs les capitaux pour les porter dans les caisses du Trésor, qui auraient peut-être besoin d'être remplies. Prévoir la paix était une difficulté bien grande pour tous les esprits, à cette époque-là. Mais la Compagnie du Crédit mobilier en savait assez. Le public était éclairé par elle. Certainement, à la fin de 1855, il y aurait 200 fr. de dividende.

« Dans le projet d'augmentation du capital, les nouveaux titres sont réservés aux précédents actionnaires. En conséquence, il n'y a que ceux qui sont porteurs d'actions de la Compagnie qui vont avoir, dans des conditions très-avantageuses, au pair, au-dessous même du pair, parce qu'il y aura des primes accordées, les actions nouvelles qui vont être émises. Évidemment il n'y a pas de meilleur moyen de faire deux choses à la fois : 1° d'appeler des capitaux à venir prendre part à de si larges festins ; 2° de déterminer la hausse des actions dont on est porteur ou qui sont en circulation.

« Ce qui n'était qu'une rumeur au commencement prend de la consistance : le 1er septembre, les journaux annoncent que définitivement l'accroissement du capital de la Compagnie va avoir lieu au moyen d'obligations émises à 280 fr., dont 200 fr. payables en souscrivant, et 80 fr. le 1er mars 1856. Les coupons des actions du Crédit mobilier à échoir les 1er janvier et 1er juillet prochains seront acceptés comme argent en payement du premier terme des obligations, sur le pied de 200 fr.

« Les annonces qui ont été faites dans les journaux par la Compagnie du Crédit mobilier sont insérées au *Moniteur* exactement dans les mêmes termes.

« Le bruit si prématurément répandu dans le public, au mois d'août, que les actionnaires du Crédit mobilier allaient toucher immédiatement un dividende de 200 fr. en acceptant des obligations qui serviraient à augmenter le capital de la Compagnie, ce bruit a produit un effet que vous comprenez facilement. Tout le monde a couru après les actions du Crédit mobilier, et du taux déjà considérable de 1,200 fr., si je ne me trompe, vous les voyez monter, vers la fin d'août, au prix de 1,300 fr. et de 1,400 fr. Le 6 et le 8 septembre, les publications officielles certifient ce qui n'était encore qu'insinué, que glissé dans la rumeur publique. La hausse prend un élan nouveau. Elle atteint et dépasse 1,600 fr. avec la rapidité de l'éclair. Cette hausse, il est bien évident que c'est l'engagement pris par la Compagnie qui l'a produite.

« Mais voilà que paraît au *Moniteur*, sous la date du 28 septembre, c'est-à-dire l'avant-veille de la liquidation, et au mépris de la promesse de délivrer jusqu'au 5 octobre des obligations à quiconque apporterait des actions à la Compagnie du Crédit mobilier, un avis annonçant que la Société générale, pour entrer dans les vues du gouvernement, n'émettra pas d'obligations nouvelles.

« Vous comprenez, Messieurs, l'effet produit par un pareil avis. Autant les engagements formellement pris à l'appel fait à quiconque serait porteur d'actions avaient provoqué à acheter, autant la nouvelle que le payement immédiat du dividende en obligations n'aurait pas lieu devait provoquer à revendre. Aussi les actions qui avaient été à 1,655 fr. tombent subitement à 1,200, et même à 1,100 fr. Ainsi, dans l'espace de six semaines, il y avait eu hausse de 500 fr., tant sur la rumeur que sur l'annonce officielle que des obligations allaient être délivrées aux actionnaires, et en moins de vingt jours, il y a eu baisse de 500 fr., par suite de la rétractation spontanée de la Compagnie du Crédit mobilier. »

C'est à cette époque, et, — si nous sommes bien informé, — sur cette même opération décrite par Me Berryer, que les spéculateurs d'une seule ville de province, Nancy, perdiront ensemble contre ceux de Paris une dizaine de millions. Il s'ensuivit de graves sinistres commerciaux et la liquidation de plusieurs maisons de banque de la localité.

A défaut de mesures répressives contre de pareilles manœuvres, le substitut du procureur impérial, M. Pinard, crut devoir au moins prononcer quelques paroles sévères :

« On nous a donné la liste des grandes entreprises que le Crédit mobilier avait fait naître, soit. On nous a parlé de ses services industriels, soit encore. Mais, au milieu de la fièvre de l'époque, au milieu de cet amour effréné du jeu et de ces luttes éperdues, est-ce que le Crédit mobilier n'a pas de reproches à se faire? Cette fièvre, l'a-t-il calmée ou l'a-t-il excitée? Ces entraînements, ne les a-t-il pas doublés? Est-ce qu'en multipliant les entreprises au delà des forces de la place, en les jetant à l'avidité des joueurs avec ces certitudes de primes énormes doublées par la spéculation de tous, en escomptant l'avenir au profit du présent, il n'a pas créé, avec d'autres qui doivent partager sa responsabilité, de sérieux périls pour la morale publique et les intérêts matériels eux-mêmes? Les reports, sous l'action d'une situation si tendue, ne sont-ils pas devenus la loi normale de la place?

« Ne faut-il pas à chaque liquidation 30 ou 40 millions de reports pour sauver les joueurs en les excitant? Et le jour où ce moyen périlleux de vivre et de marcher manquerait un instant, le jour où l'arc trop tendu se briserait, que de pertes, que de deuils de famille, que de morts et de blessés, puisqu'un des administrateurs du Crédit mobilier lui-même est tombé récemment sur le champ de bataille! Voilà le bilan moral et financier que vous oubliez, et que la parole impartiale du ministère public doit jeter dans la balance du passif, quand on vante sans réserve les merveilles de vos opérations. »

Les directeurs du Crédit mobilier, les premiers et les plus riches financiers de France, avec un capital de 60 millions et une centaine de millions de comptes-courants annuels, semblent défier toute concurrence. De fait, il n'y a que revers à qui joue contre eux. Mais il est possible de glaner où ils moissonnent. C'est ce qu'ont pensé MM. Mirès, Vergniolle et Amail, en créant, le premier la *Caisse générale des Chemins de fer*, le second, la *Caisse centrale de l'Industrie*, le troisième, la *Caisse générale des Actionnaires*.

L'objet de ces diverses entreprises est le même : acheter et vendre, vendre et acheter des valeurs et effets publics; acheter en baisse, vendre en hausse, encaisser des primes; agioter avec le moins de risques possible, conformément au principe de la spéculation expectante. (Voyez p. 119.)

Pour ce faire, voici la combinaison aussi simple qu'habile imaginée par ces compagnies, ou mieux, empruntée à la Société type, le Crédit mobilier.

On fait appel aux actionnaires, qui viennent échanger leur argent contre des actions, du papier, s'enlevant ainsi à eux-mêmes le moyen d'agir sur la place : une concurrence de moins. On concentre dans les mains de quelques directeurs 5 millions (Société Vergniolle), 25 millions (Société Amail), 50 millions (Société Mirès); on centuple leur action : coalition de plus. On nomme un comité de direction.

« La position de membre du comité de direction, dit le *Journal des Chemins de fer*, à propos de la déconfiture de M. Place, est généralement enviée, parce qu'elle donne le secret des opérations, qui ne sont pas ordinairement connues des autres administrateurs. Le comité de direction connaît seul la situation de la place; il détermine l'action que la Compagnie doit exercer sur elle, soit qu'il facilite par des reports une situation tendue, soit que les nécessités ou des combinaisons d'un autre genre l'obligent d'abandonner le marché à ses propres ressources; enfin il sait si la Société est en mesure de pallier cette situation en donnant à bon marché les capitaux nécessaires à la liquidation.

« La situation particulière où se trouve ce comité, le mettant à même de prévoir les mouvements de la Bourse, donne aux administrateurs qui en font partie un crédit, une importance qui expliquent la confiance dont ils sont investis et la facilité avec laquelle un certain nombre de banquiers ont donné à M. Place des sommes considérables pour les faire valoir.

« Or de deux choses l'une : ou ces capitaux ont été confiés à M. Place pour les faire valoir dans des affaires industrielles, et alors on s'étonnera que ces capitaux n'aient pas été mis dans les affaires faites par le Crédit mobilier lui-même; ou bien ces capitaux ont été destinés à des opérations de Bourse, et l'on regrettera que des sommes aussi considérables aient été détournées des grandes entreprises industrielles pour être portées vers le jeu. »

On s'étonnera, on regrettera, voilà donc le dernier mot de la prudence des actionnaires et des déposants de sommes en comptes-courants, leur dernier recours contre un détournement de destination.

Eh quoi! vous placez un homme dans la position d'employer sans contrôle des capitaux assez considérables pour diriger le marché à la hausse ou à la baisse; vous lui donnez la facilité d'opérer pour son compte, non point sur un secret d'État, mais sur une décision bien plus efficace encore, prise à huis-clos, à son instigation; de jouer contre les actionnaires, contre les prêteurs, contre la Société qu'il représente, de s'acheter à lui-même, en qualité de membre du comité, des valeurs qu'il possède comme simple particulier: et contre les abus d'une telle situation, au milieu d'un monde qui sue le dol et la fraude par tous les pores, vous n'avez qu'un frein, la conscience du mandataire! Triples sots! Vous le traiteriez lui-même d'imbécile, s'il s'arrêtait à des scrupules.

Cependant les compagnies de jeu, car celles qui nous occupent ne sont pas autre chose, distribuent des dividendes merveilleux. Celui du Crédit mobilier a été de 203 fr. 70 en 1855. M. Amail a voulu essayer ses forces au préalable sur un *fonds commun*, dont il a tiré 27 0/0 en cinq mois; c'est sur la foi de cette expérience qu'il s'est décidé à mettre en commandite *son habileté*, *sa prudence*, et la vertu bien connue de M. Jourdan! La Société Mirès a donné 69 fr. en 1854, 79 90 en 1855; la Société Vergniolle 20 0/0.

Certes la prospérité de l'entreprise est trop de l'intérêt des directeurs pour qu'ils la laissent péricliter; c'est le levier qui fait toute leur force, sans lequel ils ne seraient, comme M. Tartempion et M. Coquardeau, que de simples joueurs, ballottés sans boussole au milieu des tempêtes et des écueils. Mais les directeurs n'ont-ils fait d'autres profits que le tant pour cent réservé à la gérance? Ont-ils spéculé pour leur compte?

Les 240,000 actions des immeubles Rivoli ont primé en moins d'un an de 70 fr. C'était une affaire menée par le Crédit mobilier. A ce taux, c'était un bénéfice de 16,800,000 fr. ou 70 0/0. Si le Crédit mobilier rendait des comptes, nous saurions ce que lui a produit cette entreprise. En n'attribuant que 35 0/0 à la compagnie et autant aux directeurs, l'affaire était encore belle pour tout le monde. Si c'est là une hypothèse, elle porte seulement sur les chiffres ; le fait est praticable, vraisemblable, avoué par « l'envie dont la po- « sition de membre du comité de direction est l'objet. »

Cela vous révolte, ami lecteur. Mais remarquez que la loi ni les principes n'ont le plus petit mot à dire.

Un homme a la réputation d'être un grand, un habile entrepreneur. La confiance générale lui est acquise : tous les capitaux sollicitent la préférence de ses actions. Voyez-vous là un crime?

Or cet homme n'est point infaillible, et n'entend nullement se donner pour tel. Ses conceptions ont été souvent heureuses : quelquefois aussi il a éprouvé des mécomptes. C'est aux capitalistes d'aviser.

Eh bien! il croit que la construction d'un hôtel comme l'hôtel Rivoli est une excellente affaire ; il prouve la sincérité de son opinion, d'abord, en retenant pour lui-même une masse d'actions, puis en les revendant à la hausse ; chose dont se garderait sa délicatesse s'il supposait l'affaire mauvaise ou seulement douteuse. Y a-t-il dans tout cela ombre de tromperie?

Il est vrai que les actions tombent après que notre homme a réalisé ses primes, ce qui fait murmurer les déconfits. Mais quel tribunal oserait l'accuser? Est-il responsable, après tout? Et parce que son opinion vaut crédit, et que son crédit fait prime, irez-vous lui demander des comptes? Vous avez spéculé sur son habileté, mais non pas sur sa garantie : c'était à prendre ou à laisser.

Le rapporteur du Crédit mobilier, après l'hosanna sur la prospérité de l'entreprise, ajoute d'un ton dolent :

« C'est en de pareilles circonstances qu'on se livrait contre nous à la polémique la plus violente, abusant ainsi du silence qu'un établissement comme le nôtre est tenu de garder sur ses opérations. »

Le silence et le mystère ! c'est le contraire des entreprises individuelles qui ne croient jamais faire trop de bruit de leurs recettes, de la balance favorable de leurs comptes, du développement de leur trafic, et qui pèchent juste par l'opposé : l'excès de réclames et de mensonges.

Les petites compagnies, créées à l'image du Mobilier, ne sont pas moins discrètes. Pourtant elles ont chacune un journal; mais c'est pour faire la critique des compagnies industrielles dont les valeurs servent d'enjeu.

Sous le régime de monopole fait à la presse, c'est une puissance considérable qu'un journal. Quels sont les lecteurs capables de distinguer une annonce payante d'une critique sérieuse? Qui les garantit que l'article le plus indépendant en apparence n'a pas été payé au rédacteur en actions au pair ou de toute autre façon? Pourquoi les bulletins financiers et les cours ne s'accordent-ils pas entre eux?

Tous les jours on peut lire dans la *Presse*, page 3, aux annonces :

« M. Lauvray, rédacteur du Bulletin financier de la *Presse*, est attaché à la Caisse, 14, rue Grange-Batelière, pour achats, ventes et reports en valeurs françaises et étrangères. »

On ne saurait y mettre plus de candeur que M. Lauvray. Comment ne s'aperçoit-il pas, comment M. de Girardin, son patron, ne lui fait-il pas sentir que ce sont là des fonctions incompatibles? D'autres font ce que fait M. Lauvray, et se gardent bien de l'annoncer à son de trompe. S'il s'agissait de décerner un prix d'innocence, nous savons bien qui aurait notre suffrage; mais n'est-il pas honteux pour un journal d'une aussi grande réputation que *la Presse* de donner l'exemple d'une pareille bonhomie.... en affaires?

Un directeur qui a l'oreille d'un journaliste vend en une Bourse quelques actions à un compère, à un prix tout à fait arbitraire, et fait annoncer le lendemain que les valeurs font prime, quand elles ne sont ni demandées ni offertes.

La première condition pour une valeur est de vivre; et les valeurs ne vivent que par l'offre et la demande. Faites-les mouvoir, comme le pêcheur qui tire la ligne : vous êtes sûr d'amorcer tous les jours quelques acheteurs de province. Lorsque *le Constitutionnel*, *le Pays* et *le Journal des Chemins de fer* poussent à la hausse sur une valeur, qui pourrait résister à un si touchant accord? Le public sait-il que ce sont trois porte-voix à une seule embouchure?

Les journaux voués spécialement aux affaires financières, outre la faculté de donner leur avis, favorable ou défavorable, sur les valeurs dans lesquelles les rédacteurs ont des intérêts engagés, ont encore une correspondance publique avec les spéculateurs qui les ont choisis pour oracles. Ils écrivent, sans désigner toutefois l'entreprise dont ils parlent :

« Bonne affaire, dont la baisse n'est sans doute que momentanée, par suite d'embarras de place; gardez, vous verrez une reprise. — Vendez. — Se relèvera. — Acceptez avec empressement. — Hâtez-vous de souscrire, vous et les amis dont vous parlez. — La valeur est bonne et d'un bel avenir. — Nous ne sommes pas plus rassurés que vous sur cette valeur. — Votre placement est toujours sûr. »

Tout est bon à la réclame, journaux, revues, annuaires, guides, almanachs; tout sert d'occasion, de prétexte, de moyen, même la morale, à cette industrie de sycophantes. Il est bien à vous, dirons-nous à l'*Almanach de la Bourse*, de distribuer aux spéculateurs vos précieux conseils; mais de quel droit, faisant la revue des valeurs cotées, vous permettez-vous de dire : *Chemins de fer du Midi*, N'ACHETEZ PAS. — *Chemin de fer Victor-Emmanuel*, N'ACHETEZ A AUCUN PRIX. — *Fonds espagnols*, IDEM. — *Compagnies maritimes*, MAUVAIS PLACEMENT, etc. Oubliez-vous que sous ces désignations, il n'y a pas seulement une table de jeu, qu'il y a aussi une réalité industrielle, une entreprise à laquelle il ne vous est pas permis, par vos dénonciations téméraires, de porter préjudice? Que savez-vous si cette affaire que vous signalez comme mauvaise ne deviendra pas excellente; si cette autre que vous recommandez comme sûre ne tombera pas bientôt en faillite?

On ne sait en vérité lequel on doit le plus admirer, de l'aveugle confiance des demandeurs d'avis ou de la présomption des conseillers.

L'organe de M. Vergniolle s'intitule l'*Industrie*, c'est en quelque sorte le moniteur du Crédit foncier : il a pour rédacteurs MM. Ch. Fabas, E. Villars, A. Rouault.

M. Mirès, l'Égérie du *Pays* et du *Constitutionnel*, rédige en outre le *Journal des Chemins de fer*, avec la collaboration de MM. C. Devina et Blaise (des Vosges).

On assure qu'à cette publicité, déjà si considérable, il joindra bientôt celle du *Siècle*, dont il serait, dit-on, le plus fort actionnaire. Il serait plaisant de voir M. Mirès, qui tient l'empire par le *Pays* et le *Constitutionnel*, mettre avec le *Siècle* la république dans sa poche. Espérons que les honorables rédacteurs de la feuille démocratique sauront défendre cette dernière forteresse de la révolution.

Le *Journal des Actionnaires*, organe de la Société Amail, a pour rédacteurs MM. Louis Jourdan, Lefranc, Xavier Eyma.

M. Louis Jourdan, que tous ceux qui le connaissent s'étonnent de rencontrer en pareille synagogue, un homme que ses vertus privées placent hors ligne; apôtre du Très-Haut, qu'il prêche aux athées; vicaire du prophète Enfantin, à qui seul il est resté fidèle; adversaire des jésuites, champion des nationalités; M. Louis Jourdan, parlant le jargon de l'agio, couvant la prime dans le *Journal des Actionnaires*, en même temps qu'il évangélise les abonnés du *Siècle* de sa parole d'archevêque, nous offre un type de plus à ajouter à ceux que nous connaissons déjà, celui du *démoc. soc.* devenu boursier. Brutus aux champs de Philippes désespère de la République et de la Vertu, et se tue. Comment M. Jourdan, qui ne désespère, nous le dirons pour lui, ni de l'une ni de l'autre, s'est-il fait maquignon dans les bandes des triumvirs?

M. Jourdan s'est dit :

Pour refréner la spéculation dévorante, homicide, des gros capitalistes, sauvegarder la position des petits, moraliser les uns et les autres, et peu à peu amener la cessation du jeu, il est un moyen, il n'en existe qu'un seul : c'est d'abord de créer en faveur de la plèbe boursière un office de consultation qui l'éclaire et la dirige; puis d'en grouper les ressources parcellaires, et du faisceau de ces petits portefeuilles former une masse capable de tenir tête aux grandes puissances.

L'instruction et l'association : voilà, en deux mots, le système curatif de M. Jourdan.

Rêve d'une belle âme ! Pour mettre fin à l'anarchie dont profitaient quelques fripons, on se forme en partis, on organise la guerre civile !... Quelle découverte !

Si la Compagnie se borne à donner des consultations, comme faisait autrefois le *Journal des Actionnaires*, elle va directement contre le respect de la commandite, ainsi que nous le disions tout à l'heure à propos de l'*Almanach de la Bourse* ; elle ne peut garantir ni la sûreté ni la sincérité de ses conseils ; en un mot, d'office de consultation, elle devient fatalement agence de chantage.

Si, non contente de conseiller, la Compagnie prend en main la conduite des opérations, c'est une guerre de flibustiers qu'elle entame contre les entreprises concurrentes, guerre qui, loin de calmer la fureur du jeu, ne peut servir qu'à l'envenimer. Car il faut que la Compagnie joue, ne fût-ce que pour gagner de quoi payer ses frais généraux. Entre cinq ou six établissements rivaux qui s'arrachent les opérations d'arbitrage, l'arbitrage redevient fatalement spéculation à la hausse ou à la baisse, à terme ou à prime. La guerre, une guerre acharnée, est donc inévitable.

Sous prétexte de désencombrer le portique, une ordonnance de police vient d'établir une taxe de 1 fr. sur toute personne entrant à la Bourse. Qu'est-ce à dire ? La police, en établissant cette taxe, a obéi à son génie fiscal. Par le fait, elle a consacré le jeu, elle lui a conféré le droit civique ; bien plus, elle en a fait un privilége. Il serait absurde de voir là un moyen de moralisation de la Bourse.

Eh bien, sous le prétexte d'informer le public, et, au besoin, de rallier, discipliner, placer avantageusement les petits capitaux, la Compagnie Amail et ses pareilles n'ont fait autre chose qu'obéir à leur génie agioteur. C'est tout ce que nous voulions dire à l'apostolique M. Jourdan.

Du reste, il ne manque pas d'imitateurs. La Bourse ne fait acception d'aucun parti. Au banquet de l'agiotage, jésuites, absolutistes, libéraux, gallicans, dynastiques de la droite et de la gauche, impérialistes, républicains bleus et rouges, socialistes, se retrouvent en bonne fraternité. L'agiotage a résolu le grand problème de l'unité, la pierre philosophale de la politique : la fusion des antagonismes. Tous jurent par le même Évangile, la cote des fonds publics ; écoutent le même oracle, la prime ; adorent le même Dieu, l'écu de cent sous : *Unus Deus, una fides, unum baptisma.*

Oh ! si cette Gomorrhe pouvait se consumer sans répandre sur le pays la désolation, les miasmes pestilentiels, l'asphyxie et la mort, combien nous serions plus disposés à attiser le feu qu'à l'éteindre !...

Mais « il ne faut pas se le dissimuler. Dans tous les pays et dans tous les siècles, c'est toujours au travail qu'incombe la tâche de réparer, à la sueur de son front, les erreurs ou les folies financières. Les masses sont pénétrées, à cet égard, d'un instinct qu'aucun sophisme ne saurait tromper. » (*Introduction* à la *Bourse de Londres,* par M. Lefebvre-Duruflé, sénateur, ancien ministre du commerce).

§ 4. DÉVELOPPEMENT DE L'ESCROQUERIE ET DU VOL DANS LES OPÉRATIONS DE LA COMMANDITE.

De la Bourse, théâtre où se joue la grande comédie de l'époque, passons à la commandite, officine où se compose le drame, où se combinent les coups de théâtre.

M. L. Deplanque, dans l'*Almanach de la Bourse de* 1856, après avoir relevé la lésinerie maladroite des actionnaires qui marchandent aux fondateurs de sociétés des actions rémunératoires ou une part dans les bénéfices, se demande à quelle source lesdits fondateurs peuvent espérer de trouver la récompense de leurs efforts et de leurs risques.

« Cette source, dit-il, pour être cachée, n'en est pas moins abondante ; mais, aux yeux du vulgaire, il semble que les fondateurs ne sont mus que par leur ardent amour du bien public, par le louable désir de doter le pays du bienfait de ces nouvelles voies de communication, merveilleux résultats de l'intelligence, qui, en supprimant les distances, pour ainsi dire, rapprochent les hommes et les choses, et sont l'instrument de la richesse et de la civilisation, et tout le pathos qu'on peut faire à cette occasion. Peu s'en faut que les imbéciles et les niais ne se croient obligés d'élever des statues à ces bienfaiteurs du pays, qui consacrent à son service leur temps et leur argent, ne se réservant d'autres avantages que ceux qu'ils offrent à tout souscripteur d'action.

« Hypocrisie ! Le traité avec l'entrepreneur ou les entrepreneurs est le Pactole où vont se désaltérer les fondateurs-organisateurs, tout épuisés de leurs patriotiques efforts, de leur bienfaisance sans bornes, de leur désintéressement à toute épreuve.

« La remise faite par l'entrepreneur général aux fondateurs va ordinairement à *dix pour cent* du capital à dépenser pour l'établissement du chemin. Ainsi supposons qu'il s'agisse d'une ligne qui doive coûter 60 millions, c'est une somme de 6 millions que l'entrepreneur met à la disposition des fondateurs, et qu'ils ont à se partager entre eux, après s'être tenu mutuellement compte des dépenses et avances de toutes sortes qu'ils ont dû faire jusque-là pour mener à bien l'entreprise.

« Dans ce système le bénéfice des fondateurs est certain, chiffré d'avance, connu et réalisé, avant qu'il soit possible de déterminer par expérience la valeur vraie de l'affaire par le montant de ses produits. »

Si l'assertion de l'auteur est exacte quant au *dix pour cent*, sur une somme de 3 milliards engagée dans les chemins de fer français par les compagnies et par l'État, le pot-de-vin partagé entre les fondateurs, une centaine d'individus au plus, serait de 300 millions. Qu'en pensent les actionnaires ? — Rien, sinon qu'ils voudraient bien devenir fondateurs eux-mêmes.

C'est déjà une triste société que celle où le voyageur est forcé de traiter avec les brigands ! Mais croit-on qu'avec le système des coupons de fondation et d'une part dans les bénéfices, ces messieurs renonceraient aux profits des traités d'entrepreneurs ? Souvent les administrateurs font mieux encore : ils se partagent les entreprises de terrassements, de travaux d'art, les fournitures de rails, de traverses, de voitures, de combustible, etc., traitant ainsi avec eux-mêmes des conditions de prix et de qualité.

Et ce qui se passe dans les compagnies de chemins de fer a lieu dans toutes les sociétés anonymes ou en commandite :

nous défions qu'on en cite une seule dont les fondateurs, administrateurs, directeurs, gérants, osent jurer qu'ils sont purs de toute opération équivoque.

Comment, nous ne cesserons de le dire, en serait-il autrement, quand l'état des mœurs, quand les définitions de la loi, quand les théories de la science ouvrent la porte à toutes les malversations, par cela même les excusent, les autorisent?

Déjà nous avons vu de quelle manière un fondateur de société pouvait, le plus légalement, bien mieux, le plus loyalement du monde, entraîner des milliers d'actionnaires dans une entreprise où ils perdraient tous, à la fin, 30 0/0 de leur capital, pendant que lui-même et les siens réaliseraient un bénéfice de 70 0/0.

Il en est de même pour les remises et fournitures.

Où est la loi, le principe, soit d'économie, soit de morale, qui interdise à un administrateur, à un membre du conseil de surveillance, à un gérant, de faire à sa compagnie la fourniture des objets dont elle a besoin? Cela est tellement dans la nature des choses, tellement rationnel, qu'il se voit des sociétés formées tout exprès entre banquiers, industriels, marchands, commissionnaires, propriétaires, etc., à fin d'assurer à chacun d'eux le placement de ses marchandises et produits.

Or, si je puis être vendeur envers ma compagnie, j'ai droit à un bénéfice sur ma vente. Quelle loi viendra limiter ce bénéfice? Aucune : donc, etc.

De même, si je puis être vendeur de mes produits, je puis l'être encore des marchandises que j'ai achetées à mes risques personnels pour les revendre. Ici encore j'ai droit à un bénéfice ou remise : donc, etc.

De ce principe, en soi irréfutable, nonobstant toutes restrictions et modifications particulières, la mauvaise conscience se prévalant de l'insolidarité fondamentale qui gouverne la société et toutes les transactions qui s'y opèrent, saura bien tirer toutes les interprétations et conséquences qui, dans un cas donné, la justifient; et une fois le chapitre des interprétations entamé, elle ne gardera plus de mesure.

et marchera à pas de géant dans l'infidélité, la concussion, le vol.

La société des chemins de fer autrichiens a adopté le système préconisé par M. Deplanque : 10 0/0 sur les bénéfices nets aux fondateurs, des jetons de présence et une quote-part dans les profits aux administrateurs. Nous allons voir comment, par un plan de capitalisation, ces messieurs prétendent réaliser immédiatement, au prix d'une vingtaine de millions, des éventualités de profit dont l'expérience n'a point encore dit l'importance, et dont l'échéance en tous cas serait répartie par annuités sur 92 ans. Laissons parler le *Journal des Chemins de fer*, qui ne se pique pas de pruderie en pareille matière.

« Nous sommes convaincu que la moralisation de l'industrie et de l'association tient essentiellement à la corrélation intime d'intérêts entre les actionnaires, les fondateurs et les administrateurs. Toutefois, comme complément de notre pensée, il faut admettre que lorsque les fondateurs d'une entreprise ont stipulé en leur faveur des avantages importants, ils doivent s'en contenter, et ne pas y ajouter le bénéfice de primes prélevées sur le public.

« Ceci dit, nous revenons à la capitalisation des parts de fondateurs. Le prélèvement en leur faveur est de 10 0/0 du revenu, défalcation faite de l'intérêt des obligations et du capital social. Mais comme il n'a été appelé, en 1855, qu'une partie du capital nécessaire, le montant des intérêts à solder a été insignifiant, et presque tout le produit a été employé à former le dividende, sur lequel les fondateurs ont prélevé les 10 0/0 qui leur ont été attribués. Ce dividende, fixé à 24 fr. par action, a formé une somme de 9,600,000 fr., et par conséquent les fondateurs ont dû prélever pour 1855 un bénéfice de 960,000 fr. à 1 million.

« C'est sous l'empire de ce bénéfice que les fondateurs ont voulu capitaliser leurs parts, et qu'il a été créé à leur profit 44,444 actions nouvelles, dont la prime, de 400 à 450 fr. par action, leur assure un bénéfice personnel de 18 à 20 millions, qu'il n'a tenu qu'à eux de réaliser, même avant l'assemblée générale, sur la décision de laquelle ils pouvaient compter. »

Et pourquoi ne réaliseraient-il pas? Y a-t-il un seul actionnaire qui ne leur envie ce bonheur? Aussi l'assemblée générale a sanctionné cette combinaison par 1781 voix contre 58, la stupidité des actionnaires ne manquant jamais de se montrer à la hauteur de l'effronterie des directeurs. Si l'affaire n'aboutit pas, ce sera par suite du refus de l'empereur d'Autriche d'y donner son approbation.

Le *Journal des Chemins de fer* dit encore à ce sujet :

Le système de la capitalisation des parts de fondateurs n'est pas absolument nouveau : il a déjà été pratiqué en France, dans la Société du chemin de fer de Saint-Germain. Mais du moins ce n'était pas à l'origine de la Société, quelques mois après l'organisation, avant l'achèvement de la ligne, ni enfin avant que le capital social eût été réalisé.

« Du reste, le motif essentiel qui nous porte à considérer ce système comme défavorable aux véritables intérêts des sociétés industrielles, c'est qu'il rompt le lien entre les actionnaires et les fondateurs, et qu'ainsi le principe constitutif de l'association est vicié. »

Il s'agit vraiment bien d'association et de lien d'intérêts ! L'affaire des fondateurs-administrateurs est de *lancer* l'entreprise, d'escompter en quelques mois ce qu'elle peut rendre en un siècle, ce qu'elle ne rendra peut-être jamais ; puis de courir à une nouvelle curée. Et tout le monde de dire : J'en ferais autant !

Toutes les affaires ne présentent pas aux spéculateurs-fondateurs la ressource des marchés d'entrepreneurs, ou des réalisations immédiates, il fallait trouver une nouvelle rubrique : elle ne tarda pas à se produire, ce fut la vente à prime des actions.

« La société étant formée, les fondateurs se réservent le plus grand nombre de actions. Celles qui sont délivrées aux souscripteurs ne doivent servir qu'à faire connaître le titre sur la place. Les moyens de publicité sont cependant disposés comme s'il s'agissait de placer d'abord tout le capital, souvent même il suffirait à un placement double ou triple : c'est ce qu'on appelle *lancer* l'affaire. Les demandes viennent de toutes parts ; plus elles sont abondantes, mieux l'affaire se dessine. Cependant les fondateurs, constitués de fait en société particulière, sous le nom de *syndicat*, mettent à part les actions qu'ils se réservent, font une répartition des actions disponibles au prorata des demandes, de telle sorte que celui qui en a demandé deux cents en obtient vingt, ce qui tend déjà à produire un excellent effet. De leur côté, les acheteurs, qui, il faut bien le dire, sont toujours complices du tour qu'on leur joue, s'empressent de demander plus de titres qu'ils n'ont réellement le désir d'en avoir ; mais afin d'obtenir à peu près ce qu'ils désirent, ils enflent ainsi leur demande : ce qui donne lieu de publier, ce qui se trouve vrai, que les demandes ont été aux actions disponibles comme *dix*, *vingt* sont à *un*. Nouveau mouvement de recherche.

« Alors les fondateurs écrivent aux souscripteurs pour leur faire connaître le nombre d'actions mis à leur disposition. Ce sont ces lettres qu'on appelle *promesses d'actions*.

« Aussitôt parties, elles deviennent un sujet de transaction. On les vend, on les achète, c'est-à-dire que, moyennant une différence qu'on paye comptant au bienheureux porteur, on se met en ses lieu et place, et qu'on lève les actions contre leur capital nominal lors de leur émission.

« Il arrive très-souvent que l'on n'attend pas ces lettres pour opérer sur les actions des sociétés nouvelles, et qui ne sont pas encore nées. On trouve beaucoup de gens pour vendre à découvert, moyennant une prime, les titres à livrer à l'émission.

« Cependant les fondateurs soutiennent ces transactions en *rachetant* bonne partie de ces lettres : ce qui en augmente la valeur de moment en moment.

« Enfin l'émission est annoncée : les titres commencent à paraître sur la place ; des ventes et des achats faits à propos sur ces titres, qui sont encore en petit nombre, en élèvent les cours à des taux fabuleux. C'est alors que les fondateurs s'empressent de réaliser les actions réservées, par petite partie, par des ventes au comptant, tandis qu'ils maintiennent les cours par des achats de primes à de forts écarts, primes qu'ils abandonnent en temps utile ; c'est alors que tout est mis en œuvre pour donner les plus belles espérances de l'entreprise. » (*Almanach de la Bourse de* 1856.)

Le rapport du conseil d'administration du chemin de fer du Nord, en 1846, relève les chiffres suivants :

« Du 28 octobre 1845 au 31 janvier 1846, il a été transféré 571,741 actions, c'est-à-dire un nombre égal à une fois et demie le nombre total des actions émises.

« Ces transferts ont présenté cette circonstance favorable, que les actions, en se classant, se sont constamment divisées, et que, pour la même quantité d'actions vendues, le nombre des acheteurs a été régulièrement deux fois plus considérable que celui des vendeurs. Ainsi les 571,741 actions transférées ont été vendues par 8,884 personnes, et achetées par 17,469 actionnaires nouveaux.

« Les 400,000 actions étaient, au 31 janvier 1846, possédées par 18,000 actionnaires : ce qui représente moyennement 22 actions par chaque titulaire. »

Il est aisé de faire compte de cette opération. Le nombre des actions du Nord est de 400,000, émises au pair de 500 fr. (liquidées plus tard à 400) ; elles se vendaient, fin janvier 1846, au cours de 755 fr. ; on n'avait encore fait qu'un versement de 125 fr. Puisqu'il avait été transféré 571,741 actions, c'est que la prime de 255 fr. par chaque titre avait été répartie entre plusieurs acquéreurs ayant acheté et vendu à des taux divers entre le pair et 755. Quant aux premiers souscripteurs, la haute finance et ses protégés, accapareurs de toutes les actions au pair, voici la faculté de bénéfice brut qui leur était réservée :

Le premier versement de 125 fr. constituait un déboursé de 50 millions ;

L'encaissement de la prime de 255 fr. réalisait un bénéfice de 102 millions. A défalquer les dépenses pour manœuvres ci-dessus décrites, *mémoire*.

En d'autres termes, les 17,469 actionnaires nouveaux achetaient aux écumeurs, moyennant la somme de 102 millions, non pas l'action portant dividende, mais le droit de continuer les versements ultérieurs. En 1850, c'est-à-dire cinq ans après, les actions du Nord ne touchaient encore que 24 fr. de dividende, intérêts compris, c'est-à-dire 6 0/0 du capital versé de 400 fr.

L'opération que nous venons de citer s'est répétée et se répète encore dans toutes les compagnies possibles. La certitude qu'ont les financiers de faire primer les actions avant un second versement leur permet, avec 125,000 fr. de disponibles, d'en souscrire 500,000 ; de toucher l'agio sur 100,000 actions au lieu de 25,000, enfin de *gagner* en trois mois 102 millions avec 50, plus ou moins, quel que soit l'avenir de la compagnie.

A cela que peut-on trouver à redire ?

Les actions ont été imaginées pour être vendues apparemment, et entrer dans la circulation. Les prospectus sont faits aussi pour donner au public connaissance des entreprises, montrer leurs avantages, calculer les probabilités du rendement. Quant à la vente et au rachat des actions par les compagnies, soit par leurs conseils d'administration, qui peut leur faire un crime, d'abord, dans un cas de baisse excessive, de racheter leurs actions dépréciées, par ce moyen de déjouer la malveillance et de soutenir leur crédit ; puis, quand la hausse est revenue, quand le public est remis de sa panique, de porter de nouveau les actions sur le marché?

Nous voudrions savoir ce qu'un casuiste, non de l'école relâchée d'Escobar, mais de l'école sévère de Port-Royal, consulté sur ces manœuvres de l'agiotage anonyme et en commandite, répondrait à cela?

Enfants, dirait-il, vous ne voyez pas que toutes vos transactions, vos contrats, vos promesses, vos obligations, sont *primées* elles-mêmes par une cause dont la fatalité vous entraîne, bon gré malgré, dans la prévarication ; c'est votre condition d'antagonisme légal, c'est cette insolidarité organique, suprême, qui fait la base, exprimée ou sous-entendue, de tous vos contrats, et en faveur de laquelle ceux-ci doivent s'interpréter toujours. A la place de l'état de guerre, qui fait l'âme de votre droit, commencez par poser en principe la mutualité universelle; et vous pourrez ensuite parler de justice, vous aurez vaincu le péché d'origine.

Qui veut la fin veut les moyens. Si la vente des actions à prime est de droit, sera-t-il défendu au vendeur de faire valoir, par les moyens ordinaires du commerce, ses titres, qui sont sa marchandise?

La question touche à la niaiserie. Mais, comme l'erreur commise de bonne foi dans la mise en valeur d'un capital et la fondation d'une entreprise n'est pas imputable ; nous allons voir les comptes-rendus hebdomadaires et annuels des sociétés donner carrière à des abus, à des escroqueries effroyables.

« Beaucoup de compagnies s'efforcent à tout prix de développer leurs recettes. Ce sentiment est louable ; mais il ne doit pas être satisfait aux dépens des actionnaires. Dès qu'il y a pente sur les nouveaux transports, la prospérité apparente qui semble ressortir de l'augmentation des produits n'est qu'une illusion qui peut tromper le vulgaire *et servir des spéculations de Bourse*, mais cette illusion ne tarde pas à faire place à la réalité, qui se résume, au bout du semestre, en une réduction des produits nets, c'est-à-dire des revenus des actionnaires. » (*Journal des Chemins de fer.*)

Il résulte du compte-rendu de l'exploitation en 1854 que les combustibles minéraux ont été transportés, sur la ligne du Nord, au prix moyen de 3 c. 725, savoir : la houille à 3 c. 68, le coke à 3 c. 77.

Est-il possible que la Compagnie couvre ses frais à un taux aussi bas? Les éléments nous manquent pour résoudre la question; voici seulement ce que nous en savons.

Lorsque le gouvernement imposa aux compagnies le tarif de 5 c. par tonne et kilomètre pour le transport des céréales pendant la cherté, toutes s'empressèrent de déclarer qu'elles étaient trop heureuses de venir, *par un sacrifice*, en aide à l'alimentation publique.

« A ce propos, le journal *la Presse* prétendit que les compagnies pouvaient effectuer sans perte le transport des céréales à 3 centimes, parce que les frais pour le chemin du Nord, par exemple, ne revenaient qu'à 2 cent. 70.

« Le *Journal des Chemins de fer* répondit avec raison que la dépense représentée par ce chiffre ne se composait que des frais d'administration, d'exploitation, traction et entretien du matériel, de la voie et des bâtiments; mais qu'il n'y était rien compté pour l'intérêt du capital employé à l'établissement du chemin et à l'acquisition du matériel, rien pour le renouvellement de ce qui doit être remplacé, rien encore pour l'amortissement de ce qui doit être abandonné gratuitement à l'État à la fin de la concession.

« Le *Journal des Chemins de fer* établit ensuite que le prix de revient réel, au chemin du Nord, est de 5 cent. 49 par tonne kilométrique; il conclut que les compagnies, en transportant les céréales à 5 centimes, font *un véritable sacrifice* (1). »

(1) *Des Réformes à opérer dans l'Exploitation des Chemins de fer*, page 94. Paris, 1855, Garnier frères. — S'il était permis à un auteur de s'appeler lui-même en témoignage, nous nous bornerions à indiquer ici le titre de ce livre, que nous aurons plus d'une fois encore l'occasion de citer dans le cours du présent *Manuel*. Mais la vérité nous oblige à reconnaître une paternité, qui ne fut d'ailleurs jamais un secret. Le lecteur appréciera.

Pourtant les céréales ne sont ni plus ni moins encombrantes que la houille. Mais il faut grossir la recette brute à tout prix, même au détriment du produit net.

Veut-on savoir quelle est l'importance du mouvement des combustibles minéraux sur la ligne du Nord : voici les chiffres de l'exercice 1854 :

	Tonnes.	Produit.	Tonnes à 1 kilom.
Houille. . .	442,787	2,819,367	76,622,063
Coke. . . .	151,135	1,469,355	39,001,524
Ensemble .	593,922	4,288,722	115,623,587

Les résultats de 1855 sont plus considérables encore : le tarif s'est abaissé à 3 c. 67 pour la houille, 3 c. 51 pour le coke ; moyenne, 3 c. 59.

Trafic en 1855 :

	Tonnes.	Produit.	Tonnes à 1 kilom.
Houille. . .	651,670	4,312,618	117,379,676
Coke. . . .	171,591	1,614,824	46,046,163
Ensemble .	823,261	5,928,442	163,425,839

Nous avons de graves raisons de considérer le chiffre de 5 c. 49 comme étant le vrai prix de revient, indépendamment des raisons alléguées par le rédacteur de l'article précité :

1° Parce que c'est, à 2 millièmes près, le tarif perçu par les lignes du Gard et de la Méditerranée ;

2° Parce que les wagons à charbon de terre s'en retournent à vide, faisant ainsi double parcours pour une seule recette.

La différence entre ce chiffre et les tarifs appliqués sur la ligne du Nord constitue, sur l'exercice 1854, un déficit de 2 millions, et sur celui de 1855, de 3 millions, dont profitent les marchands de houille au détriment de la Compagnie.

Et maintenant tirons la conséquence de ce calcul :

D'un côté M. de Rothschild et ses collègues de l'administration du Nord, arbitres des tarifs, en même temps propriétaires de charbonnages belges ou français, circulant sur la ligne qu'ils administrent, se trouvent, comme expéditeurs de matières transportables, dans le cas de recevoir leur part des deux ou trois millions de remise qu'il font si libéralement en une seule année, en leur qualité de directeurs de la compagnie de transport : situation impossible, dont nous ne doutons pas que ne sache triompher leur délicatesse ;

D'autre part, il est indubitable que leur but a été, en outre, d'écraser la concurrence de la voie navigable, en même temps de faire valoir leur ligne par une augmentation à tout prix du trafic, conséquemment de soutenir artificiellement la hausse des actions : tous motifs qu'une saine morale réprouve, mais que, dans l'état actuel des choses, la conscience publique tolère, et qui ne seront reprochés par personne.

En toute hypothèse, n'est-il pas clair que MM. de Rothschild et consorts ont entre les mains les moyens, ici de bénéficier aux dépens du tiers et du quart, là de jouer à coup sûr, et que s'ils n'en usent pas, c'est pure et gratuite vertu de leur part, pitié pour l'imbécillité publique ?

C'est encore M. Mirès qui signale les fraudes suivantes, dans un article intitulé : *Conseils aux actionnaires* :

« Parfois les administrateurs, ceux des compagnies pauvres surtout, cherchent à prolonger l'illusion produite par un accroissement de recettes obtenu à force de réductions sur les tarifs, en ajournant ou réduisant les dépenses nécessaires pour le bon entretien de la voie et du matériel. Ce système est funeste à la fortune des compagnies. Les ménagères ont coutume de dire qu'un point de reprise fait à propos en épargne neuf plus tard. Cette maxime est tout aussi juste pour l'entretien des chemins de fer que pour celui des vieilles jupes. Un chemin, mal ou insuffisamment entretenu, détruit rapidement le matériel et se détériore lui-même au point d'exiger au bout de peu d'années, un renouvellement presque complet de ses parties essentielles. Le dommage est plus grand encore pour le matériel roulant. Non-seulement il perd de sa valeur comme capital, mais il cesse de rendre les services pour lesquels il a été construit. Une machine mal entretenue perd de sa puissance motrice ; il ne faut que quelques mois de négligence et d'abandon pour réduire de 50 0/0 son effet utile : de telle sorte que, pour avoir voulu économiser quelques centaines de francs, on se trouve bientôt dans la nécessité d'employer deux machines au lieu d'une pour obtenir le même résultat.

« La propriété de la compagnie ne subit donc pas seulement une perte considérable sur son capital ; mais l'exploitation devient en définitive plus coûteuse, avec ce système de fausse économie, que si les dépenses d'un entretien complet eussent été faites en temps opportun. »

« Un point important, c'est la clôture définitive du *Compte de Capital*. Dans beaucoup de compagnies, ce compte est resté ouvert en permanence, bien que l'établissement des chemins de fer qu'elles exploitent soit terminé depuis longtemps. Ce système de comptabilité permet aux administrateurs d'imputer continuellement sur le *Compte de Capital* toutes les dépenses d'amélioration que les progrès de la science et les développements du trafic font successivement juger nécessaires. On ne se borne même pas là : certaines dépenses d'entretien, qui devraient rester au débit du *Compte d'Exploitation*, en sont distraites et ajoutées au capital, afin de permettre des distributions de dividendes qui entretiennent la confiance des actionnaires et trompent le public sur la valeur des entreprises. On ne saurait condamner trop sévèrement de pareilles opérations, et réclamer avec trop d'insistance la clôture définitive du *Compte de Capital*. La facilité avec laquelle les grandes compagnies trouvent de l'argent, au moyen d'emprunts privilégiés dont le service prime le payement de tout intérêt aux actionnaires, est la source du mal (1). »

C'est le cas de toutes les compagnies de chemins de fer sans exception. Le renouvellement des rails et des traverses, sur les lignes d'Orléans et du Nord, est imputé, en tout ou en partie, au *Compte de premier Établissement*, exécuté à l'aide d'emprunts : parce que sur les *Comptes d'Exploitation* antérieurs, on n'a pas fait de réserve; parce qu'on a distribué le bénéfice brut au lieu du produit net; parce qu'il fallait pousser à la hausse par de gros dividendes, afin de donner aux fondateurs-écumeurs le moyen de tripler leur mise de fonds.

Nous passons sous silence les intrigues, les fraudes et mystifications de toute espèce qui se pratiquent tant dans les administrations des Compagnies, que dans les comptes-rendus et la tenue des assemblées elles-mêmes.

« La masse du public, dit la *Revue d'Édimbourg*, qui ne jette jamais les yeux sur un journal de chemin de fer, et qui a soin de

(1) Voir encore, sur le même sujet, l'ouvrage cité plus haut, *Des Réformes à opérer dans l'Exploitation des Chemins de fer*, passim.

sauter dans les feuilles quotidiennes, le compte-rendu des assemblées d'actionnaires, se figure que toutes les iniquités dont elle entend parler de temps à autre sont des exceptions, qui se rattachent aux spéculations fantastiques d'une époque de fièvre, qui passe comme toutes les crises. On se refuse à croire que les grands capitalistes et les personnages influents qui administrent les affaires des compagnies soient capables de s'enrichir indirectement aux dépens de leurs constituants.

Une histoire secrète des compagnies détromperait vite les âmes simples. On apprendrait comment, naguère encore, dans telle compagnie, les directeurs se partagèrent entre eux 15,000 actions nouvelles qui se vendaient alors avec prime ; comment ils se servirent des fonds de la compagnie pour payer les à-comptes dus sur ces actions, et comment l'un d'eux puisa ainsi dans la caisse commune jusqu'à concurrence de plus de 80,000 livres sterl. (2 millions de francs). On saurait comment, dans une autre, un demi million sterling se trouvait porté sous des noms fictifs ; comment, dans une troisième, les directeurs achetaient en compte plus d'actions qu'ils n'en avaient émis ; comment, dans plusieurs, ils rachetaient pour la compagnie leurs propres actions, se payant eux-mêmes avec l'argent des actionnaires. On apprendrait que des directeurs, alors que l'intérêt de l'argent est à un taux élevé, contractent à un taux inférieur des emprunts pour leur propre compte sur les balances flottantes que la compagnie a chez des banquiers ; que d'autres encore se paient des salaires supérieurs à ceux qui ont été fixés, dissimulant la différence sous la dénomination de *frais divers* dans un coin obscur du grand livre. On trouverait que dans certains cas les procurations à l'aide desquelles on a pu enlever des mesures contestées avaient été obtenues au moyen d'exposés inexacts, et qu'il a été fait usage de procurations spéciales pour des affaires autres que celles pour lesquelles elles ont été données..... Les directeurs d'une compagnie seraient convaincus d'avoir fait passer certaines résolutions au moyen d'actions privilégiées mises sous le nom de chefs de station, d'avoir fait compter comme valables des procurations émanées des enfants du secrétaire, trop jeunes pour écrire, etc., etc.

Nous n'avons pas l'honneur de l'invention, comme on peut voir : mais il faut avouer que pour la contrefaçon nous n'avons pas nos pareils.

§. 5. CORRUPTION DES MŒURS PUBLIQUES PAR LA BOURSE.

Que le gouvernement fasse des lois contre les associations, les réunions, les attroupements ; qu'il interdise à la presse la discussion de ses actes ; qu'il prévienne et réprime, par des avertissements officieux et officiels, jusqu'aux velléités d'opposition ; qu'il prétende dominer ce qu'il y a de plus indomptable, l'opinion, et donner le mot d'ordre à l'esprit public comme à ses préfets : il ne peut empêcher que chaque jour, à heure fixe, au centre de Paris, trois ou quatre mille individus, ardents, turbulents, passionnés, se réunissent en une sorte de club où se débattent les plus hautes questions de la politique et de l'économie, la protection et le libre échange, la paix et la guerre, la confiance et la crise. Le canon de la victoire annonce un jour à la France impatiente que son drapeau flotte sur les remparts de l'ennemi. Le peuple crie hurrah ! l'Empire est dans l'ivresse. Les habitations se pavoisent et s'illuminent ; les spéculateurs, chacun chez eux, prennent part à l'allégresse générale. Mais le lendemain, un vote improbateur du club, — la baisse, — vient signifier au vainqueur que le monde des affaires n'a point à se réjouir des succès d'une guerre entreprise sans son aveu, et rappeler à César triomphant qu'il n'est rien de plus que le premier actionnaire de l'État, *primus inter pares*. La Bourse ne connaît pas de dictateur.

C'est que ces trois ou quatre mille clubistes représentent quatre ou cinq cent mille Français répandus sur tous les points du territoire, véritable cohue, au premier aspect, vaste pandémonium où se coudoient laquais et grands seigneurs, où les princes de la finance tripotent et trafiquent avec leurs frotteurs et leurs portiers. Mais si l'on considère les puissants intérêts qui s'agitent dans cette assemblée, dette de l'État et des communes, banques et institutions de crédit, canaux et chemins de fer, navigation fluviale et maritime, assurances, mines, forges, filatures, raffineries, usines, biens meubles et immeubles, on peut dire que l'élite de la nation, le *pays légal*, comme on l'appelait sous le dernier roi, se trouve à la Bourse. Les principes qui régissent la société, son esprit, sa conscience, ses idées sur le juste et l'injuste, viennent se résumer dans ce sommaire. La Bourse est le pouls que doit palper le pathologiste afin de diagnostiquer l'état moral du pays. Là tout ce qui peut être l'objet d'une appréciation est représenté : richesse matérielle et richesse immatérielle, comme disait Say; le génie des savants et l'habileté des industrieux; la probité du citoyen et l'honnêteté du gouvernement; le patriotisme et le droit des gens; la vertu et les intérêts.

Eh bien! telle est maintenant la question que le pays se pose : Y a-t-il quelqu'un en France qui croie encore à la justice et à l'honneur? Sommes-nous tous gangrenés, ou reste-t-il quelques âmes saines? Que l'oracle réponde. La consultation est des plus graves; ne dédaignons aucun symptôme...

Nous voilà loin des discussions casuistiques sur l'innocuité ou l'immoralité du jeu. Les 80 millions de droits de courtage des agents de change, les 50 à 60 millions nécessités par les reports à chaque liquidation, les centaines de millions engagés comme couvertures et payements de différences sur des transactions fictives: toute cette affluence de capitaux détournés de l'agriculture, du commerce et de l'industrie; le dégoût des affaires sérieuses, la fièvre du gain illicite, aléatoire, ayant pour corollaire la ruine des familles, sont les moindres des crimes de l'agiotage. Le vol, la concussion, la malversation, l'escroquerie, l'abus de confiance, font partie intégrante de ses moyens, de ses mœurs.

Que les journaux, clients de la féodalité boursière, viennent encore berner le public de démocratisation du crédit, par le morcellement des valeurs mobilières, la répartition des titres négociables entre des millions de propriétaires : on sait ce que c'est que l'actionnaire, la vache à lait du financier. Quand une compagnie parle de dédoubler ses actions, c'est qu'elles a absorbé tout le disponible dans une certaine classe de fortunes, et qu'elle éprouve le besoin d'aller faire le vide dans les plus petites bourses.

Depuis six ans il s'est édifié des fortunes de dix, quinze,

vingt et quarante millions ; tel père de famille constitue à sa fille dix millions de dot. L'ancienne église saint-simonienne, à elle seule, a fait razzia, dit l'Envie, d'un demi-milliard. D'immenses domaines, en France, en Algérie, lui appartiennent ; des parcs, des châteaux, des *latifundia*, avec le cheptel baillé par l'État. Devait-on moins à ces initiateurs du crédit démocratisé?...

Tout ce qui représente un principe, une idée, un sentiment, tout ce que la France a aimé ou haï avec passion, la religion, la légitimité, l'empire, l'orléanisme, la république, est rejeté sur le second plan. C'est la cote des fonds qui gouverne, qui impose la paix, la non-intervention, qui adresse des remontrances à Naples, des conseils de modération au Piémont. C'est pour elle que nos plus belles lignes, Paris-Strasbourg, Orléans-Bordeaux, Tours-Nantes, le Centre, Versailles-Rennes, construites par l'État et affermées d'abord à moins de cinquante ans, ont été aliénées pour quatre-vingt-dix-neuf ans ; que des subventions sont accordées pour être escomptées en une Bourse. Déjà la société a mis la main sur la propriété bâtie ; ses journaux préparent l'expropriation du cultivateur, sous prétexte d'ignorance et de routine. « Nous allons tomber dans la culture maraîchère, » disent-ils. Dans l'intérêt de l'alimentation publique, dans l'intérêt même du colon, il faut exproprier le paysan, reconstruire les grands fiefs, envoyer aux colonies les bras disponibles, les bouches inutiles. Le jésuitisme et l'*enfantinisme* sont unanimes sur ce point. L'*Univers religieux* y met une franchise compromettante ; les saint-simoniens voudraient se couvrir du masque de l'intérêt public : voilà le secret de leurs querelles.

Des projets circulent à faire bondir de joie les régénérateurs de certaine école. On parle d'une compagnie qui demanderait la concession de tous les docks à construire en France, qui serait commanditée de deux milliards par la Banque, afin d'acheter tous les produits de l'agriculture, qui ferait l'escompte aux petits commerçants et créerait, sur *leurs produits*, des billets à rente dont *ils payeraient l'intérêt*. Le génie de l'école a tiré des valeurs en actions ce qu'elles pouvaient rendre : les valeurs en immeubles suivent le mouvement : reste à attaquer les valeurs en produits.

Où s'arrêteront ces envahissements? « ces créations anormales et presque monstrueuses de l'esprit des affaires, non-seulement porté à sa plus haute puissance, mais encore s'élançant bien au delà des limites permises ; — créations innommées, qui, entreprenant sur la fortune acquise ou sur l'industrie honnête du prochain, ont pour résultat de jeter le plus grand nombre hors de ses voies, et trop souvent dans la misère, tandis qu'en haut de l'abîme où il est tombé, quelques-uns parmi les habiles, de ceux-là à qui il faut à tout prix des millions et encore des millions, auront, par ces spéculations échevelées, trouvé moyen d'accaparer à leur profit toutes les jouissances ; — créations que le vulgaire contemple et admire, bouche béante, comme un résultat prodigieux de l'intelligence des affaires, comme un signe visible du progrès, tandis qu'examinées, analysées par la raison et la réflexion, elles ne sont guère qu'un retour à l'état barbare en fait d'industrie ; que le symptôme alarmant d'une décadence réelle et prochaine ; que la survenance morbifique d'une sorte de chancre financier qui finira par ronger le corps social, par l'exténuer, pour le profit de quelques-uns, au grand dommage de l'intérêt de tous ; créations pompeusement appelées économiques, qui, commençant par l'abus de la liberté de concurrence, finissent par le scandale du monopole ; — sortes de coalitions qui défient et affrontent la loi en se plaçant audacieusement sous son égide, et qui finiront par réduire l'exploitation de l'industrie de ce noble pays de France à un vaste pachalik, où il n'y aura plus que quelques despotes régnant sur un peuple d'esclaves. » (*Des Fusions et des grandes Compagnies de chemins de fer*, par Jules Mareschal, ancien directeur de la Liste civile.)

Ce qui vient de la flûte s'en va au tambour, dit le proverbe. Les excentricités du luxe, la débauche somptueuse, le vice doré, l'orgie aux *Cinq cent mille francs de rente*, la prostitution sous l'or et la soie, sont la conséquence de fortunes faites sans travail, au milieu des rapines. La fille entretenue a conquis une importance correspondante au développement de la spéculation déshonnête ; c'est une classe dans la société, ayant, comme l'antique noblesse, son faubourg, son monde, ses réceptions. La femme du monde rivalise avec elle de folies et d'extravagances. Qu'est-ce que le mariage, après tout, dans l'aristocratie bourgeoise? Un contrat d'affaires, une commandite à deux, où les parts son réglées comme dans toute société de commerce. La fille dotée n'entend pas s'en tenir aux modestes revenus de son patrimoine; le mari pour elle n'est qu'un agent chargé de tirer de ses capitaux le plus fort revenu possible, une sorte d'entreteneur légal, condamné à satisfaire les ruineux caprices de sa moitié. La littérature, le théâtre, malgré ses ridicules sermons en trois ou cinq actes, suent la crapule et l'obscénité; les prix de vertu ne trouvent plus de lauréats. Voulez-vous que les écrivains aillent chercher des pastorales d'un autre âge? Ils observent, ils décrivent, ils photographient leur entourage; le collodion dessine des monstres, des chenapans et des catins. Puis on crie à l'immoralité de l'art. « Le « beau, dit Hegel, c'est l'identité de l'idée et de la forme. »

Cependant que font les grands pouvoirs de la société, l'Ordre judiciaire, l'Université, l'Église?

Nos gens de lois, confinés dans leur droit romain, replâtré il y a cinquante ans sous le nom de Code civil, s'isolent de plus en plus du mouvement. Les chapitres de la vente, de la donation, de la servitude, de l'hypothèque, de la prescription, sont toujours à leurs yeux la *Somme* de la sagesse. M. Troplong va jusqu'à nier que l'association des capitaux soit susceptible d'une meilleure forme : il prouve, ce que l'on savait, que l'antiquité la plus reculée, Tyr, Carthage, Massilie, les colonies grecques, connaissaient la commandite; affirmant que la législation actuelle suffit à tout, et suffira largement encore pendant des siècles. Aussi, pendant que le prince de la magistrature, infatué de maximes immobilistes, préconise l'excellence du droit civil, la prééminence du tribunal civil, la masse des transactions prend de plus en plus le caractère commercial, et, livrée à l'incertitude des définitions mercantiles, à la contradiction des théories économiques, désespère la conscience du juge et défie la science du jurisconsulte.

Forcé d'obéir à l'impulsion d'en haut, la magistrature oublie qu'en matière de législation comme en matière d'économie, conserver, c'est améliorer, c'est réformer sans cesse ; elle se laisse déborder par la juridiction consulaire, juridiction sans doctrine, sans tradition, incapable par elle-même de discerner, la plupart du temps, le juste de l'injuste ; et, tout en préparant sa propre déshérence, prépare la désolation de la société. Lorsqu'il se produit devant une cour quelque fait d'escroquerie du domaine de l'agiotage, juges, procureurs et avocats ouvrent de grands yeux et restent interdits au récit de manœuvres que n'a point décrites Justinien. Il leur faut un interprète pour saisir le sens des faits soumis à leur jugement, calculer la portée des idées qui les produisent. La magistrature n'est plus une puissance que de nom, condamnée à laisser faire, parce qu'il lui est défendu de comprendre.

L'enseignement : sans doute il a dû marcher avec le siècle, éliminer de ses programmes force grec et latin, qu'il a remplacé par égale quantité de mathématique, de physique, de chimie, de mécanique. L'ère des rhéteurs, des argumentateurs *in barocho* et *barbara*, fait place à celle des hommes positifs, chiffreurs, maçons, constructeurs, arpenteurs, remueurs de terre et de moellons, mineurs et métallurgistes.

Mais si l'instruction s'est transformée quant à la matière, l'Université, quant à l'esprit qui l'anime, est restée la même. Maîtres et grand-maître, organisés désormais en petite église, loin des profanes, écrivent pour leurs intimes, pour leurs néophytes, de pompeuses amplifications sur Dieu, le Beau, le Bien, le Juste, le Saint, le Vrai. De l'Utile et des lois qui le régissent ils ne savent mot ; des droits du travailleur, des devoirs du capitaliste, du propriétaire, de l'échangiste, rien. C'est du matérialisme, disent-ils, du sensualisme, de la révolution. Ah ! s'il s'agissait des belles dames du grand siècle, des bas-bleus de la cour de Louis XIV et de Louis XV !... L'Université, elle aussi, prépare son abdication.

L'Église n'est pas à ce point oublieuse de ses intérêts. Elle se souvient qu'elle fut jadis l'âme de la féodalité ; et compte bien reconquérir sa prépotence dans la féodalité nouvelle. Nulle part l'esprit moderne, l'esprit d'accaparement, ne s'est plus complétement incarné; l'art de lever des primes et des contributions y est poussé aux plus extrêmes limites. D'après une statistique fort modérée du journal l'*Estafette*, les subventions des départements et des communes ainsi que le casuel ne montent pas à moins de 48 millions et demi, qui, joints aux 36,485,000 fr. du budget, forment un revenu fixe de plus de 85 millions par an. Mais le journal ne comprend pas dans ce chiffre les contributions des congrégations pieuses : œuvre de la Miséricorde, œuvre de la Compassion, œuvre de Saint-François-Xavier, œuvre de Saint-François-Régis, œuvre du Sacré-Cœur de Marie, du Sacré-Cœur de Jésus, œuvre de la Sainte-Enfance pour le rachat des petits Chinois, œuvre du Saint-Rosaire, et mille autres œuvres dont les noms seuls rempliraient des pages. La Propagation de la Foi compte des souscripteurs par millions, à un sou par semaine; de pauvres vieilles femmes, trop pauvres pour payer cette mince rétribution, se réunissent à quatre ou cinq, donnant chacune leur pauvre liard, alléchées par la promesse d'indulgences temporelles et plénières portées en déduction de leurs vieux péchés. Et les biens des communautés, et les donations, et les fidéicommis; puis les quêtes par les jolies femmes à qui la galanterie ne permet pas de refuser; les pièces d'or et d'argent collées aux cierges, les locations de chaises, les messes à grand orchestre, les pour-boire de bedeaux, suisses et sacristains.....

« Il nous faut de l'argent, beaucoup d'argent, disait un prédicateur du mois de Marie, trois cent mille francs, pour élever à la Vierge une statue colossale au Puy. »

Un ecclésiastique de Paris, tranchant franchement la question, n'hésita pas, au commencement de l'année, à organiser par actions l'exploitation de l'église Saint-Eugène. La mise en commandite de la messe et des sacrements, sous les auspices d'un banquier juif : quelle naïveté!... L'intervention de l'archevêque fit cesser le scandale : nous n'avons point entendu dire que le curé spéculateur ait quitté la paroisse.

Cependant la foi est-elle ardente? La religion fleurit-elle

au cœur des croyants comme aux recettes du budget? « Jamais il n'y eut pareille affluence aux églises, disait un prêtre du Jura; mais jamais aussi l'hypocrisie ne fut plus générale ni l'irréligion plus profonde. » Les mères, dans les grandes villes, envoient leurs filles au catéchisme en maugréant du temps qu'elles y perdent; elles aspirent après le moment où leurs enfants *seront débarrassés* de leurs communions. Un curé du département de Seine-et-Marne écrit au journal l'*Estafette* :

« Ignorez-vous dans quel état malheureux sont tombées les populations des diocèses voisins de Paris? Ne savez-vous donc pas qu'elles n'ont plus de chrétien que le nom? Toutes relations entre elles et les curés ont à peu près cessé. La foi de ces derniers n'éclairant plus les âmes, leur ministère n'est, aux yeux du peuple, qu'un vil métier. »

Ainsi ces vieilles puissances du monde que respectaient les révolutions, que les changements de dynasties trouvaient et laissaient debout, comme l'arche sainte à laquelle était attaché le salut d'Israël, ces grandes institutions, qui ont jadis passionné les masses et fait couler le sang pour leurs querelles, n'ont plus de racines dans la société. Le jour où le bras du pouvoir cessera de les soutenir, elles tomberont d'elles-mêmes, sans qu'il se trouve seulement une voix populaire pour prononcer leur oraison funèbre. Les dieux sont partis; le vieux monde est mort : *excessère dii.*

La puissance nouvelle, la féodalité boursière a tout envahi, tout remplacé; elle seule a le privilége de soulever les passions, d'exciter l'enthousiasme et la haine, de faire battre les cœurs, de révéler la vie. C'est pour elle que l'armée veille, que la police fonctionne, que l'Université enseigne, que l'Église prie, que le peuple travaille et sue, que le soleil éclaire, que les moissons mûrissent, que tout pousse et fructifie.

Son esprit envahit l'Europe entière. De toutes parts surgissent des Crédits mobiliers, des coalitions de banquiers, des fusions, des agglomérations de capitaux et d'entreprises à l'image de ce qui se passe chez nous. L'Anglais et l'Amérique déclament contre la machine Péreire : ils la jalousent. Notre amour-propre national se complaît à faire de la France la grande initiatrice des peuples. Après leur avoir porté l'idée et la liberté, leur donnerons-nous aussi la servitude?

Car il n'y a plus à reculer, il faut que cette situation ait une issue; et il n'y en a que deux possibles : — ou le triomphe du système, c'est-à-dire l'expropriation en grand du pays, la concentration des capitaux, du travail sous toutes ses formes, l'aliénation de la personnalité, du libre arbitre des citoyens au profit d'une poignée de croupiers insatiables; — ou la liquidation.

Liquidation! ce mot, terrible comme le sphinx, parce qu'on ne le comprend pas, qui apparut en 1848 aux bourgeois stupéfaits comme une menace et une vengeance, n'a plus rien qui doive effrayer. La liquidation, ce n'est ni un kilomètre de railway de moins, ni une usine supprimée, ni une machine brisée, ni un muid de blé de perdu, ni une force productive quelconque anéantie. Si les 80 milliards d'opérations qui se font annuellement à la Bourse n'ajoutent pas un centime à l'actif social, l'exécution en masse de cette population parasite ne créera pas non plus un centime de déficit. Les financiers n'auront englouti dans leurs portefeuilles ni nos forêts, ni nos prairies, ni nos domaines cultivables; les forges, les filatures, les métiers, les denrées agricoles, les produits coloniaux ne se seront point attachés à la semelle de leurs sandales; ils n'auront point ébréché le capital national, en le déplaçant, l'accaparant, le monopolisant; en établissant dîmes et corvées sous une forme quintessenciée, et mettant à rançon tout ce qui produit et consomme. Qu'ils partent!... La liquidation, ce sera le retour à l'ordre, une nuit du 4 août. Gloire au travail, paix à ceux qui produisent, union et force entre tous ceux qui échangent : voilà la liquidation. Que si la caste crie encore à la spoliation, au martyre, du moins on ne dira plus que c'est le Juste qui est sacrifié pour le salut du Peuple...

DEUXIÈME PARTIE

MATIÈRE DE LA SPÉCULATION

Nous avons exposé dans notre première partie la cause, l'objet, la police, les voies et moyens, les abus, délits et crimes de la spéculation boursière. Il nous reste à en faire connaître la *matière*.

Nous ne nous occuperons ici que des effets publics et privés dont le cours est coté au bulletin de la Bourse.

Les marchandises se pèsent ou se mesurent, et se vendent au prix de... pour une quantité de... Elles portent leur valeur et leur gage en elles-mêmes. Il n'en est pas ainsi des titres. La mesure de leur valeur, c'est le tant pour cent qu'ils rapportent; leur gage, c'est la nature et les chances de succès de l'entreprise.

L'origine des effets négociables, les exploitations qui leur servent de base, leurs fluctuations, voilà ce qu'il nous reste à dire pour compléter notre cadre.

Afin de mettre un peu d'ordre dans cette revue, nous la diviserons en trois sections, correspondant à trois séries de titres bien distincts.

La première section comprendra les rentes et obligations de l'État et des municipalités, c'est-à-dire la dette publique, ayant pour hypothèque les revenus de l'impôt général et municipal.

Dans la seconde, nous traiterons des actions et obligations des compagnies industrielles, dont la garantie repose sur le succès de l'entreprise.

Enfin, dans la troisième, nous dirons un mot des fonds étrangers, qui sont matière de spéculations à la Bourse de Paris.

PREMIÈRE SECTION

FONDS PUBLICS FRANÇAIS.

L'impôt se répartit en trois budgets : celui de l'État, celui des départements et celui des communes.

Le budget de l'État est le même pour toute la France ; le budget départemental varie suivant chaque circonscription territoriale, et n'est uniforme que dans un même département ; enfin le budget communal varie à chaque commune.

L'État, les départements, les communes, quand les dépenses excèdent les recettes, ont recours aux emprunts. Les titres d'emprunt, coupons de rente ou obligations, sont valeurs négociables et matière à spéculation. De toutes les créances municipales ou départementales, celles de la ville de Paris et de la ville de Marseille figurent seules au bulletin financier. Nous n'aurons pas à nous occuper des autres.

CHAPITRE PREMIER.

Dette de l'État.

Les budgets, à quelque chiffre qu'ils s'élèvent, ne suffisent jamais aux dépenses ; elles sont constamment en excédant sur les recettes. Nous n'avons point à rechercher ici les causes de cette anomalie ; il nous suffit d'enregistrer le fait et de voir quel rapport il a avec notre sujet.

Afin de couvrir le déficit, les gouvernements, de même

que les fils de famille, s'adressent aux usuriers. C'est un moyen de se procurer de l'argent comptant, en engageant l'avenir. Les conditions du prêt varient suivant les garanties et la solvabilité du prodigue. L'État emprunte à fonds perdus, c'est-à-dire qu'il n'est jamais tenu au remboursement du capital. En revanche, il en doit perpétuellement l'intérêt. De 1814 à 1847, il a été payé 10 milliards 433 millions et demi de rente, pour une dette dont le capital n'atteignait pas tout à fait 6 milliards. Ces emprunts non remboursables forment ce qu'on appelle *la dette consolidée.*

Les emprunts sont contractés *au pair*, *au-dessus* ou *au-dessous du pair.*

Au-dessous du pair, les conditions sont mauvaises pour le gouvernement; or, c'est le cas le plus fréquent, comme il résulte du tableau suivant des emprunts et de leur taux depuis 1816 :

5 0/0	6 millions de rentes vendus sur place à divers, du 1er mai 1816 au 1er avril 1817, au taux moyen (1) de.	57 26
	30 millions des années 1817 et 1818, taux moyen. .	57 55
	14,225,500 fr., mai 1818, par souscription.	66 50
	12,313,433 fr., novembre 1818, adjugé à MM. Hope et Baring, au taux de.	67 »»
	9,585,220 fr., août 1821, adjugé à MM. Hottinguer Baguenault et Delessert, au taux moyen de. . . .	85 55
	23,114,516 fr., juillet 1823, adjugé à MM. de Rothschild, au taux de.	89 55
4 0/0	3,134,950 fr., janvier 1830, adjugé à MM. de Rothschild frères, au taux de.	102 07 1/2
5 0/0	7,142,858 fr., 1831, négocié à divers, à.	84 »»
	7,614,213 fr., août 1832, adjugé à MM. de Rothschild frères, au taux de.	98 50
3 0/0	5,130,659 fr., octobre 1841, adjugé à MM. de Rothschild frères, au taux de.	78 52 1/2
	7,079,646 fr., décembre 1844, adjugé à MM. de Rothschild, au taux de.	84 75
	Emprunt de 1847, de 250 millions en capital, adjugé à MM. de Rothschild, au mois de novembre, à. .	75 25
5 0/0	13,131,500 fr., 24 juillet 1848, avec jouissance du 22 mars précédent, négocié à divers, au maximum.	75 25

(1) C'est-à-dire que l'État donne 5 fr. de rente pour 57 fr. 26 c. de capital qu'il reçoit. C'est de l'argent à 8 73 0/0.

3 et 4 1/2 0/0 Emprunt de 1854, de 250 millions de capital effectif, occasionné par la guerre d'Orient et couvert par souscription nationale :

Le 3 0/0 au taux de.	65 25
Le 4 1/2 0/0 au taux de.	92 50

Emprunt de janvier 1855, de 500 millions, pour la même cause, souscrit de la même manière :

Le 3 0/0 à.	65 25
Le 4 1/2 à.	92 »»

Emprunt de juillet 1855, de 750 millions (780 millions en réalité), même origine, même mode d'émission :

Le 3 0/0 à.	65 25
Le 4 1/2 à.	92 25

[Ces trois derniers emprunts, les premiers de ce genre qui aient été contractés par le gouvernement français, aux applaudissements de la presse républicaine, ont révélé des faits curieux.

Sur le premier, 98,000 souscripteurs ont offert 467 millions, savoir : 26,000 souscripteurs à Paris, représentant 214 millions; 72,000 dans les départements, représentant 253 millions. — Les souscriptions de 50 fr. de rente et au-dessous, au nombre de 60,000, se sont élevées à 49 millions, soit en moyenne 816 fr. 66 c.; les autres, au nombre de 38,000, ont monté à 418 millions, soit en moyenne 11,000 fr.

Sur le second emprunt, de 500 millions, 177,000 souscripteurs ont offert 2 milliards 175 millions, savoir : 51,000 souscripteurs à Paris, représentant 1,398 millions (dont 300 millions environ souscrits à l'étranger) ; 126,000 dans les départements, représentant 777 millions. — Les souscriptions de 500 fr. de rente et au-dessous se sont élevées à 836 millions, dépassant ainsi de 336 millions le chiffre de l'emprunt. Les souscriptions au-dessus de 500 fr. ont été refusées, et celles de 10 à 500 fr. ont subi une réduction de 40 à 42 0/0.

Sur le troisième emprunt, de 750 millions, 316,864 souscripteurs ont offert 3,652,591,985 fr., savoir : 80,000 souscripteurs, à Paris et à l'étranger, représentant 2 milliards 534 millions (dont 600 millions à l'étranger); 237,000 dans les départements, représentant 1,119 millions. — Les souscriptions de 50 fr. de rente et au-dessous se sont élevées à 231,920,155 fr.

Dans ces chiffres, il faut compter que les grandes maisons de banque et le Crédit mobilier ont grossi considérablement la quotité des offres. Ce dernier établissement, lors du deuxième emprunt de 1855, a souscrit pour son compte 250 millions, et, quelques jours plus tard, 375, tant en son nom qu'en celui de l'Angleterre et de plusieurs États de l'Allemagne : ce qui d'une part réduit notablement la moyenne, et prouve de l'autre que le gouvernement, en s'adressant directement, comme d'habitude, aux gros capitaux, en eût été quitte à meilleur marché.

Un fait curieux qui ressort de la comparaison des résultats de ces trois emprunts, c'est la faveur toujours croissante qu'acquiert le 3 0/0. On sait que cette espèce de fonds est le marché favori de la spéculation ; le 4 1/2 est l'objet de peu de transactions, quoique plus avantageux au point de vue du rendement.

Dans le premier emprunt, les demandes en 3 0/0 ne vont pas au double de celles en 4 1/2 : 308 millions contre 159. — Dans le second, elles dépassent le quintuple : 1,806 millions contre 369. — Dans le troisième, elles montent au septuple ; les rentes définitivement inscrites en 3 0/0 étant de 31,699,740 fr. contre 4,389,760 fr. en 4 1/2.

L'esprit de spéculation a donc gagné dans la proportion de 2 à 7 en seize mois. C'est qu'en effet le public n'est pas long à s'initier aux procédés de la finance quand il s'agit d'intérêts. Un emprunt émis en juillet, avec jouissance du 22 mars précédent pour le 4 1/2, du 22 juin pour le 3, une rente payée intégralement sur le taux du capital souscrit, qui ne sera versé qu'en dix-huit mois, c'est toute une série de bonifications telles, que le moins cher des trois emprunts, déduction faite des intérêts anticipés, s'est en réalité négocié : en 3 0/0 à 62 75, en 4 1/2 à 89 80. A la somme de 750 millions s'est ajoutée une somme supplémentaire de 30 millions, lors du dernier emprunt, afin de faciliter les liquidations et de couvrir les frais de l'escompte.

Les 316,000 souscripteurs ont pressenti qu'il y avait là matière à gros profits. Aussi le petit capitaliste qui n'avait que 1,000 fr. n'hésitait-il pas à souscrire pour 7 ou 8,000, persuadé qu'avant le second versement, il aurait vendu à prime et touché une différence. Voilà pourquoi il prenait du 3 0/0.

Cependant quand 316,000 spéculateurs se rangent d'un même côté, tous vendeurs, ils ne peuvent manquer de produire ce qu'on appelle en terme de Bourse *écrasement des cours*. Il n'y avait point d'acheteurs, et les bulletins financiers ne manquaient pas de répéter, à chaque liquidation : « Les « titres du dernier emprunt ont beaucoup de peine à se classer. » Chaque échéance amenait des exécutions. La faveur accordée aux souscripteurs de 50 fr. de rente et au-dessous, de ne subir aucune réduction, en a ruiné plus d'un.

Les trois derniers emprunts ont fait inscrire au budget une somme totale de rentes annuelles de 71,709,380 fr.]

Il y a en tout cela, comme on voit, ample matière à spéculation, de beaux profits à faire, c'est le cas le plus fréquent ; parfois des risques à courir, comme le prouvent les détails suivants, que nous empruntons au *Traité des opérations de banque*, de M. Courcelle-Seneuil.

« Le 10 novembre 1847, la maison Rothschild soumissionnait au gouvernement français un emprunt de 250 millions, moyennant délivrance d'inscriptions de 10 millions environ de rente 3 0/0, dont l'État payait par anticipation les arrérages, à dater du 22 décembre 1847. Le soumissionnaire s'engageait à verser au Trésor

12 millions 1/2 le 22 novembre, 12 millions 1/2 le 22 décembre, 5 millions le 7 janvier 1848, et 10 millions le 7 de chaque mois jusques et compris le 7 novembre 1849. En faisant le décompte des arrérages, l'État, qui achetait alors par la Caisse d'amortissement le 3 0/0 au cours moyen de 76 fr. 71 c., le cédait à M. de Rothschild au prix de 72 fr. 48 c. Les 25 millions des deux premiers termes, payés par anticipation, sous escompte de 3 0/0, restaient affectés à la garantie du Trésor, jusqu'au payement du solde définitif.

« L'opération paraissait donc excellente, et le soumissionnaire la réalisa d'abord avec une grande facilité. Non-seulement il acquitta les premiers termes avec exactitude, mais il escompta une partie des suivants et les paya avant l'échéance. Il avait acheté à 4 fr. 56 c. au-dessous du cours du 10 novembre : si l'état du marché ne changeait pas, il pouvait donc espérer un bénéfice de 15 millions au moins.

« 85 millions environ avaient été payés et réalisés, lorsque survint la révolution de février. Le soumissionnaire de l'emprunt était donc libre d'engagements jusqu'au 6 juillet 1848 : mais à cette date, il devait verser au Trésor un peu plus de 5 millions, puis 10 millions de mois en mois jusqu'au 7 novembre 1849. Or, au 7 juillet 1848, le cours de la rente 3 0/0 était à 50 fr. 75. S'il ne se relevait pas, et si le soumissionnaire était forcé de réaliser, il avait en perspective une perte de plus de 60 millions, sur les 165 qui restaient à verser, ou l'abandon de son cautionnement de 25 millions. Le danger était d'autant plus grand pour lui, que le Trésor pouvait sans peine faire face à ses besoins, au moyen du crédit de 100 millions que lui avait ouvert la Banque de France, et du produit de l'impôt extraordinaire des 45 centimes.

« Heureusement pour le soumissionnaire de l'emprunt de novembre 1847, il trouva dans la personne de M. Goudchaux un ministre accommodant, qui consentit à le relever de ses engagements et à lui faire donner par l'État 13 millions de rentes 5 0/0, au taux même auquel il avait soumissionné la rente 3 0/0 en 1847. En admettant que les cours restassent, jusqu'à l'expiration des nouveaux engagements, à 77 fr. 25 c., taux du 24 juillet, jour où ils furent souscrits, le soumissionnaire, exposé la veille à une perte de 25 millions, avait le lendemain en perspective un bénéfice d'environ 11 millions, outre la chance presque certaine de voir les cours se relever.

« Telles sont les éventualités auxquelles les soumissions d'emprunt peuvent donner ouverture. Il a tenu à la volonté d'un ministre des finances que le banquier le plus puissant et le plus habile dans ces sortes d'opérations perdît 25 millions ou en gagnât 11. M. Goudchaux a préféré le deuxième terme de cette alternative; mais un ministre plus méticuleux, plus timoré, aurait pu craindre d'imposer un sacrifice de tant de millions au Trésor, et alors par quelle perte ne se soldait pas la soumission, d'abord si avantageuse, du 10 novembre! »

Mais d'où vient que les titres d'une rente, si exactement et si chèrement payée, ne sont pas toujours en hausse? Comment peuvent-ils tomber à 50 0/0 au-dessous de leur valeur? — Laissons de côté les prétextes, et venons au fait. Le fait est que quand il s'agit dans un gouvernement d'emprunter 100 millions, la concurrence est impossible et le taux légal impraticable. L'usure est maîtresse de la position, et la loi forcée de s'incliner respectueusement. Le résultat de l'emprunt national, ainsi que nous venons de le faire remarquer, le démontre péremptoirement.

Un gouvernement qui emprunte raisonne comme un particulier : c'est un remède à la gêne du moment. Il s'en empare donc, parce qu'avant tout il faut sortir d'embarras; mais il a la ferme résolution d'éteindre ses dettes par une rigoureuse économie. L'ouvrier prend un livret à la Caisse d'épargne; le négociant se crée un fonds de réserve; le gouvernement institue une Caisse d'amortissement.

La Caisse d'amortissement, dont la première idée remonte au consulat, fut organisée par la loi du 2 avril 1816, afin de racheter les rentes créées par les emprunts successifs. Sa dotation, fixée d'abord à 20 millions, fut portée à 40 par la loi du 23 mars 1817, qui y affecta en outre le produit des forêts de l'État. Elle est aujourd'hui de 75,018,903 fr. Les rentes rachetées par l'amortissement continuent de lui être servies jusqu'à ce qu'une loi en ait prononcé la radiation. La loi du 1er mars 1825 défendit d'amortir au-dessus du pair; celle du 19 juin 1833 ordonna qu'à l'avenir tout emprunt serait doté d'un fonds d'amortissement qui ne pourrait être moindre de 1 0/0 du capital nominal des rentes crées.

Afin de donner à l'institution un caractère tout à fait sérieux, elle fut placée sous la surveillance d'une commission choisie en dehors de l'administration ordinaire. Cette commission se compose d'un sénateur, de deux membres du Corps Législatif, d'un président de la Cour des comptes, du gouverneur de la Banque et du président de la Chambre de commerce.

Les rachats de la Caisse d'amortissement doivent se faire avec concurrence et publicité : un tableau placé à la Bourse indique chaque jour la somme en capital qui doit être affectée à chaque nature de rentes.

La dotation de l'amortissement figure toujours au budget; seulement aux époques de gêne, les rachats sont supendus, et les sommes y affectées sont reportées à des dépenses extraordinaires : c'est ce qui a eu lieu depuis 1848. Toutefois ce n'est pas la bonne volonté qui manque au gouvernement de se libérer. Depuis 1816, il n'a pas dépensé moins de 2 milliards en rachats. Malheureusement les emprunts et les consolidations vont encore plus vite ; en sorte que la dette consolidée, qui était en 1814 de 63,307,637 fr. de rentes 5 0/0, se décompose, au commencement de 1856, de la manière suivante :

3, 4 et 4 1/2 0/0.	266,890,186 fr.
Emprunts spéciaux.	10,306,627
Intérêts de capitaux remboursables à divers titres.	33,500,000
Amortissement.	75,018,903
Total.	385,715,716
Dette viagère.	68,735,035
Ensemble.	454,450,751

Elle est portée au budget de 1857 pour 511,225,062 fr. C'est presque le tiers du budget.

Quand on a prélevé cette somme, il reste à payer tous les fonctionnaires publics, l'armée, la marine, les travaux, les dotations, en un mot toutes les dépenses annuelles ; car les 511 millions sont absorbés par les dettes du passé, et ne produisent absolument rien.

A côté de la *dette consolidée*, qui monte, monte, sans qu'on puisse prévoir où et quand s'arrêtera sa marche ascensionnelle, la *dette flottante* s'enfle et grossit de son côté. La dette flottante, qui ne comprend encore ni les dotations des grands pouvoirs de l'État, ni le service des ministères, s'élevait, au 1er avril 1856, à 761,424,500 fr. ainsi répartis :

Fonds des Caisses d'épargne.	191,337,100 fr.
Fonds des communes et des établissements publics. . .	135,770,900
Caisse des dépôts et consignations.	6,472,000
Avances des receveurs généraux.	100,425,300
Fonds des Cies de Paris-Lyon et du Grand-Central. . .	8,122,300
Bons du Trésor.	271,336,300
Divers.	47,960,600
TOTAL.	761,424,500

Les principaux éléments de la dette flottante ne sont que des dépôts. Il semble dès lors qu'ils ne devraient pas être considérés comme dettes et charges au budget. Mais le gouvernement, en payant l'intérêt de ces dépôts, se réserve implicitement le droit de disposer des fonds : aussi en use-t-il comme d'une propriété. — C'est une consommation qui, en principe, peut être considérée comme illégale : mais l'abus est devenu usage, et l'usage est souverain en politique comme en grammaire.

La *dette flottante* devient-elle excessive et les créanciers viennent-ils en masse réclamer le remboursement : on en est quitte pour *consolider* : c'est une vraie banqueroute. On l'a vu en 1848.

Après la dette flottante et la dette consolidée viennent les *découverts*. Nous lisons dans le Budget des recettes et des dépenses de l'exercice 1857, soumis au Corps législatif en 1856 :

« L'exposé des motifs du projet de loi qui vous est soumis relativement aux crédits supplémentaires et extraordinaires de la session 1856 porte le découvert de 1854 à. . . . . 70 millions

« Et celui de 1855 à.	50 —
« ENSEMBLE.	120 millions
« Découverts antérieurs.	780 —
« Ce qui élève le découvert actuel à.	900 millions

Il n'est pas besoin de révolution pour amener une crise : l'accumulation des charges y suffit. L'expérience prouve, en effet, que, malgré tous les efforts de l'amortissement, la dette publique, flottante et consolidée, tend incessamment à absorber le budget. Où est alors la garantie promise aux rentiers?... L'histoire se charge de répondre. Elle fournit de nombreux exemples de banqueroutes partielles. Sans remonter aux altérations des monnaies sous Philippe le Bel, nous trouvons dans les temps modernes les faits suivants :

1° Sully réduisit les intérêts accordés aux prêteurs sous les règnes précédents, et affecta les à-compte déjà payés au remboursement du capital.

2° Sur la fin du règne de Louis XIV, sous l'administration de Desmarest, on suspendit le payement du capital et des intérêts d'une foule de créances, notamment des fonds déposés à la caisse des emprunts.

3° A la chute de la banque de Law, on fit une réduction arbitraire des dettes de l'État.

4° L'abbé Terray, peu de temps après, refusa de payer un grand nombre de dettes, ainsi que les rescriptions du Trésor.

5° Les mandats et les assignats de la révolution subirent une dépréciation extrêmement préjudiciable aux porteurs.

6° Le ministre Ramel réduisit en 1798 la dette des deux tiers.

7° En 1848, le gouvernement de la république, héritier du déficit creusé par la monarchie orléaniste, dut offrir aux déposants des Caisses d'épargne et aux porteurs de bons du Trésor des titres de rente au lieu d'espèces. C'était une transaction, lorsque de fort honnêtes gens conseillaient la banqueroute pure et simple.

Les hommes du gouvernement provisoire, en présence du déficit, eurent à se poser cette question :

« Dans l'impossibilité de solder toutes les créances, vaut-il mieux suspendre les payements de la dette flottante que ceux de la dette consolidée? »

La solution fut favorable aux rentiers; sans doute à la prochaine crise ce sera leur tour de payer le tribut.

Les créanciers porteurs de bons et de livrets reçurent, au lieu d'argent, des titres de rente perpétuelle, négociables à leurs risques et périls ; les rentiers pourraient bien subir un jour, sous forme de *conversion sans remboursement*, un impôt, fort légitime au fond, dont par privilége ils ont été de tout temps affranchis.

L'exagération des charges, la peur, le manque de confiance dans le crédit public, les mouvements de la spéculation mercantile et industrielle, telles sont les causes de baisse et de dégringolade dans le cours des effets.

La peur, comme toutes les passions, a ses nuances : elle s'appelle, au minimum *inquiétude*, au maximum *panique* ; d'où les grandes et les petites oscillations de la cote. Toutefois, pour le rentier sérieux, tant que les arrérages sont intégralement payés, tant que le numéraire conserve sa valeur relative, il n'y a lieu ni à la hausse ni à la baisse ; sa sécurité est complète. Les joueurs seuls se trouvent atteints par les fluctuations quotidiennes.

QUATRE ET DEMI POUR CENT NOUVEAU (ANCIEN CINQ).

Le 5 0/0 est le premier, par ordre d'ancienneté et d'importance, des consolidés français. Ce fut le seul taux en usage jusqu'en 1825.

Les intérêts de l'ancienne dette publique avaient été arrêtés ainsi au 1er août 1793 :

Ancienne dette perpétuelle.	78,810,000 fr.
Intérêts de la dette provenant d'effets au porteur et d'actions	20,707,000
Intérêts de diverses charges remboursées.	31,286,000

Elle s'accrut, jusqu'en 1798, de :

Emprunts forcés.	8,650,000 fr.	46,913,000
Dette des communes et des départemts	8,000,000	
Dette des émigrés.	7,500,000	
Conversion des rentes viagères en perpétuelles	12,000,000	
Payements en inscriptions.	10,763,000	
TOTAL en 1798.		194,716,000 fr.

sans préjudice de 83,217,913 fr. de pensions viagères.

La loi des finances de cette année ordonna que toutes les dettes de l'État seraient remboursées, savoir : deux tiers en bons au porteur, qui perdirent en peu de temps 80 0/0 de leur valeur, et un tiers en inscriptions de rentes 5 0/0 au grand-livre. C'est ce qu'on appela la liquidation Ramel, du nom du ministre qui l'exécuta. La dette inscrite prit le nom de *tiers consolidé*, qu'elle conserva jusqu'en 1802, où elle le changea contre celui de 5 0/0.

De 1798 au 1er avril 1814, la dette se composa ainsi :

Tiers consolidé de la liquidation Ramel.	40,216,000 fr.
Dettes des pays réunis.	6,086,000
Créances arriérées.	11,254,000
Consolidation des bons de l'ancienne Caisse d'amortissement.	5,000,000
Au profit du domaine extraordinaire.	781,657
TOTAL.	63,307,637

La Restauration créa, en 1825, le 3 et le 4 1/2, et en 1830, le 4 0/0, qui enregistrèrent ensemble 54 millions et demi de rentes. Cela n'empêcha pas le 5 0/0 de monter, déduction faite des rachats opérés, à 127,123,386 fr.

Le gouvernement de Juillet légua aussi son contingent de charges : 40 millions environ, amortissement déduit. Le 5 0/0 en endossa la plus forte part, et il s'élevait au commencement de 1848 à 146,752,523 fr.

La consolidation des livrets de Caisses d'épargne et les emprunts, après la révolution de Février, ont eu lieu en 5 0/0; de sorte qu'au 1er janvier 1849, le 5 figurait au budget pour 189,658,130 fr.

La conversion du 14 mars 1852 et des annulations successives l'ont réduit, à cette époque, de 33,591,918 fr. Au 1er janvier 1855, avant le classement des derniers emprunts, il figurait au budget pour 159,219,079 fr.

De 1798 à 1852, le 5 0/0 a subi deux conversions : l'une facultative sous le ministère Villèle, en 1825; l'autre forcée, — sauf faculté pour les porteurs de demander le remboursement, — le 14 mars 1852.

Le droit pour l'État de réduire l'intérêt de sa dette en-

offrant aux rentiers le remboursement du capital, s'ils n'accèdent à la conversion, est formellement consacré par le Code :

« Toute rente constituée en perpétuel est essentiellement rachetable. — Les parties peuvent seulement convenir que le rachat ne sera pas fait avant un délai qui ne pourra excéder dix ans, ou sans avoir averti le créancier au terme d'avance qu'elles auront déterminé. » (Art. 1911, Code civil.)

Donc, si le gouvernement trouve de l'argent à meilleur compte que celui dont il paye l'intérêt, il peut se libérer avec le premier prêteur.

C'est ainsi que l'Angleterre a exonéré de 2/5 en 22 ans la rente de sa dette inscrite. Elle a converti :

1822, le 5 0/0 en 4;
1830, le 4 en 3 1/2;
1844, le 3 1/2 en 3.

La Prusse, en 1842, a réduit son 4 0/0 à 3 1/2.

La Belgique, en 1844, a converti son 5 en 4 1/2.

Trois fois sous le règne de Louis-Philippe, en 1838, 1840 et 1845, la loi de conversion a passé à la Chambre des députés; trois fois cette réforme est venue échouer contre le mauvais vouloir du gouvernement, protecteur des rentiers, sous prétexte d'inopportunité.

Enfin, le 14 mars 1852, le président de la république, sur le rapport du ministre des finances, M. Bineau, a décrété qu'à l'avenir l'État ne payerait plus que 4 1/2 0/0 par coupon de 5.

Le mode de conversion adopté en cette circonstance a été le plus simple, celui qui offre aux rentiers d'opter entre la réduction et le remboursement au pair.

Les demandes de remboursement devaient se produire dans les délais suivants : — vingt jours pour les personnes résidant en France; — deux mois pour les personnes hors de France, mais en Europe ou en Algérie; — un an pour les personnes hors d'Europe.

Afin de subvenir aux demandes de remboursement, la loi autorisait M. le ministre des finances : 1° à négocier des bons du Trésor ; 2° à faire inscrire au grand-livre des rentes qui se vendraient avec publicité et concurrence.

Comme on l'avait prévu, l'immense majorité subit la réduction. Les remboursements ne s'élevèrent qu'à 3,685,592 fr. de rentes, représentant un capital de 73,711,840 fr.

Pour que l'opération réussît, il fallait que les fonds fussent au-dessus du pair. Or, le 3 0/0, en mars et avril, variait de 70 à 72, et le 3 avril, jour où le 5 disparut de la cote, le 4 1/2 fit 101. Le rentier qui voulait réaliser avait donc bénéfice à vendre au cours de 100 60, 101, puisque l'État ne donnait que 100.

S'il y avait quelque chose à reprocher à la loi du 14 mars, ce serait de n'avoir pas étendu la mesure à toute la dette. Les porteurs de 4 1/2 ancien, 4 et 3 0/0, se sont trouvés privilégiés par rapport aux rentiers du 5. Ces derniers, par le fait de leur acceptation, se trouvent imposés d'un dixième; les premiers sont francs de toute retenue. Ceux qui ont demandé le remboursement ont reçu 100 fr. par coupon de 5, lorsque le vendeur de 3 0/0 recevait 70 fr. par coupon de 3 (1). Il y a eu inégalité de charges entre les créanciers du Trésor.

Ce serait une réforme importante que celle qui réduirait tous les consolidés à un taux unique. L'avenir sans doute la réalisera.

La loi de conversion garantit le nouveau 4 1/2 pendant dix ans contre le remboursement.—Le semestre de mars 1852 a été le dernier soldé à 5 0/0. — L'amortissement de l'ancien 5 est transféré au nouveau 4 1/2. — La conversion a réduit les charges annuelles du budget de 17,839,240 fr.

Le mode adopté en 1825 par M. de Villèle est moins simple et moins efficace que celui dont nous venons d'exposer le mécanisme et les effets.

Le ministre offrait aux rentiers d'échanger leurs titres 5 0/0 contre du 3, qui leur serait délivré aux taux de 75 fr., c'est-à-dire qu'il leur donnait, en échange de 5 fr. de rente 5 0/0, 4 fr. de rente 3 0/0, d'où résultait pour le Trésor

(1) Le 3 0/0 à 70 supposerait le 5 0/0 à 116 66.

une réduction de 1/5 dans l'intérêt, et une augmentation de 1/5 dans le capital de la dette (1). C'est ce qu'on a nommé la conversion en un fonds au-dessous du pair.

La loi qui autorisait cet échange, purement facultatif, fut rendue le 1er mai 1825. Elle offrait aussi de convertir le 5 en 4 1/2 au pair. 24,459,035 fr. de rentes 3 0/0 remplacèrent 30,574,116 fr. de 5; et 1,149,840 fr. de 5 0/0 furent changés en 1,034,764 fr. de 4 1/2. Réduction annuelle dans les charges du Trésor : 6,230,157 fr.

Le résultat ne pouvait être considérable. Qu'importe en effet que le gouvernement reconnaisse à la rente un capital plus fort, puisqu'il ne doit jamais le payer, et qu'il l'amortit lui-même au dessous de son titre nominal? Du 3 0/0 à 75, c'est de l'argent au denier 25, comme du 4 à 100 fr., du 5 à 125 fr. Ce qu'il y avait de plus immédiat, c'était la réduction de 1/5 dans les arrérages. Ceux qui acceptèrent l'échange proposé ne firent autre chose qu'une opération d'arbitrage analogue à celles que nous avons citées en exemple, page 99. Le 3 0/0 devant toujours se maintenir plus cher que le 5, c'était un appât offert à la spéculation.

Les intérêts du 4 1/2 se payent au 22 mars et au 22 septembre. Les négociations avec jouissance du semestre échu sont fermées 16 jours avant l'échéance, et les effets se vendent dès le 7 mars et le 7 septembre *coupon détaché*, c'est-à-dire avec jouissance du semestre suivant.

Le cours du 5 0/0 a toujours été au-dessous du pair de 1798 à 1824; on l'a vu tomber, en 1799, à 7 fr. — Il n'a jamais été aussi haut que dans les dernières années du règne de Louis-Philippe.

(1) Un exemple fera mieux comprendre ce genre d'opération. Du 3 0/0 à 75, c'est de l'argent au denier 25; du 5 0/0 à 100, de l'argent au denier 20. En changeant mon 5 contre du 3 à 75, je subis une réduction de 1/5; car si pour 75 fr. je touche 3 fr. de rente, pour 100 fr. je n'en toucherai que 4. Mais, la conversion faite, on me reconnaît 100 fr. de capital par chaque coupon de 3 fr.; en sorte que mes 4 fr. de rente représentent 133 fr. 33 c. Ainsi, dans ce système, 15 fr. de rente 5 0/0, représentant 300 fr. de capital, deviennent 12 fr. de rente, représentant 400 fr.

QUATRE ET DEMI POUR CENT ANCIEN.

L'ancien 4 1/2 est peu important. Il date de la conversion Villèle, dont nous venons de parler. La loi qui autorisait l'échange du 5 0/0 contre du 3 à 75 permettait aussi la conversion du 5 en 4 1/2 au pair, avec garantie contre le remboursement jusqu'au 22 décembre 1835. Il résulta de cette opération l'inscription de 1,034,764 fr. de 4 1/2 remplaçant un chiffre équivalent en 5 0/0 de 1,149,840 fr.

Ce fonds ne s'est jamais accru d'aucun emprunt; il s'élevait, au 1er janvier 1855, à 884,560 fr. de rentes.

La loi de conversion dernière, en garantissant le nouveau 4 1/2 contre le remboursement pendant dix ans, ne stipule point que la même mesure soit applicable à l'ancien. D'où résulte pour ce dernier une défaveur par rapport à l'autre. Cette différence de condition a déjà fourni matière à procès. — La spéculation s'inquiète peu de cette rente; c'est une trop petite dette.

Les échéances sont aux mêmes époques que pour le 4 1/2 nouveau.

QUATRE POUR CENT.

Il est postérieur, par ordre de date, au 3 0/0, dont il nous reste à parler. Il provient d'un emprunt autorisé en 1828, et adjugé, le 12 janvier 1830, à MM. de Rothschild, au taux de 102 fr. 07 c. 1/2. Le chiffre de cette partie de la dette s'élevait, lors de la révolution de juillet, à 3,134,950 fr. de rentes. La consolidation des bons du Trésor affectés à l'amortissement l'augmenta de 15,294,420 fr. en 1832, et la consolidation des dépôts de la Caisse d'épargne y ajouta depuis 8,092,647 fr. En 1848, le 4 0/0 figurait au budget pour 26,207,375 fr. Au 1er janvier 1855, il était de 2,354,227 fr. de rentes.

Les arrérages se payent aux mêmes échéances que le 4 1/2.

TROIS POUR CENT.

L'origine du 3 0/0, c'est le milliard des émigrés. Dès le début de la restauration, les royalistes, rentrés à la suite de l'invasion, n'aspiraient à rien de moins qu'à la reprise de possession de leurs anciens domaines. Ces forfanteries, si vaines qu'elles fussent, ne laissèrent pas que d'inquiéter un instant les propriétaires de biens nationaux. Pourtant la morgue nobiliaire dut s'humilier devant les faits accomplis : les nombreuses mutations, le morcellement, et aussi l'opinion publique, rendaient impossible la reconstitution des propriétés seigneuriales.

La noblesse dut renoncer à ses fiefs, mais non à une indemnité. L'issue favorable de la guerre d'Espagne, qui semblait devoir consolider à tout jamais les dynasties de Bourbon en Europe, l'avénement de Charles X, le chef du royalisme fougueux et aveugle, vinrent raviver les espérances de l'émigration, et, en 1825, on se trouva assez fort pour présenter la loi d'indemnité. La bourgeoisie, enrichie par la vente des biens nationaux, accepta sans trop murmurer cette espèce de cote mal taillée, dont le budget, c'est-à-dire le peuple, devait en définitive faire les frais (1).

Les réclamations admises s'élevèrent à 987,819,962 fr. 96 c., — un milliard, à une douzaine de millions près.

Un milliard ! les gros budgets et les emprunts ont fini par rendre ce mot très-familier en matière de finances. Un milliard ! qui a jamais cherché à se rendre compte de ce que représente ce chiffre? Un milliard, qu'est-ce que cela? les deux tiers de ce que coûte annuellement en France le gouvernement !...

Les législateurs de 1825 parlaient donc d'un milliard comme d'une affaire toute simple, qui ne se marchande même pas. Aussi le général Foy produisit-il une sensation profonde à la Chambre et dans le public en disant, pour

(1) Remarquons en passant que la plupart des émigrés avaient déjà été indemnisés par l'empire.

donner une idée de l'énormité de la somme, qu'il ne s'était pas encore écoulé *un milliard de minutes depuis la naissance de Jésus-Christ* (1).

Ainsi, cette immense période qui embrasse la chute de l'empire romain, l'invasion des barbares, l'établissement du christianisme, la féodalité, la papauté, l'islamisme, les croisades, la réforme, la renaissance, les guerres de religion, l'absolutisme royal, la révolution française, le moyen âge et les temps modernes; ce gigantesque panorama n'avait pas mis à se dérouler autant de minutes que le peuple français devait rembourser de francs à ses anciens maîtres en un tiers de siècle. Le travail est donc plus puissant que le temps: mais les révolutions sont encore plus puissantes que le travail.

Quoi qu'il en soit, la Chambre adopta le chiffre d'*un milliard*. Il ne fallait pas songer à payer un tel capital; on se contenta d'en servir la rente, qu'on inscrivit à 3 0/0, pour 30 millions, au livre de la dette publique (2). Dans la crainte qu'une trop grande émission simultanée ne dépréciât les titres, les inscriptions ne furent délivrées que par cinquièmes, d'année en année, du 22 juin 1825 au 22 juin 1829. — Au 22 septembre 1858 le milliard aura été intégralement payé, mais la dette ne sera pas éteinte : ce sera l'œuvre de quelque liquidation Ramel, ou d'une nuit du 4 août sur les rentes et dividendes.

Nous avons vu comment la conversion facultative de M. de Villèle fit inscrire au compte du 3 0/0, 24,459,035 fr. de rentes. A la révolution de juillet, le chiffre de cette partie de la dette s'élevait à 50,454,345 francs. Mais l'indemnité n'était pas complétement liquidée. Il n'avait encore été délivré que 25,995,310 fr. Le gouvernement de Louis-

(1) On compte l'année de 365 jours 5 heures 48 minutes, soit de 525,948 minutes. Il ne s'était donc écoulé, *à la fin de* 1825, que 959,855,100 minutes.

(2) L'intérêt de l'indemnité fut fixé à 3 0/0, tandis que celui de la dette antérieure était à 5. Il n'en faudrait pas conclure que les indemnisés fussent lésés par cette différence. Ce qu'ils avaient perdu, c'étaient des biens fonds, et il n'y a guère de terre qui rapporte 3 0/0.

Philippe, qui se fût gardé, et pour cause, de contester la légitimité de l'opération, s'empressa d'en parfaire les payements. Il remit à divers, en inscriptions 3 0/0, 2,948,650 fr., et en 5 0/0, 15,746 fr. Ce qui porte le compte en rentes de l'émigration :

En 3 0/0 à.	28,943,960 fr.
En 5 0/0 à.	15,746
Ensemble.	28,959,706 fr.

Le gouvernement de juillet a ajouté au compte du 3 0/0, outre les 2,948,650 fr. dont nous venons de parler : 15 millions 1/2 pour la consolidation de bons du Trésor affectés à l'amortissement; — les deux emprunts de 1841 et 1844, mentionnés au tableau des emprunts, et l'emprunt de 1847, dont les versements ont été suspendus par la révolution de février, ainsi que nous l'avons dit précédemment.

Le total des rentes 3 0/0 s'élevait à l'avénement de la république, amortissement déduit, à 68,114,883 fr.

La consolidation des bons du Trésor, en 1848, s'est faite en 3 0/0, et a porté cette rente, pour 1849, à 91,445,044 fr. Au 1er janvier 1855, avant le classement des derniers emprunts, elle absorbait une somme de 73,984,906 fr.

Les arrérages du 3 0/0 se payent au 22 juin et au 22 décembre. Les négociations avec jouissance du semestre échu sont fermées, comme pour les autres rentes, 16 jours avant l'échéance.

Le 3 0/0 s'est toujours coté assez ferme jusqu'en 1848, où il est tombé à 32 francs. Il a suivi depuis la marche ascensionnelle de toutes les valeurs.

Aujourd'hui, comme sous Louis-Philippe, la spéculation se porte de préférence sur le 3 0/0. La coulisse ne fait même pas d'autres valeurs. C'est pourquoi il est toujours plus cher que le 4 et le 4 1/2.

Notions et dispositions communes aux quatre espèces de fonds publics.

Sous le nom de *Grand-Livre de la dette publique*, on comprend l'ensemble de tous les registres qui servent à cette partie de la comptabilité. — Il y a autant de comptes que d'inscriptions, quoique beaucoup appartiennent au même individu.

Les établissements publics et les personnes possesseurs d'une grande quantité de rentes se font ouvrir des *comptes courants* au grand-livre.

Il n'y avait autrefois d'inscription qu'au ministère des finances. Dans le but de faciliter le développement du crédit public, la loi de 1819 créa les *inscriptions départementales*. Il est ouvert au grand-livre, à Paris, au nom de la recette générale de chaque département, celui de la Seine excepté, un compte *collectif* comprenant, sur la demande des rentiers, les inscriptions individuelles dont ils sont propriétaires. Chaque rentier inscrit sur ce livre auxiliaire reçoit une inscription signée du receveur général et visée par le préfet. Ces titres sont négociables dans les départements et peuvent toujours se changer, sur la demande du porteur, en une inscription directe.

Les rentes sont *nominatives* ou *au porteur*. Les premières sont beaucoup plus nombreuses que les secondes. Au surplus, il est facultatif au propriétaire de faire opérer la conversion d'un titre nominatif en un titre au porteur et réciproquement. Dans le premier cas, il dépose au Trésor public l'inscription nominative accompagnée d'une déclaration de transfert, signée de lui et certifiée par un agent de change. Il doit indiquer le nombre et la quotité d'inscriptions au porteur qu'il désire, en se conformant toutefois aux coupures ci-après :

EN 4 1/2.	EN 4.	EN 3.
10	10	10
20	20	20
30	30	30
50	50	50
100	100	100
300	300	300
500	500	500
1,000	1,000	1,000
2,250	2,000	1,500
4,500	4,000	3,000

Les extraits d'inscriptions au porteur sont à talon, et peuvent être à la volonté du prenant rapprochés de la souche. Chaque extrait est accompagné de dix coupons semestriels représentant cinq années d'arrérages. Ces coupons se détachent aux échéances à chaque payement. Quand ils sont épuisés, le Trésor en délivre de nouveaux.

Pour convertir les rentes au porteur en titres nominatifs, le propriétaire dépose au Trésor l'extrait d'inscription dont la conversion est réclamée, en indiquant les nom, prénoms, qualités et domicile de la personne qui doit devenir titulaire des effets.

Le minimum des inscriptions nominatives est de 9 fr. de rente. Mais quand on est propriétaire de cette somme, on peut acheter 1, 2, 3 fr., comme on peut détacher d'un titre plus fort, 1, 2, 3 fr., etc.

Le porteur de plusieurs inscriptions peut en obtenir la réunion en une seule en les déposant au Trésor, bureau des mutations.

Lorsqu'un titre a été perdu, on peut mettre opposition au payement des semestres, et s'en faire délivrer un duplicata.

Les arrérages sont payables *au porteur*, en telle ville qu'il lui plaît, et se prescrivent par cinq ans.

Le propriétaire peut aussi donner procuration notariée de toucher pour lui.

Le transfert se fait à la Bourse même, bureau des transferts. L'agent de change vendeur remet à cet effet à l'employé un bordereau contenant la nature et la quotité des rentes vendues, les noms, prénoms, qualités et domiciles des acquéreurs, ainsi que la part afférente à chacun. Le transfert doit être signé du vendeur ou de son fondé de pouvoir, et certifié par l'agent de change.

Pour les mutations autres que les ventes, telles que celles provenant de donations, legs, successions, le nouvel extrait d'inscription est délivré à l'ayant-droit sur le simple rapport de l'extrait ancien et d'un certificat constatant l'identité et les titres de propriété de l'héritier ou donataire.

Le transfert par suite de vente est dit *transfert réel*, dans les autres cas, on l'appelle *transfert de forme*,

Tout propriétaire d'inscriptions est libre d'en compenser les arrérages avec ses contributions directes ou avec celles d'un tiers. Il lui suffit d'en faire la déclaration au receveur général, qui se charge de la perception des intérêts et de leur application au payement des contributions, en quelque lieu qu'elles doivent être acquittées.

Les rentes sont réputées meubles; elles sont insaisissables.

BONS DU TRÉSOR.

Les bons du Trésor sont des effets que le gouvernement délivre contre les sommes qu'on veut bien lui prêter à courte échéance. C'est une ressource qui lui permet d'escompter les revenus de l'impôt. Les Bons sont à échéance fixe, de trois mois, six mois, un an. Le taux de l'intérêt, indépendamment des variations inhérentes au crédit et au discrédit de l'État, est différent selon les époques de remboursement : il est d'autant plus élevé que l'échéance est plus éloignée.

L'abondance des Bons du Trésor sur la place est un symptôme d'embarras dans les finances publiques. Les années où on en a le plus émis sont :

1831 : 608,772,510 fr.	1852 : 554,904,417 fr.
1849 : 440,972,926	1854 : 851,158,810

Nous n'avons pas le chiffre de 1855. De 1835 à 1840 l'émission annuelle n'a pas atteint 100 millions. Les années les plus favorables sont :

1836 : 42,080,872 fr.	1838 : 26,485,803 fr.
1837 : 27,485,642	1839 : 25,394,221

Le taux le plus bas a été de 2 0/0, et le plus élevé de 6. Les intérêts, en 1856, sont de :

4 1/2 de trois à cinq mois :
5 de six mois à onze;
5 1/2 à un an d'échéance.

Une consolidation de Bons du Trésor est un emprunt forcé.

CHAPITRE II.

Dettes départementales et municipales.

Les budgets départementaux et municipaux, de même que celui de l'État, s'aggravent chaque année sans que les dépenses arrivent jamais à s'équilibrer avec les recettes. La plus grande partie des sessions législatives est employée à accorder aux départements et aux communes l'autorisation de s'imposer extraordinairement. Ce qui n'empêche pas les quatre cinquièmes des municipalités, dans les grandes villes, d'être grevées d'emprunts.

A la différence de la dette publique, dont le capital n'est jamais exigible, ces emprunts se remboursent par annuités. Plusieurs grandes villes ont adopté le système des obligations à primes, depuis longtemps en usage à Paris. — Les obligations de Paris et de Marseille sont seules cotées à la Bourse; c'est pourquoi nous ne pouvons mentionner les autres.

EMPRUNT DU DÉPARTEMENT DE LA SEINE.

Une loi du 17 juillet 1856 a autorisé le département de la Seine à emprunter une somme de 50 millions, affectée, pour 10 millions, au payement de l'arriéré de la dépense des enfants trouvés et des aliénés, et pour 40 millions, au service de la Caisse de la boulangerie de Paris et des communes du département.

Par décrets, en date des 30 janvier dernier et 9 février présent mois, S. M. l'empereur a approuvé les conventions intervenues entre M. le préfet du département de la Seine et MM. Saint-Paul et Cie (*Union financière et industrielle*) pour la réalisation de cet emprunt.

Le capital de 50 millions doit être versé, au compte du

département, dans la caisse centrale du Trésor, savoir : un cinquième d'ici au 31 mars prochain, et le surplus en trois termes égaux, les 1er juillet 1857, 1er janvier et 1er juillet 1858.

Cet emprunt sera représenté par des obligations départementales au porteur constituées au capital de 225 fr., produisant un intérêt annuel de 9 fr., donnant droit à des lots et devenant successivement remboursables en trente ans, à partir du 1er juillet 1858, par voie de tirages au sort semestriels, qui auront lieu à la préfecture de la Seine les 1er mai et 1er novembre de chaque année.

Les huit premiers numéros sortants au tirage du 1er mai auront droit :

Le 1er à un lot de	100,000 fr.
Le 2e à un lot de	10,000
Le 3e à un lot de	10,000
Les 4e, 5e, 6e, 7e et 8e, chacun à un lot de 1,000 fr., ci	5,000

Les intérêts échus, les obligations sorties et les lots gagnés seront payés A LA CAISSE CENTRALE DU TRÉSOR PUBLIC, les 1er janvier et 1er juillet.

Des titres provisoires seront délivrés à MM. Saint-Paul et Cie, après le versement du premier terme de l'emprunt, dont ils sont tenus personnellement.

Les porteurs de ces titres provisoires auront droit à un intérêt de 4 1/2 p. 0/0 sur les sommes versées ; ils auront la faculté de se libérer par anticipation en versant tous les termes non échus, et, à compter de ce moment, ils auront droit à l'intérêt de l'obligation entière, à raison de 9 fr. par an.

Ils jouiront immédiatement, dans tous les cas, du bénéfice éventuel des lots annuels, dont le premier tirage aura lieu en mai 1857.

La délivrance des titres définitifs sera faite après la libération de tous les titres provisoires, en juillet 1858.

DETTE DE LA VILLE DE PARIS.

EMPRUNT DE 1849.

Une loi du 1er août 1847 et un décret de l'Assemblée nationale du 24 août 1848 ont autorisé la ville de Paris à contracter un emprunt de 25 millions de francs, qui a été adjugé, le 25 avril 1849, à MM. Béchet, Dethomas et Cie, au taux de 1,105 fr. 40 cent. par obligation de 50 fr. d'intérêts. Les obligations sont remboursables à 1,000 fr. Elles portent 5 0/0 de rente, plus une prime de 1 0/0 l'an, en addition au capital. Cette prime se confond avec celles affectées, à chaque tirage, aux 34 premiers numéros sortants, dans la proportion suivante :

1er numéro.	30,000 fr.
2e —	15,000
3e —	10,000
4e —	7,000
5e, 6e, 7e, chacun 3,000. . .	9,000
Du 8e au 11e, chacun 2,000. . .	8,000
Du 12e au 17e, chacun 1,000. . .	6,000
Du 18e au 33e, chacun 500. . . .	16,000
Le 34e une somme variant de 416 à	1,791

Les arrérages se payent le 1er avril et le 1er octobre; les remboursements s'effectuent à la même époque; les tirages ont lieu les 1er mars et 1er septembre.

Le remboursement doit être terminé au 1er mars 1859.

EMPRUNT DE 1852.

Cet emprunt a été autorisé par la loi du 4 août 1851 pour subvenir aux dépenses d'établissement des grandes halles et de leurs abords, et du prolongement de la rue de Rivoli. Il a été adjugé le 3 avril 1852 à MM. Béchet, Dethomas et Cie, au cours de 1,227 fr. 82 cent. par obligation.

Les obligations, au nombre de 50,000, sont de 1,000 fr., portant intérêt à 5 0/0. Les arrérages se payent le 1er janvier et le 1er juillet de chaque année.

Le tirage au sort des obligations remboursables a lieu le 1er mai et le 1er novembre. Les remboursements s'effectuent aux époques fixées pour le payement des intérêts. L'emprunt doit être complétement amorti en 1871.

Les primes sont les suivantes :

1er numéro.	50,000 fr.
2e —	20,000
3e —	15,000
4e —	10,000
5e et 6e, chacun 5,000. . . .	10,000
Du 7e au 12e, chacun 3,000. . .	18,000
Du 13e au 20e, chacun 2,000. . .	16,000
Du 21e au 34e, chacun 1,000. . .	14,000
Du 35e au 59e, chacun 500. . . .	12,500
Le 60e en moyenne.	2,500

EMPRUNT DE 1855.

Cet emprunt a été réalisé au moyen de 150,000 obligations, émises à 400 fr., produisant 15 fr. d'intérêts payables le 1er mars et le 1er septembre; elles sont remboursables à 500 fr. en quarante ans, à partir de 1858. Les tirages ont lieu le 1er février et le 1er août; ils ont commencé en août 1855. Les quinze premiers numéros sortants partagent 150,000 fr. de lots, ainsi répartis :

1er numéro.	100,000 fr.
Du 2e au 5e, chacun 10,000. . .	40,000
Du 6e au 15e, chacun 1,000. . .	10,000

ANNUITÉS DES PONTS.

Le péage sur les ponts de Paris fut supprimé après la révolution de février, et la ville dut prendre à cet effet tels arrangements que de droit avec les concessionnaires.

Au nombre des sociétés à indemniser se trouvait la compagnie dite des trois vieux ponts (pont d'Austerlitz, de la Cité et des Arts), déjà attaquée en 1847 pour perception illégale de péage. Comme elle avait gagné son procès, la ville dut reconnaitre la prolongation du bail qui lui concédait le droit de taxe jusqu'en 1897, et c'est à titre d'indemnité qu'elle lui paye annuellement une somme de 77 fr. par action, en deux semestres de 38 fr. 50 cent. chacun, le 24 février et le 24 août. Le dernier payement doit avoir lieu le 24 février 1897. Le nombre des actions est de 3,485; ce qui porte le total à payer chaque année à 268,345 fr.

Les trois nouveaux ponts (de l'Archevêché, d'Arcole et des Invalides) se remboursent au moyen de 1,166 annuités de 20 fr. et de 156 annuités de 500 fr. au porteur, payables du 1er janvier 1852 au 1er janvier 1876.

Les annuités du pont du Carrousel sont au nombre de 1,070, de 97 fr., payables du 1er septembre 1850 au 1er septembre 1867.

Celles du pont Louis-Philippe sont de 25 fr.; 1,000 sont payables du 26 juillet 1855 au 26 juillet 1883, et 1,000 autres à partir seulement de 1872.

BONS DE LA CAISSE DU SERVICE DE LA BOULANGERIE.

Afin d'assurer l'approvisionnement de la capitale pendant la cherté et la taxation du pain au-dessous de la mercuriale, la Caisse de la boulangerie émet, sous la garantie de la ville de Paris, des bons à diverses échéances et portant intérêt. Ils sont par coupures de 100 fr. à partir de 500; l'émission et le remboursement ont lieu à l'Hôtel de Ville. Cependant ils ne font pas partie de la dette municipale tant que la garantie de la ville reste à l'état de caution.

EMPRUNT DE LA VILLE DE MARSEILLE.

C'est un emprunt du genre de ceux que contracte la ville de Paris. Il a été autorisé par une loi du 9 août 1847 et un décret du 13 juillet 1848. Il se compose de 9,000 obligations de 1,000 fr. chacune, produisant 50 fr. d'intérêts, payables le 1er janvier et le 1er juillet. Les obligations sont remboursables en 29 tirages semestriels, qui ont lieu le 1er janvier et le 1er décembre; les remboursements ont lieu aux mêmes époques que les payements d'intérêts. L'emprunt doit être complétement amorti en 1864.

Les dix premiers numéros ont droit aux lots suivants :

1er numéro.	15,000 fr.
2e —	10,000
3e —	5,000
4e —	2,000
5e —	1,000
Du 6e au 9e, chacun 500.	2,000
Le 10e en moyenne.	455 20

DEUXIÈME SECTION

ACTIONS ET OBLIGATIONS DES COMPAGNIES.

DE L'ASSOCIATION.

I

Les grands travaux d'utilité publique, canaux, chemins de fer, docks ; les grosses entreprises, banques, mines, forges, assurances, ont donné au contrat de société, depuis ces trente dernières années surtout, un essor dont les rédacteurs du Code étaient certes loin de prévoir l'importance. Le champ de l'initiative individuelle se resserre chaque jour devant les envahissements de l'association. La transformation est rapide. Nous marchons à une vaste société anonyme, où les plus puissantes individualités s'appelleront simplement, comme les petites, un numéro.

Le fort, dit M. Troplong, n'accepte pas de société. — Hé ! qu'est-ce que le fort aujourd'hui ? Que pèsent les grandes fortunes dans le creusement de canaux reliant nos fleuves et nos ports, dans l'établissement de railways s'étendant de Bayonne à Dunkerque, de Marseille au Havre, de Nantes à Strasbourg ? Où en seraient ces travaux de géants avec le seul concours des rois de la finance ?

Le véritable fort, c'est celui qui, s'emparant du formidable levier de l'association, parvient à le diriger à son profit ; par là il centuple sa puissance ; et comme la loi permet une pareille usurpation, il y a encore des forts et des faibles. Mais qu'est-ce qu'un homme réduit à ses propres ressources ?

Le développement moderne de l'association est né de la situation même, et non des petits calculs de l'économiste et du spéculateur. L'humanité agit avant de raisonner son action : à demain les objections des sages.

Dans l'état actuel des choses, l'association, c'est de la solidarité, non point comme l'entendent les utopistes, mais comme la comprennent les gens de négoce. Considérez tour à tour ces deux éléments de toute société moderne, l'actionnaire et le travailleur.

L'actionnaire n'a, en fait, qu'un droit, le droit de payer, et, s'il y a lieu, d'être payé. La gestion de l'entreprise, la répartition des salaires, le contrôle de tout ce qui se fait avec ses écus, ne le regardent point. Les administrateurs peuvent disposer de sa chose, la compromettre, la ruiner ; il n'a rien à y voir. On lui fait la part large dans les risques, petite dans les profits. Il doit tenir des engagements qu'il n'a pas pris, solder des dettes qu'il n'a pas consenties. L'industrie sera bien vivace s'il en retire des bénéfices. Le résultat de toute société de commerce, c'est, avant tout, l'exploitation des actionnaires.

Le travailleur se trouve peut-être mieux traité ? Au contraire. Un patron, si dur qu'on le suppose, est après tout un homme, capable, comme un autre, de justice et de sensibilité. Placé entre son intérêt et une réclamation équitable, il peut n'écouter que les conseils de l'égoïsme ; mais il discute du moins avec le réclamant, et c'est déjà un point. La menace d'une grève, les dangers d'une désertion en masse sont des considérations dont il tiendra compte ; car c'est sa propre fortune qui est en jeu. Allez donc réclamer auprès d'une compagnie ! Où la prendre, où saisir cette impersonnalité despotique qui s'appelle *Mines de la Loire*, *Chemin de fer du Nord*, ou de tout autre nom? Vous vous adresserez aux administrateurs? Que sont-ils dans l'affaire? Des salariés comme vous. Ils n'ont pas pouvoir de vous entendre. Vous abandonnerez les chantiers ? Que leur importe ? Les risques sont pour la société, non pour les gérants. Et puis, qu'est-ce que l'ouvrier d'une compagnie? Un rouage de mécanique ; moins que cela, une dent d'engrenage ; moins que cela encore, car une dent brisée peut arrêter le mouvement, et l'on ne s'aperçoit pas de la disparition d'un homme. Plus il y a d'ouvriers engagés dans une même entreprise, moins leurs mutineries sont à craindre. Où iraient-ils ? La chair à machines ne manque pas plus que la chair à canon. Que deviennent, dans l'association ainsi faite, la responsabilité du travailleur, garantie d'une bonne et prompte exécution ? son individualité, stimulant qui le pousse à perfectionner son état ? sa liberté, conquête d'il y a soixante ans, qui laisse à l'apprenti l'espoir de devenir maître, ou tout au moins compagnon, et, dans tous les cas, la certitude de vivre indépendant du fruit de son labeur ?

Asservissement de l'ouvrier à la machine, du commanditaire à l'idée, voilà l'association telle que l'industrialisme l'a faite. Ce n'est plus l'union libre des volontés et des intelligences, comme l'avait rêvée le législateur civil, pour l'exploitation en commun d'une chose et le partage équitable des produits ; c'est la subalternisation des âmes au fatalisme de la spéculation et de ses machines, et malheur à qui n'aura pas su s'y réserver la belle place, la bonne part ! Il n'a rien à attendre, ni pour le corps ni pour l'âme, de ses prétendus associés : il sera dévoré par le monstre.

Contrairement à ce système, destitué de tout élément moral, qui ne s'adresse qu'au capital et à la main-d'œuvre, et dont le résultat invariable est de soumettre l'esprit à la matière, quelques-uns, exagérant encore le principe de la communauté et de l'indivision, prenant l'agglomération pour l'union, la promiscuité de l'atelier pour la fraternité, ont prétendu trouver, dans cette caricature de la famille, la loi de l'association. Pour eux, la solidarité a dû être non-seulement réelle, mais personnelle, universelle, absolue. Ils se sont épris d'une belle passion pour le travail en commun, et ils en ont voulu faire rien de moins qu'un culte, une religion. Quiconque s'isolait et s'obstinait à travailler seul était impie. Ce n'était même point assez de s'associer pour la vente et l'achat des matières et des produits : il fallait habiter l'atelier social, afin de rester constamment sous l'œil vigilant des frères. Nul ne devait plus se mêler d'affaires en son nom sous peine d'être flétri comme égoïste : tout devait se faire par délégation.

Ce beau feu, toujours vivace chez les théoriciens, n'a pas tardé à s'éteindre chez les expérimentateurs. Il y a eu désillusion sur désenchantement ; et les prophètes de crier au vice originel, à l'imperfection humaine. Etranges réformateurs, à qui il faut une humanité tout exprès pour l'application de leurs idées, et qui rejettent comme *vicieux* ce qui n'entre pas dans leur cadre, sans se douter que le *vice* ne provient pas d'ailleurs que de leur conception !....

Quel parti prendre entre ces systèmes ? quel tempérament choisir ? — En principe, aucun. L'association des personnes, comme celle des capitaux et des forces, n'est, comme la division du travail, la concurrence, le crédit, comme les machines elles-mêmes, qu'un instrument économique : c'est un moyen, un procédé auquel dans la nécessité l'homme peut avoir recours, qui par conséquent appelle les déterminations de la justice, mais qui n'est pas par lui-même la justice, qui n'a rien en soi de libéral, rien de social.

Que ceux-là donc qui, par le cours naturel des choses, se trouvent dans le cas d'avoir recours à l'association, sous quelque forme et dans quelque mesure que ce soit, s'arrangent pour l'entourer de toutes les garanties et compensations possibles, comme une nation qui se donne un prince commence par lui imposer une constitution : à eux sage ! Mais que l'association soit recherchée pour elle-même, comme l'expression du droit et du progrès, comme une sorte de panacée contre la servitude et la misère ; que des êtres intelligents et libres s'éprennent d'amour pour une combinaison qui leur ôte la personnalité, l'initiative et l'indépendance ; où ils ne peuvent être jamais que chefs ou soldats, exploiteurs ou exploités, tout au plus membres également participants d'un même organisme qui les entraîne, soumis à une même pensée qui les domine, c'est ce qui répugne à l'humanité, et que l'on ne verra jamais.

En toute association, il n'y a que les gérants, administrateurs, directeurs qui puissent trouver satisfaction entière : la nécessité seule y retient les autres.

Comment alors un système, marchant, à ce qu'il semble, au rebours du progrès et de la liberté, prend-il chaque jour des proportions plus grandes, au point de menacer de tout envahir? — La force des choses nous mène, avons-nous dit. Le machinisme s'est mis partout. Là où la machine fait le gros et le fini de la besogne, l'homme n'est rien que son servant. Le moyen d'employer la mécanique sans le concours d'un grand nombre de bras et de capitaux?

Et la raison d'être de la mécanique?

Ah! c'est qu'il faut produire vite et bien, beaucoup et à bon marché. Sans la rapidité des communications, une foule de valeurs resteraient stériles; il y aurait disette ici et encombrement là, c'est-à-dire ici et là misère. Sans les machines, le ménage qui a du linge n'aurait que des loques, l'homme en haillons resterait nu. Certes les douleurs du paupérisme actuel sont poignantes; mais qu'on lise les tableaux de Vauban et le portrait du paysan au temps de La Bruyère!...

Le producteur maudit les machines, le consommateur les bénit. Cependant tout consommateur est producteur, et réciproquement. C'est une des mille contradictions dont l'économie cherche la clef.

Ainsi en doit-il être de l'association, de plus en plus inévitable, fatale. Tous associés et tous libres : tel est le problème.

II.

Nous en sommes à l'apprentissage de l'association. Le contrat de société, si ancien qu'on le suppose, n'a rien dans son passé d'analogue à ce qu'il produit aujourd'hui. C'est une révolution qu'il apporte. Nous assistons à la transition, en d'autres termes, aux tâtonnements, à l'expérience. Faut-il s'étonner que l'organisation en soit imparfaite? La pratique n'a pas encore donné sa formule. Or, une loi ne *s'invente* pas, elle *se découvre*. Les prescriptions du Code sont lettre morte là où elles sont en opposition avec les faits et les besoins. Nous en citerons un exemple pris au cœur même de notre sujet.

Les sociétés qui nécessitent des mises de fonds considérables et des travaux de plusieurs années, comme les chemins de fer, payent aux commanditaires des intérêts à partir des versements. Or, tant que l'exploitation n'a pas produit de bénéfices, ces intérêts ne peuvent être pris que sur le capital.

Des jurisconsultes ont vu là une illégalité : « Il est dérisoire, ont-ils dit, qu'un associé donne d'une main et reprenne de l'autre; c'est un détournement préjudiciable aux tiers; en réalité, l'actionnaire ne verse pas ce à quoi il s'est engagé; conventions contraires à l'article 1845 du Code civil, suivant lequel *chaque associé est tenu de tout l'apport par lui promis;* contraires à l'article 26 du Code de commerce, qui déclare les bailleurs de fonds *responsables jusqu'à concurrence de leur mise.* »

Ç'a été la doctrine du conseil d'État, et elle est de tous points conforme au droit écrit.

Cependant le moyen d'attirer les capitalistes, en ce temps surtout où chacun vit au jour le jour et se montre pressé de réaliser? le moyen d'amener le rentier qui a besoin de ses annuités pour vivre, quand il s'agit de renoncer à ses arrérages pendant cinq à dix ans? Aussi le gouvernement a-t-il passé outre aux scrupules des légistes, et n'a-t-il fait aucune difficulté d'autoriser de pareilles stipulations.

Ne nous plaignons pas de l'insuffisance de la loi : elle saura se plier aux exigences.

Quoi qu'il en soit, comme il faut une sanction, une existence légale à toute société, nulle association ne peut se constituer en dehors des données du Code. Voyons ce qu'il dit à ce sujet.

La loi reconnaît deux genres de sociétés : la *société civile* et la *société commerciale*. Elle ne dit rien de leurs caractères distinctifs, de leur différence, du moyen de les reconnaître. Elle se borne à cette définition générale :

« La société est un contrat par lequel deux ou plusieurs personnes conviennent de mettre quelque chose en commun, dans la vue de partager le bénéfice qui pourra en résulter. » (Art. 1832, Code civil.)

Les commentateurs considèrent comme sociétés commerciales celles qui ont pour but de faire des actes de commerce ; les autres sont sociétés civiles.

« La loi répute acte de commerce : — Tout achat de denrées et marchandises pour les revendre, soit en nature, soit après les avoir travaillées et mises en œuvre, ou même pour en louer simplement l'usage ; — Toute entreprise de manufactures, de commissions, de transport par terre et par eau ; — Toute entreprise de fourniture, d'agences, bureaux d'affaires, établissements de ventes à l'encan, de spectacles publics ; — Toutes opérations de banque, change et courtage ; — Toutes les opérations de banques publiques ; — Toutes obligations entre négociants, marchands et banquiers ; entre toutes personnes, les lettres de change ou remises d'argent faites de place en place. » (Art. 632, C. de comm.)

Est réputé également acte de commerce tout ce qui concerne les expéditions maritimes, depuis la construction du navire jusqu'aux engagements des matelots. (Art. 633.)

Qu'est-ce qui n'est pas acte de commerce? Une société pour l'achat et la revente des *immeubles* est-elle commerciale? La loi ne parle que de *denrées* et *marchandises*. Le Crédit foncier est-il société civile? Ses prêts sont-ils affaire de banque? Où classer les assurances? Le Code ne parle que des assurances maritimes. Le commanditaire qui ne cherche qu'un placement de fonds fait-il acte de commerce en mettant ses capitaux dans une entreprise commerciale?

On le voit, le Code n'est pas précis même sur les définitions. Cependant, comme il y a juridiction *civile* et juridiction *commerciale*, il est important d'être fixé en cas de litige.

La pratique est plus explicite ; elle ne connaît guère les sociétés civiles que de nom. Pour elle tout devient objet de commerce : immeuble, denrée, marchandise. Elle marche d'instinct à l'unité de codification des valeurs et de la propriété.

Le Code de commerce distingue : la *société en nom collectif*, la *société en commandite* et la *société anonyme*.

« La société en nom collectif existe sous une raison sociale, *N. et Cie*. Les associés sont *solidaires indéfiniment* pour tous les actes de la société, encore qu'un seul des gérants ait signé, pourvu que ce soit sous la raison sociale. » (Art. 22.)

« La société en commandite se contracte entre un ou plusieurs associés responsables et solidaires, et un ou plusieurs associés simples bailleurs de fonds. — L'associé commanditaire n'est passible des pertes que jusqu'à concurrence des fonds qu'il a mis ou dû mettre dans la société. » (Art. 23, 26.)

La différence capitale entre les deux sortes d'associés, c'est la différence de responsabilité. Ainsi, tandis que le commanditaire limite ses risques au montant de sa souscription, l'associé en nom collectif est responsable indéfiniment. Le gérant de la commandite n'est pas autre chose qu'un associé en nom collectif. C'est ainsi qu'il faut entendre l'art. 25, ainsi conçu :

« Le nom d'un associé commanditaire ne peut faire partie de la raison sociale. »

Cela ne veut pas dire que le gérant ne saurait être actionnaire, mais que, par le fait de sa gestion, il assume une responsabilité qui n'incombe pas au simple commanditaire. Aussi toute société en commandite est en nom collectif pour le ou les gérants, et en commandite pour les simples bailleurs de fonds.

« L'associé commanditaire, dit l'article 27, ne peut faire aucun acte de gestion, ni être employé pour les affaires de la société, même en vertu de procuration. — Le contrevenant devient passible de tous les engagements et de toutes les dettes de la société. » (Art. 28.)

Le Code se tait sur le chapitre de la surveillance et des assemblées. La jurisprudence a suppléé au silence de la loi et reconnu au commanditaire le droit de contrôle, que lui déniait formellement le projet primitif du conseil d'État.

La nouvelle loi sur les commandites va plus loin. Elle fait à ces sortes de sociétés une obligation d'avoir un conseil de surveillance, composé de cinq membres au moins, et chargé : de vérifier les livres, la masse, le portefeuille et les valeurs de la compagnie ; — de faire un rapport à l'assemblée générale sur les inventaires et les propositions de distribution de dividendes ; — de convoquer les assemblées, s'il y a lieu, et au besoin de provoquer la dissolution de la société. (Art. 5, 8 et 9.)

Elle déclare les membres du conseil responsables solidairement et par corps : 1° lorsque la société vient à être annulée pour vice de constitution ; 2° lorsque sciemment ils ont laissé commettre dans les inventaires des inexactitudes graves, préjudiciables à la société ou au tiers ; 3° lorsqu'ils ont, en connaissance de cause, consenti à la distribution de dividendes non justifiés par des inventaires sincères et réguliers. (Art. 7 et 10.)

Ces prescriptions sont-elles limitatives des cas de responsabilité ?

L'autorisation donnée par le conseil ou l'assemblée de contracter un emprunt, d'augmenter le capital ou d'affecter une part des bénéfices à l'extension des affaires ; la censure du mode d'administrer, la fixation des appointements du gérant et des employés, la mutation du personnel administratif, tous ces actes et tant d'autres semblables constituent-ils une immixtion dans les opérations ? ceux qui y participent encourent-ils la responsabilité de l'art. 28 du Code de commerce ? ou bien font-ils acte de simple surveillance ? Graves questions, dont les commanditaires ne soupçonnent pas même l'importance, et sur lesquelles il serait possible d'enter d'interminables procès.

La société anonyme est mieux définie. Là, personne n'est responsable !

« Elle n'existe point sous une raison sociale. — Elle est qualifiée par la désignation de l'objet de son entreprise. — Elle est administrée par des mandataires à temps, révocables, associés ou non. — Les administrateurs ne sont responsables que de l'exécution du mandat qu'ils ont reçu. — Ils ne contractent, à raison de leur gestion, aucune obligation personnelle ni solidaire, relativement aux engagements de la société. — Les associés ne sont passibles que de la perte du montant de leur intérêt dans la société. » (Articles 29-33.)

La société anonyme ne peut exister sans l'autorisation du chef de l'État.

Comment la pratique s'arrange-t-elle de toutes ces prescriptions ?

Nous ne dirons rien de la société en nom collectif, dont les membres sont autant de patrons intéressés au même titre. Les tiers n'ont rien à voir à ce qui se passe chez eux.

Dans la commandite, le gérant est de droit le maître de la maison, malgré les prescriptions de la nouvelle loi. Dans la société anonyme, les administrateurs sont des délégués révocables, dont les pouvoirs et les attributions émanent de l'assemblée générale.

« La commandite est une monarchie tempérée, dit M. Troplong ; la société anonyme est une véritable république élective. »

Ajoutons : Avec les empiétements traditionnels des deux espèces de gouvernement : envahissement de l'exécutif sur le législatif ; — asservissement de l'électeur par l'élu.

Il serait difficile de dire lequel des deux régimes vaut le mieux pour l'actionnaire. Sous l'un comme sous l'autre, il est la plèbe taillable et corvéable à merci et miséricorde.

L'usage, sans s'inquiéter des distinctions des légistes sur une question non élucidée, réserve la société anonyme aux grandes entreprises, aux grosses mises de fonds, et la commandite aux affaires moins importantes.

Il y a des commandites où le gérant n'apporte rien, ni en numéraire, ni en matériel. L'acte de société alors est généralement rédigé de façon à ne lui laisser que l'exécution des mesures dictées par un conseil de surveillance remplissant en réalité les fonctions d'administrateur, sans souci de la responsabilité qui incombe à une pareille immixtion.

Le gérant peut toujours, il est vrai, s'affranchir d'une pareille tutelle : le Code l'y autorise. Mais ni actionnaires ni gérant ne connaissent le Code ; et, sauf le cas de mauvaise foi, la commandite continue de cheminer avec une organisation empruntée à la société anonyme.

Aussi la nouvelle loi a-t-elle voulu parer à cet inconvénient en augmentant les pouvoirs et la responsabilité du conseil de surveillance, et en faisant intervenir les assemblées générales.

Il faut qu'un commanditaire soit bien malheureux pour envier le sort d'un actionnaire de compagnie anonyme. C'est là que l'exploitation du petit capitaliste par l'état-major se produit dans toute sa puissance, dans tout son cynisme.

Tant pis pour l'actionnaire! direz-vous. N'est-il pas le mandant? N'a-t-il pas le droit d'élection et de contrôle? Qui l'empêche de destituer les forfaiteurs?

En théorie, tout cela est superbe. Mais remarquez bien ceci : Pour faire partie de l'assemblée générale, il faut être possesseur d'un certain nombre d'actions; les voix se comptent par actions et non par têtes; la direction se compose des gros capitalistes; leur prépondérance est d'autant mieux assurée, que l'insouciance des petits, leur ignorance en comptabilité et en administration les livrent pieds et poings liés. Ajoutez que la gent actionnaire en est encore à ce degré de béotisme, qu'il lui faut un homme, un nom illustre. — Une probité à l'épreuve, une expérience de longues années, l'esprit d'initiative, les plus éminentes qualités réunies en un individu sans renom dans le monde financier, n'attireront pas un écu. Le premier flibustier dont le nom, les titres et la fortune résonnent un peu haut, amènera jusqu'aux économies des portiers. Aussi y a-t-il des billets de banque pour les administrateurs, quand il n'y a pas seulement des centimes pour les actionnaires.

Demandez à un de ces prédestinés de la mystification anonyme, dont tout l'avoir, quelques maigres mille francs péniblement amassés, sont dans un chemin de fer, comment il se fait que sa compagnie, qui vient de payer 10 0/0 de dividende, soit obligée d'emprunter 20 millions. Il vous rira au nez. — Ha! ha! MM. X et Z qui sont à la tête s'y entendent; puis ils sont trop riches pour être indélicats.

Où avions-nous lu que la confiance s'est retirée?

De bons et candides rentiers vous disent, avec l'accent de la foi la plus béate : — Nous n'avons pas besoin de nous inquiéter; ces messieurs du conseil sont plus gros actionnaires que nous; ils ne manqueront pas de défendre leurs intérêts, et par conséquent les nôtres.

Braves gens qui raisonnez si juste, achetez un lopin de terre et plantez-y des choux! mais ne mettez pas vos épargnes dans une société anonyme.

Écoutez cette parabole.

M. Grapinard, maître de forges, a accepté, par pure philanthropie, afin d'être agréable aux actionnaires, d'entrer au conseil d'administration d'un chemin de fer où il a quelques intérêts. L'entreprise a besoin de rails et de machines. Où prendre le tout? — Chez Grapinard naturellement. Il est intéressé dans la société, il ne lui fera pas de conditions mauvaises. Mais quoi! il a pour 100,000 fr. d'actions et 10 millions de fournitures à faire. Croyez-vous Grapinard l'administrateur capable de chicaner Grapinard le maître de forges sur le prix et la qualité des marchandises? — Doucement! Grapinard n'est pas seul au conseil; M. Crippefranc ne fournit pas de fer, lui. — C'est vrai; mais il a l'entreprise des traverses. — Du moins, M.. Serrefort ne fournit rien. — Si son cousin fournit pour lui, qu'en savez-vous?...

Ce n'est point là une hypothèse; nous avons cité assez de faits de cette nature dans notre chapitre VII.

Les administrateurs des sociétés anonymes sont irresponsables, à la différence des gérants de commandite qui sont garants, de tous leurs biens et de leur personne, pour les dettes sociales. Et de fait une responsabilité de ce genre serait illusoire dans le cas de faillite d'une compagnie anonyme au capital de 20 millions, plus ou moins. L'irresponsabilité nous semble de droit. C'est aux actionnaires d'exercer un contrôle plus sérieux; c'est au gouvernement, dont l'autorisation est nécessaire pour la validation des statuts, d'armer le bailleur de fonds contre les états-majors, et d'user de son droit de surveillance.

III

Le principe de la société anonyme semble appelé à prévaloir. La commandite n'est pas vraiment une *association*. C'est un *prêt* fait à un ou plusieurs industriels, dont les capacités ou un commencement d'établissement offrent des garanties. Seulement le prêt, au lieu d'être à un taux déterminé pour cent l'an, doit suivre les chances aléatoires de l'entreprise; il participe aux profits et aux pertes. En réalité, le commandité, de même que l'emprunteur, reste *maître* de l'affaire; et c'est de toute justice, puisqu'il est indéfiniment responsable. La nouvelle loi, du reste, ne tend pas à moins qu'à la suppression de cette forme d'association.

Dans la société anonyme, au contraire, tous les actionnaires sont égaux, du moins d'après la loi (1). L'administration relève des assemblées générales, où tous ont voix délibérative. Nous ne la comparerons pas au pouvoir exécutif d'une monarchie constitutionnelle ou d'une république représentative; car une *administration* n'est pas une *autorité*. C'est pourquoi, lorsqu'une direction a fait ses preuves, on doit se garder de la changer, bien qu'elle doive rester perpétuellement amovible.

Quand on sera revenu de l'engouement pour les célébrités financières, quand les notions de comptabilité seront plus répandues, quand la spéculation stérile, avide de réaliser des bénéfices avant la mise en valeur des travaux, aura fait place à de simples opérations de crédit, la forme anonyme offrira aux capitalistes toutes les sécurités désirables, et aux entreprises grandes et petites des ressources à l'infini.

Reste la question des travailleurs, dont l'association n'a point augmenté le bien-être, tant s'en faut.

Si le progrès n'a pas menti à lui-même, la position de l'ouvrier doit s'améliorer avec l'avenir. Or, l'avenir, c'est l'association comme forme du travail, ce qui signifie, dans les données actuelles, la dépendance, l'asservissement.

Nous croyons à l'infaillibilité du progrès : c'est donc la pratique actuelle qui est dans l'erreur. La formule du contrat de société n'est pas trouvée : voilà tout le mal; il peut n'être pas de durée.

Il n'entre pas dans notre cadre de nous livrer à une recherche approfondie sur ce sujet. Nous n'en dirons qu'un mot.

(1) Les statuts des sociétés anonymes n'admettent à l'assemblée que les propriétaires d'un nombre déterminé d'actions; mais le Code ne prescrit rien de semblable.

Le point de départ d'une telle investigation doit être, selon nous, cet axiome : *Moins l'homme est associé, plus il est libre*; plus il est heureux par conséquent. Le morcellement de l'association par groupes aussi petits, aussi indépendants que possible les uns des autres, voilà le principe de la liberté. C'est aussi celui de l'économie et du bon marché.

On croit généralement que la centralisation administrative et la réunion, sous une direction unique, d'industries fort disparates procure une réduction dans les frais généraux. C'est une erreur. Le morcellement n'a que faire de bureaucratie. Toute celle qu'emploie l'administration centrale est de trop.

Essayons d'un exemple de décentralisation dans l'entreprise la plus gouvernementale après le gouvernement, un chemin de fer (1).

1° Le service d'un railway exige d'abord l'entretien et la sécurité de la voie : c'est l'affaire des cantonniers. La compagnie rédige son cahier des charges, lui donne de la publicité et invite les sociétés de cantonniers à traiter avec elle. Une fois les conventions arrêtées et la concession faite, l'organisation du service d'entretien et de sécurité ne regarde plus la société du chemin. C'est une section à rayer de l'administration centrale.

2° Une société de mécaniciens devient adjudicataire, soit directement, soit par soumissions au rabais, de l'entreprise de la traction, moyennant une somme de ..., une quantité de coke de ... et un matériel de ... La compagnie du chemin de fer n'a plus qu'à veiller à l'exécution de son cahier des charges; quant au service, il ne la regarde pas.

3° Une autre société de mécaniciens devient adjudicataire des travaux de réparations à faire au matériel.

4° Le roulage ordinaire, c'est-à-dire l'industrie libre, reprend l'entreprise du transport des marchandises et du ca-

(1) *Voir*, sur toute cette matière de l'association, et en particulier de la société anonyme, sur ses abus, ses envahissements, sa mauvaise administration, ses spéculations, sa comptabilité, ses gaspillages, etc., l'ouvrage déjà plusieurs fois cité : *Des Réformes à opérer dans l'Exploitation des Chemins de fer*. Paris, 1855, Garnier frères.

mionnage. La compagnie du chemin n'a rien de plus à faire que d'indiquer, comme pour les voyageurs, les heures de départ et le prix du parcours.

Bornons là nos exemples.

Qu'y a-t-il de commun entre les quatre branches d'industrie que nous venons de signaler? Rien absolument. Les cantonniers n'ont point à voir aux affaires des mécaniciens, ni ces derniers à celles du roulage; l'entreprise de la traction est complétement séparée et insolidaire de celle des réparations. A quoi bon une administration courbant, sans aucune amélioration pour le service, avec une grande déperdition de fonds et de forces au contraire, toutes ces variétés de travail sous un joug commun?

Économie d'argent, économie de chicane et d'oppression, voilà quel serait le résultat de la décentralisation administrative. La caisse, le contentieux, une comptabilité rendue plus simple que celle d'une banque au capital d'un million, vingt ou trente fonctionnaires, formeraient toute l'administration d'un chemin de 200 kilomètres.

Chaque société particulière peut maintenant se dédoubler d'une manière analogue, de telle sorte que l'individu ait, comme la compagnie elle-même, sa tâche parfaitement définie, dont il garantit l'accomplissement à ses risques et périls.

Mais on tournera longtemps avant d'en arriver là. Le principe communiste, sous lequel tout le monde gémit, domine tout le monde, peuple, bourgeoisie, haute finance et gouvernement. On veut de la centralisation, de l'administration, de l'autorité quand même, en affaires comme en politique. Laissons donc faire l'expérience.

Nous avons exposé les différentes formes d'association, leur raison d'être, leurs avantages et leurs inconvénients. Ce préambule, un peu long peut-être, nous dispensera du moins d'entrer dans des détails qu'il eût fallu répéter à chaque société dont il nous reste à faire la monographie.

CHAPITRE PREMIER.

Institutions de crédit.

BANQUE DE FRANCE.

Nous définirons la banque de circulation : « Une institution ayant pour but de donner cours authentique aux effets de commerce souscrits par les particuliers. »

A, marchand de draps, vend à *B*, confectionneur, 1,000 fr. d'étoffes, et reçoit en payement un billet à 90 jours.

En même temps, *A* achète de *C*, cultivateur, 1,000 fr. de laines, qu'il paye avec l'obligation souscrite par *B*.

De son côté, *C* achète à *D* 1,000 fr. de bétail, et lui remet en acquit l'obligation de *B*, qu'il a reçue de *A*.

D s'est fourni chez *B*, pour lui et sa famille, de 1,000 fr. de vêtements; il s'acquitte envers *B* en lui rendant son propre billet, souscrit primitivement au nom de *A*.

Ces quatre opérations, portant sur une valeur de 4,000 fr., n'ont pas nécessité un centime de numéraire.

Voilà, réduit à sa plus simple expression, le mécanisme du crédit.

Tout le monde vend et achète, soit de la main-d'œuvre, soit des produits. Seulement les échanges ne sont pas toujours de même valeur, comme dans notre hypothèse. De plus, *C*, ne connaissant pas la solvabilité de *B*, peut refuser son obligation, bien que *A* en soit endosseur et responsable.

En un mot, le billet personnel n'aura jamais qu'une circulation restreinte : 1° parce que les souscripteurs et endosseurs ne sont pas connus de tous les échangistes auxquels le papier peut être présenté; 2° parce que les obligations particulières n'étant point, dans le plus grand nombre de cas, égales entre elles, il y a nécessité soit de les fractionner, soit de les compléter par appoint.

Pour obvier à ces inconvénients, *A*, *B*, *C*, *D*, *E*.... *Z*, — l'ensemble de tous les producteurs, — connaissent une institution de banque, dont les opérations méritent confiance. Chacun d'eux se repose sur elle du soin de vérifier la solvabilité des escompteurs. *A*, au lieu de remettre à *C* le billet souscrit par *B*, que *C* ne connaît pas, va à la Banque; celle-ci, après information, trouvant la créance solide, garde l'obligation de *B*, dont elle poursuivra le remboursement à échéance, et y substitue un papier portant sa propre signature, accepté partout comme argent comptant. Les payements s'effectuent à l'aide du billet de banque remplaçant le billet personnel. Le mécanisme est plus simple, la circulation plus active, la garantie plus certaine, puisqu'il s'y ajoute celle de la banque; mais le résultat est le même.

La Banque de France n'accepte que du papier solidement gagé; elle n'a pas éprouvé une seule faillite en 1855: les bénéfices de l'escompte sont à peine entamés par quelques non-valeurs annuelles. D'où peuvent donc venir les crises qui ont plus d'une fois ébranlé son crédit?

Une baisse dans le chiffre des affaires, la déconfiture de grandes maisons de commerce, un nombre considérable d'effets en souffrance, doivent nécessairement réagir sur la Banque et lui créer des embarras. Mais, indépendamment de ces causes, qui lui sont extérieures, nous en trouvons deux autres dans le vice même de sa constitution, et qui sont : 1° l'obligation de rembourser les billets en numéraire; 2° la dépendance où elle se trouve vis-à-vis de l'État, dont les emprunts peuvent la mettre à découvert.

Le remboursement des billets implique, selon nous, contradiction. S'ils doivent avoir sans cesse pour gage une valeur égale en métaux, à quoi servent-ils? Pourquoi ne pas faire tout de suite les transactions en monnaie? La raison d'être du billet de banque, c'est apparemment l'insuffisance des espèces. Et, en effet, la pratique, à qui il ne manque que de raisonner ses procédés, ne le comprend pas autrement.

L'encaisse métallique ne va souvent pas au quart du papier en circulation; cependant les porteurs n'en conçoivent aucune inquiétude.

Seulement il y a des moments de panique où tout le monde perd la tête ; les conseils de la prudence deviennent alors inutiles, car la peur n'écoute rien. En revanche, une mystification, rendue nécessaire, suffit à ramener le calme.

Ainsi, en 1846-47, la diminution de l'encaisse jette l'alarme dans le monde commerçant. Que fait la Banque? Elle échange ses rentes contre des lingots et des espèces ; elle entasse à grands frais des métaux dans ses caves ; en un mot, elle change la *nature* de son capital sans verser un écu de plus dans la circulation, et la confiance renaît comme par enchantement.

En 1848, les demandes de remboursement affluent à la caisse; le papier tombe en dépréciation; tout le monde exige des espèces. Qu'imagine la Banque? Elle demande et obtient le cours forcé. Soudain, la peur se dissipe, les trembleurs se rassurent. Les billets s'acceptent partout au pair; quelques mois après, on les recherche à prime. Les espèces rentrent dans les coffres avec une rapidité effrayante ; bientôt elles sont au niveau du papier en circulation ; encore un peu, elles le débordent.

Voilà la Banque dans la situation la plus favorable : elle est en mesure de rembourser tous ses billets? — Point du tout, la position est détestable au contraire ; c'est une crise commerciale, une stagnation dans les affaires. Ce phénomène du moins trouve son explication. La quantité des échanges diminuant, le supplément de circulation offert par le crédit devient inutile. La banque de circulation n'est plus qu'une banque de dépôt.

Mais, sans la condition de remboursement, où se trouve le gage des billets?

Il n'est ni dans l'encaisse métallique, ni dans le fonds de réserve, ni dans le capital meuble ou immeuble ; ce gage, c'est le portefeuille.

Toute émission de billets ou d'espèces est précédée de l'encaissement d'une valeur supérieure en effets de commerce.

Nous disons *d'une valeur supérieure*, parce que les obligations particulières ont à payer l'escompte, dont une part sert à couvrir les frais de gestion et les chances très-rares de non-payement ; le surplus forme le bénéfice des actionnaires.

Les effets à trois mois qui viennent à l'escompte aujourd'hui garantissent ceux qui y viendront le trimestre prochain, et sont garantis eux-mêmes par ceux du trimestre passé. Le doit et l'avoir se balancent perpétuellement. Excepté dans les paniques, tout le monde comprend cela. La banqueroute d'une partie notable des souscripteurs ou endosseurs d'effets privés pourrait seule amener la faillite d'une banque bien administrée. Dans ce cas impossible, ni l'encaisse, ni le fonds de réserve, ni le capital ne sauveraient l'institution d'une déconfiture.

Qu'est-ce donc que le numéraire dans une banque de circulation? *La monnaie des billets*, l'appoint et le dédoublement des coupures, rien de plus.

Quel doit être le capital d'une semblable entreprise? Le gage des faillites dont la banque peut avoir à répondre, par suite de non-payement des effets de commerce admis à l'escompte. Au fond, une banque est une entreprise d'assurances qui, avec un capital de 50 millions, placés sur l'État, peut garantir trois ou quatre milliards de transactions annuelles.

A ce propos, nos lecteurs ne seront pas fâchés de retrouver ici, à l'appui de notre opinion, la *note* officielle du 29 mai 1810, reproduite par le *Moniteur* du 29 janvier 1857.

NOTE EXPÉDIÉE DU HAVRE, LE 29 MAI 1810, A LA BANQUE DE FRANCE, PAR ORDRE DE S. M. L'EMPEREUR, ET PAR L'ENTREMISE DE M. LE COMTE MOLLIEN, MINISTRE DU TRÉSOR.

« Le capital de la Banque de France, c'est-à-dire la mise de fonds de ses actionnaires, des intéressés à l'exploitation de son privilége, a été fixé par la loi de l'an 8 à 30 millions, par la loi de l'an 11 à 45 millions, par celle de l'an 1806 à 90 millions.

« La destination de ce capital n'a pas été de donner à la Banque les moyens propres d'exploiter son privilége; ce capital n'est pas l'instrument de ses escomptes, car ce n'est pas avec son capital qu'elle peut escompter; son privilége consiste à créer, à fabriquer une monnaie particulière pour ses escomptes.

« Si une banque employait son capital à ses escomptes, elle n'aurait pas besoin de privilége; elle serait dans la condition commune de tous les escompteurs, mais elle ne pourrait pas soutenir leur concurrence, car d'un côté elle fait nécessairement plus de dépenses pour escompter, et de l'autre elle doit faire moins de profits sur chaque escompte, puisqu'elle escompte à un taux plus modéré.

« C'est *indépendamment de son capital* qu'elle crée par ses billets son véritable et son unique moyen d'escompte.

« Son capital est et doit donc rester étranger à ses opérations d'escompte. La formation de ce capital est un acte préliminaire, aussi distinct de l'activité d'une banque comme machine privilégiée d'escompte, que la prestation *du cautionnement* d'un comptable est distincte de sa gestion proprement dite.

« La condition de fournir un capital n'est imposée aux entrepreneurs d'une banque que pour assurer à ceux qui admettent ses billets comme la *monnaie réelle*, un *gage* et une *garantie* contre les erreurs, les imprudences que cette banque pourrait commettre dans l'emploi de ses billets; contre les pertes qu'elle essuierait, si elle avait admis des valeurs douteuses à ses escomptes; en un mot (pour employer l'expression technique du commerce), contre les *avaries* de son portefeuille.

« Une banque n'émettant et ne pouvant émettre des billets qu'en échange de bonnes et valables lettres de change *à deux et à trois mois de terme* au plus, elle doit avoir constamment dans son portefeuille, en telles lettres de change, une somme au moins égale aux billets qu'elle a émis; elle est donc en situation de retirer *tous ses billets* de la circulation dans un espace de *trois mois* par le seul effet de l'échéance successive de ses billets, sans avoir entamé *aucune partie de son capital*.

« Ainsi, après avoir établi que le capital d'une banque n'intervient pas dans ces escomptes comme *moyen direct*, on peut ajouter qu'il n'intervient pas plus dans sa liquidation si elle n'a fait que des escomptes réguliers, c'est-à-dire si elle n'a émis des billets qu'en échange de lettres de change *véritables, nécessaires*, représentées par des marchandises que le revenu des consommateurs paiera, si c'est le besoin de la consommation qui les a appelées.

« Le capital fourni par les actionnaires d'une banque n'étant, à proprement parler, qu'une espèce de cautionnement qu'ils donnent au public, on pourrait presque dire qu'une banque qui serait parvenue à se faire une réputation d'*infaillibilité* n'aurait pas même besoin de capital pour exploiter son privilége, c'est-à-dire pour escompter, avec les billets fabriqués par elle, les lettres de change qui lui seraient apportées par le commerce.

« Et un fait bien connu dans l'histoire des banques confirme cette assertion : la banque de Londres s'est formée, en 1692, avec un capital de 24 millions, et son premier acte a été de prêter la totalité de ce capital de 24 millions au trésor royal de Guillaume III, son fondateur. Cette banque n'en a pas plus mal exploité son privilége d'escompte dès la première année de son activité.

« L'escompte, tel que le pratique une banque sur *toute la matière escomptable du lieu*, est une opération si délicate et si capitale, cette opération exige tant d'attention, tant de soins, tant de prévoyance, une observation si minutieuse des combinaisons employées par chaque commerçant, des approvisionnements et des besoins de chaque lieu, des circonstances qui peuvent influer chaque jour sur le plus ou moins de crédit de chaque signataire de lettres de change, que cette opération n'admet le mélange d'aucune autre sollicitude; ceux qui dirigent les escomptes sont les juges du commerce, ils ne doivent pas descendre dans l'arène des commercants.

« Pour qu'ils jugent avec impartialité tous les actes des négociants, il faut qu'ils puissent s'abstenir d'y prendre une part active, même pour l'administration du capital de la Banque, et rien n'est plus inconciliable avec le haut arbitrage qu'ils exercent par l'escompte que cette recherche des profits qui accompagnent les placements temporaires.

« Si donc il a pu convenir aux finances de Guillaume III que la banque qu'il établissait lui prêtât à un intérêt modique alors (6 0/0) le capital ou le cautionnement fourni par ses actionnaires, il ne convenait pas moins à la Banque de Londres de le faire; et ce premier acte, par quelque motif qu'il ait été inspiré, a peut-être eu une assez grande influence sur *la bonne direction* qu'elle a suivie *pendant au moins un siècle*.

« La banque de Londres, dès son origine, n'a plus connu qu'un seul devoir, qu'un seul intérêt, celui de bien diriger son *escompte direct*, qu'elle a constamment circonscrit dans la seule ville de Londres, *d'autres banques s'étant successivement élevées dans les autres comtés pour l'escompte local de ces comtés*.

« Si la Banque de France est appelée à donner une plus grande extension à ses escomptes directs, à établir pour son compte des comptoirs dans toutes les villes de l'empire qui peuvent produire une bonne matière escomptable, c'est assurément un motif de plus pour qu'elle s'épargne le surcroît de sollicitude que pourrait lui donner l'administration journalière de son capital, qu'elle écarte de ses actionnaires la pensée que ce capital pourrait, par *la variation de ses placements*, être jeté dans un mouvement en quelque sorte aléatoire, qu'elle écarte des *porteurs de ses billets, dont le suffrage demande bien plus de ménagements encore que celui des actionnaires* (c'est-à-dire du public tout entier, qui admet comme réelle la monnaie qu'elle fabrique), l'opinion que l'espèce de *cautionnenent* qui réside dans ce capital, comme gage supplétif du portefeuille de la Banque, comme moyen d'indemnité des avaries que le portefeuille peut essuyer par les vices de l'escompte, pourrait lui-même éprouver quelques avaries.

« Le capital d'une banque doit, par la forme de son placement, rester en quelque sorte toujours *immuable*, pour que sa consistance ne soit jamais soupçonnée d'altération; il doit en même temps rester dans un état immédiatement disponible, puisqu'il doit être toujours prêt à couvrir les pertes du portefeuille. Une partie de ce capital doit former une réserve en espèces; cette partie est improductive d'intérêts. Le meilleur emploi qui puisse être fait du reste semble être la conversion en effets *de la dette publique* du pays, négociables sur la place, puisque ce placement joint à l'avantage d'assurer un intérêt favorable et régulièrement payé celui de la disponibilité libre, si le besoin de la Banque l'exigeait; et quoique ce dernier cas ne puisse jamais arriver dans une banque qui n'a livré ses billets qu'en échange *de la bonne matière escomptable*, la prudence oblige toutefois de le prévoir.

« Il faut qu'une banque se maintienne en état de se liquider à tout moment, d'abord vis-à-vis des porteurs de ses billets, par la réalisation de son portefeuille, et après les porteurs de ses billets, vis-à-vis de ses actionnaires, par la distribution à faire entre eux de la portion du capital fourni par chacun d'eux. Pour ne jamais finir, une banque doit être toujours prête à finir. »

Si quelqu'un nous eût dit en 1848 qu'il existait de l'empereur Napoléon Ier une pièce dans laquelle les principes de la *Banque du Peuple* et du *Crédit gratuit* étaient aussi explicitement formulés, nous ne l'eussions pas voulu croire.

Reprenons le raisonnement de M. Mollien :

Si le capital de la Banque de France est placé en rentes sur l'État, qui en paye à la Banque l'intérêt, cet intérêt ne doit plus être compté dans le prix que la Banque exige du commerce pour l'escompte du papier; il ne reste, comme éléments constitutifs de ce prix que deux choses : la commission du banquier et le risque couru.

Il y a, pour cette élimination de l'intérêt du montant de l'escompte, une autre raison :

Puisque le capital de la Banque ne sert que de garantie à ses opérations, sur quel capital opère-t-elle donc? Sur son portefeuille, gage de ses billets, d'une part ; ensuite sur le crédit public, qui accepte ces mêmes billets, et livre en échange ses espèces qui vont s'accumuler dans la caisse de la Compagnie. La Compagnie doit donc tenir compte au public de son crédit, comme l'État lui tient compte à elle-même de son cautionnement : c'est-à-dire que dans le taux de l'escompte, l'intérêt ne figure plus.

Or, si la commission de banque et la prime d'assurance sont désormais les seuls éléments constitutifs du prix à percevoir par la Banque en rémunération de son service, il s'ensuit que dans une Banque bien administrée la condition du commerce s'améliorant à chaque renouvellement du privilége, le taux de l'escompte doit se rapprocher de plus en plus du montant des frais de l'administration, augmenté de la prime d'assurance.

Quels sont les frais, ordinaires, de l'administration de la Banque? — 5 millions, environ, par année.

Quel est le risque? — zéro, d'après le dernier inventaire.

La somme des escomptes ayant été en 1856 de 4,674,000,000, il suffisait, pour couvrir la dépense de la Banque, de percevoir une commission moyenne de 0 fr. 10 cent. p. 0/0.

D'où vient donc que la Banque continue de faire entrer l'intérêt de son capital dans la supputation de son escompte, de telle sorte qu'au lieu de 0 fr. 10 c. 7, elle retient, pour du papier à échéance moyenne de 45 jours, à raison de 4, 5 et 6 0/0 l'an, 0 fr. 44 c. 4 ; 55 c. 5, 66 c. 6 ?

Comment le pouvoir, en renouvelant le privilége de la Banque, n'a-t-il jamais songé à stipuler cette réduction?

Pourquoi, contrairement à ses propres maximes, lui a-t-il imposé à plusieurs reprises l'obligation d'augmenter son capital, comme si l'augmentation de ce capital devait augmenter la masse des opérations?

Les prévisions de l'empereur, relativement aux risques courus par une Banque opérant dans des conditions normales, ont-elles été trompées ?

Non, l'empereur ne s'était pas trompé. Les embarras qui peuvent assaillir une Banque publique, et déterminer une crise, ne proviennent pas de l'escompte ; ils ont pour cause l'intervention de l'État dans la Banque, comme administrateur, escompteur et emprunteur.

C'est ce qui résulte de l'historique ci-après.

La Banque, dont les fonctions sont essentiellement commerciales, fut fondée sous le consulat, complétement en dehors de l'initiative des intéressés, c'est-à-dire des commerçants et industriels, dont la circulation réclamait ses services. Sur son capital, fixé primitivement à 30 millions, l'État versa de suite 5 millions en échange de 5,000 actions inscrites au nom de la Caisse d'amortissement (18 janvier 1800) : Peu de temps après, elle se fusionna, ou plutôt absorba à son profit la caisse des comptes-courants, qui lui apporta un portefeuille de 6 millions, 5 millions et demi d'espèces et un grand crédit sur la place. Elle commença ses opérations le 20 février 1800. Elle fut chargée la même année, par les consuls, du payement en numéraire des rentes et pensions du second semestre.

La somme des escomptes s'éleva en 1801 à 89 millions, et en 1802 à 182. La moitié des actions seulement était placée à cette époque. Le public ne se hâtait pas ; la confiance n'était pas faite.

La Banque subsista jusqu'en 1803, concurremment avec la Caisse du commerce, le Comptoir commercial et divers établissements de crédit ayant tous le droit d'émettre des billets au porteur.

Une loi du 14 avril vint mettre à bas les institutions rivales, et conférer à la Banque le monopole de l'émission des billets. Son capital était porté à 45 millions, le maximum des dividendes annuels fixé à 6 0/0, le surplus des bénéfices devant former un fonds de réserve. Aucune banque ne pouvait se créer dans les départements sans l'autorisation du gouvernement. Cependant le choix des administrateurs était encore laissé aux actionnaires. — Le privilége était concédé pour quinze ans.

Dès l'année suivante, l'administration se trouva en lutte avec le gouvernement.

Rendons-nous compte d'abord de ce qu'est un emprunt du gouvernement fait à la Banque.

Le capital de la Banque est placé en rentes sur l'État pour servir de garantie à ses opérations. Ce n'est pas avec son capital que la Banque fait l'escompte, mais avec ses billets, lesquels ont pour gage, d'une part son portefeuille, de l'autre le numéraire qu'ils tendent à remplacer peu à peu dans la circulation, et qui vient s'entasser dans les caves de la Banque.

Un emprunt du gouvernement à la Banque, que la somme soit livrée en écus ou en billets, est donc un emprunt subrepticement fait au pays, avec la complicité, mais sous la caution toutefois de la Banque, qui livre au Pouvoir les espèces dont elle n'est que dépositaire, ou souscrit en sa faveur des billets à ordre dont elle n'a pas reçu la contre-valeur.

On conçoit, d'après cela, la répugnance de la Banque à se prêter à de semblables manœuvres, qui compromettent à la fois son crédit et son capital; comme aussi les complaisances du Pouvoir, qui pour prix de services aussi irréguliers, ne manque jamais de proroger le privilége de la Compagnie, et de soutenir le taux de l'intérêt.

Napoléon, non content d'emprunter au nom de l'État, voulait que ses fournisseurs trouvassent à la Banque un crédit illimité. La garantie des fournisseurs, c'était encore le crédit de l'État. Or, le gouvernement n'a point de capital; il ne fait point d'affaires; ses dépenses sont essentiellement de l'espèce appelée par les économistes *improductives*. Ses ressources proviennent de l'impôt; il est toujours en avance sur l'avenir au moyen des emprunts. Le découvert de la Banque rendait la crise d'autant plus inévitable qu'il lui fallait augmenter le nombre de ses billets en circulation, pour faire face aux exigences gouvernementales.

Les billets se déprécièrent; ils perdirent jusqu'à 10 0/0. Les demandes de remboursement montèrent à un millon et demi par jour. Le conseil dut en limiter le chiffre à 500,000 fr. Il réduisit en même temps les escomptes. La circulation descendit à 48,334,000 francs, et l'encaisse métallique à 1,136,000 francs. Heureusement les succès militaires vinrent relever le crédit public et arrêter la débâcle.

Napoléon se montra fort irrité de cette crise, qu'il attribuait au mauvais vouloir et à l'incapacité des administrateurs. Afin d'en prévenir le retour, il n'imagina rien de mieux que de placer la direction de la Banque aux mains de ses agents. La loi du 22 avril 1806 créa un gouverneur et deux sous-gouverneurs nommés par le pouvoir, régla les formes de l'administration et du contentieux, prorogea de vingt-cinq ans le privilége de l'établissement, porta à 90 millions le capital, qui n'était que de 45, et autorisa la répartition aux actionnaires de deux tiers des bénéfices affectés au fonds de réserve.

La Banque ne tarda pas à se trouver embarrassée d'un capital hors de proportion avec la somme de ses affaires. Elle sollicita et obtint l'autorisation de le réduire en rachetant ses propres actions. Elle le ramena ainsi à 67,900,000 fr.

La loi de 1803 admettait en principe la création de banques départementales indépendantes (1). Celle de 1806 et le décret organique du 16 janvier 1808, ramenant tout à l'unité, ne reconnurent qu'une institution centrale et des comptoirs subordonnés. Trois essais de comptoirs furent tentés sans succès, en 1809 à Lyon et à Rouen, en 1810 à Lille.

La Banque parut, un instant, devoir suivre la destinée de l'empire. Au commencement de 1812, le portefeuille était à 15 millions; il tomba à 10 dans le courant de l'année; il remonta à 45 dans le courant de 1813. Enfin, au commencement de 1814, la Banque cessa pour ainsi dire de fonctionner. Elle brûla ses billets, et invita les comptes-courants à retirer leurs fonds. Les réserves descendirent à 5 millions, la circulation à 10, les comptes-courants à 1,300,000 fr.

(1) La première banque départementale ne fut créée qu'en 1817 : ce fut celle de Rouen.

Toutefois la crise passa comme tant d'autres ; la circulation remonta bientôt à 70 millions, et les réserves à 93. L'essor que prit l'industrie après l'invasion vint donner à la Banque un aliment dont elle avait besoin.

Les doctrines absolutistes en matière de crédit semblèrent un moment s'en aller avec le régime impérial. Il fut question à la chambre des députés et dans l'assemblée des actionnaires de rendre à la Banque son indépendance. Mais un pouvoir ne consent pas aisément à se dessaisir d'une institution de cette importance. Les projets de réforme ne tardèrent pas à être abandonnés.

Cependant la Banque n'eut pendant quatre ans qu'un gouverneur provisoire, M. Laffitte, choisi par l'administration dans les désastres de 1814 ; ce qui ne l'empêcha pas d'échapper à la crise de 1818, durant laquelle l'encaisse descendit à 34 millions. Le conseil, à cette occasion, réduisit à 45 jours le terme des effets admis à l'escompte.

La création des banques départementales fut une bien petite concession à l'esprit de liberté. Ainsi, tandis que les comptoirs annexes de la banque de Paris pouvaient admettre du papier sur plusieurs places, les banques de départements indépendantes ne pouvaient pas faire d'opérations hors des villes où elles étaient établies. Ces restrictions apportèrent une entrave considérable au développement du commerce et du crédit. Les réclamations éclatèrent de toutes parts, surtout en 1840, lorsque vint la discussion sur le renouvellement du privilége. Les chambres et le gouvernement ne voulurent rien entendre. La loi resta telle quelle jusqu'en 1848.

Quoi qu'il en soit, neuf banques départementales se fondèrent de 1817 à 1838, savoir :

Rouen, 1817.	Lyon, 1835.	Orléans, 1836.
Nantes, 1818.	Marseille, 1835.	Le Havre, 1837.
Bordeaux, 1818.	Lille, 1836.	Toulouse, 1838.

Encouragée par leur succès, la Banque de France se décida à renouveler l'expérience des comptoirs, et elle en créa successivement :

En 1836, à Reims et à Saint-Étienne.
En 1838, à Saint-Quentin et à Montpellier.
En 1840, à Angoulême et à Grenoble.
En 1842, à Besançon, Caen, Châteauroux et Clermont-Ferrand.
En 1844, à Mulhouse.
En 1846, à Strasbourg et au Mans.
En 1847, à Valenciennes.

Nous arrivons aux crises de 1846, 1847 et 1848.

L'augmentation inusitée des opérations de la Banque, en 1846, les excès de la spéculation, l'immense quantité de capitaux immobilisés dans les chemins de fer, l'exportation du numéraire pour l'achat de céréales à l'étranger, la menace d'une famine, la peur, compagne inséparable de tout ce qui est insolite : telles sont les causes principales où l'on a cru trouver l'explication de la crise de 1846-47.

Du 1er juillet 1846 à la fin de l'année, les réserves métalliques étaient tombées de 252 millions à 80, c'est-à-dire de 172 millions. Le conseil général prit l'alarme. Le 14 janvier 1847, il éleva à 5 0/0 le taux de l'escompte, qui était depuis vingt-sept ans à 4, et s'empressa d'acheter des lingots à l'étranger. Mais l'opération la plus importante fut la vente au gouvernement russe de 50 millions de rentes françaises, dans le courant du mois de mars.

La Russie avait livré à la France de très-grandes quantités de grains, qui ne pouvaient être soldés qu'en espèces ; c'était la menace d'une nouvelle exportation de numéraire. Le marché offert par le gouvernement russe parait à cet inconvénient, puisque l'on payait à l'aide d'une inscription de rentes une dette exigible en argent. Aussi le traité fut-il accepté avec empressement. La Banque livra donc au trésor impérial de Russie 2 millions de rentes 5 0/0 au cours de 115 fr. 75 c.

formant une somme de.	46,300,000 fr.	»
et 142,000 fr. de rentes 3 0/0 au cours de 77 fr. 65 c. formant une somme de.	3,689,633	33
Total.	49,989,633	33

Cette vente privait les actionnaires d'un revenu annuel de plus de 2 millions. Afin de leur offrir une indemnité, le conseil s'empressa de souscrire pour 25 millions à l'emprunt

3 0/0, au cours de 75 25, du 10 novembre de la même année. Quelque temps après, il racheta 300,000 fr. de rentes 3 0/0 au taux de 73 81.

L'augmentation du taux de l'escompte avait eu pour but de diminuer le chiffre des effets ; il n'en fut rien. Les escomptes de 1846 s'étaient élevés à 1,618 millions ; ils montèrent ; en 1847, à 1,808 millions. Le taux fut ramené à 4 0/0 le 27 décembre de la même année.

La révolution de février vint compliquer la situation au moment où on commençait à sortir d'embarras. Du 26 février au 15 mars, la réserve métallique tomba de 140 millions à 59. Afin de conjurer le péril d'une liquidation[1], le gouvernement provisoire décréta le cours forcé des billets et ordonna la création des coupures de 100 fr. Une loi de l'année précédente avait déjà autorisé celles de 200.

Le titre de monnaie légale fut également reconnu aux billets des banques départementales *dans les localités où elles étaient situées.* Il en résulta une perturbation facile à prévoir. Tel recevait en payement comme monnaie légale des billets de la banque de Marseille, dont il ne pouvait faire usage pour s'acquitter à Lyon. L'unique remède à une pareille situation, c'était l'unité des billets, ce qui conduisait à l'unité de la banque, à l'extension du privilége.

« Considérant, dit le décret du 27 avril, que les billets des banques départementales forment aujourd'hui pour certaines localités des signes monétaires spéciaux dont l'existence porte une perturbation déplorable dans les transactions ;

« Considérant que les plus grands intérêts du pays réclament impérieusement que tout billet de banque déclaré monnaie légale puisse circuler également sur tous les points du territoire ;

« Décrète :

« Art. 1er. — La Banque de France et les banques de Rouen, de Lyon, du Havre, de Lille, de Toulouse, d'Orléans et de Marseille sont réunies. »

Les banques de Nantes et de Bordeaux résistèrent d'abord ; mais elles durent céder devant la nécessité, et elles furent incorporées le 2 mai suivant.

L'unité des billets nous semble le complément naturel de l'unité monétaire. Le progrès devait amener un jour ou l'autre cette réforme. Était-elle possible sans l'annexion des banques départementales? Non sans doute ; car interdire à celles-ci le droit d'émettre des billets, c'était les réduire au rôle des comptoirs d'escompte et changer la nature même de leur institution. Maintenant la centralisation administrative de toutes les institutions de crédit est-elle sans inconvénients? Nous ne le croyons pas. Nous réservons cette question pour le chapitre suivant.

Quoi qu'il en soit, la fusion des banques fit immédiatement tomber les entraves auxquelles on avait assujetti celles des départements. Le résultat montra combien le commerce avait été gêné par ces restrictions. Les mandats des départements sur Paris et de Paris sur les départements, qui ne s'étaient élevés en 1847 qu'à 96 millions, montèrent en 1848, malgré l'atonie des affaires, à 436 millions.

L'activité de la Banque pendant la crise de 1848 fut prodigieuse. Le 31 mars elle prêta à l'État 50 millions sur bons du Trésor; le 5 mai elle fit à la Caisse des dépôts un prêt de 30 millions sur dépôt de rentes; le 3 juin elle ouvrit au ministre des finances un crédit de 150 millions, dont il n'usa que jusqu'à concurrence de 75 millions; elle souscrivit pour 22 millions et demi à l'emprunt du 24 juin. Elle avança 10 millions à la ville de Paris, prêta 6 millions au département de la Seine, 13 millions à la ville de Marseille, 1 million aux hospices. Elle devait assez au gouvernement pour lui venir en aide. Heureusement ces découverts n'allèrent pas jusqu'à provoquer une panique.

La Banque vint également au secours de l'industrie. Elle prêta 34 millions sur hypothèque aux grandes usines métallurgiques, et 60 millions sur dépôts de marchandises. Les effets en souffrance s'élevèrent un moment à 84 millions : rien de tout cela n'ébranla son crédit. Les billets étaient recherchés de préférence aux espèces : aussi une loi dut-elle autoriser une augmentation d'émission. Sa circulation, limitée d'abord à 350 millions, portée à 452 par suite de la fusion, fut élevée à 525 par la loi du 22 décembre 1849.

Le cours forcé cessa le 6 août 1850; mais dès l'année précédente, la Banque avait, de fait, repris ses payements en espèces. La faveur s'attachant toujours aux billets, l'encaisse ne cessait de s'accroître; le 2 octobre 1851, il était de 626 millions, dépassant de 110 millions la somme des billets en circulation. Ce n'est pas, comme nous l'avons dit, l'indice d'une grande prospérité.

Les coupures de 50 et de 25 fr. amèneraient dans les caves de la Banque plus de la moitié du numéraire circulant. On comprendra sans doute un jour l'inutilité de pareilles réserves. C'est l'histoire de l'avare ayant perdu son trésor.

Mettez une pierre à la place :
Elle vous vaudra tout autant.

Le 3 mars 1852, l'escompte fut réduit à 3 0/0. La crise alimentaire et l'exportation des espèces le firent relever à 4 le 7 octobre 1853, et à 5 le 20 janvier 1854; il fut ramené à 4 le 12 mai suivant.

Le 4 octobre 1855, une nouvelle crise alimentaire fit porter le taux de l'escompte d'abord à 5, puis à 6 0/0, et réduire à 75 jours le terme des effets admis à l'escompte.

Telles sont les nécessités qu'entraîne le principe des encaisses métalliques, qui, loin d'être une garantie, deviennent une source de crise, en plaçant l'établissement dans l'alternative ou de suspendre ses payements, ou de réclamer le cours forcé, ou de prendre des mesures restrictives juste au moment où le commerce a le plus besoin de circulation.

La Banque de France possède 39 succursales, dont 15 ont été créées depuis 1848; chaque année elle en établit de nouvelles dans les centres les plus importants. Elle est déjà la suprême régulatrice de l'escompte et de la circulation. Les chiffres suivants attestent l'importance croissante et le caractère d'envahissement de l'institution.

Avant la révolution de février, l'année la plus favorable avait été 1847 : le total des opérations s'était élevé à 2 milliards 714 millions. Les exercices de 1848, 49, 50 et 51 se maintinrent de beaucoup au-dessous de ce chiffre. Mais les transactions s'élevèrent :

En 1853 à	3,964,000,000	En 1855 à	4,863,000,000
En 1854 à	3,888,000,000	En 1856 à	5,809,000,000

L'escompte des effets de commerce est toujours la principale opération de la Banque et de ses succursales, et c'est à leur progression qu'est dû ce doublement du chiffre des opérations. Il était :

En 1847 de	2,059,845,309	En 1854 de	2,944,000,000
En 1852 de	1,824,469,438	En 1855 de	3,762,000,000
En 1853 de	2,842,930,285	En 1856 de	4,674,000,000

N'est-ce pas là réalisation de ce que nous disions : « Une banque est une entreprise d'assurances qui, avec 50 millions de capital, placé sur l'État, peut garantir 3 ou 4 milliards de transactions annuelles? » — Mais alors le principe que le capital de l'établissement sert de garantie à ses opérations devient une fiction ; la sécurité dont il jouit lui est tout extérieure ; la mutualité des échanges est démontrée. Ce sont les négociants, les producteurs qui se servent réciproquement de caution ; le gage des billets, ce n'est ni l'encaisse, ni la réserve, ni le capital, mais le portefeuille.

Alors pourquoi le commerce est-il tributaire d'une poignée de capitalistes? pourquoi la Banque reste-t-elle une institution privée? pourquoi n'est-ce pas aux chambres de commerce ou aux tribunaux consulaires qu'appartient le droit de réglementer le taux de l'escompte et les échéances? pourquoi enfin l'institution prélève-t-elle des bénéfices sur une encaisse qui ne lui appartient pas, sur des billets qui ne sont pas siens?

La loi de 1840 avait prorogé jusqu'en 1867 le privilége de la Banque, avec faculté pour l'État d'en changer les conditions en 1855. Le décret du 3 mars 1852 a maintenu la prorogation pure et simple.

Le privilége de la Banque est de ceux qui ne se révoquent pas. Trop d'intérêts sont en jeu dans une pareille organisation pour qu'on la brise. Mais l'institution devra, croyons-nous, se modifier considérablement. Elle ne rend pas au commerce tous les services qu'il a droit d'en attendre et que lui impose son monopole. La condition des trois signatures, le maximum des échéances fixé à 90 jours sont au premier rang parmi les entraves apportées à l'escompte. Les décisions, prises par le conseil sur l'exhaussement du taux de l'intérêt, sur la limitation des échéances, sont de véritables coups d'État contre le monde des affaires, qui en supporte les frais sans compensation. Le commerce a droit, sous ce rapport, de demander des garanties, une charte constitutionnelle.

Le capital en actions de la Banque de France, avant la fusion, était de	67,900,000 fr.
L'annexion des Banques départementales l'a augmenté de	23,350,000
Il se trouve donc porté à	91,250,000

Les actions au pair sont de 1,000 fr., nominatives et transférables. La transmission s'opère par la déclaration du propriétaire ou de son fondé de pouvoir inscrite au registre des transferts, signée du vendeur et certifiée par un agent de change.

Le cours des actions est tombé, pendant la crise de 1814, à 470 fr.

Elles étaient au 1er février 1848 à 3,190 fr.;

Au 1er mars, à 2,400;

Au 1er avril, à 1,175;

Au 1er avril 1849, elles étaient remontées à 2,400.

Leur plus haut cours avant l'Empire avait été de 3,800, en 1840; depuis 1856 elles ont dépassé 4,000.

L'assemblée générale se compose des 200 actionnaires qui ont le plus d'actions, suivant une liste arrêtée six mois avant la convocation. Elle nomme 3 censeurs et 15 régents, dont 3 doivent être pris parmi les receveurs généraux. Ils doivent être propriétaires d'au moins 30 actions chacun.

Le gouverneur et les sous-gouverneurs sont nommés par l'État. Le premier doit avoir 100 actions, et chacun des deux autres 50.

Les actions des administrateurs sont inaliénables tout le temps de leurs fonctions.

La réunion de tous ces fonctionnaires forme le conseil général de la Banque. Le conseil détermine le taux de l'escompte, les sommes à employer et les échéances au delà desquelles les effets ne sont point admis.

Les fonctions des censeurs sont de simple surveillance.

Ils peuvent empêcher, s'ils sont unanimes, une nouvelle émission de billets.

Les 15 régents et les 3 censeurs sont répartis en 5 comités, savoir :

Le comité d'escompte ;
Le comité des billets ;
Le comité des livres et portefeuilles ;
Le comité des caisses ;
Le comité des relations avec le Trésor.

La Banque peut établir des succursales dans tous les départements, avec l'autorisation du gouvernement. Elle a le privilége exclusif d'émettre des billets partout où elle possède un comptoir.

Les succursales sont régies par un directeur au choix du pouvoir, par des administrateurs dont le nombre peut varier de 6 à 16, et par 3 censeurs.

Les administrateurs sont nommés par le gouvernement sur une liste double que lui présente l'assemblée des 50 plus forts actionnaires de la localité. Les censeurs sont choisis par le conseil général. Les opérations des succursales sont surveillées par des inspecteurs à la nomination du gouverneur.

C'est, comme on le voit, la centralisation administrative avec sa bureaucratie et ses entraves.

La Banque a des succursales dans les localités suivantes :

Amiens.	Le Havre.	Nîmes.
Angers.	La Rochelle.	Orléans.
Angoulême.	Lille.	Poitiers.
Arras.	Limoges.	Rennes.
Avignon.	Lyon.	Reims.
Besançon.	Le Mans.	Rouen.
Bordeaux.	Marseille.	Saint-Étienne.
Caen.	Metz.	Saint-Quentin.
Châteauroux.	Montpellier.	Strasbourg.
Clermont-Ferrand.	Mulhouse.	Toulon.
Dijon.	Nancy.	Toulouse.
Dunkerque.	Nantes.	Troyes.
Grenoble.	Nevers.	Valenciennes.

La Banque ne peut faire d'autre commerce que celui des métaux précieux.

Ses opérations consistent :

1° A escompter les effets de commerce dont l'échéance n'excède pas trois mois, timbrés et revêtus de trois signatures de personnes notoirement solvables.

Un transfert d'effets publics, d'actions de la Banque, de récépissés de marchandises dans les magasins généraux, peut remplacer la troisième signature.

2° A se charger de l'encaissement des effets qui lui sont remis.

3° A recevoir en compte-courant les sommes qui lui sont versées par les particuliers ou les compagnies.

Elle payait dans l'origine 5 0/0, et ensuite 4, sur ces dépôts ; elle ne les accepte plus qu'à titre gratuit.

4° A faire des avances sur dépôt d'actions des Quatre-Canaux et d'obligations de la ville de Paris (arrêté du 23 février 1833) ; — à escompter les actions des canaux et les obligations de la ville remboursables dans le délai de six mois (arrêté du 14 septembre 1833) ; — à lever ou livrer en liquidation, de l'ordre des propriétaires, les effets sur lesquels elle a fait des avances (arrêté du conseil général, 24 décembre 1834) ; — à prêter sur transfert de rentes, actions et obligations des chemins de fer français (décret du 3 mars 1852).

5° A tenir une caisse de dépôts volontaires de tous titres, tels que contrats, engagements, etc., moyennant un droit de garde de 1/4 0/0 l'an.

6° A faire des avances sur lingots d'or et d'argent.

7° A payer les dispositions faites sur elle jusqu'à concurrence de ses encaissements.

Les dividendes se payent au 1er janvier et au 1er juillet de chaque année. Ils ne peuvent être moindres de 30 fr. par semestre et par action. A cet effet, on prélève d'abord sur les bénéfices 6 0/0 du capital de 91,250,000 fr. Le surplus des profits est divisé en deux parts : 2/3 sont répartis aux actionnaires ; 1/3 constitue un fonds de réserve dont la répartition ne peut être autorisée que par une loi. Ce fonds s'élève aujourd'hui à 13 millions environ.

La réserve a été distribuée déjà deux fois.

1° Loi du 4 juillet 1820. . . . 202 fr. par action.
2° — 6 décembre 1831. . 145 —

Depuis la fondation jusqu'en 1836, le dividende est resté au-dessous de 100 fr., sauf sur trois exercices :

An IX : 100 An XI : 113 71 1828 : 111

Depuis 1836 jusqu'à ce jour, il s'est tenu au-dessus de 100 fr., sauf en 1848, ou il a été de 75 fr.

Les exercices les plus favorables, sous le règne de Louis-Philippe, sont :

1839 : 144 fr. 1846 : 159 fr.
1840 : 139 1847 : 177

Et depuis le coup d'État :

1852 : 118 fr. 1854 : 194 fr. 1856 : 272 fr.
1853 : 154 1855 : 200

Les opérations en 1855, ont été :

A Paris, de	1,958,049.589 fr.
Dans les succursales, de	2,745,505,028
TOTAL	4,703,554,417

Les mêmes opérations, en 1856, ont été :

A Paris (non compris les opérations avec l'État, et montant à. . . 174,500,000 fr.) de	2,564,000,000 fr.
Dans les succursales, de	3,071,800,000
ENSEMBLE	5,635,800,000

Les succursales les plus favorisées sont :

Marseille	449.000.000 fr.	Lille	209,000,000 fr.
Lyon	360.000,000	Valenciennes	150,000,000
Bordeaux	225,000,000		

Quatre succursales ont donné une perte de 312,009 fr., provenant des dépenses de premier établissement et d'appropriation de locaux.

Les dépenses de la Banque et des succursales ont été :

En 1854 de	5,007,000 fr.
En 1855 de	9,813,000
En 1856 de	11,327,800
Différence avec 1854	6,320,800

Mais cette différence est presque entièrement occasionnée par des dépenses extraordinaires. Le premier chiffre est, à peu de chose près, la véritable moyenne.

Ses produits bruts ont été :

En 1853 de.	14,762,432 74
En 1854 de.	18,663,228 10
En 1855 de.	22,671,123 99
En 1856 de.	37,179,226 20

Le mouvement général des caisses se décompose, pour 1855, de la manière suivante :

Espèces	2,056,682,000 fr.
Billets.	9,149,379,500
Virements.	19,153,828,600
Ensemble.	20,359,890,100

TABLEAU GÉNÉRAL

des opérations faites et des produits bruts perçus par la Banque de France pendant l'année 1855.

PRODUITS VARIABLES. OPÉRATIONS COMMERCIALES A PARIS.	MONTANT des opérations.	PRODUITS BRUTS des opérations.
Escompte du papier de commerce.	1,156,590,019	5,786,879 50
— de bons du Trésor.	43,470,906	186,365 60
— de bons de la monnaie.	211,780,791	82,414 04
— de traites de coupes de bois. . . .	1,678,573	20,696 05
Avances sur actions des canaux.	24,686,200	241,926 95
— sur rentes.	172,118,500	1,266,961 60
— sur valeurs de chemins de fer. . .	326,229,000	2,737,770 15
— sur lingots.	21,487,400	52,972 10
Commission sur les billets à ordre. . . .	» »	181,751 45
Primes sur matières d'or et d'argent. . .	» »	» »
Droits de garde.	» »	83,981 55
Total.	1,958,049,389	10,641,718 99
OPÉRATIONS COMMERCIALES DES SUCCURSALES.	2,745,505,028	12,029,405 »
Total de ces deux natures de produits. . .	4,703,554,417	22,671,123 99
Opérations avec le Trésor.	145,000,000	1,261,861 54
— avec la ville (Caisse de la boulangerie).	14,800,000	155,250 »
PRODUITS ACCIDENTELS.		
Recouvrements sur les effets en souffrance.	» »	342,861 98
Bénéfices divers.	» »	564 90
Total.	» »	343,426 88
PRODUITS FIXES.		
Rentes appartenant à la Banque.	» »	3,710,194 »

COMPTOIR NATIONAL D'ESCOMPTE DE PARIS.

(Paris, 14, rue Bergère.)

Les Comptoirs d'escompte ont été institués, à la suite de la révolution de 1848, comme de simples expédients contre la crise.

A ce moment les premières maisons de banque parlaient de liquidation ; la caisse Gouin et la caisse Ganneron avaient suspendu leurs payements; les autres ne voulaient plus recevoir de papier. Le commerce, frappé d'hébètement, restait sans initiative, sans énergie. Il y avait pourtant dans chaque ville de quelque importance un corps de notables commerçants, une chambre élective de commerce, un tribunal de commerce. C'était aux membres de ces corporations de se réunir, de parler au public, de prendre des mesures pour rétablir la circulation. Eh quoi! ne voulait-on plus, en France, ni manger, ni boire, ni se vêtir, ni se loger, ni échanger, ni produire? Y avait-il un colis de marchandises, une usine de moins? Non, jamais on ne vit panique plus niaise ni plus ridicule. Louis-Philippe semblait avoir emporté dans sa fuite la vie et les idées de tout ce monde. Ils se réunissaient volontiers pour gémir et crier misère ; mais ils demeuraient les bras pendants, la bouche béante, attendant quelque signe céleste, quelque miracle de la Providence, pour les sortir de ce mauvais pas.

La Providence en cette occasion, ce fut le gouvernement provisoire.

« Dans toutes les villes industrielles et commerciales, dit le décret du 7 mars, il sera créé un Comptoir national d'escompte dont le capital sera formé dans les proportions suivantes : 1° un tiers en argent par les associés souscripteurs; 2° un tiers en obligations par les villes; 3° un tiers en bons du Trésor par l'État.

« Les bénéfices appartiendront exclusivement aux actionnaires. »

Les obligations des villes et les bons du Trésor ne sont qu'une garantie, une promesse de payement en cas de déficit ; ce n'est pas de l'argent versé.

Le 8 mars, un autre décret organisa le Comptoir de la ville de Paris, au capital de 20 millions fournis dans la proportion sus-indiquée, soit pour la part des souscripteurs, 6,666,500 fr.

Un décret du 16 mars ouvrit un crédit de 60 millions pour venir en aide, à titre de prêt, aux nouveaux établissements.

Les premières actions furent prises comme par charité. Quelques commerçants, diverses corporations telles que la Banque, les agents de change, la Chambre de commerce, les avoués, les notaires, s'inscrivirent en tête de la liste philanthropique.

Le 18 mars, le Comptoir de Paris commença ses opérations avec 1,587.021 fr. 45 c. de réalisés, et un million d'emprunt au Trésor. Afin de créer des actionnaires, on imagina d'opérer une retenue sur les bordereaux présentés à l'escompte : les gens ne savaient plus marcher ; le repos, c'était la mort ; il fallait bien les pousser de force et les empêcher de périr. Ces retenues produisirent pendant le premier semestre 1,241,970 fr. 70 c., qui furent convertis en actions ; il restait en outre un autre solde de même origine de 290,901 fr. 88 c. Enfin, au 31 août 1848, le montant des actions réalisées, volontairement ou par retenues, était de 4,051,804 fr. 23 c.

Les Comptoirs nationaux sont affectés aux opérations des banques ordinaires du commrece ; ils n'émettent point de billets. Aussi avaient-ils besoin que leur portefeuille fût réescompté à la Banque. Les réescomptes s'élevèrent en 1848, à Paris et dans les succursales, à 131 millions.

« Le Comptoir n'admettra à l'escompte, dit l'art. 8 des Statuts, *que des effets de commerce revêtus de deux signatures au moins*, et dont l'échéance ne pourra pas excéder cent cinq jours, pour le papier payable à Paris, et soixante jours pour le papier payable dans les départements. — L'échéance pourra être étendue à quatre-vingt-dix-jours pour les effets payables sur les places où il y a une succursale de la Banque. »

Les nécessités de la situation vinrent bientôt modifier la première prescription de l'art. 8. Les fabricants, les manufacturiers, les négociants, ne pouvaient ni vendre les marchandises dont leurs magasins étaient encombrés, ni emprunter sur ce gage. Le décret du 21 mars ordonna la création :

« A Paris et dans les autres villes où le besoin s'en ferait sentir, de magasins généraux placés sous la surveillance de l'État, et où les négociants et les industriels pourraient déposer les matières premières, les marchandises et les objets fabriqués dont ils seraient propriétaires. »

Le même décret ajoutait que :

« Les récépissés extraits des registres à souche, transférant la propriété des objets déposés, seraient transmissibles par voie d'endos; »

dispositions qui, en simplifiant les formes prescrites par le Code, devaient faciliter les prêts sur gages.

Afin de régulariser l'usage du nantissement, le décret du 24 mars organisa les Sous-Comptoirs de garantie, dont les opérations consistent :

« A procurer aux commerçants, industriels et agriculteurs, soit par engagement direct, soit par aval, soit par endossement, l'escompte de leurs titres et effets de commerce auprès du Comptoir principal, moyennant des sûretés données aux Sous-Comptoirs par voie de nantissement sur marchandises, récépissé des magasins de dépôt, titres et autres valeurs. » — « Les Sous-Comptoirs ne peuvent négocier les effets provenant du nantissement qu'auprès du Comptoir d'escompte, dans la caisse duquel est déposé leur capital. »

Les récépissés remplacent la seconde signature.

Le 19 avril 1850 le Comptoir de Paris fut prorogé pour six ans à partir du 18 mars 1852, et le capital porté à 33,333,500 francs, dont 20 millions à fournir par les souscripteurs, 6,667,000 en obligations de la ville de Paris, et 6,666,500 en un bon du Trésor par l'État. En conséquence, 26,667 actions nouvelles furent émises au cours de 550 fr.

Par les décrets des 24 mars et 23 août 1848, les Comptoirs et les Sous-Comptoirs étaient garantis pour une part de leurs opérations par l'État et par les villes. Mais en pratique, que signifiait cette garantie? Rien du tout. Le jour où l'administration l'eût laissé entamer, elle eût été obligée de liquider.

C'est ce que paraît avoir compris le gouvernement. Une loi, rendue le 26 mai 1853, porte :

« Art. 1er. Les Comptoirs et Sous-Comptoirs d'escompte pourront être établis ou prorogés avec les droits énoncés dans les articles 9 et 10 du décret du 23 août 1848, *mais sans aucun recours ni aucune garantie de la part de l'État, des départements et des communes.* »

A la bonne heure! mais puisque le Corps législatif était en si beau chemin, qu'avait-il à faire de réserver à l'État, qui ne *garantit rien*, le droit de vie et de mort sur les Comptoirs?

« Art. 2. Des décrets impériaux, rendus sur la proposition du ministre des finances, le Conseil d'État entendu, statueront sur l'établissement et la prorogation des Comptoirs et Sous-Comptoirs d'escompte, et sur la modification de leurs statuts. »

Ou garantissez les Comptoirs, ou laissez-les faire ce qu'ils voudront. Il est absurde, en pareille matière, de vouloir régenter sans financer.

Le 25 juillet 1854, un décret impérial reconstitua le Comptoir pour trente ans, à partir du 18 mars 1857. Les garanties de la ville et de l'État étant supprimées, le capital se trouvait réduit à 20 millions; le décret précité autorisa la Compagnie à l'élever à 40, et par décision du 21 février 1856, l'assemblée générale autorisa la direction à émettre 40,000 actions nouvelles au cours de 550 fr.

Ce qui manque en France, c'est, répétons-le, l'esprit d'initiative. Nul ne se dit, en temps de crise : « C'est à nous de nous tirer d'embarras; » ni en temps de calme : « Nous devons nous conduire nous-mêmes. » Chacun a les yeux fixés sur l'État, attendant son salut d'en haut et l'ordre du jour du gouvernement.

Certes l'occasion ne fut jamais plus belle qu'en 1848, pour l'industrie, l'agriculture et le commerce, de s'affranchir du patronage de l'État et de la finance. Les banquiers désertaient la place; la Banque de France était menacée de liquider. C'était aux chambres de commerce de prendre la direction du mouvement. Elles n'avaient qu'à dire aux producteurs : « Tout travail, toute richesse vient de vous ; toute garantie, par conséquent. Les banques publiques et privées n'hésitent pas à s'engager pour l'échange de vos produits. C'est la source de leurs plus gros profits. Organisez spontanément entre vous et à votre bénéfice le crédit dont vous payez l'usage à vos patrons. »

C'était aux chambres de commerce de créer les Comptoirs d'escompte et les Sous-Comptoirs de garantie. Émanant d'une pareille origine, ces institutions, fondées dans tous les centres industriels et commerçants, auraient en peu d'années changé la face des affaires et éloigné à tout jamais l'influence des crises politiques, puisqu'elles eussent été complétement séparées du pouvoir.

Rappelons notre définition de la Banque : « Un établissement ayant pour but de donner cours authentique aux effets souscrits par les particuliers dont il connaît la solvabilité. » Ce n'est point une direction centrale ayant son siége à Paris, avec des mandataires dans les départements, qui peut remplir un pareil office. Une administration locale indépendante, agissant sous le contrôle des intéressés, est seule compétente en pareille matière.

Le taux de l'escompte doit couvrir les frais de gestion et les chances de non-payement ; 1/2 0/0 suffirait. Il serait absurde que la corporation des producteurs visât à réaliser des bénéfices sur elle-même.

Est-ce à dire que chaque Comptoir devrait avoir le droit d'émettre des billets ? Nous ne le pensons pas : ce serait retomber dans la multiplicité des signes d'échange et dans tous ses inconvénients. C'est pourquoi la Banque centrale doit rester. Mais que devient-elle dans cette nouvelle organisation ? — Un simple atelier de monnayage, sous le contrôle d'une haute chambre de commerce.

Les actions du Comptoir sont au porteur, de 500 fr. chacune. — L'assemblée générale se compose de tous les propriétaires d'au moins dix actions. — Les voix se comptent par série de 10 actions, mais on ne peut en avoir plus de 10.

L'administration se compose de 2 directeurs, 15 administrateurs et 3 censeurs.

A part la faculté d'émettre des billets, les Comptoirs font à peu près les mêmes opérations que la Banque de France.

Voici le tableau des opérations du Comptoir de Paris depuis sa fondation :

Exercices.		Nombre d'effets.	Montant.	Dividendes.
1848	(5 mois)	119,525	93,125,588 fr.	15 fr.
1849	(10 mois)	124,548	98,214,288	16
1850	(1 an)	237,559	145,630,577	35
1851	—	319,781	215,195,904	40
1852	—	382,521	273,473,902	40
1853	—	576,758	502,610,434	31
1854	—	837,809	628,521,792	30
1855	—	877,995	676,943,888	42

Les fonds des Sous-Comptoirs sont déposés dans la caisse du Comptoir d'escompte, pour la garantie de leurs opérations. Ils sont constitués jusqu'au 18 mars 1857. Les actions sont de 100 fr. Les compagnies sont anonymes.

Sous-Comptoir des Entrepreneurs. — Rue Bergère, 14, capital social, 347,000 fr.

Sous-Comptoir des Métaux. — Rue Vivienne, 55, capital social, 5 millions.

Sous-Comptoir des Denrées coloniales. — Rue Grétry, 2, capital social, 500,000 fr.

Sous-Comptoir des Chemins de fer. — Rue Bergère, 14, capital social, 4 millions.

Il existe des Comptoirs dans les villes suivantes :

Alais.	Caen.	Dôle.	Mulhouse.	St-Jean-d'Angély.
Angoulême.	Colmar.	Lille.	Sablé.	Ste-Marie-aux-Mines.

CRÉDIT FONCIER DE FRANCE.

(Paris, 19, rue Neuve-des-Capucines.)

Encore une institution née du besoin de mobiliser les valeurs. Nous l'avons dit plus haut, 1re partie, chapitre IV : rien de plus antipathique au mouvement que notre vieux régime hypothécaire ; il ne faut pas chercher ailleurs la défaveur et le haut prix des prêts sur hypothèque.

Voici les procédés et les conditions du nouveau système, d'après les dernières modifications aux statuts (28 juin 1856) :

« La Société fait deux sortes de prêts :

« Les uns sont remboursables à long terme, par annuités cumulées de manière à amortir la dette dans un délai de 10 ans au moins, de 60 ans au plus.

« Les autres sont remboursables à court terme, sans amortissement, conformément aux dispositions de l'article 8 du décret du 6 juillet 1854.

« Ces prêts peuvent être faits soit en numéraire, soit en obligations foncières ou lettres de gage.

« La Société ne prête que sur première hypothèque. — Sont considérés comme faits sur première hypothèque les prêts au moyen desquels tous les créanciers antérieurs doivent être remboursés en capital et intérêts.

« Les prêts ne peuvent excéder la moitié de la valeur de la propriété. Pour les bois, les vignes et toutes les propriétés plantées, ils ne vont qu'au tiers. Les bâtiments des usines et fabriques sont évalués sans tenir compte de leur affectation industrielle.

« Ne sont point admis aux bénéfices des prêts de la Société :

« 1° Les théâtres; 2° les mines et les carrières ; 3° les immeubles indivis, si l'hypothèque n'est établie sur la totalité, du consentement de tous les co-propriétaires ; 4° ceux dont l'usufruit et la nue-propriété ne sont pas réunis, à moins du consentement de tous les ayants-droit à l'établissement de l'hypothèque.

« Le maximum des prêts est d'un million, à moins qu'il ne s'agisse d'associations syndicales, de sociétés anonymes, de communes ou de départements autorisés à cet effet par le gouvernement. Le minimum des prêts est de 300 fr.

« Le taux de l'intérêt est fixé par le conseil ; il ne peut dépasser le taux légal.

« L'annuité est payable en espèces, par semestre, aux époques déterminées par l'administration. Elle comprend : 1° l'intérêt; 1° l'amortissement; 3° un droit de commission qui ne peut excéder 60 centimes 0/0, si ce n'est en vertu d'un décret.

« Tout semestre non payé porte intérêt à 5 0/0, et rend exigible la totalité de la dette un mois après la mise en demeure.

« Les débiteurs ont droit de se libérer par anticipation en tout ou en partie, soit en numéraire, soit en obligations appartenant à l'émission indiquée par le contrat de prêt. Les remboursements anticipés donnent lieu, au profit de la Société, à une indemnité qui ne peut dépasser 3 0/0 du capital remboursé par anticipation.

« Tout emprunteur doit dénoncer à la Société les aliénations, détériorations et hypothèques légales modifiant les conditions du gage.

« Toutes les propriétés affectées à la garantie de la Société, qui sont susceptibles de périr par le feu, doivent être assurées. La Compagnie a privilége sur l'indemnité en cas de sinistre. »

Les conditions, comme on voit, surtout celle du remboursement par annuités, sont déjà plus favorables aux emprunteurs que celles offertes par l'ancien système anarchique de prêt ou usure sur hypothèque. Aussi le mode d'expropriation doit-il être en raison de ces avantages, c'est-à-dire très-expéditif.

« En cas de retard du débiteur, la Société peut, en vertu d'une ordonnance rendue sur requête par le président du tribunal civil de première instance, *quinze jours* après une mise en demeure, se mettre en possession des immeubles hypothéqués, aux frais et risques du débiteur en retard.

« Pendant la durée du séquestre, la Société perçoit, nonobstant toute opposition ou saisie, le montant des revenus ou récoltes, et l'applique à l'acquittement des termes échus et des frais.

« Ce privilége prend rang immédiatement après ceux qui sont attachés aux frais faits pour la conservation de la chose, aux frais de labour et de semences, et aux droits du Trésor pour le recouvrement de l'impôt.

« Dans le même cas de non-payement d'une annuité, et toutes les fois que le capital intégral, par suite de détérioration du gage, est devenu exigible, la vente de l'immeuble peut être poursuivie.

« S'il y a contestation, il est statué par le tribunal de la situation des biens. *Le jugement est sans appel.*

« Pour parvenir à la vente de l'immeuble, la Société fait signifier au débiteur un commandement dans la forme prévue par l'art. 673 du Code de procédure.

« A défaut de payement dans la *quinzaine*, il est fait dans les *six semaines* qui suivent six insertions dans les journaux d'annonces et deux appositions d'affiches à quinze jours d'intervalle.

« *Quinze jours* après l'accomplissement de ces formalités, il est procédé à la vente aux enchères de l'immeuble hypothéqué. » (Décret du 28 février 1852.)

Nous voilà loin des lenteurs et du formalisme de la judicature. Cependant la réalisation du gage deviendra sans doute encore plus rapide dans l'avenir.

La *Société du Crédit foncier de France* n'était primitivement que la *Banque foncière de Paris*. Le gouvernement voulait la pluralité et l'indépendance de ces établissements. La multiplicité des titres parut devoir présenter des inconvénients, et le 18 novembre 1852, un décret transforma la société première et lui concéda le privilége d'étendre ses relations sur tout le territoire français. Cependant, comme d'autres Compagnies avaient été déjà formées avant cette transformation, à Nevers pour les départements du Cher, de la Nièvre et de l'Allier; à Marseille, pour les Bouches-du-Rhône, le Var et les Basses-Alpes, réserve fut faite de leurs droits. Les négociations pour leur incorporation ont rencontré de vigoureuses résistances. Cependant le Rapport du Crédit foncier de France du 30 avril 1856 annonce que les traités de fusion définitifs ont été passés.

La Société de Crédit foncier de Marseille, autorisée par décret du 12 septembre 1852, est au capital de 3 millions; celle de Nevers, autorisée le 20 octobre de la même année, au capital de 2 millions.

Un instant on crut, dans le monde financier, qu'elles allaient prendre le pied sur celle de Paris.

Par suite d'une transaction intervenue entre ces Compagnies et M. Mirès, ce dernier s'était engagé à leur prêter à chacune, sur lettres de gage, 24 millions, soit 48 millions en tout. A cet effet, M. Mirès subdivisait la lettre de gage, primitivement de 1,000 fr., en coupures de 100 fr., portant 3 fr. 65 c. d'intérêt par an, ou 1 cent. par jour, et remboursables annuellement avec prime par voie de tirage au sort.

Les primes trimestrielles étaient :

1er numéro.	50,000 fr.
Les 4 numéros suivants, chacun 5,000.	20,000
Les 20 suivants, chacun 1,000	20,000
Total par trimestre	90,000
Pour l'année	360,000

14.

Les lettres de gage, au capital nominal de 100 fr., étaient émises à 110 fr., payables, savoir :

35 fr. au moment de la souscription.
25 fr. en janvier 1855.
25 fr. — 1856.
25 fr. — 1857, au plus tôt.

Le bénéfice de 10 fr. par obligation profitant à la Société Mirès, non aux Compagnies, le profit de l'opération devait être de 4,800,000 fr.

Déjà les prospectus annonçaient ces lettres de gage comme devant remplacer les billets de banque de 100 fr.... Tout à coup un ordre du gouvernement interdit de poursuivre l'opération, et prescrit à M. Mirès le remboursement des lettres de gage déjà placées!... Est-ce la combinaison qui était mauvaise, et le pouvoir n'a-t-il fait que venir au secours d'un spéculateur maladroit? ou bien, comme d'autres l'affirment, est-ce à une influence jalouse qu'il faut attribuer l'interdiction subite du placement? Dans l'un comme dans l'autre cas, le gouvernement, par son intervention officieuse ou officielle dans une transaction particulière, a, sans le vouloir, excédé la limite de sa juste influence, et ouvert la porte à une foule d'abus. Dès l'instant qu'il sera facultatif au pouvoir d'arrêter une opération, heureuse ou malheureuse, de relever un spéculateur de ses engagements ou de jeter l'interdit sur une entreprise, il n'y a plus de sécurité dans les affaires; la bonne foi, tacitement subordonnée par des négociateurs pervers à la volonté éventuelle du prince, n'est plus qu'un mot; la confiance commerciale est anéantie.

La fusion, annoncée comme un fait accompli, sanctionnée par décret du 28 juin 1856, rentre parfaitement dans l'esprit de centralisation du gouvernement et de la féodalité financière.

Nous comprenons l'unité des titres; mais elle n'a pas pour conséquence forcée la centralisation administrative des opérations de la banque foncière. Il est alloué 60 c. en maximum par 100 fr. pour frais d'administration; ne serait-ce point afin de doter mieux l'état-major bureaucratique central, qu'on lui confère, pour ainsi dire, le monopole de l'hypothèque?

Aucune société n'a éprouvé plus de vicissitudes, subi plus de remaniements que le Crédit foncier. Nous avons déjà mentionné la transformation de la *Banque foncière de Paris* en *Crédit foncier de France*. Le 18 octobre 1852, le 10 décembre même année, le 22 mars et le 21 décembre 1853, le 6 juillet 1854, le 28 juin 1856, nouveaux remaniements des statuts.

Dans les prévisions du décret organique du 28 février 1852, l'annuité pour l'emprunteur devait être de 5 0/0, intérêts, frais d'administration et amortissement compris. Les circonstances politiques ne permettant pas à la Compagnie de se procurer des capitaux au taux de 3 65, fixé par le décret d'institution, une première fois l'annuité avait été élevée de 5 à 5 45 0/0. Cette augmentation fut bientôt trouvée insuffisante. Afin d'attirer les bailleurs de fonds, un décret impérial du 21 décembre 1853, assimilant l'annuité du Crédit foncier au taux variable de la rente 3 0/0, n'imposait plus à la Compagnie la limite de 5 45, que si le 3 0/0 s'élevait à 86 fr. Au-dessous, la Compagnie avait la faculté d'élever l'annuité jusqu'à concurrence de 1/2 0/0, c'est-à-dire jusqu'à 5 fr. 95 c. En conséquence, le Conseil d'administration, usant de la latitude qui lui était offerte par le nouveau décret, après avoir décidé, une seconde fois, que l'annuité serait portée à 5 65, l'éleva, au 1er avril 1854, à 5 95. Moyennant quoi, dit le Rapport, la Compagnie, se mettant à l'unisson de la Bourse, peut offrir aujourd'hui aux preneurs de ses obligations jusqu'à 5 fr. de rente. Ainsi, après une année d'existence, le Crédit foncier, sous la pression des événements politiques, élève de 95 c., c'est-à-dire de près de 1 0/0 le taux de l'annuité : un établissement de crédit que plusieurs regardaient comme devant être le régulateur des cours et une force de résistance contre la hausse, est emporté à son tour par les caprices du capitalisme. Il ne fallait pas moins que la dissertation de M. Wolowski pour nous faire croire au progrès de l'institution.

Dans l'assemblée du 29 décembre 1853 ont été approuvés les traités passés entre les Sociétés de Marseille et de Nevers, à la disposition de chacune desquelles la Compagnie s'oblige de mettre une somme de *six millions* par année, soit 500,000 francs par mois, mais avec faculté pour la Compagnie centrale, après avis préalable donné au commencement de chaque mois, de restreindre ce crédit au *vingtième des prêts autorisés dans le mois précédent* : ce qui ramènerait, le cas échéant, la subvention de 6 millions par an, d'abord à 25,000 fr. par mois, puis à 1,250, puis à 62 50. Certes, une Société qui contracte de telles obligations ne se compromet pas; mais on ne saurait dire non plus qu'elle ait une bien grande confiance en elle-même.

Le 6 juillet 1854, un décret ordonna la réunion du Crédit foncier à l'État.

La difficulté qu'éprouvait à marcher la nouvelle institution, et le désordre de ses affaires, paraissent avoir causé cette réunion. Ce qui ne pouvait vivre au grand air de la liberté viendra sans doute dans la serre chaude du gouvernement.

Le directeur, M. Wolowski, fut remplacé par M. de Germiny, aux appointements de 40,000 fr., avec deux sous-gouverneurs, aux appointements chacun de 20,000 fr.

Les dispositions des décrets du 21 décembre 1853 et avril 1854 sont abrogées. Dorénavant le Crédit foncier, qui ne devait prêter qu'à long terme, prêtera les sommes, en numéraire, qu'il aura en disponibilité, ou qu'il pourra se procurer par l'émission de ses obligations à tous les taux possibles, à longue ou courte échéance, avec ou sans amortissement, comme il l'entendra et comme il pourra. Plus tard, pense-t-on, les prêts pourront être faits aussi en simples lettres de gage, garanties par l'État : ce qui rentrerait tout à fait dans le système des banques de Pologne et d'Écosse.

De ce système à celui des *assignats*, il n'y a qu'un pas, le cours forcé. Mais il est peu probable que ce pas soit de sitôt franchi, attendu que les assignats de 89 étaient au moins remboursables en biens nationaux, tandis que le papier du Crédit foncier ne le serait littéralement en rien du tout. Or, sans cours forcé, pas de circulation, pas d'emprunteurs : on peut donc considérer la réunion de la Compagnie à l'État comme une dissolution pure et simple : à moins que les preneurs d'obligations ne lui viennent en aide.

En fait, le Crédit foncier n'est qu'un leurre philanthropique ; les financiers qui ont prêté leur concours l'ont plus fait par condescendance pour le chef de l'État que par conviction. Le chiffre officiel des inscriptions hypothécaires servant de base à la répartition, par ressorts de cours impériales, du premier prêt de 200 millions, s'élève, pour les 80 départements où la Société de Paris doit fonctionner, à 12,005,506,374 fr. Le département de la Seine est le plus obéré : sa dette monte à 1,159,732,000 fr.

Qu'est-ce que les 200 millions du Crédit foncier devant une pareille plaie?

Au 29 avril 1854, la totalité des prêts *consentis* (expression du rapporteur) s'élevait à 56,239,000 francs. Mais nous croyons savoir que sur ce chiffre, il n'y en avait guère que 30 et quelques millions de réalisés, la plupart dans la ville de Paris, les fonds manquant pour le surplus des demandes.

D'après le rapport du 30 avril 1856, les emprunteurs étaient débiteurs de 62,218,931 fr. 65 c. Nous sommes loin des 12 milliards d'inscriptions hypothécaires.

La Compagnie ne prête que sur première hypothèque. Elle viendra par conséquent au secours de ceux qui ont le moins besoin d'elle : elle ne peut rien pour le petit propriétaire engagé avec les usuriers.

Toute libération anticipée emporte au profit de la Compagnie un droit supplémentaire de 3 0/0. Ce qui signifie que si la Société parvenait, aux termes de ses statuts, à se substituer aux anciens prêteurs sur hypothèque pour une somme de 1,200 millions, ces 1,200 millions, remboursables par fractions minimes pour chaque emprunteur, mais en réalité placés en perpétuel, à cause des réemplois, pour la Société, produiraient à celle-ci, chaque année, une somme de plus de 60 millions, dont 44,040,000 fr. pour l'intérêt du capital et 15,960,000 à titre d'amortissement et de frais pour la Société.

A nos yeux, une semblable combinaison est insuffisante, timide, et plus qu'usuraire. Avant de procéder à la constitution de la Société du Crédit foncier, il fallait, selon nous, se poser cette question : Si la propriété n'a pas encore plus besoin de crédit commercial que de crédit à long terme; si par conséquent, au lieu de cumuler l'intérêt et l'amortissement, comme cela a lieu dans l'institution actuelle, il ne faut pas plutôt les fondre, de telle sorte que le remboursement du prêt représente simplement le prêt, augmenté d'une prime d'autant plus faible que la masse des affaires de la Société aurait été plus grande? Les opérations d'une banque de circulation et de comptoirs d'escompte, appropriés à l'agriculture, seraient, croyons-nous, autrement efficaces que les annuités de la Banque foncière, et l'on n'aurait pas le déplaisir de voir une institution d'intérêt public, car tel est l'esprit du décret du 28 février 1852, servir, comme les mines, les assurances, les chemins de fer, la Banque et ses succursales, de vache à lait aux créatures du gouvernement.

Mais peut-être que pour arriver à une réforme efficace il fallait passer par là : ne sommes-nous pas dans le siècle des transitions? Nous souhaitons à celle-ci tout le succès désirable. On sait d'où elle vient et où elle va, ce qu'elle peut et ce qu'elle vaut : telle qu'elle est déjà, l'agiotage et le jeu y auront peu de prise.

Et, il faut bien le dire, ce dédain de la spéculation pour le Crédit foncier sera sa cause la plus immédiate de ruine. Une combinaison qui n'offre que d'honnêtes profits à faire, quelles que soient ses garanties, n'a aucune chance de succès aujourd'hui.

La Société du Crédit foncier est fondée pour 99 ans à partir du 30 juillet 1852, au capital de 60 millions, divisé en 120,000 actions de 500 fr. chacune. Mais il n'a encore été émis qu'une série de 60,000 actions, dont 250 fr. versés.

Jusqu'au payement complet des actions, il n'est délivré que des certificats provisoires, négociables par voie de transfert. — Le souscripteur primitif et ses cessionnaires restent engagés jusqu'au payement complet de l'action. — Les titres définitifs sont au porteur.

Les actionnaires ne sont pas tenus au delà du montant de leur souscription.

L'assemblée générale se compose des 200 plus forts actionnaires, dont la liste est arrêtée 20 jours avant la convocation. 40 actions donnent droit à une voix, sans qu'on puisse en avoir plus de 10.

Sur les bénéfices nets il est attribué : 1° 5 0/0 aux actionnaires; 2° 20 0/0 au Fonds de Réserve, jusqu'à ce qu'il atteigne la moitié du capital souscrit; ce Fonds de Réserve est destiné à parer aux événements imprévus, et, en cas d'insuffisance des produits d'une année pour payer un dividende de 5 0/0, à fournir la différence; 3° il est formé un Fonds de Prévoyance destiné à compenser entre plusieurs années les frais de premier établissement; 4° le surplus est distribué à titre de dividende.

Le dividende de 1855, non compris l'intérêt, est de 2 0/0.

Une subvention de 10 millions de francs a été accordée à la Société par décret du 10 décembre 1852.

Le Crédit foncier s'engage à faire une première série de prêts sur hypothèque jusqu'à concurrence de 200 millions de francs. Cette somme est répartie entre les divers départements proportionnellement à la dette hypothécaire inscrite.

Après le placement des 200 millions ci-dessus, la Société continuera de prêter, lors même que pour se procurer les fonds nécessaires, elle serait obligée d'affecter au service de ses obligations émises un quart de ce qui lui est alloué à titre de frais d'administration.

Avec son capital de 60 millions, la Société pourra faire 1,200 millions de prêts. Il faut donc qu'elle emprunte elle-même. Son rôle est purement d'intermédiaire entre l'emprunteur hypothécaire et le capitaliste.

« Les emprunts de la Société se font au moyen d'une émission d'obligations, qui ne peut dépasser le montant des engagements hypothécaires souscrits par les propriétaires des immeubles en faveur de la Compagnie.

« Les obligations sont au porteur; elles sont de 1,000 fr., et peuvent être divisées en coupures dont la moindre est de 100 fr. Elles portent un intérêt annuel, dont le taux est fixé par le conseil d'administration, à l'époque de leur création.

« Elles sont classées par séries, dont chacune comprend toutes les obligations créées au même taux d'intérêts.

« Elles sont appelées au remboursement par voie de tirage au sort; des lots et primes peuvent être attachés aux obligations remboursées.

« Les produits sont appliqués en première ligne à payer les intérêts des obligations foncières, le capital de celles que le sort a désignées pour le remboursement, et les lots et primes. » (Extrait des Statuts.)

Les porteurs d'obligations (1) ont donc pour garantie les emprunts souscrits par les propriétaires d'immeubles, et le capital des actions versées. C'est un peu plus hardi que la Banque de France, à qui il faut pour gage, — indépendamment d'un portefeuille au pair ou au-dessus de ses billets, — une encaisse métallique, des rentes en réserve, un capital immeuble et un capital d'actions. Cependant la garantie du portefeuille est bien plus certaine et plus réalisable que celle offerte par les emprunteurs sur hypothèque. Ce n'est pas que les obligations foncières se trouvent à découvert, car les prêts hypothécaires, n'excédant jamais la moitié de la valeur de l'immeuble, garantissent suffisamment le remboursement.

Dans ces conditions, l'institution, si elle ne peut rendre de grands services à l'agriculture, offre du moins aux capitalistes un placement aussi sûr qu'on peut le désirer. Mais il n'y a point de primes à réaliser; et le béotien de la Bourse préférera toujours perdre 100 fr. par action du Palais de l'Industrie, achetée à 170 et tombée à 70, par cette consi-

(1) Les *actions* sont la mise de fonds d'une entreprise; les *obligations* en représentent les emprunts. Le bénéfice des obligations est fixe : c'est un tant pour cent l'an, et quelquefois une prime au remboursement. Elles ont privilége sur les actions, dont elles sont créancières. Elles ne sont point solidaires des pertes. Les actions, au contraire, courent les risques bons et mauvais de la société; les pertes et les bénéfices n'en sont pas limités. — Dans une entreprise prospère, les actions sont préférables; dans une société en déficit, les obligations sont plus sûres.

dération que d'autres ont eu la chance de primer de 50 à 60 fr. sur la même valeur.

Les obligations du Crédit foncier sont de trois espèces : 1° en 3 0/0, remboursables avec prime et donnant droit à des tirages de lots; — 2° en 4 0/0, remboursables sans primes, mais pouvant gagner des lots ; — 3° en 5 0/0, remboursables sans primes et sans droit au tirage des lots.

Les lots affectés aux tirages trimestriels sont un appât offert à l'esprit de spéculation aléatoire qui caractérise le monde financier. Ils se sont élevés, pour les deux premières années, à 1,200,000 fr.; ils sont de 800,000 fr. par an à partir de 1855, ainsi répartis :

TIRAGE DES TROIS PREMIERS TRIMESTRES

(22 mars, 22 juin, 22 septembre.)

1er numéro	100,000 fr.	
2e —	50,000	
3e —	20,000	
Total par trimestre	170,000	
Pour les 3 trimestres	510,000 ci.	510,000 fr.

TIRAGE DU QUATRIÈME TRIMESTRE

(22 décembre.)

1er numéro	100,000	
2e —	50,000	
3e —	40,000	
4e —	30,000	
5e —	20,000	
6e —	10,000	
Les 8 suivants, chacun 5,000	40,000	
Total du 4e trimestre	290,000 ci.	290,000
TOTAL pour l'année		800,000

Les lots s'élèveront pour les 50 années à	40,800,000 fr.
Les 200 fr. de prime alloués à chaque section représentent en outre	40,000,000 fr.
Les obligations percevront donc en 50 ans, en sus de l'intérêt à 3 0/0, un bénéfice exceptionnel de	80,800,000 fr.

Ce qui porte leur intérêt total à 3 fr. 80 c. 8 millièmes.

L'intérêt ayant été calculé, comme il a été dit, à 3 fr. 65 c., c'est un sacrifice de 13 c. 8, plus 2 c. pour frais de tirage, ensemble 15 c. 8 par chaque 100 fr. d'emprunt et par an, que la Société, d'après ses statuts, s'impose, pour attirer les capitalistes et gagner le large. Ce sacrifice devant être pris sur les frais d'administration, évalués à 60 c., lesdits frais, qui constituent le produit brut de l'entreprise, se trouvent ainsi ramenés à 45 c., ce qui, pour 50 ans et pour 200 millions de prêts, fait juste la somme de 45 millions, pour couverture des débours de la Compagnie et appointements de ses employés.

Le nombre des obligations émises ou à émettre de la première série est de 200,000, remboursables en 50 ans; elles sont de 1,000 fr. au pair, avec coupures de 100, 200, 500 fr., ayant droit à 1/10e, 1/5e, 1/2 lot, si elles sont dans les deux premières catégories. — Les intérêts se payent le 1er mai et le 1er novembre; les coupures de 100 fr. se règlent seulement à cette dernière époque.

Au 31 décembre 1855, la circulation de ces valeurs était, d'après le Rapport, de 210,473 titres, auxquels la Société devait 61,148,250 fr.; les emprunteurs devaient à la Compagnie, à la même époque, 62,218,931 fr. 65 c.

La Société a annoncé, dans le courant de juin 1856, qu'elle recevrait en compte-courant les sommes qu'on voudrait lui confier, et qu'elle en payerait l'intérêt. On croit qu'elle veut, avec ces capitaux, soutenir par des reports le cours de ses obligations.

Toutes ces loteries, cet agiotage, ces variations de l'intérêt et de l'annuité nous semblent produire le plus mauvais effet dans un établissement de Crédit foncier. Mieux vaudrait pour lui se résigner à l'inaction, attendre que les circonstances ramènent la confiance, et avec la confiance les capitaux, que de se livrer à ces opérations de Bourse, qui ne peuvent que le déshonorer, sans lui valoir le moindre crédit.

Les fondateurs du Crédit foncier, disions-nous, se sont

prêtés à son organisation moins par conviction que par déférence. Il ne faudrait pas croire qu'ils eussent pour cela consenti à un sacrifice. Les actions, de 500 fr. au pair, ont monté, sous l'influence des notabilités mises en avant, à 1,275 en 1852, pour retomber ensuite à 535; elles ont repris en 1853 jusqu'à 1,220. Le plus bas cours a été de 440, en 1854. Depuis 1855, elles ont pivoté autour du pair et ont même fait jusqu'à 150 fr. de prime.

S'il est une Société qui, par la nature de ses transactions, ait chance d'offrir, comme la Rente, des conditions d'intérêt à peu près invariables, c'est sans contredit le Crédit foncier. Que signifient alors ces oscillations? Que ni acheteurs ni vendeurs n'entendent faire de placements sérieux. Dans ce cas, qu'on liquide la Compagnie et qu'on nous fasse grâce de tout le verbiage philanthropique qui se débite dans les journaux, dans les comices, après-boire, dans les circulaires du gouvernement et les discours académiques sur les encouragements à l'agriculture.

SOCIÉTÉ GÉNÉRALE DE CRÉDIT MOBILIER.

(Paris, 15, place Vendôme.)

L'influence des notabilités financières sur le succès d'une entreprise ne s'est jamais mieux révélée qu'à la fondation du Crédit mobilier. Tout le monde se demandait : Que veut cette institution, quel est son but, sa garantie, sa raison d'être? Et cependant, dès l'origine, ses promesses d'actions se recherchaient à prime; un instant elles ont monté de 500 fr., dont 200 versés, à 1,800 fr.

C'est qu'à la tête de la Compagnie figuraient, comme fondateurs, les sommités de la finance : MM. Émile Péreire, Isaac Péreire, Benoît Fould, Adolphe d'Eichtal, Ernest André, le baron Seillière, Henri de Noailles, le duc de Mouchy le duc Raphaël de Galliera, José-Luis de Abaroa, Charles Mallet, Gédéon Marc des Arts, etc.

On tenait à ce sujet les propos les plus contradictoires :

« C'est un établissement de la plus haute importance. — Il mérite de fixer l'attention par le nom de ses fondateurs. — Il fera sensation dans le monde. — Il marquera sa place dans l'histoire. — Il liquidera avant peu. — C'est une machine de guerre à l'usage des administrateurs. — Les profits seront pour la direction, et les pertes pour les actionnaires... »

Aujourd'hui, après quatre ans d'expérience, l'opinion n'est pas encore faite. Est-ce, comme l'a dit un avocat célèbre, la plus grande maison de jeu du monde, dont les directeurs voient dans les cartes? ou bien, suivant l'opinion de la partie adverse, est-ce une Société qui offre les garanties les plus considérables, dont les statuts ont été discutés au point de vue des intérêts publics?

Nous avons eu l'occasion d'exprimer notre opinion sur la Compagnie générale lorsqu'elle en était à ses débuts, et bien que cette appréciation à cette époque pût paraître prématurée, présomptueuse, téméraire, nous ne nous sommes pas trompé d'un iota sur son compte. Le premier Rapport, fait à l'assemblée générale du 29 avril 1854, a même cru devoir combattre, sans nous citer, quelques-unes de nos conclusions. Nous n'avons qu'à compléter nos observations d'il y a trois ans.

La première pensée de la Société du Crédit mobilier fut conçue peu après la révolution de juillet par M. É. Péreire, alors l'un des membres les plus distingués de l'école saint-simonienne; elle fut publiée dans le *Journal du Commerce* du 6 septembre 1830 sous le titre de *Compagnie d'Assurances mutuelles pour l'escompte des effets*, etc., et adressée à la commission du gouvernement, à tous les banquiers et négociants principaux de Paris, et à tous les membres de la chambre des députés. Nous avons sous les yeux ce projet, auquel les statuts de la Société du Crédit mobilier n'ont rien ajouté d'essentiel, et que son auteur présentait alors comme un échantillon *de la valeur organisatrice de la doctrine saint-simonienne*.

Ce souvenir ne constitue pas sans doute un renseignement pour les spéculateurs, qui, à l'époque dont nous parlons, ne connaissent du saint-simonisme que des caricatures, des pamphlets et un procès qui se termina par la condamnation des principaux membres de la secte. Il doit bien se trouver, parmi les courtisans de la nouvelle puissance, quelque magistrat, procureur, juré ou témoin, complice de cette condamnation. Pourvu que les fonds haussent, l'agioteur est toujours prêt, comme le barbare Sicambre, à brûler ce qu'il a adoré, et adorer ce qu'il a brûlé.

Consultons un oracle plus moderne, les statuts de la Compagnie.

« Les fondateurs,

« Considérant les services importants que pourrait rendre l'établissement d'une Société ayant pour but de favoriser le développement de l'industrie, des travaux publics, et d'opérer, par voie de consolidation en un fonds commun, la conversion des titres particuliers d'entreprises diverses, ont résolu de réaliser une œuvre si utile, et à cet effet, ils ont arrêté les bases et les statuts d'une Société anonyme sous la dénomination de *Société générale de Crédit mobilier*.

« La durée de la Société est de 99 ans à courir du 18 novembre 1852. — Le fonds social est fixé à 60 millions, divisés en 120,000 actions de 500 fr. chacune.

« Les opérations de la Société consisteront :

« 1° A souscrire ou acquérir des effets publics, des actions ou des obligations dans les différentes entreprises industrielles ou de crédit, constituées en sociétés anonymes, et notamment dans celles de chemins de fer, de canaux, de mines, et d'autres travaux publics, déjà fondées et à fonder ;

« 2° *A émettre pour une somme égale à celle employée à ces souscriptions et acquisitions, ses propres obligations* ;

« 3° A vendre ou donner en nantissement d'emprunts, tous effets, actions et obligations acquis, et à les échanger contre d'autres valeurs ;

« 4° A soumissionner tous emprunts, à les céder et réaliser, ainsi que toutes entreprises de travaux publics ;

« 5° A prêter sur effets publics, sur dépôts d'actions et d'obligations, et à ouvrir des crédits en compte-courant sur dépôt de ces diverses valeurs ;

« 6° A recevoir des sommes en compte-courant ;

« 7° A opérer tous recouvrements pour le compte des compagnies sus-énoncées, à payer leurs coupons d'intérêts ou de dividendes et généralement toutes autres dispositions ;

« 8° A tenir une caisse de dépôts pour les titres de ces entreprises.

« Art. 6. — Toutes autres opérations sont interdites.

« Il est expressément entendu que la Société ne fera jamais de ventes à découvert ni d'achats à primes. »

Le Crédit mobilier est donc, au point de vue de la science économique, une banque industrielle, une vaste entreprise de commandites ; — au point de vue de la Bourse, une centralisation de l'agiotage.

Nous avons eu déjà l'occasion de constater combien le Crédit foncier, sans pourtant se mettre à découvert, dépasse en hardiesse la Banque de France, en émettant un nombre d'obligations égal à celui de ses prêts sur hypothèque.

Voici cette fois de la témérité :

« Après l'émission complète du fonds social, les obligations créées par la Société pourront atteindre une somme égale à DIX FOIS le capital. »

C'est-à-dire qu'avec 60 millions de capital il pourra être émis 600 millions d'obligations. Quelle est la garantie de ces obligations? C'est, avec le capital de fondation, « *une somme* ÉGALE *employée à la souscription et acquisition d'effets publics et d'actions de compagnies.* »

Une semblable garantie est tout à fait illusoire. Pour peu que la Bourse baisse, le *gage* en effets publics et actions des compagnies se déprécie, et le *capital* d'actions se trouve entamé. Que les titres subissent seulement une dépréciation d'un dixième, le capital d'actions se trouve absorbé, et la Société réellement en faillite.

Sans doute on ne viendra pas, à chaque déclin de la Bourse, demander une liquidation et compromettre la mise des actionnaires. Mais une crise beaucoup moins intense que celle de 1848, puisqu'il suffit d'une baisse de 10 0/0, pour peu qu'elle durât, mettant la Compagnie à découvert de la totalité de son capital, amènerait infailliblement une catastrophe.

Remarquons bien qu'il n'y a point ici d'analogie avec les banques de circulation, dont le portefeuille, suivant nous, garantit suffisamment les billets. Les effets de commerce ont une valeur certaine ; les actions sont susceptibles de dépréciation.

Une institution qui prêterait sur nantissement et sur hypothèque une somme égale à la valeur de l'expertise se mettrait à découvert ; car rien ne prouve qu'à la vente on retirera le prix de l'estimation. C'est précisément le cas du Crédit mobilier.

A la Banque de France, que les marchandises soient vendues au-dessus ou au-dessous du cours, du moment qu'un billet de *x* fr. est reconnu et souscrit par l'acheteur, il y a garantie suffisante. Elle n'est que l'intermédiaire d'une transaction. Le billet qu'elle accepte vaut juste la somme qui y est inscrite. Les matières objet du marché peuvent varier de prix ; cela ne change rien au chiffre de la dette consentie par le souscripteur. Il n'y a point de dépréciation possible. Le débiteur est tenu, de sa personne et de ses biens, de tout le montant de son obligation ; en cas de non-payement, les poursuites et la saisie sont très-expéditives.

Le Crédit mobilier, lui, acquiert à ses risques et périls des actions et des titres ; il en devient propriétaire. Il n'a aucun recours contre les vendeurs du moment où il a pris livraison. La dépréciation est à sa charge comme la plus-value est à son profit. Donc ses 600 millions d'effets acquis, s'il vient une baisse, ne garantissent plus ses 600 millions d'obligations émises ; et comme son capital ne va qu'au dixième de ses emprunts, et que les actionnaires ne sont engagés que jusqu'à concurrence de leur mise, une baisse d'un dixième détruit son *avoir* et le constitue en faillite.

Telles sont les objections que nous semble avoir eues en vue le rapporteur de 1854, lorsqu'il dit :

« La Société de Crédit mobilier est une institution semblable à celle du Crédit foncier. L'une prête sur immeubles par voie d'hypothèque, au moyen de son capital d'abord, puis à l'aide d'obligations qu'elle émet pour une somme égale à celle des prêts effectués. L'autre place ou prête sur valeurs mobilières ou industrielles, au moyen de son capital d'abord, puis à l'aide des fonds que lui procurent les obligations qu'elle est autorisée à émettre pour une somme égale à celle de ses placements et du montant de ses dépôts en comptes-courants. La Société place ou prête d'un côté ce qu'elle emprunte de l'autre, jouant ainsi le rôle d'un intermédiaire entre les capitalistes et l'industrie, substituant son crédit, accru de toutes les forces qui tendent à s'agglomérer autour d'elle, au sujet de chaque entreprise isolée. »

Autre analogie.

« La création du billet de banque a été l'un des plus grands progrès, l'une des plus belles applications du crédit..... Mais, à côté du billet de banque, il reste une place vacante, que nos obligations sont appelées à remplir. Le principe de ces obligations étant de n'être remboursables qu'à une époque correspondant à celle des effets qu'elles représentent dans notre portefeuille, et de porter intérêt au profit du détenteur, leur émission se trouve exempte de tout inconvénient..... Suivant l'économie qui sert de base à notre Société, ces titres sont non-seulement *gagés* par une somme correspondante de valeurs acquises sous le contrôle du gouvernement et dont la réunion offrira, par l'application du principe de mutualité, les avantages de la compensation et de la division des risques ; mais ils auront de plus la *garantie* d'un capital (60 millions), que nous avons élevé dans ce but à un chiffre considérable. »

Nous n'avons, dans les pages qui précèdent, pas dit autre chose, et nous sommes heureux d'avoir si bien compris le double esprit et l'économie complète du Crédit mobilier. C'est pourquoi nous persistons à soutenir que 600 millions de valeurs industrielles sujettes à dépréciation, augmentées d'un capital espèce de 60 millions, ne sauraient gager et garantir 600 millions d'obligations ; et pour justifier cette assertion, nous n'irons pas chercher nos preuves dans la théorie ; nous les prendrons dans les faits.

A l'époque où fut fondée la Compagnie de Crédit mobilier, le 3 0/0 était à 86, toutes les valeurs industrielles à un taux proportionnel. Dix-huit mois après, le 3 avril 1854, le 3 0/0 descendait à 61 75, en baisse de 25 fr., soit 30 0/0 ; toutes les valeurs industrielles à proportion. Les actions du Crédit mobilier, entre autres, étaient cotées à 435 fr., en baisse de 1,440 sur la cote des premiers jours, et de 345 sur celle du 17 septembre 1853. Supposons donc qu'au 1er janvier 1853, le capital de 60 millions de la Compagnie étant entièrement versé, elle ait eu pour 600 millions de rentes, actions de chemins de fer, etc. Au 3 avril 1854, la dépréciation de toutes ces valeurs étant, par hypothèse, de 25 0|0 en moyenne, le gage du Crédit mobilier, son capital compris, n'aurait plus été que de 510 millions. Supposons qu'alors les porteurs d'obligations fussent venus réclamer leur remboursement, la Compagnie, déclarée en faillite, aurait perdu, en dix-huit mois : 1° son capital de 60 millions ; 2° 90 millions transférés, sous sa garantie, de la poche de ses créanciers dans celle de ses emprunteurs.

A quoi le rapporteur répond :

« Le résultat définitif des opérations du Crédit mobilier, lorsqu'il aura pris tous les développements prévus par nos statuts, se résumera, en dehors du revenu de notre capital, dans une différence d'intérêt entre la somme de ses emprunts et celle de ses placements. Parvenues à ce point, les variations de cours nous seraient *jusqu'à un certain point indifférentes*, puisque nos bénéfices se trouveraient basés sur des *revenus* et non sur des oscillations de *capital*. »

A qui ose-t-on compter de pareilles balivernes? Si les actions de Lyon à la Méditerranée ont dépassé 1,800 fr., valeur de *capital* , n'est-ce pas parce que les transports de la guerre pour l'armée d'Orient ont développé sur cette ligne un trafic inouï, qui a permis de compter sur un *revenu* hors ligne? Pourquoi les compagnies de chemins de fer ont-elles tant de soin de faire ressortir l'augmentation de leurs recettes brutes, sinon afin de pousser à la hausse en *capital* des titres, par l'appât d'un plus fort *dividende*? Pourquoi les oscillations sur les obligations sont-elles comparativement peu sensibles, si ce n'est parce qu'elles jouissent d'un *revenu* fixe?

Au surplus, ces obligations mobilières sont toujours à l'état de projet; il n'en a encore été émis qu'à de courtes échéances. La Société devait en lancer 240,000 en 1855.

« L'espoir fondé des bénéfices exceptionnels en vue desquels l'émission de nos obligations était résolue provoqua une hausse considérable sur le prix de nos actions, dit le Rapport de 1856, et bientôt la spéculation, s'emparant de ce mouvement, lui donnait des proportions exagérées.

« Systématiquement étrangers à toute pensée de spéculation relative à une mesure dont la réalisation était notre vœu le plus cher, notre préoccupation la plus profonde, nous vîmes avec un vif regret le cours de nos valeurs s'élever brusquement, ne prévoyant que trop la réaction qui pouvait s'ensuivre.

« Mais ce que nous ne pouvions prévoir, Messieurs, ce sont les calomnies dont ces mouvements dans le cours de nos actions ont été le signal et le prétexte. Qu'est-il besoin de le déclarer? aucune des personnes qui ont l'honneur de diriger vos affaires ne s'est livrée, *dans ces circonstances*, à des opérations de hausse ou de baisse sur nos valeurs, et nous pouvons, le front levé, rejeter hardiment, sur ceux-là mêmes qui n'ont pas rougi de s'abriter sous de lâches attaques, la responsabilité des spéculations dont on a tenté de faire une arme contre nous. »

La Société générale verra bien d'autres mécomptes. Elle disait, en 1854 :

« Loin de surexciter la spéculation, comme l'ont pu croire ceux qui ont méconnu le principe, la nature et le but de notre institution, le résultat définitif de nos opérations sera d'offrir à toutes les fortunes les moyens et la facilité de réaliser sans péril des placements mobiliers à intérêt fixe. »

Ils n'avaient donc méconnu « ni le principe, ni la nature, ni le but de l'institution, » ceux qui prévoyaient qu'elle aurait pour but de « surexciter l'agiotage, » puisque les déceptions de la spéculation la poussent jusque dans les voies honteuses de la calomnie.

Quoi qu'il en soit, l'émission des obligations a été ajournée, par déférence aux désirs du gouvernement.

Laissons là l'eau bénite de cour des Rapports. Le succès du Crédit mobilier ne repose ni sur des *revenus*, ni sur des *capitaux*, mais simplement sur des *différences* : c'est tout dire.

Comme instrument de circulation et d'agiotage, l'organisation de la Société générale est une conception de maîtres. Elle se sent à la fois et de la nationalité de son auteur, et de l'esprit révolutionnaire de sa jeunesse. Les rois de l'agio, au capital de 10 à 100 millions, peuvent produire aujourd'hui la hausse et la baisse à leur fantaisie ; mais ils deviennent de véritables prolétaires en présence d'une institution disposant de 600 millions, et capable d'accaparer en un jour toutes les actions de chemins de fer ou de canaux disponibles sur le marché. Le Crédit mobilier peut faire l'abondance ou la rareté, le vide ou le trop-plein; c'est un gigantesque monopole hors duquel il n'y a point de salut pour le spéculateur. Tout ce qui sera en dehors n'aura plus rien à faire qu'à payer. Dans cette condition, ses obligations seront sans doute constamment garanties.

Cependant si les payeurs viennent un jour à se rebuter, si les avisés vont se ranger sous la bannière de la Société, s'il n'y a plus d'antagonistes en un mot, contre qui jouera-t-on? qui payera les différences? La Société se divisera contre elle-même : alors rien de fait, l'entreprise aboutit à une contradiction. Ou bien si les spéculateurs isolés se coalisent contre le monopole et organisent armée contre armée, si la masse des producteurs, capitalistes, négociants, s'insurge, la coërcition étant impossible, quelle chance de salut restera à la Compagnie?

Le Crédit mobilier doit conduire à l'une ou à l'autre de ces alternatives. Mais en attendant, il y a des primes à réaliser : c'est le motif sans doute qui a décidé les fondateurs.

Nous n'avons pas fini avec les énormités de la Société générale. Voyons quelles sont les garanties des actionnaires.

La Société est administrée par un conseil de quinze membres, renouvelés d'année en année par cinquième, et constamment rééligibles.

Or, « Le conseil, dit l'art. 28 des statuts, a les pouvoirs les plus étendus pour l'administration des affaires de la Compagnie; notamment *il autorise*, par ses délibérations, *tous achats ou ventes d'actions ou d'obligations, tous crédits*, toutes soumissions, cessions et réalisations d'emprunt, toutes avances sur dépôts de valeurs, et généralement tous traités, transactions, compromis, retraits de fonds, transferts, emprunts sur dépôts d'obligations de la Compagnie ou autres valeurs, achats d'objets mobiliers, enfin toutes actions judiciaires, tant en demandant qu'en défendant.

« Il détermine l'emploi des fonds libres.

« Il fait les règlements de la Compagnie.

« Il autorise les dépenses de l'administration.

« Il nomme et révoque les principaux agents de la Société.

« Il détermine leurs attributions.

« Il fixe leur traitement, etc.

« Art. 10. — Les membres du conseil ne contractent, à raison de leur gestion, aucune obligation personnelle. »

C'est la disposition commune à toutes les sociétés anonymes.

Ainsi voilà quinze membres qui disposent de l'avoir de la Société comme du leur, sans être responsables des mauvaises chances. Ils doivent déposer, il est vrai, 200 actions en garantie de leur administration, c'est-à-dire 100,000 fr. Belle hypothèque, en vérité!

Les membres du conseil sont tous actionnaires ou même directeurs de quelque entreprise. La plus grande partie de leur fortune consiste en titres négociables. « *Ils autorisent, comme administrateurs de la Société générale, tous achats ou ventes d'actions ou d'obligations*, *tous crédits*, etc. Donc MM. E. Péreire, I. Péreire, B. Fould, A. d'Eichtal, F. Grieninger, Ch. Mallet, de Abaroa, comte Morny, C. Salvador, baron Seillière, A. Thurneyssen, Biesta, G. des Arts, E. André, administrateurs, ont le droit d'acheter à MM. E. Péreire, I. Péreire, B. Fould, A. d'Eichtal, etc., » simples particuliers, pour le compte du Crédit mobilier, les actions et obligations dont ils sont possesseurs. C'est une opération licite, où tout le monde peut trouver son profit. Sans doute les achats se font au cours du jour; mais n'oublions pas que la Société générale fera à sa guise la hausse et la baisse!...

Tant qu'un cumul aussi monstrueux sera possible, les protestations solennelles des Rapports sur la vertu des directeurs, qui, en *cette circonstance ou en cette autre*, se sont abstenus d'influer sur les cours, n'aboutiront qu'à faire hausser les épaules. La spéculation connaît sa conscience.

Tout prête à la *calomnie*, — puisque calomnie il y a, — dans l'organisation de la Compagnie générale. Nous savons à quoi nous en tenir sur la fiction des assemblées générales et de leur contrôle. Eh bien, il semble qu'on ait voulu éviter jusqu'à une éventualité de mauvaise humeur d'actionnaire. Voici ce que prescrivent les statuts :

« L'assemblée générale ne se compose que des 200 plus forts

actionnaires, » — qui tous sans doute ne répondront pas à la convocation.

« L'assemblée est régulièrement constituée lorsque les membres présents sont au nombre de 40 et réunissent dans leurs mains le dixième des actions émises.

« Si ces conditions ne sont pas remplies, il est fait une seconde convocation; et alors les membres présents délibèrent valablement, quel que soit leur nombre et celui de leurs actions.

« Il faut posséder 40 actions pour avoir une voix, sans que l'on puisse disposer de plus de 5 votes. »

Eh bien, cette élite d'actionnaires n'a pas même le droit de proposition. C'est du moins le but que se propose d'atteindre l'art. 51 ainsi conçu :

« L'ordre du jour est arrêté par le conseil d'administration. *Il n'y sera porté que les propositions émanant de ce conseil* et celles *qui lui auront été communiquées* quinze jours au moins avant la convocation de l'assemblée générale *avec la signature de dix membres de cette assemblée.* »

La liste des membres est arrêtée *un mois* seulement avant la convocation; et les propositions *signées de dix membres* doivent arriver au conseil *quinze jours au moins* avant cette même convocation.

De telles précautions ressemblent à de la défiance envers les actionnaires.

La plupart de ces dispositions sont sans doute communes à bien des sociétés. Ce n'est pas précisément une preuve de leur excellence. Mais les abus du pouvoir administratif sont moins à craindre dans certaines compagnies, comme la Banque de France et le Crédit foncier, que dans celle dont nous venons d'analyser les opérations.

Reconnaissons donc franchement qu'une institution de crédit comme celle du Crédit mobilier, utile, nécessaire même, quant à son objet, dépasse la mesure et la portée des compagnies particulières; qu'une institution, disons-nous, qui a besoin, pour subsister, de la Foi publique, ne peut être exploitée dans un intérêt privé; qu'une semblable aliénation est à la fois abusive et frauduleuse, et que le pouvoir qui la tolère, et les spéculateurs qui s'en emparent, encourent également le blâme, le premier de la nation, et les autres de la justice.

Les produits nets sont ainsi répartis :

1° 5 0/0 d'intérêt aux actions;

2° 5 0/0 au fonds de réserve.

Le surplus appartient :

1/10° aux administrateurs;

9/10es aux actions à titre de dividende.

Voici les résultats des trois exercices clos :

	1853	1854	1855
Produits bruts.	7,582,722 06	10,335,040 28	31,870,776 46
Frais généraux. . . .	2,158,561 69	2,556,477 21	3,788,775 07
Bénéfices nets	5,424,161 27	7,779,563 07	28,082,001 39

1853 : 40 fr. 25, ou 13 40 0/0 des sommes versées.
1854 : 59 fr. »», ou 12 »» 0/0 —
1855 : 203 fr. 70, ou 40 74 0,0 —

Les actions ont fait au début 1,785 fr.; elles se sont maintenues en 1853 entre 640 et 960; elles sont tombées en 1854, au plus bas, à 430; elles ont repris peu à peu à 700 et au-dessus, et ont atteint 1,650 en 1855, et 1,800 en 1856.

Les oscillations sur cette valeur sont brusques et marchent par soubresauts; il n'est pas rare de voir les cours varier de 25 à 30 fr. d'une Bourse à l'autre, monter ou tomber de 500 fr. en six semaines. C'est que le Crédit mobilier est la plus haute incarnation de l'esprit du jeu, de la spéculation échevelée, haletante et fiévreuse. Autant le calme, la régularité, la fixité de la mercuriale sont nécessaires au Crédit foncier, autant les fluctuations incessantes, les paniques, les emportements, les tempêtes sont indispensables au Mobilier. La stabilité de la cote, l'absence d'affaires nouvelles, l'abaissement du taux des reports pendant six mois mettraient la Société générale en liquidation.

SOCIÉTÉS ORGANISÉES SUR LE PLAN DU CRÉDIT MOBILIER.

Les développements dans lesquels nous sommes entré sur

l'organisation, le but et les moyens du Crédit mobilier nous dispensent d'analyser longuement les Sociétés suivantes, fondées sur le même plan et pour le même objet : souscrire, acquérir, vendre, échanger des effets publics, des actions et obligations, en France ou à l'étranger ; faire des avances sur nantissement ; recevoir des sommes en compte-courant, etc.

CAISSE GÉNÉRALE DES CHEMINS DE FER.

(Paris, 99, rue Richelieu.)

M. Mirès, gérant de cette société, revendique dans les termes suivants la priorité d'application, sinon de conception, du système qui sert de base au Crédit mobilier.

« Il y a bientôt huit années, nous avons fondé la *Caisse des actions réunies*. Le succès qu'elle obtint, l'importance des bénéfices qu'elle réalisa, attirèrent l'attention du monde financier, et il est permis de supposer, — sans présomption, — que ce fut le point de départ de la création du Crédit mobilier. » (*Journal des Chemins de fer* du 31 mai 1856.)

Par acte du 15 juin 1853, la *Caisse des actions réunies* changea sa dénomination en celle de *Caisse et Journal des Chemins de fer*, société en commandite, au capital de 12 millions, divisé en 24,000 actions de 500 fr. Durée, 30 ans 6 mois à dater du 1er juillet 1853.

Enfin, le 26 mai 1856, les directeurs :

« Considérant l'importance des entreprises faites, les traités passés pour d'autres entreprises plus considérables, et la nécessité de mettre la Société en état de remplir sa mission par la puissance du capital, après avoir pris l'avis du conseil de surveillance, ont arrêté :

« 1° D'adopter le titre de *Caisse générale des Chemins de fer ;*

« 2° D'élever à 50 millions de francs le capital de la Société. »

C'est, à 10 millions près, le capital du Crédit mobilier, et comme ce dernier, la Société Mirès se réserve d'émettre des obligations, mais seulement en chiffre égal au fonds souscrit. Y a-t-il à vivre pour deux Compagnies de cette importance? Entreront-elles en rivalité ou fusionneront-elles leurs fonds et leurs intérêts? En cas de concurrence et de guerre ouverte, il y aurait des frais à payer : le monde de l'agio va-t-il avoir, comme celui de la politique, ses partis, ses proscrits et ses prétendants?

On parle déjà d'*accord* et d'*entente* entre la Compagnie Mirès et celle du Crédit mobilier : c'est la sainte-alliance des capitaux qui se pose, expression la plus haute de la féodalité industrielle.

Les bénéfices, après le prélèvement de 5 0/0 d'intérêt aux actions, sont répartis comme suit :

5 0/0 au fonds de réserve, qui ne peut dépasser 2 millions;
19 0/0 à la gérance;
76 0/0 aux actions, à titre de dividende.

L'assemblée générale se compose des 200 plus forts actionnaires. 40 actions donnent droit à une voix, sans qu'on puisse disposer de plus de 10.

Les actions ont produit :

En 1854 : 69 fr. En 1855 : 79 90.

CAISSE CENTRALE DE L'INDUSTRIE.

(Paris, 108, rue Richelieu.)

Société en commandite sous la raison sociale *Vergniolle et Cie*. — Durée, 15 ans, finissant au 15 juillet 1870.

Capital social, 5 millions, divisé en 50,000 actions libérées de 100 fr.

Après l'intérêt de 5 0/0, les bénéfices sont répartis :

10 0/0 à la réserve;
15 0/0 à la gérance;
75 0/0 au dividende.

L'assemblée se compose de tous les propriétaires de 40 actions.

Le premier exercice a donné 15 0/0, et le second 20 0/0 de revenu.

SOCIÉTÉ DU CRÉDIT INDUSTRIEL.

(Paris, 4, rue Drouot.)

Société en commandite sous la raison sociale *Malevergne et Cie*. — Durée, 40 ans à partir du 20 septembre 1853.

Le capital est de 12 millions et les actions de 100 fr., mais il n'a encore été émis que 4 millions.

Après l'intérêt de 5 0/0 aux actions, on répartit :

10 0/0 au fonds de réserve;

10 0/0 au conseil de surveillance;

20 0/0 à la gérance;

60 0/0 au dividende.

L'assemblée se compose de tous les propriétaires de 40 actions.

CAISSE GÉNÉRALE DES ACTIONNAIRES.

(Paris, 110, rue Richelieu.)

Société en commandite sous la raison sociale : *L. Amail et Cie*. — Durée, 30 ans à partir du 1er juillet 1856.

Capital social, 25 millions, divisé en 50,000 actions de 500 fr. dont 250 payés.

La Compagnie publie le *Journal des Actionnaires*; par M. Jourdan, elle a un pied au journal le *Siècle*; elle vient de s'inféoder, sous le nom de M. Millaud, l'un de ses fondateurs, la *Presse*, vendue par M. de Girardin. — Elle se propose de fonder à Londres un bureau d'émission de valeurs françaises.

Après l'intérêt de 5 0/0 aux actions et le prélèvement du fonds de réserve, dont la quotité n'est pas déterminée, il est réparti :

5 0/0 au gérant;

15 0/0 aux fondateurs;

5 0/0 aux censeurs;

75 0/0 au dividende.

L'assemblée se compose de tous les propriétaires de 20 actions.

Les opérations du second semestre de 1856 n'ont pas été heureuses pour la compagnie. De graves mécontentements ont éclaté parmi les actionnaires : on nous en a cité un qui, croyant à une institution philanthropique, apparemment, avait offert 100,000 de capital, et les a réclamés ensuite avec véhémence.

La suite des affaires a été reprise par M. Millaud.

UNION FINANCIÈRE ET INDUSTRIELLE.

Nous avons entre les mains les statuts et le prospectus d'une Compagnie nouvelle qui se propose de faire les mêmes opérations que le Crédit mobilier ; elle se constitue de prime-abord au capital de 100 millions, avec faculté d'augmenter le fonds social s'il devenait insuffisant. Elle est provisoirement en commandite, sous la raison sociale : *Calley de Saint-Paul et Cie*.

Depuis la publication des statuts et du prospectus, il n'avait presque pas été question de cette société. Son apparition avait jeté une certaine émotion dans le monde des affaires et donné lieu à des commentaires qui se contredisaient : preuve que l'on ne savait rien de positif sur son compte. Les uns y voyaient une concurrence sérieuse au Crédit mobilier, appelée peut-être à le supplanter ; les autres considéraient l'entreprise comme un compérage qui donnerait, par le moyen de la fusion, la faculté au Crédit mobilier d'accroître son fonds social et de forcer la main au gouvernement, qui répugnait, disait-on, à autoriser une nouvelle émission de titres sur une place déjà si encombrée.

Les décrets des 30 janvier et 9 février 1857, autorisant l'emprunt de 50 millions du département de la Seine avec l'entremise de la société de l'*Union financière et industrielle*, ont fait connaître la réalité de cette compagnie, qui, si nos renseignements sont exacts, se proposerait en outre de s'appuyer sur des entreprises industrielles d'une haute importance.

Quoi qu'il en soit, l'esprit de coalition menace de tout englober : or nous demandons encore une fois : Quand tous les joueurs seront coalisés, sur qui prélèveront-ils des différences?

COMPAGNIE GÉNÉRALE DES CAISSES D'ESCOMPTE.

(Paris, 41, rue Taitbout.)

Voilà certes un titre sérieux, moral, sous lequel on ne songerait guère à chercher l'esprit d'aventure et de témérité qui caractérise le Crédit mobilier et ses annexes. Quoi de moins aléatoire que les opérations d'escompte? Le négoce ne vit pas d'oscillations, de fluctuations : au contraire, il en souffre cruellement; sa tendance est à la fixité, à la détermination des valeurs, qui laisserait peu de prise à l'agiotage, lequel fait toute l'importance des Sociétés de jeu. Il y a donc antagonisme entre les opérations sérieuses du commerce, basées sur des *livraisons certaines*, des cours normaux, et les spéculations boursières, qui ne visent qu'à des *différences*, à la hausse et à la baisse sans rime ni raison.

Cependant M. A. Prost, le directeur-gérant de la Société qui nous occupe, entend mener de front ces deux sortes d'affaires, bénéficier sur le certain et sur l'*alea*. C'est du moins le compte rendu de 1856 qui nous l'apprend.

« Aux termes de ses statuts, la Compagnie générale des Caisses d'escompte avait deux objets à poursuivre :

« Le premier était d'organiser et d'assurer le crédit commercial dans tous les centres provinciaux où elle fondait des Caisses d'escompte;

« Le second était de servir de centre de ralliement aux capitaux des départements pour les faire participer aux bénéfices de toutes les opérations financières habituelles aux maisons de haute banque et aux sociétés de crédit. »

L'escompte semble même n'avoir été, dans la pensée des fondateurs, qu'un moyen, un levier, un point d'appui.

« Au début, et *pour créer l'instrument qui devait nous servir à faire*, dans des conditions favorables, *les opérations de haute finance*, nous avons dû consacrer exclusivement nos efforts à l'organisation des Caisses d'escompte, et c'est tout récemment que nous avons trouvé opportun de poursuivre concurremment le second but de nos statuts. »

Occupons-nous d'abord du premier but.

La Compagnie générale des Caisses d'escompte est la dernière transformation de deux conceptions qui ont mal abouti : le *Comptoir commercial* et l'*Union financière*. Telle qu'elle est aujourd'hui, elle a pour objet :

« 1° De constituer successivement, dans toutes les villes qui le comporteront, des Caisses d'escompte ; 2° d'assurer lesdites Caisses contre les chances de pertes dans les conditions et proportions stipulées ci-après. » (Art. 3 des statuts.)

« Chaque Caisse d'escompte a son capital propre, parfaitement distinct de tout autre, et fonctionne avec la plus complète liberté d'action, sous le contrôle de la Société et dans les limites de ses propres statuts. — Les bénéfices de Caisses sont leur propriété exclusive. » (Art. 5.)

La Compagnie générale n'exerce donc qu'une sorte de patronage sur les Caisses particulières. Voici les conditions qu'elle y met :

Elle leur octroie des statuts; — elle nomme ou agrée les gérants ; — elle fixe l'importance de leur capital et la quotité des actions (500 fr. divisibles en coupons de 100 fr.) ; — elle limite leurs opérations ; — elle se réserve, moyennant commission, le placement des actions ; — elle envoie des inspecteurs et des délégués ; — elle impose une forme de comptabilité ; — elle se fait adresser chaque mois la balance des comptes, un état des créances échues et impayées, un état des actions souscrites et encaissées ; — elle peut requérir l'envoi de tous renseignements et pièces de comptabilité qu'elle juge utiles pour s'éclairer ; — elle détermine la répartition des bénéfices (40 0/0 à la gérance, 50 0/0 aux actionnaires, 10 0/0 au fonds de réserve) ; — elle fixe les appointements des employés ; — elle approuve ou improuve les comptes ; — elle peut faire prononcer la dissolution de la Société ; — elle se réserve toute modification aux statuts.

Pourquoi la Société-mère s'arroge-t-elle des droits aussi absolus sur des entreprises auxquelles elle n'avance pas un sou ? C'est qu'elle assure leur capital, moyennant une prime annuelle fixée, pour chaque 1,000 fr. d'affaires :

A 20 centimes	jusqu'à 20 millions.	
15	—	de 20 à 40 millions.
10	—	de 40 à 60 —
5	—	de 60 à 100 —
2 1/2		de 100 millions et au-dessus.

L'assurance appliquée aux banques est une innovation en économie. Le taux de l'escompte, suivant nous, ne doit être qu'un droit de commission pour le service rendu, augmenté d'une prime d'assurance contre les risques de non-payement. Le capital répond de la bonne gestion des directeurs, qui ne doivent jamais le laisser entamer.

Or si le capital d'une caisse, 300,000 fr. par exemple, est lui-même assuré, le gérant peut se permettre 300,000 fr. de perte sans dommage pour ses actionnaires. Il peut donc, en vue d'augmenter les produits nets, se montrer moins sévère sur le gage du papier présenté, accepter des créances suspectes, pousser à l'abondance des escomptes en négligeant la qualité des escompteurs. Tel est le péril de l'assurance en pareille matière. Et voilà pourquoi les directeurs des Caisses particulières ne sont que des commis à la discrétion des assureurs.

Après tout, en ce pays de routine, où l'esprit d'initiative par les masses est inconnu, c'était peut-être le seul moyen d'organiser le crédit et la circulation dont le commerce a tant besoin. Puis l'esprit est à la centralisation, à l'unification, à la complication bureaucratique, au communisme, en un mot. Telles qu'elles sont, les Caisses d'escompte valent mieux que rien.

Voici l'état qu'en donne le compte rendu de 1856 :

Villes.	Raison sociale.	Capital.
	1re ANNÉE (1852).	
Cherbourg	J. Chevel et Cie	130,000 fr.
Evreux	Boisney et Cie	195,500
	2e ANNÉE (1853).	
Bourges	Archambaud et Cie	86,500
Pont-Audemer	Traînard et Cie	146,500
Le Havre	Fort-Meu et Cie	245,000
Louviers	Deschamps et Cie	177,000
Arras	Gudin et Cie	412,500
Angoulême	Colin et Cie	300,000

Villes.	Raison sociale.	Capital.
Limoges	J.-J. Abria et Cie	220,000 fr.
Reims	Cordier et Cie	200,000
Guéret	Migoût et Cie	150,000
Coutances	Lerendu et Cie	135,000
	3e année (1854).	
Auxerre	J.-H. Dallemagne et Cie	305,000
Saint-Malo	Dupuy-Fromy père et fils et Cie	593,000
Troyes	Coquet-Delalain et Cie	378,000
Lisieux	Peulevey et Cie	231,000
Rennes	De Châteaubourg, Bataille et Cie	874,000
Saint-Claude	F. David et Cie	164,500
Morez	Lhomme et Cie	93,500
Falaise	Jardin, Lodin et Cie	191,500
Morlaix	Steinfort et Cie	600,000
Tonneins	De Forcade et Cie	123,500
	4e année (1855).	
Lorient	Le Deuc et Cie	504,500
Thiers	Giraud et Cie	282,500
Le Puy	Argault et Cie	600,000
Brest	Ferré, Cerof et Cie	593,500
Aix	J. Céalis et Cie	125,000
Tours	Bastard et Cie	166,500
Saint-Brieuc	Dupuy-Fromy et Cie	1,000,000
Paris (cuirs et papiers)	Bonhomme, de Carfort et Cie	750,000
Quimper	Ouilmin et Cie	349,000
Dunkerque	Perot, Hamoir, Martin et Cie	270,500
Lyon	Vouillemont, Chavard et Cie	1,233,000
Clermont	Lamy et Cie	750,000
Nantes	Gauja et Cie	756,500
Avignon	Marseille et Cie	429,500
Salins	Villemin-Duboz et Cie	100,000
	5e année (cinq mois de 1856).	
La Rochelle	Galzain et Cie	781,000
Saint-Étienne	Beraud, J. Blanc et Cie	1,539,000
Beauvais	Bellon et Cie	70,000
Nancy	De Villevieille et Cie	600,000
Angers	Lechalas et Cie	750,000
Aurillac	Garnier et Cie	476,500
Rodez	R. Yence et Cie	204,500
Cholet	Bureau et Cie	500,000
Condom	De Peyrecave et Cie	160,000
	Montant du capital en caisse	19,503,500

En résumé, 46 caisses en exercice ; plus 9 constituées, représentant un capital souscrit de plus de 4 millions, et 7 en organisation. En tout 62 caisses, représentant, avec le fonds social de la Compagnie, 26,703,500 fr.

Puisque les Caisses d'escompte de chaque localité existent sous une raison sociale et avec un capital propres, qu'est-ce que la Compagnie générale? C'est, — à part l'assurance dont nous avons parlé, — un petit Crédit mobilier. A quoi lui servent tous ces comptoirs? Le Rapport va nous l'apprendre.

« A mesure que nous avons avancé dans l'organisation des Caisses d'escompte, nous avons vu se développer de plus en plus dans la clientèle que ces Caisses représentaient un élément d'action et de ressources auxquelles les transactions commerciales ne pouvaient servir d'aliment.

« Nos Caisses, livrées à elles-mêmes, vous le savez, messieurs, sont rigoureusement limitées aux opérations de l'escompte, et nous exerçons sur elles un contrôle et une surveillance si incessants qu'il leur est impossible de s'écarter de leur mission spéciale et d'égarer le capital dont elles disposent sur toute opération de crédit autre que l'escompte, dont les risques, non plus que les bénéfices, n'ont rien d'aléatoire; mais elles peuvent, avec le concours de la Compagnie et avec son autorisation, participer aux affaires de fonds publics et aux concessions administratives qui offrent des avantages certains, et, à leur tour, faire jouir leurs actionnaires et leur clientèle des avantages d'une association départementale centralisée à Paris. C'est ainsi que cette masse de capitaux disponibles, qui ne pouvait trouver d'emploi dans les Caisses d'escompte, a répondu au premier appel de la Compagnie générale, qui est autorisée par ses statuts à prendre l'initiative de toutes les opérations de banque et de crédit.

« La première opération de cette nature qu'ait faite la Compagnie générale des Caisses d'escompte a été l'organisation de la Compagnie générale de Crédit en Espagne. »

C'est donc toujours le même système : neutraliser la concurrence des capitaux isolés, les empêcher d'agir sur la place; en second lieu les englober aux mains de quelques habiles. Les Caisses des localités créent à la Compagnie centrale une source de comptes-courants inépuisable. Aussi va-t-elle se lancer en grand dans les opérations de la *haute finance*. A cet effet l'assemblée du 20 juin 1856 a décidé que le capital serait porté de 3 millions à 30 millions.

La Société s'est donné un organe, le *Journal du Crédit public*. Elle a fondé la *Société des Banquiers-Unis*, « qui s'interdit toute espèce d'opération pour son compte et n'a en vue que l'intérêt de ses clients, c'est-à-dire l'intérêt général. » C'est elle encore qui a fait les frais de *l'Annuaire de la Bourse et de la Banque*, 4 vol. grand in-18, compacte, compilation gigantesque, destinée sans doute à mettre en rut tous les capitalistes, petits et grands, de l'Europe, et à faire taire la critique par la multitude et la masse des entreprises. — A cet effet, elle se charge de la vente et de l'achat de toutes les valeurs cotées à la Bourse moyennant un droit de 1 fr. par 1,000 fr. Les ordres qu'on lui transmettra « seront exécutés fidèlement, ponctuellement et avec économie, sous le contrôle permanent d'un véritable conseil de famille. » Rien de plus patriarcal, comme on voit.

Le journal donnera des conseils et des renseignements.

« Le vaste champ de la spéculation offre au capital indécis un choix difficile à faire entre une foule d'opérations dont l'importance collective dépasse 20 milliards.

« Isolé au milieu de tant de séductions, il est bien malaisé de fixer ses préférences, de *rencontrer à point* les bonnes occasions et d'en tirer le parti le plus avantageux.

« Il faut prendre conseil; mais ici nouvel embarras, nouveaux dangers : renseigné au hasard, on peut acheter ou vendre *en temps inopportun*, et l'on devient *la proie* de concurrents *mieux avisés;* livré à des intermédiaires probes, mais indifférents, *on perd* le fruit des meilleures combinaisons. »

Encore une fois, quand tous les spéculateurs seront *bien avisés*, qu'ils *rencontreront à point* les bonnes occasions, qu'ils vendront ou achèteront *en temps opportun*, qu'ils *ne perdront plus* le fruit des meilleures combinaisons, sur *quelle proie* se rabattront-ils? Plus de dupes, plus de profits. Si tous ces organisateurs croyaient à la réussite d'un tel programme, ils se garderaient d'y travailler; car ce serait leur suicide.

Après le prélèvement des intérêts à 5 0/0, les bénéfices sont répartis :

50 0/0 au dividende;

10 0/0 aux mandataires et employés;

40 0/0 à la gérance.

L'assemblée se compose de tous les propriétaires de 10 actions.

La durée de la Société est de 30 ans à partir du 5 avril 1852.

Les trois exercices clos ont produit aux actions, 13, 15 et 16 0/0.

CAISSES AFFECTÉES SPÉCIALEMENT A L'ESCOMPTE.

BANQUES COLONIALES.

Les banques de la Martinique, de la Guadeloupe et de la Réunion ont été instituées par la loi des 25 avril, 26 juin et 11 juillet 1851, pour une durée de 20 ans, à partir du 1er janvier 1853; elles sont chacune au capital de 3 millions divisé en 6,000 actions de 500 fr.

La Banque du Sénégal a été instituée par décret du 21 décembre 1853, pour 20 ans à dater du 1er juillet 1855, au capital de 230,000 fr.; actions de 500 fr.

Celle de la Guyane, par décret du 1er février 1854, pour 20 ans à dater du 1er janvier 1855; capital 300,000 fr.; actions de 500 fr.

Toutes ces banques sont en société anonyme et ont à Paris une agence centrale, rue d'Amsterdam, 37.

BANQUE DE L'ALGÉRIE.

Société anonyme instituée par décret du 4 août 1851. — Capital, 3 millions; actions de 500 fr. — Durée, 20 ans à partir du 4 août 1851. — Siége social à Alger; succursales à Oran et à Constantine; correspondant à Paris, le Comptoir d'escompte.

Revenu des actions pendant les quatre exercices clos : 21 fr. 60; 30 fr. 65; 32 fr. 25; 36 fr. 50.

CAISSES DIVERSES EN COMMANDITE.

1° Caisse commerciale; *Béchet, Dethomas et Cie*, 17, boulevard Poissonnière. — Capital, 10 millions; actions de 500 fr. Dernier dividende, 37 fr. 40.

2° *Lehideux et Cie*, 83, rue Charlot. — Actions de 1,000 fr. dont 2,000 seulement ont été émises sur 6,000. Dernier dividende, 73 fr. 50.

3° *Bouron et Cie*. — Capital, 1 million; actions de 500 fr. Dernier revenu, 9 0/0.

4° Comptoir commercial d'Angers; *Pigot, Bougère et Cie*. — Capital, 600,000 fr.; actions de 500 fr. Dernier revenu, 6 0/0.

5° Caisse commerciale du Nord; *J. Decroix et Cie*, à Lille. Capital, 3 millions; actions de 1,000 fr. Dernier revenu, 9 0/0.

6° Caisse industrielle du Nord; *Dupont, Depâris et Cie*, à Valenciennes. — Capital, 10 millions; actions de 1,000 fr. dont 375 versés. Dernier revenu, 30 fr.

7° Caisse commerciale de Saint-Quentin; *Lécuyer et Cie*. — 16,000 actions de 500 fr. Dernier revenu, 57 fr. 50.

8° Caisse commerciale de Roubaix; *J. Decroix, Vernier, Verley et Cie*. — 1,600 actions de 500 fr., dont 250 versés.

9° Caisse départementale de la Mayenne; *Picquet et Cie*, à Laval, 600 actions de 1,000 fr. Dernière répartition, 95 fr.

10° Comptoir de la Méditerranée; *Gay, Bazin et Cie*, à Marseille. — Capital, 10 millions; actions de 500 fr.

COMPTOIR CENTRAL.

(Paris, 51, rue de la Chaussée-d'Antin.)

M. Bonnard a fondé sa première maison à Marseille, en

1849; avec un capital de 7,825 fr., il a fait dès la première année 434,624 fr. d'affaires.

Son capital était, au commencement de 1853, de 98,400 fr. Le chiffre des affaires, en 1852, s'est élevé à 3,558,182 fr.; les bénéfices à 115,025 fr., et le dividende à 76 04 0/0.

Encouragé par ces débuts, M. Bonnard a fondé des succursales à Lyon et à Strasbourg; enfin il a organisé un comptoir à Paris, par acte du 24 mai 1853. Le capital est de 100 millions, et les actions de 100 fr.; mais il n'en a encore été émis que 110,680.

La Banque Bonnard est une sorte de maison de commission pour le placement des marchandises, opérant à l'aide d'une tactique particulière dont l'auteur s'est fait une espèce de secret. Ses opérations sont fort diversement jugées: elles ont trouvé d'avides imitateurs et de sévères adversaires : mais il est juste de dire que, quelle que soit la tendance anti-monétaire de son industrie, le but avoué du fondateur n'a rien du tout de social ni de philanthropique.

SOCIÉTÉ GÉNÉRALE DE CRÉDIT MARITIME.

(Paris, 5, rue de Provence.)

Cette Société a eu beaucoup de peine à éclore. Elle s'annonçait d'abord au capital de 50 millions, et parlait même de le porter à 100; elle s'est enfin constituée, sous la raison sociale *Collas et Cie*, au capital de 20 millions; mais elle n'a encore émis que 4,544 actions de 500 fr. — Durée, 50 ans à partir du 10 mai 1853.

Ses opérations ont pour objet :

« 1° Les avances à faire à tous négociants, armateurs, expéditeurs, commissionnaires, sur connaissements et sur marchandises, navires ou armements assurés contre les risques de mer;

« 2° Les prêts à la grosse;

« 3° Toutes opérations commerciales d'importation et d'exportation faites pour le compte de tiers, la Société ayant cru devoir, par une réserve facile à apprécier, s'abstenir d'opérations pour son propre compte;

« 4° Des parts d'intérêts à prendre dans les armements de pêche et autres, et dans le service des paquebots. »

CHAPITRE II.

Canaux.

Les canaux ont été créés pour relier entre eux les différents bassins de la France. Ce sont des rivières artificielles établies entre les fleuves. Elles permettent aux marchandises de circuler d'une contrée dans une autre sans recourir à la voie dispendieuse de roulage. On a aussi canalisé certaines rivières que les débordements, les sécheresses, les ensablements rendent périodiquement ou continuellement impraticables.

L'idée de la canalisation remonte loin dans l'histoire. Il en fut question sous François Ier, quelques auteurs disent même sous Charlemagne. Cependant les premiers canaux creusés furent celui de Briare, entrepris sous Henri IV et achevé sous Louis XIII, et celui du Languedoc, construit de 1664 à 1684. Le canal de Bourgogne fut commencé en 1775, et celui du Centre en 1784. Mais la plupart ont été achevés ou complétement creusés depuis le commencement de ce siècle.

Le bassin du Rhône communique avec la Loire moyenne par le canal du Centre; avec le Rhin par le canal de l'Est; avec la Seine par celui de Bourgogne; avec la Garonne par celui de Beaucaire.

Le bassin de la Seine est rattaché à la Loire, par les canaux d'Orléans, de Briare et du Nivernais; à l'Escaut par les canaux de Saint-Quentin et de la Somme; à la Meuse par les canaux de la Sambre à l'Oise et des Ardennes; au Rhin par le canal de la Marne; au Rhône par le canal de Bourgogne.

Le bassin de la Loire se relie aux bassins du Rhône et de la Seine par les artères que nous venons d'indiquer; aux départements isolés de l'ancienne Bretagne par les canaux de Bretagne, du Blavet et d'Ille-et-Rance.

Le système de canalisation est loin d'être complet. Aussi les travaux projetés dépassent-ils de beaucoup en importance ceux déjà accomplis.

Le développement qu'ont pris et auquel sont appelés les chemins de fer semble devoir jeter un discrédit sur la navigation intérieure. C'est une concurrence menaçante. La rapidité des transports de la voie ferrée est un appât auquel pour le moment tout le monde se laisse entraîner. Si ce mouvement continue, les canaux seront sans doute momentanément désertés.

Toutefois, le poids énorme que la batellerie peut transporter avec peu de matériel paraît devoir lui conserver longtemps sur les chemins de fer l'avantage du bon marché. La vitesse extrême des expéditions n'est pas un élément de valeur pour tous les produits. On amène aujourd'hui à Paris, en huit ou dix heures, de vingt à trente lieues et plus, des pierres, des solives, des fers, qui obstruent des semaines entières les gares des chemins de fer, et restent ensuite six mois, un an, avant d'être employés. Le bénéfice de la célérité n'est point en ce cas une compensation à la cherté du transport. Les houilles, les bois, les grains, les métaux, les matériaux de construction, matières encombrantes et fort lourdes, continueront de choisir, pensons-nous, les voies navigables.

Les progrès d'économie et les perfectionnements dont la traction des chemins de fer est susceptible sont applicables à la navigation. Aussi doit-il y avoir place pour la batellerie à côté des railsways. La concurrence entre ces deux espèces d'entreprises importe au plus haut point au commerce, déjà menacé d'un exhaussement de tarif par la coalition et la fusion des grandes compagnies de chemins de fer.

Les canaux furent creusés par l'État. Seulement il fallut, pour subvenir aux dépenses, recourir au crédit privé.

A cet effet, les lois des 5 août 1821 et 14 août 1822 sanctionnèrent les traités passés par le ministre avec cinq Compagnies, et par lesquels le gouvernement empruntait une somme de 126,100,000 fr. Ces emprunts ne furent point contractés dans la forme ordinaire de ceux dont nous avons parlé au chapitre de la Dette publique,

L'État s'obligeait envers les prêteurs :

1° A payer l'intérêt au taux suivant :

Canal du Rhône au Rhin	6 »» 0/0
Canaux de Bretagne	5 62
Canal du Berry	5 31
— du Nivernais	5 28
— latéral à la Loire	5 17
— d'Arles à Bouc	5 12
— de Bourgogne	5 10

2° A rembourser en quarante-cinq annuités le capital, au moyen d'une prime de 1 1/2 0/0 payée *sur le chiffre intégral de* 126,100,000 fr. *jusqu'à remboursement complet ;*

3° A imputer en augmentation du fonds d'amortissement l'excédant des recettes (après les dépenses de surveillance, perception, intérêts payés, entretien et réparations) ;

4° A leur abandonner l'excédant des revenus au delà de 8 0/0 ;

5° A livrer les canaux à la navigation dans un délai de 10 ans, sauf, en cas de retard, à payer une indemnité de 2 0/0 ;

6° A laisser aux prêteurs le droit de fixer les tarifs de navigation ;

7° A leur accorder, après l'amortissement complet, pendant une période de 99 ans pour le canal du Rhône au Rhin, et de 40 ans pour les autres, la moitié du revenu de ces canaux.

Ces ressources étaient loin de suffire à l'établissement projeté, et l'État dut y suppléer par d'autres crédits. Les dix canaux suivants : — Bourgogne, Rhône au Rhin, Arles à Bouc, latéral à la Loire, Berry, Nivernais, Centre, trois canaux de Bretagne, — d'un développement de 1,970 kilomètres, ont coûté 269,742,000 fr. soit une moyenne de 137,000 fr. par kilomètre environ.

Les Compagnies concessionnaires des emprunts créèrent 128,000 actions de 1,000 fr., dites *actions d'emprunts*, portant intérêt et remboursables conformément aux conditions sus-énoncées. Afin de réaliser immédiatement l'éventualité de partage des bénéfices qui devait courir dans quarante-cinq ans, elles attachèrent à chaque action de capital une *action de jouissance*.

Les actions de jouissance ne représentent donc aucun capital versé, mais simplement la participation éventuelle au revenu net des canaux, qu'auront les Compagnies à partir de 1867.

En 1821-22, on n'avait aucune donnée sur les probabilités de gain de la canalisation; l'expérience n'était pas faite. Les capitaux étaient chers, et il leur fallait un puissant appât pour les attirer. Cependant les produits de la navigation intérieure ne répondirent pas à l'attente. Ils n'ont jamais dépassé en moyenne 1/2 0/0. La concurrence des chemins de fer ne semble pas devoir les améliorer.

La pratique a démontré que les moindres droits de navigation sont prohibitifs. Voici un tableau représentant les tarifs légaux, par tonne de 1,000 kilogr. et par kilomètre, sur les principaux canaux. Il est aisé de comprendre, au simple aperçu des prix, qu'ils n'ont jamais pu être appliqués.

OBJET.	Canal du Midi.	Canal de Briare.	Canal du Centre.	Canal Saint-Quentin.	Canaux de 1821-22
Fumier, sable et gravier. .	0,020	0,015	0,020	0,010	0,010
Houille.	0,027	0,020	0,015	0,020	0,048
Farine.	0,080	0,054	0,040	0,020	0,087
Blé.	0,080	0,054	0,040	0,020	0,067
Vin.	0,080	0,120	0,040	0,020	0,081
Fer.	0,010	0,444	0,040	0,020	0,060
Tissus.	0,080	0,080	0,040	0,020	0,088
Bois de charpente (le stère).	0,066	0,019	0,010	0,008	0,040
Planches et chevrons (id.).	»	0,014	0,012	0,006	0,040

Les moindres droits légaux sur la houille sont de 0,015 (canal du Centre) par tonne et *kilomètre*, et le tarif effectif de navigation sur la Saône n'est pas plus élevé par tonne et *myriamètre*.

Au fond, qu'importait aux prêteurs le revenu net ou brut de l'entreprise? n'avaient-ils pas pour garantie l'intérêt et le remboursement des actions d'emprunt? Le droit de jouissance se trouvait seul compromis. Or, c'était là une clause aléatoire dont l'État ne pouvait garantir la valeur.

Les Compagnies ne l'entendirent pas ainsi. Elles entreprirent d'obliger le gouvernement au remboursement des actions de jouissance, et elles s'armèrent à cet effet de leur droit de tarification. L'élévation des tarifs n'eut plus pour but une augmentation de recettes, mais une interdiction absolue de naviguer ; elles imposèrent au gouvernement l'ordonnance du 17 avril 1843 qui décuplait les droits des bois de construction et triplait ceux des houilles sur le canal du Rhône au Rhin. Les réclamations du commerce devaient, suivant ce calcul, forcer la main au ministère et l'obliger à rendre au public l'usage des canaux, moyennant indemnité aux Compagnies.

Elles demandèrent en conséquence 40 millions de leurs actions de jouissance. Le ministère accepta le chiffre et proposa par deux fois le rachat à la Chambre, en 1843 et en 1844. La proposition fut repoussée avec vigueur.

Le gouvernement dut alors faire acte d'autorité et rapporter son ordonnance du 17 avril 1843. Et les juifs de crier à la spoliation, et de poursuivre leur but par toutes les tracasseries possibles!

Afin de leur donner satisfaction, une loi du 29 mai 1845 décréta le rachat en principe et détermina le mode d'évaluation de la manière suivante :

« Les droits attribués aux Compagnies par les lois des 5 août 1821 et 14 août 1822, représentés par les actions de jouissance des canaux exécutés par voie d'emprunt, pourront être rachetés par l'État pour cause d'utilité publique. Le prix du rachat sera fixé par une commission spéciale instituée pour chaque Compagnie et composée de neuf membres, dont trois seront désignés par le ministre des finances, trois par la Compagnie, et trois par le premier président et les présidents réunis de la cour royale de Paris. »

Ce n'était pas le principe, mais le fait que voulaient les Compagnies. Aussi revinrent-elles à la charge.

Deux projets de rachat furent soumis à l'Assemblée en 1850 et 1851 ; la commission chargée de l'examen y substitua un projet d'affermage, qui ne vint pas à discussion.

Enfin le décret du 21 janvier 1852 est venu donner gain de cause aux trois Sociétés les plus importantes.

« Il sera immédiatement procédé, dans les formes prescrites par la loi du 29 mai 1845, au rachat des droits attribués aux Compagnies du canal du Rhône au Rhin, des Quatre-Canaux et du canal de Bourgogne, par les lois des 5 août 1821 et 14 août 1822, et représentés par les actions de jouissance desdits canaux.

« Le capital qui aura été fixé pour le prix du rachat sera payable en trente annuités composées chacune de l'intérêt à 4 0/0, et du fonds d'amortissement nécessaire pour opérer en trente ans la libération de l'État. »

La loi du 3 mai 1853 a complété l'opération :

« Une somme de 7,480,742 fr. 80 c., valeur au 1er juin 1852, est affectée au rachat des droits attribués à la Compagnie du Rhône au Rhin, représentés par les actions de jouissance, dont le prix a été fixé le 4 juin 1852 par la commission instituée en vertu du décret du 21 janvier.

« Un titre donnant droit à trente annuités, chacune de la somme de 432,612 fr., sera délivré à cet effet par la Compagnie, en remplacement des droits attribués aux actions de jouissance émises par elles et dont les titres seront annulés.

« 6 millions sont affectés au rachat des actions de jouissance du canal de Bourgogne, dont le prix a été fixé le 11 juin 1852 par la commission. Les trente annuités sont de 346,980 fr. chacune.

« 9,800,000 fr. sont affectés au rachat des actions de jouissance des Quatre-Canaux, suivant le prix fixé par la commission le 12 juin 1852. Les trente annuités sont de 566,735 fr. chacune. »

Ainsi nous comptons :

Pour le canal du Rhône au Rhin. . .	7,480,742 80
Pour le canal de Bourgogne.	6,000,000
Pour les Quatre-Canaux	9,800,000
Total.	23,280,742 80

N'oublions pas que les annuités comprennent l'intérêt à 4 0/0. En sorte que les trente annuités s'élèveront :

Canal du Rhône au Rhin (432,612 fr. par an) à. .	12,978,360 fr.
— de Bourgogne (346,980 fr. par an) à.	10,409,400
Quatre-Canaux (566,735 fr. par an) à.	17,002,050
Total en 30 ans	40,389,810

Nous trouvons, dans le rapport de la commission chargée de l'examen du projet de rachat en 1851, les chiffres suivants :

« En 1847, année de prospérité pour la navigation intérieure, les trois canaux de Bretagne ont dépensé. . . . . 653,319 fr.

« Ils ont produit. 160,125

« Déficit. 493,194

« Les dix canaux ci-après (dans lesquels se trouvent compris les trois de Bretagne) :

Du Nivernais, Du Berry, Latéral à la Loire, De Nantes à Brest, D'Ille-et-Rance, Du Blavet, Du Rhône au Rhin, De Bourgogne, D'Arles à Bouc, Du Centre,	Actions de jouissance rachetées,

ont produit pendant six ans, — de 1845 à 1850 inclusivement, — 3,805,576 fr., soit en moyenne 562,579 fr. 16 c. de bénéfice net. »

Ce serait pour les droits de jouissance des sept canaux productifs une annuité de 281,239 fr. 58 c., soit 40,177 fr. 08 c. par canal, et pour la Compagnie des Quatre-Canaux, néant.

Voilà les éventualités de profits que le gouvernement rembourse au prix de 40 millions et plus, 40 millions dont il n'a pas touché un sou, sur lesquels il ne doit absolument rien, puisque le droit de jouissance était une clause aléatoire que le contrat ne garantissait ni en *minimum* ni en *maximum*. Les conditions du prêt sans cette clause étaient déjà trop onéreuses.

Le succès des trois Compagnies est de bon augure pour les autres.

Il en coûte cher pour se débarrasser des usuriers, et Montesquieu a eu quelque raison d'écrire :

« Les banquiers soutiennent l'État comme la corde soutient le pendu. »

QUATRE-CANAUX.

(Paris, 20, rue Saint-Fiacre.)

Les canaux *de Bretagne*, *du Nivernais*, *du Berry*, et le canal *latéral à la Loire* ne forment qu'une Compagnie.

Les *canaux de Bretagne* sont au nombre de trois. — 1° Le

canal de *Nantes à Brest*, commencé en 1806; il passe successivement du bassin de la Loire dans celui de la Vilaine, du bassin de la Vilaine dans celui du Blavet, et de ce dernier dans celui de l'Aulne, qui débouche dans la rade de Brest. Il a 374 kilomètres de développement et a coûté 45,646,667 fr. — 2° Le canal *d'Ille-et-Rance*, commencé en 1804; il a pour but de réunir la Manche à l'Océan; il passe du bassin de l'Ille dans celui de la Rance et débouche dans la Vilaine vers Rennes. Il a 84,784 mètres de longueur, et a coûté 14,226,779 fr. — 3° Le canal *du Blavet*, ouvert en 1825. Ce n'est qu'un embranchement vers la mer du canal de Nantes à Brest; il commence par Pontivy et se termine à Hennebon, où le Blavet est naturellement navigable. Il a un développement de 59 kilomètres et demi, et a coûté 5,375,964 fr.

Le canal *du Nivernais* commence à Auxerre, remonte la vallée de l'Yonne jusqu'à la Chaise, s'élève jusqu'au plateau de Breuilles, où il traverse le seuil séparant les deux bassins, et descend ensuite vers la Loire en suivant le ruisseau de Baye jusqu'à Mingot et la vallée de l'Aron jusqu'à Decize. Il a un parcours de 176 kilomètres, et a coûté 30,317,871 fr.

Le canal *du Berry* se compose de trois branches qui se réunissent en un même point près de Rhimbé. La première communique au canal latéral de la Loire, en aval du Bec-d'Allier, en suivant la vallée de l'Aubois. La seconde se dirige vers la Loire par Bourges et Vierzon, en suivant les vallées de l'Aurai, de l'Yèvre et du Cher. Le troisième remonte jusqu'à Montluçon en suivant les vallées de la Marmande et du Cher. Il communique avec le canal du Rhône au Rhin par le canal latéral à la Loire et le canal du Centre. Il a été commencé en 1808. Son développement est de 320 kilomètres; il a coûté 20,963,577 fr.

Le canal *latéral à la Loire* prend son origine à Digoin, et se raccorde à 5 kilomètres de cette ville avec le canal du Centre. Il va déboucher dans le canal de Briare. Commencé en 1822, il a été ouvert en 1838. Son parcours est de 198 kilomètres. Il a coûté 29,980,337 fr.

Le montant des prêts de la Compagnie des Quatre-Canaux s'élevait à 68 millions ainsi répartis :

Canal du Nivernais. . . .	8 millions.	
— du Berry.	12	—
— latéral à la Loire ..	12	—
— de Bretagne. . . .	36	—

Les actions sont de 1,000 fr., au porteur ou nominatives ; le montant en a été acquitté en dix ans, de 1823 à 1832 ; elles portent intérêt à 5 0/0, et sont remboursables à 1,250 fr., c'est-à-dire avec 250 fr. de prime, en trente-cinq tirages, de 1833 à 1867. Les arrérages se payent le 1er avril et le 1er octobre.

L'action de jouissance donnait droit à 1/68,000e sur la moitié du revenu annuel des Quatre-Canaux pendant 40 ans à compter de 1867. On vient de voir que cette moitié du revenu se liquide par un déficit annuel d'environ 500,000 fr. C'est ce droit que l'État vient de racheter au prix de trente annuités de 566,735 fr. chacune. Total des annuités, intérêts compris, 17,002,950 fr.

CANAL DE BOURGOGNE.

(Paris, 20, rue Saint-Fiacre.)

Ce canal réunit le bassin de la Seine à celui du Rhône. L'une de ses embouchures est à Saint-Jean-de-Losne, l'autre à la Roche-sur-Yonne. Commencé en 1775, il a été livré à la navigation depuis 1832. Son développement est de 242 kilomètres. Il a coûté 54,403,314 fr.

Les actions de 1,000 fr., valeur nominale, sont au nombre de 27,200 ; elles sont remboursables de semestre en semestre jusqu'en 1868.

Ces actions sont au porteur et jouissent d'un intérêt de 5 0/0 payable au Trésor le 1er avril et le 1er octobre.

Les propriétaires d'actions au porteur ont la faculté de les déposer contre des inscriptions nominatives transférables d'un nom à un autre, et qui peuvent se convertir en titres au porteur.

Le capital prêté était de 26 millions. Les 27,200 actions

actuelles, représentant un capital de 27,200,000 fr., comprennent la prime d'amortissement affectée au remboursement. C'est une combinaison par laquelle la Compagnie a transformé immédiatement en capital les annuités successivement payables ; de sorte que les actions de 1,000 fr. sont remboursables au pair.

L'action de jouissance donnait droit, pendant 40 ans, à partir de 1868, à 1/27,200e de la moitié du produit net annuel, évalué par approximation à 40,177 fr. 08. La loi du 5 mai a racheté ce droit au prix de trente annuités de 346,980 fr., soit, avec les intérêts, 10,409,400 fr.

CANAL DU RHONE AU RHIN.

(Paris, 12, place Vendôme. — Strasbourg.)

Les travaux de ce canal, autrefois canal de Monsieur, commencés en 1784, n'ont été terminés que depuis la loi de 1833 ; mais la partie connue sous le nom de canal du Doubs à la Saône était ouverte dès 1790. — Il prend son origine sur la Saône, en amont de Saint-Jean-de-Losne, franchit à Valdieu le faîte qui sépare les deux bassins, et vient aboutir dans l'Ill, en amont et près de Strasbourg. Un embranchement est dirigé de Mulhausen sur Huningue et Bâle. Son développement total est de 349 kilomètres, y compris l'embranchement d'Huningue, qui en a 28. Il a coûté 28,191,803 fr.

Le capital prêté pour l'achèvement de la section comprise entre Besançon et Strasbourg est de 10 millions de francs, divisés en 10,000 actions au porteur, de 1,000 fr. chacune.

Les actions d'emprunt portent 5 0/0 d'intérêt, payable au 30 juin et au 31 décembre. Elles sont accompagnées d'un coupon de prime de 250 fr. payable le jour du remboursement.

L'action de jouissance donnait droit à 1/10,000e du produit, soit environ 4 fr., pendant 99 ans, à partir de l'achèvement des travaux. Le gouvernement a racheté ce droit au prix de trente annuités de 432,612 fr. chacune, soit avec les intérêts 12,978,360 fr., ce qui fait pour chaque action 1,297 fr. 83 c.

CANAL D'ARLES A BOUC.

(Paris, 20, rue Saint-Fiacre.)

Ce canal, ouvert sur la rive gauche du Rhône, a pour but d'offrir à la navigation une voie indépendante des accidents du fleuve. Entrepris en 1802, il a été livré à la navigation pour une partie en 1829, et pour le reste en 1834. Son parcours est de 47,338 mètres. Il a coûté 11,147,448 fr.

L'emprunt affecté à ce canal était de 5,500,000 fr., portant intérêt à 5 3/25e 0/0, et remboursables avec prime. Il s'est formé, comme pour le canal de Bourgogne, une société ayant pour but la capitalisation immédiate de tout ce qui excède 5 0/0 des annuités payées par l'État : en sorte que les actions sont au nombre de 6,000, chacune de 1,000 fr. Elles portent intérêt à 5 0/0 l'an, payable le 1er avril et le 1er octobre, et doivent être remboursées par voie de tirage au sort depuis 1829 jusqu'en 1864.

L'action de jouissance donne droit à 1/6,000e de la moitié du revenu pendant 40 ans, à partir du remboursement complet des actions d'emprunt.

TROIS-CANAUX.

(Paris, 20, rue Saint-Fiacre.)

La Compagnie des Trois-Canaux, autrefois du duc d'Angoulême, comprend le canal des Ardennes, le canal de la Somme et la navigation de l'Oise.

Le canal des Ardennes, entrepris en 1821, a pour but de réunir les vallées de l'Aisne et de la Meuse. Il prend son origine à Donchery, sur cette petite rivière, remonte la vallée de la Bar, et aboutit à Semny, sur la rivière de l'Aisne. De Semny, il se prolonge d'un côté dans la vallée d'Aisne jusqu'à Neufchâtel ; de l'autre il remonte l'Aisne jusqu'à Vouziers. Sa longueur est de 105 kilomètres et demi. Il a coûté un peu plus de 15 millions.

Les travaux du canal de la Somme, commencés en 1770, suspendus et repris à diverses époques, n'ont été terminés que depuis 1827. Ce canal a pour but d'établir par la vallée de la Somme une communication entre Paris et la mer. Il s'embranche près de Saint-Simon, sur le canal de Crozat, et vient déboucher sous les murs de Saint-Valéry. Son parcours est de 156 kilomètres et demi. Il a coûté 9,389,113 fr.

Le canal latéral de l'Oise a été ouvert en 1828. Sa longueur est de 28 kilomètres et demi. Il a coûté 5,600,776 fr.

La réunion de ces trois canaux en une même Compagnie a été autorisée par ordonnance du 3 mars 1835. Ses titres, représentatifs d'un prêt de 17,600,000 fr., consistent :

1° En 19,600 actions d'emprunt, de 1,000 fr. chacune, valeur nominale, portant intérêt à 5 0/0, payable le 10 avril et le 10 octobre. Ces actions sont garnies de feuilles d'intérêts de dix semestres au plus, sauf renouvellement à mesure des besoins ;

2° En 19,600 coupons de prime de 250 fr. chacun, portant les mêmes numéros que les actions d'emprunt, dont ils sont détachés ;

3° En 19,600 actions de jouissance divisées en trois sections. — Celles de la première donnent droit à 1/8,900° des produits éventuels du canal des Ardennes ; — celles de la seconde à 1/7,350° des produits du canal de la Somme ; — celles de la troisième, à 1/3,350° des produits de la navigation de l'Oise.

Tous ces titres peuvent se négocier séparément.

Les actions d'emprunt se remboursent, avec le coupon de prime correspondant, à 1,250 fr., soit à 250 fr. au-dessus de leur émission. Le tirage se fait tous les six mois.

CANAUX CONCÉDÉS TEMPORAIREMENT.

Les canaux que nous classons dans cette série ont été commencés par l'État, les villes ou les particuliers, et achevés par des Compagnies moyennant des concessions temporaires, à la différence de ceux dont nous venons de nous occuper, qui ont été exécutés par l'État au moyen d'emprunts.

1° Le *canal de Beaucaire*, commencé en 1773, a été concédé en 1801 pour 80 ans. Il prend naissance dans le Rhône, près de Beaucaire, et va aboutir à Aigues-Mortes; il est en communication avec la Méditerranée. Son parcours est de 70 kilomètres et demi.—Le fonds social est de 2,760,000 fr. divisé en 552 actions au porteur, de 5,000 fr. chacune. — Administration, rue Basse-du-Rempart, 48.

2° *La Sensée* (département du Nord) a été canalisée dans une longueur de 26,700 mètres. L'exploitation en a été concédée en 1818 pour 99 ans. Le capital de la Société est de 1,750,000 fr. divisés en 175 actions nominatives de 10,000 fr. — Administration à Douai.

3° Le *canal Saint-Martin*, d'un parcours de 6 kilomètres et demi, a été concédé en 1821 pour 99 ans.—Fonds social : 3,600,000 fr. divisés en 3,600 actions de capital de 1,000 fr., et en autant d'actions de jouissance. — Administration, rue Hauteville, 50.

4° La *Sambre française canalisée* est concédée pour 54 ans 10 mois à partir du 25 novembre 1838. — La Société, primitivement en commandite, s'est transformée en anonyme en 1851. Capital, 3 millions, divisés en 500 actions nominatives et 600 au porteur, de 500 fr. chacune. Dernière répartition, 120 fr. — Administration, 13, rue de Provence.

5° *Jonction de la Sambre à l'Oise*. Ce canal s'étend de Landrecies à La Fère (66 kilomètres). Il a été concédé pour 99 ans à partir de 1838. — Le capital de la Compagnie est de 11,550,000 fr., représenté par 11,500 actions de 1,000 fr., au porteur. — Dernière répartition, 67 fr. 50. — Plusieurs emprunts ont été contractés pour l'achèvement de ce canal, et ont donné lieu à la création de plusieurs séries d'obligations, dont il ne reste que celles de 1853, au nombre de 794, émises à 1,000 fr., remboursables à 1,050, en 25 ans, et portant 50 fr. d'intérêt. — Administration, rue de Provence, 13.

6° La *Scarpe* est canalisée entre le fort du même nom et l'Escaut, dans une étendue de 36 kilomètres et demi. L'exploitation en a été concédée en 1835 pour 68 ans. — Fonds social : 2,200,000 fr., divisés en 2,200 actions de capital de 1,000 fr. et en autant d'actions de jouissance. Dernière répartition, 129 fr.—Administration, rue Saint-Guillaume, 31.

CANAUX CONCÉDÉS A PERPÉTUITÉ.

Ces canaux ont été exécutés par les Compagnies.

1° Le *canal du Languedoc*, avec ses embranchements, a pour but de relier l'Océan et la Méditerranée. Il a un parcours de 297 kilomètres, et a été concédé en 1666. Il était terminé en 1684; il a coûté environ 13 millions de livres tournois, soit à peu près 40 millions de notre monnaie.—Le fonds social est de 12,920,000 fr. divisés en 1,292 actions de 10,000 fr.

2° Le *canal de Givors* a près de 18 kilomètres. La concession date de 1761. — Le fonds social est de 6,000 actions, ou mieux de 6,000 titres donnant droit à 1/6,000e de la propriété du canal, de ses dépendances et de ses revenus. — Le siége de la Société est à Lyon (1).

3° Le *canal d'Aire à la Bassée* (départements du Nord et du Pas-de-Calais) a été concédé en 1832. Son parcours est de 42 kilomètres. Le fonds social est représenté par 600 titres évalués en capital à 5,000 fr., et donnant droit chacun à 1/600e des produits et de la propriété du canal. Chaque action peut se diviser en cinq coupons. Dernière répartition, 540 fr. — Administration, rue Saint-Guillaume, 12.

4° Le *canal de Roanne à Digoin* a une longueur de 55 kilomètres. La concession date de 1827.— Le capital de la Société se compose de 13,000 actions donnant droit chacune à 1/13,000e de la propriété et des revenus du canal. Dernière répartition, 11 fr.

Tous les canaux dont il vient d'être question forment en-

(1) Ce canal a été affermé par la Compagnie générale des Mines de la Loire, laquelle a un traité de transport avec la Compagnie du chemin de fer de Saint-Étienne à Lyon; en sorte que le canal se trouve à peu près sans emploi.

semble un parcours d'environ 2,807 kilomètres. La dépense qu'ils auront coûtée, en moyenne, est d'environ 124,000 fr. par kilomètre : ce qui fait pour le tout un capital d'à peu près 350 millions, dont l'intérêt, à 5 0/0 seulement, serait de 17,500,000 fr., et dont le produit net est à peu près zéro.

On a conclu de ce fait, et fort judicieusement à notre avis, que les canaux ne peuvent, financièrement, être traités comme des entreprises particulières, qui doivent toujours, à peine de ruine et suicide, donner intérêt et dividende; que sous ce rapport, les canaux sont pour des actionnaires des entreprises médiocres, sinon tout à fait mauvaises; qu'ils doivent rester à la charge de l'État, être affranchis par conséquent de tout tarif, et que leur produit doit se trouver dans les résultats généraux de la circulation.

CANAUX DIVERS ET RIVIÈRES CANALISÉES.

Il existe encore d'autres Sociétés de canaux dont les titres ne sont pas l'objet de négociations importantes. La plupart de ceux que nous venons d'énumérer ne figurent même pas au bulletin de la Bourse.

Nous nous bornerons donc, afin de compléter cet inventaire, à donner la nomenclature de ces canaux, avec l'indication de leurs parcours :

Navigation de Lisle	144,969 mètres.
Canalisation de la Dopt	80,000
de l'Aa	28,315
de la Colme	24,785
du Loing	56,553
de la Dive	40,011
de la Haute-Seine	43,729
de la Drôme	37,000
du Loyon	60,000
Canal de Grave	9,200
d'Orléans	77,304
de Lunel	10,000
de Roubaix	13,346
de Saint-Quentin	51,829
de Deule et Lys	116,784
des Étangs	45,410
de Luçon	15,230

d'Hazebrouck	25,329 mètres.
de Coutances	5,632
de Crozat	54,351
Canal de l'Ourcq et Saint-Denis	100.522
de Dunkerque à Furnes	13,303
de Vire à Taute	30,638
de la Teste	140,000
de Préaven, la Nieppe et Labourse	19,484
de Pont de Vaux	»
de Vezère et Corrèze	»
d'Ardre	47,000
de Béthune	21,629
de Bergues à Dunkerque	8,651
de Bergues à Furnes	13,800
de Bambourg	21,462
de Saint-Omer	16,294
de Calais	29,542
de Courlavaut	10,000
de Guines	6,120
du Centre	116,812
de Neuffossé	»
de la Marne au Rhin	318,146
latéral à la Garonne (1)	204,070
de l'Aisne à la Marne	58,150
latéral à l'Aisne	51,500
Deux canaux latéraux à la Marne	76,000

Tous ces canaux réunis forment un parcours d'environ 6,000 kilomètres, qui, joint à celui des fleuves et rivières navigables, présente un développement de 15,000 kilomètres de ligne navigable, soit environ 15 fois la traversée de la France entière, représentant, avec le matériel de navigation, un capital de près de 2 milliards.

CHAPITRE III.

Chemins de fer.

La France est restée longtemps stationnaire en fait de chemins de fer. La Belgique, l'Allemagne, l'Angleterre, l'Amé-

(1) Ce canal se trouve aujourd'hui compris dans la concession des chemins de fer du Midi. — Voir au chapitre suivant.

rique du Nord étaient déjà sillonnées en tous sens, que le gouvernement français s'en tenait aux petites lignes du Gard, de la Loire, de Saint-Germain et de Versailles (1).

Les premières voies de quelque importance furent celle d'Orléans, concédée en 1838, et celle de Rouen, en 1840.

Enfin la loi du 11 juin 1842 prit définitivement parti pour le nouveau système de communication, en organisant un vaste réseau de rail-way qui n'est pas encore complétement terminé aujourd'hui. Nous citons les principales dispositions de cette loi :

« Art. 1er. Il sera établi un système de chemins de fer se dirigeant,

« 1° De Paris :

« Sur la frontière de Belgique, par Lille et Valenciennes;

« Sur l'Angleterre, par un ou plusieurs points du littoral de la Manche, qui seront ultérieurement désignés;

« Sur la frontière d'Allemagne, par Nancy et Strasbourg;

« Sur la Méditerranée, par Lyon, Marseille et Cette;

« Sur la frontière d'Espagne, par Tours, Poitiers, Angoulême, Bordeaux et Bayonne;

« Sur l'Océan, par Tours et Nantes;

« Sur le centre de la France, par Bourges;

« 2° De la Méditerranée :

« Sur le Rhin, par Lyon, Dijon et Mulhouse;

« Sur l'Océan, par Marseille, Toulouse et Bordeaux. »

Si l'on se décidait tard, on avait hâte de rattraper le temps perdu.

Dans leur empressement, les législateurs n'adoptèrent ni le système des Compagnies, ni celui de l'exploitation par l'État. L'examen de la question eût sans doute demandé trop de temps. L'article 2 n'exclut, en effet, aucun mode de construction.

(1) En 1846, la France n'avait en exploitation que 986 kilomètres de chemins de fer, ci. 986 kilom.
La Belgique en possédait. 559
L'Allemagne 3,250
La Grande-Bretagne. 3,400
Les États-Unis 8,500

« L'exécution des grandes lignes définies par l'article 1er aura lieu par le concours de l'État, des départements traversés, des communes intéressées et de l'industrie privée, dans les proportions et suivant les formes établies par les articles ci-après.

« *Néanmoins ces lignes pourront être concédées en totalité ou en partie à l'industrie privée*, en vertu de lois spéciales et aux conditions qui seront déterminées lors de l'adjudication.

« Art. 3. Les indemnités dues pour les terrains et bâtiments occupés par l'établissement du chemin de fer seront payées par l'État; mais les départements et les communes en rembourseront les deux tiers. »

Une loi du 19 juillet 1845 a abrogé la partie de cet article relative au remboursement par les départements et les communes.

« Les terrassements, les ouvrages d'art et les stations seront à la charge du gouvernement.

« Art. 6. La pose de la voie de fer, y compris l'ensablement, le matériel d'exploitation, les frais d'entretien et de réparations, seront à la charge des Compagnies.

« Art. 7. A l'expiration du bail, la valeur de la voie et du matériel sera remboursée à dire d'experts à la Compagnie sortante par la Compagnie prenante ou par l'État. »

Le système de la loi de 1842 est, comme on voit, on ne peut plus favorable aux Sociétés financières. Les grosses dépenses sont à la charge du budget.

On peut dire que, dans les chemins exécutés suivant cette loi, l'État fait toutes les dépenses et se retire devant les Compagnies au moment de réaliser les profits. Que reste-t-il, en effet, après les achats de terrains, les travaux d'art et les terrassements, dont les frais ne sont pas appréciables à plusieurs millions près? La voie et le matériel, c'est-à-dire une dépense certaine, qui se suppute avec exactitude, dont chaque année d'exploitation opère l'amortissement.

Remarquez qu'à l'expiration du bail, l'État doit payer aux Compagnies leur matériel à dire d'experts ; il s'oblige à faire à cette époque la dépense devant laquelle il recule pour le moment.

Les Compagnies, n'ayant que des concessions temporaires, doivent racheter leurs actions à l'aide des produits nets. Une somme est consacrée chaque année à cet amortissement. Elles se trouveront ainsi remboursées de leurs avances à la fin de leur bail, et auront eu en réalité pendant 99 ans l'usage GRATUIT, et parfois avec subvention ou garantie d'intérêt, de chemins de fer dont la construction ne leur aura rien coûté du tout. Nous soutenions tout à l'heure, p. 294, que les instruments de circulation publique devaient être livrés gratuitement au pays; le gouvernement les livre pour rien aux Compagnies, qui se font fort bien payer : il ne s'est trompé que d'adresse.

Le mode de concession n'est pas, avons-nous dit, le même pour tous les chemins.

Ici, en effet, des lignes sont adjugées, — avec ou sans subvention, avec ou sans prêts, avec ou sans garantie d'intérêts, — dont toutes les dépenses, terrassements, ouvrages d'art, pose de la voie, matériel, sont à la charge des adjudicataires.

Là, le gouvernement commence des travaux non adjugés ou continue ceux que les Compagnies ont abandonnés, sauf à se faire rembourser en cas d'adjudication.

Ailleurs, la construction complète est à la charge de l'État; le service seulement en est affermé pour un prix de.....

Ce dernier mode d'exploitation sera, pensons-nous, celui de toutes les voies ferrées quand, par rachat ou fin de concession, elles auront fait retour au gouvernement.

Les traités avec les Compagnies n'ont pas tous été faits non plus suivant un même principe. Tantôt les adjudications ont eu lieu avec publicité et concurrence; tantôt les concessions ont été directes. Ce dernier mode semble définitivement adopté depuis l'Empire.

Dans tous les cas, la concession précède, comme l'adjudication, la formation des sociétés anonymes. Les capitalistes déclarés adjudicataires ou concessionnaires réalisent alors, sans bourse délier, des bénéfices superbes. Seuls détenteurs des actions au pair, s'ils en donnent quelques-unes à leurs amis et aux personnes dont l'influence leur est nécessaire, c'est pure gracieuseté ou calcul. Ainsi les 22,000 actions du chemin de fer de Versailles (rive droite) ont été réparties par l'acte de société de la manière suivante :

MM.	de Rothschild frères. . . .	7,000
	d'Eichtal et fils.	3,500
	Davilliers et Cie.	3,500
	Thurneyssen et Cie	3,500
	Jacques Lefebvre et Cie. .	3,500
	baron Berthon.	200
	V. Lanjuinais	200
	Emile Péreire	600

Or, le jour de leur émission, ces mêmes actions ont fait de 700 à 725 fr. à la Bourse : ce qui permettait aux huit personnes ci-dessus nommées de réaliser un bénéfice de plus de 4 millions et demi en vendant ce jour même, non l'action portant dividende, mais la promesse d'action entraînant l'obligation d'en verser le montant. C'est, au reste, l'histoire de la plupart des sociétés anonymes, des émissions d'obligations, de souscriptions d'emprunt, etc.

Les plus anciens chemins de fer datent au plus de quinze années. Les moindres concessions avaient plus de 30 ans de durée; beaucoup étaient de 99 ans. Et voilà que les Compagnies sont venues à la suite les unes des autres solliciter des garanties nouvelles de l'État, des accroissements de baux, des fusions! Étaient-elles lésées dans leurs intérêts? Les contrats leur semblaient-ils onéreux? Comment concilier cette hypothèse avec la hausse constante des actions, dont quelques-unes ont plus que triplé?

Quel a donc été le mobile des hautes administrations en cette occurrence? C'est que la spéculation boursière avait tiré des titres à peu près tout ce qu'ils pouvaient rendre. Il s'agissait d'inventer de nouveaux artifices, de susciter une hausse quand même, afin d'offrir un aliment à l'agiotage parasite. Après avoir escompté, en cinq ou dix ans, 40, 50, 80 années de bail, il faut escompter en un délai moindre encore les prorogations à 99 ans, les garanties et les subventions de l'État. Et l'on parle de respect des conventions!

Après les baux à 99 ans viendront sans doute les concessions perpétuelles, puis les opérations de rachat par le gouvernement, dans le genre de celles auxquelles les actions de jouissance des canaux ont donné lieu. L'agiotage n'a pas pour dix ans à dévorer ces ressources. Sans doute, d'ici là, on aura inventé de nouvelles combinaisons.

En attendant, la fortune publique, les producteurs de toutes sortes qui circulent ou font circuler leurs marchandises sur les voies de fer, les ouvriers employés à leur mise en valeur, en un mot, la France, ses richesses, ses habitants, tout cela est livré en pâture à la finance.

Nous avons donné, page 283, un tarif légal et d'application impossible des droits de navigation; or les tarifs effectifs des chemins de fer sont bien autrement exorbitants que ceux des canaux. Les prix ne sont pas uniformes sur toutes les lignes; les chiffres suivants représentent à peu près la moyenne des conditions de transport.

MOYENNE DES TARIFS

péage, transport et impôt du dixième compris, mais non compris le décime de guerre établi en 1855.

PAR TÊTE ET PAR KILOMÈTRE.

Voyageurs.

1re classe	0,105
2e —	0,077
3e —	0,057

Bestiaux.

Chevaux, mulets, bœufs, vaches	0,105
Veaux et porcs	0,041
Moutons et chèvres	0,020

PAR TONNE ET PAR KILOMÈTRE.

Huîtres et marée à la vitesse des voyageurs	0,550

Marchandises à petite vitesse.

Hors classe. — Acides minéraux, arbres et arbustes, œufs, comestibles, volailles, objets d'art, poudres, meubles, etc.	0,219
1re *classe.* — Amandes, amidon, bimbeloterie, ébénisterie, chaudronnerie, coton filé, coutellerie, cuirs ouvrés, étoffes, fer-blanc en feuilles, fils, passementerie, mécanique, pelleterie, tôle fine, zinc ouvré, etc.	0,146

2e *classe.* — Acier en bottes, blanc de baleine, blanc de céruse, blés, farines, charbon de bois, peaux brutes, planches, poisson salé, spiritueux, sucre raffiné, vins en fûts, etc. 0,120

3e *classe.* — Albâtre brut, blanc de Meudon, bois débité, briques, chanvre non filé, cendres, chiffons, coton en balle, fer en barre, fil de fer, fonte brute, cuivre de doublage, fumier, moellons, pierre à chaux, à plâtre, de taille, plomb en saumons, potasse, sucre brut, suif brut, etc. 0,091

4e *classe.* — Poudrette, résine, ancre, asphalte, betterave, rails, bois à brûler. 0,069

Nota. — La classification des marchandises n'est pas la même sur tous les chemins de fer. Telle administration accepte en dernière classe ce qu'une autre range en première. De là des variations de prix considérables. Les derniers cahiers des charges fixent le prix de transport des grains, en cas de disette, à 8 centimes par tonne et kilomètre. Depuis 1853, ce prix est descendu à 5 centimes. En temps ordinaire, le tarif légal est de 16 centimes.

Si l'on considère que les trains de plaisir produisent encore du bénéfice en transportant les voyageurs à moins de 1 centime par tête et par kilomètre (0,008 environ pour la 3e classe), on sera surpris que les dividendes annuels n'atteignent pas 25 et 30 0/0. Mais, d'une part, les chemins de fer, comme toutes les grandes entreprises, ont leurs états-majors d'administrateurs, d'entrepreneurs et de fournisseurs, à qui l'on ne peut décemment marchander les honoraires et les pots-de-vin. En second lieu, le service de la grande vitesse doit, d'après le système économique de MM. les administrateurs, couvrir le déficit des transports entrepris au-dessous du prix de revient, comme cela se pratique notamment sur la ligne du Nord pour les combustibles minéraux (voir chapitre VII, page 158) : réductions qui ont pour but d'abord de grossir la recette brute, afin d'appâter les acheteurs d'actions, et ensuite d'arriver, par la ruine de la navigation, au monopole et à un exhaussement final des tarifs. D'un autre côté, il est de principe en économie que le maximum de rendement d'une entreprise doit être cherché par des voies différentes, selon que le bénéfice à recueillir doit être livré à une compagnie d'exploiteurs ou laissé au pays. Dans le premier cas, le tarif doit être calculé de manière à donner le plus grand bénéfice *net* ; dans le second, il doit ne représenter que les frais d'entretien de l'entreprise, ou même être nul, comme nous l'avons dit précédemment à l'occasion des canaux. Les trains de plaisir à 8 dixièmes de centime par tête et kilomètre sont une gracieuseté des Compagnies, qui prouve ce que pourrait être la richesse du pays et l'aisance des masses, si la loi du *meilleur marché* était suivie dans toutes les circonstances qui en sont susceptibles. C'est un progrès réservé à nos descendants.

Les *fusions* dont nous sommes témoins depuis quelques années ne sont pas autre chose qu'une assurance mutuelle entre les grandes Compagnies, pour le maintien des tarifs à un taux qui leur garantisse le maximum de produit net. Sans doute le gouvernement s'est réservé un droit de modification. Mais devant la résistance des financiers que ferait-il? En appellerait-il à la force? La féodalité capitaliste peut mettre sur pied une armée autrement formidable que le pouvoir : rien que sa retraite amènerait une révolution.

Une question qui préoccupe vivement le monde commercial depuis quelque temps, celle des *tarifs différentiels*, est une preuve de l'impuissance de l'État et des prescriptions légales quand il plaît aux grandes Compagnies de se mettre au-dessus de la loi.

« La perception des taxes, disent les cahiers des charges, aura lieu par kilomètre et par tonne. Elle se fera *indistinctement et sans aucune faveur*.

« Dans le cas où une Compagnie aurait accordé à un ou plusieurs expéditeurs une réduction sur l'un des prix portés au tarif, avant de le mettre à exécution, elle devra en donner connaissance à l'administration, et celle-ci aura le droit de *déclarer la réduction*, une fois consentie, *obligatoire vis-à-vis de tous les expéditeurs, et applicable à tous les articles de même nature.* »

Malgré les prescriptions aussi formelles, les Compagnies accordent aux expéditeurs qui peuvent leur assurer un fort tonnage des réductions considérables. C'est ainsi qu'un constructeur de navires, M. Vasse, payait, pour transport de ses bois de Rouen au Havre, 10 fr. 40 c. par tonne, tandis que M. Normand, pour les mêmes transports, avait obtenu un tarif réduit de 4 fr. 55 c.

De pareilles faveurs ne tendent à rien de moins qu'à ruiner la petite et moyenne industrie au profit de la grande; à constituer toutes les branches de la production en un vaste monopole dont les chemins de fer mêmes sont le type; à consommer la ruine de toute concurrence et de toute garantie.

Tandis que le gouvernement consulte les conseils généraux et les chambres de commerce sur les questions de douane et l'abaissement des droits, les Compagnies du Nord et de l'Est accordent aux marchandises étrangères des tarifs réduits qui tranchent la question contre le travail national.

Nous citons le *Moniteur de la marine* du 15 mars 1856 :

« Les prix en vigueur de Wissembourg à Paris et de Paris à Mouscron s'élèvent ensemble à 87 10

« Un projet de tarif commun aux deux Compagnies les réduit en faveur de l'étranger, à 54 05

« DIFFÉRENCE. 33 05

« Pour les expéditions à grande vitesse, ces différences sont encore plus sensibles; ainsi le commerce français paye :

« De Strasbourg à Paris 209

« De Paris à Mouscron. 117

« ENSEMBLE 326

« Les marchandises de provenance étrangère, à destination de la Belgique ne payeraient pour ce même parcours, aux termes du tarif commun, que. 206 75

« DIFFÉRENCE. 119 25

« Les prix appliqués pour le parcours de Bâle à Paris et de Paris à Mouscron représentent ensemble 381

« Ils seraient réduits, pour les expéditions de l'étranger à l'étranger, à. 242 20

« DIFFÉRENCE. 138 80

Telles sont les bonifications accordées au commerce étranger au préjudice du commerce français.

Les tarifs différentiels ont été constamment condamnés, à l'origine, par les tribunaux de commerce et les cours impériales. Le texte du cahier des charge ne laisse en effet aucun doute : « La perception devra se faire indistinctement et *sans aucune faveur.* » Cependant telle est la puissance de la féodalité, son influence sur l'esprit public, que de récents arrêts lui ont été favorables dans cette question.

Le sacrifice de la production indigène à l'étranger, du petit commerce aux gros monopoles, de la nation à une poignée d'accapareurs, s'appelle, dans certain jargon économique, *la liberté des transactions*. Il nous faut arracher ce masque à l'hypocrisie et à la sottise.

« A l'exception de la ligne Lyon et de celle du Nord, dit le *Journal des Chemins de fer*, toutes les autres doivent la plus grande partie de leur dividende à la subvention qu'elles ont reçue de l'État (et des localités). Sans cette subvention, le revenu moyen, qui sera cette année d'environ 15 0/0, ne dépasserait guère 6 à 7; il resterait même inférieur à 5 pour la ligne qui a les plus belles espérances au point de vue financier, celle de la Méditerranée. »

Voyons un peu quelle est la part contributive des Compagnies dans ces vastes monopoles qu'elles considèrent comme leur propriété intégrale.

Les fonds engagés dans les chemins de fer s'élèvent, d'après le Rapport du ministre des travaux publics, du 30 novembre 1856, à 3,080,494,973 fr. Ils proviennent de trois sources : 1° les actions; 2° les obligations, 3° les subventions de l'État, des départements et des communes.

Les actions ont droit à l'intérêt, au dividende et à l'amortissement; les obligations reçoivent un intérêt fixe et le remboursement augmenté d'une prime; l'État ne touche ni amortissement, ni intérêt. Outre les charges qui lui incombent, il assure encore à la plupart des Compagnies une garantie d'intérêt de 4 0/0 pendant 50 ans.

Le capital d'actions est à peu près définitivement fixé; mais celui des obligations varie tous les jours par de nouvelles émissions; dans quelques années il sera double du premier.

Eh bien! les actionnaires, qui n'ont contribué que pour un tiers à l'établissement des chemins de fer, ont seuls droit d'assister à l'assemblée, de disposer de la propriété collective comme s'ils en avaient fait tous les frais. Ou plutôt l'actionnaire lui-même n'est qu'une fiction. Jamais assemblée n'a improuvé des comptes ou refusé de voter les propositions du conseil d'administration. Qui reste donc propriétaire souverain, souverain arbitre des tarifs, des transports, de la fortune de l'État et des particuliers? Les administrateurs! Et si dans les conseils on faisait abstraction des comparses, mis là pour faire nombre, on ne trouverait pas en tout vingt ou trente pachas, disposant de ces trois milliards et de bien d'autres comme de leur bien.

Par des dividendes de 15 0/0 et plus, ils se sont formé une clientèle de pauvres hères de capitalistes qui n'hésitent pas à se classer eux-mêmes au nombre des privilégiés. Triples niais! Ces actions de 60 à 80 fr. de revenus annuels, ils les ont payées de 1,200 à 1,800 fr.; ce qui représente un intérêt de 5 à 6 0/0, que les Compagnies savent bien leur reprendre sous forme de taxes *au maximum*, lorsqu'ils traitent avec elles comme expéditeurs. Quant aux *tarifs réduits*, ils sont réservés par privilége aux monopoleurs qui ont vendu à 1,200 et 1,800 fr. les actions de 500. Est-ce pour un tel résultat que le Trésor public a fait de si énormes sacrifices?

Le *Rapport* du ministre des travaux publics du 30 novembre dernier établit ainsi l'état du réseau à la fin de 1856 :

COMPAGNIES.	LONGUEUR au 1er janvier 1857		
	concédée.	exploitée.	à construire
	kilom.	kilom.	kilom.
Nord	978	793	185
Ardennes	144	»	144
Est	1,788	1,107	681
Ouest	1,778	876	902
Orléans	1,745	1,223	522
Paris à Lyon par la Bourgogne	987	655	332
Paris à Lyon par le Bourbonnais	670	265	405
Lyon à la Méditerranée	619	550	69
Lyon à Genève et embranchements	228	74	154
Saint-Rambert à Grenoble	92	56	36
Grand-Central	1,230	125	1,105
Midi	821	715	106
Paris à Sceaux et Orsay	25	25	»
Anzin à Somain	19	19	»
Hautmont à la frontière	9	»	9
Bességes à Alais	30	»	30
Graissessac à Béziers	52	»	52
Carmaux à Albi	18	»	18
Chemin de Ceinture	17	17	»
TOTAUX	11,250	6,500	4,750

Nous ne suivrons pas strictement, dans la suite de ce chapitre, les chiffres du *Rapport*, qui du reste « ne comprend pas 684 kilomètres dont la concession a été décrétée à titre éventuel. »

Il faut avoir cherché, comme nous l'avons fait, à se rendre un compte exact de l'état des chemins de fer pour avoir une idée des difficultés que rencontre cette exploration. Le ministère des travaux publics vient de publier un volumineux in-quarto intitulé *Documents statistiques sur les chemins de fer*, imprimerie impériale, 1856; et chose remarquable, la Commission, quoique formée de gens du métier, placée dans les meilleures conditions pour relever un pareil inventaire, formule les mêmes plaintes que nous :

« La Commission ne peut dissimuler à Votre Excellence que, malgré les efforts qu'elle a faits, malgré tous les soins qu'elle a apportés à l'accomplissement de sa tâche, elle s'est trouvée en présence de difficultés qu'elle n'a pu résoudre qu'incomplétement... Toutefois, elle espère que l'examen des documents qu'elle a réunis et classés fera ressortir des résultats intéressants et de nature à frapper les esprits qui s'occupent de ces questions. »

Nous dirons aussi que l'ensemble de notre étude sur les chemins de fer suffira, malgré quelques incorrections qui ne sont pas de notre fait, à éclairer les intéressés et le public sur cette grave matière.

Voici d'abord, d'après M. Perdonnet, le tableau du coût moyen par kilomètre des chemins de fer en France et à l'étranger :

Angleterre.	530,000 fr.
France.	391,000
Belgique	270,000
Allemagne.	201,000
Amérique (une voie).	96,500

Mais les grandes artères en France, le Nord, Paris-Strasbourg, Orléans, Paris-Lyon, Méditerranée, le Havre, reviennent à 463,000 fr. par kilomètre, ainsi répartis :

Administration, frais généraux. . . .	17,000 fr.
Achat des terrains.	65,000

Terrassements et travaux d'art. . . .	150,000
Bâtiments, stations, ateliers.	48,000
Double voie et ballast.	122,000
Matériel d'exploitation.	61,000

Or, le Rapport précité du 30 novembre 1856 détermine comme suit la participation des Compagnies et de l'État dans les travaux exécutés :

	DÉPENSES FAITES		
	par l'État.	par les Compagnies.	TOTALES.
De 1823 à 1829.	»	3.300,000	3,300.000
De 1830 à 1841.	3,228,740	172,097.753	175.326,493
De 1842 à 1847.	278,553,677	509,411,555	787,965.232
De 1848 à 1851.	298,417,147	198,711.088	497.128,235
De 1852 à 1854.	51.187,751	641,690.064	697.877,815
Année 1855	55,200,000	430,406,485	485.606,485
Année 1856	20,286.000	458,569.713	478,855,713
Totaux	706,873,315	2,419,186,658	3,126,059,973
A déduire pour remboursements à effectuer en 1855 et 1856.	45.565,000	»	45,565,000
Totaux généraux. . .	661,308,315	2,419,186,658	3,080,494,973

Enfin le tableau suivant nous donne les principaux résultats de l'exploitation en 1855 :

COMPAGNIES.	RECETTES.	DÉPENSES.	NET.	RAPPORT de la dépense à la recette.
Orléans.	57,378,719	30.951,762	26,426.957	36 92 0/0
Nord.	47,966.168	18,053.927	29,912,240	37 04 0/0
Est.	39,061.386	15.437.043	23,624,343	37 01 0/0
Lyon.	41,457,778	14,901,047	26,756,731	35 94 0/0
Méditerranée.	23,309,572	9,317.745	13.991,827	40 »» 0/0
Ouest.	33.856,862	13.857,458	19,999,404	39 75 0/0
Totaux . . .	243.030,485	102,518,982	140,511,502	37 77 0/0

Sur ce produit *net* de 140 millions et demi, il reste à prélever la réserve, l'intérêt et l'amortissement des emprunts, l'amortissement des actions, les remboursements à l'État, la caisse des retraites, la participation des employés dans certaines compagnies, etc. Il y aurait à prélever aussi la réserve pour le renouvellement de la voie (rails, traverses, coussinets); pour le renouvellement du matériel roulant (machines, wagons); pour le remplacement des matériaux susceptibles de détérioration dans les travaux d'art : dépenses que les Compagnies imputent aujourd'hui au compte de Capital, parce qu'elles ont distribué en dividende ce produit *brut*, afin de pousser à la hausse des actions.

Les sommes de toute provenance engagées dans les chemins de fer étant, à la fin de 1856, de. . .	3,080,494,973 f.
et celles dépensées en 1855 et 1856, de. .	964,462,198
le capital, à la fin de 1854, était de. . . .	2,116,032,775 f.

C'est ce capital de 2 milliards 116 millions qui a produit en 1855, année de l'exposition, un revenu brut (*brut*, disons-nous, non pas *net*) de 140 millions et demi, soit 6 60 0/0; ce qui ne laisse pas 5 0/0 de revenu *net*.

Déjà les produits de l'exploitation ont commencé à baisser d'une manière sensible. D'après le *Moniteur* du 10 février 1857, tandis que la recette brute, pour la totalité des lignes exploitées pendant l'année 1855 avait été de 258,997,329, soit, pour une moyenne de 5047 kilomètres, 51,317 fr. par kilomètre; elle n'a plus été, en 1856, que de 281,150,263 fr., soit, pour une moyenne de 5,860 kil., 47,978 fr. par kil. : ce qui accuse une diminution de 6 51 p. 0/0.

Et c'est sur les meilleures lignes, Orléans et Nord, que se fait sentir surtout la diminution.

Avis aux actionnaires!

Aujourd'hui les chemins les plus avantageux sont terminés; les centres de grande production et de transit sont desservis depuis longtemps. Ce qui reste à construire peut être considéré comme une charge plutôt que comme une source de profits. Les ingénieurs promettent, il est vrai, pour les constructions futures, des conditions superbes de bon marché. Ainsi, d'après leurs évaluations, le réseau pyrénéen, montagneux et accidenté, ne coûterait pas plus de 208,320 fr. par kilomètre.

Mais on sait à quoi s'en tenir sur les évaluations de messieurs des ponts et chaussées. La ligne de Lyon devait, suivant eux, coûter 180 millions; elle en absorbera plus de 300. Puis l'État ne sait rien refuser à ces messieurs, pas même les fantaisies. La construction de la gare du boulevard Montparnasse, inaccessible aux voitures du roulage, débarquant ses bagages au premier, pour les descendre au rez-de-chaussée, cette gare impraticable, qui n'allonge pas la ligne de 100 mètres, a coûté à l'État 5 millions et demi.

Si les meilleures lignes ne produisent pas plus de 5 à 6 0/0 du capital engagé, que sera-ce des autres?

La seule conclusion à tirer de cet état de choses, c'est que les chemins de fer, de même que les canaux et les routes, sont des instruments de travail exceptionnels, qui doivent être employés avec discernement, et exploités au point de vue du minimum de rendement, des simples frais d'entretien. Les sacrifices consentis par le Trésor, la médiocre rétribution des porteurs d'obligations, qui dans un an auront fourni plus de fonds que les actionnaires, les actions elles-mêmes, réduites, par leur cherté, à un revenu minime, font une loi de changer les bases du système et de faire profiter le public, la masse des producteurs, de ces nouveaux moyens de transport en généralisant le système des tarifs réduits, tant sur la grande que sur la petite vitesse (1).

Nous avons parlé précédemment du Sous-Comptoir des chemins de fer. Pendant la dernière guerre, les Compagnies durent se féliciter d'avoir fondé, en 1850, cette institution, dont peut-être elles ne calculaient point alors toute la portée.

Instruites par la crise de 1848, elles s'étaient cotisées pour créer, à côté du *Comptoir national d'escompte de Paris*, et à l'usage particulier des porteurs d'actions de chemins de fer, un Sous-Comptoir de garantie, au capital de 4 millions. La mission de ce Sous-Comptoir est de s'employer, comme intermédiaire, moyennant des sûretés qui lui seront données par voie de nantissement, pour procurer à ces porteurs,

(1) Voir *Des Réformes à opérer dans l'Exploitation des Chemins de fer.*

soit par engagement direct, soit par aval, soit par endossement, l'escompte de leurs effets. C'est le principe du mutuellisme, déjà invoqué par le Crédit mobilier, qu'adoptent à leur tour les Compagnies de chemins de fer, et qui, généralisé et étendu à toutes les espèces de valeurs commerciales, conduirait à une révolution complète du crédit, et, par suite, de l'organisation agricole et industrielle.

CHEMIN DE FER DU NORD.

(Compagnies fusionnées.)

(Siége de la Société : Paris, gare du Nord.)

Le chemin de fer du Nord, dont l'établissement a été ordonné par la loi du 11 juin 1842, et le tracé principal arrêté par celle du 26 juillet 1844, comprend, d'après l'*Indicateur des Chemins de fer*, avec les embranchements, 791 kilomètres en exploitation, savoir :

Paris à Mouscron par Lille	286 kilomètres.
Amiens à Boulogne	123
Lille à Calais par Hazebrouck.	104
Hazebrouck à Dunkerque	41
Douai à Quiévrain par Valenciennes	48
Creil à Erquelines par Saint-Quentin. . . .	189

En construction, d'après les *Documents statistiques* du ministère des travaux publics, 182 kilomètres :

Hautmont à la frontière	8
La Fère à Reims	80
Paris à Creil (direct).	40
Noyelle à Saint-Valery.	5
Busigny à Somain.	49

Ces tracés touchent par trois points à la mer : Boulogne, Calais, Dunkerque ; en terre ferme ils se raccordent avec les chemins belges.

La ligne directe de Paris à Creil gagne 17 kilomètres sur le tracé par Pontoise ; l'embranchement de Noyelle à Saint-Valery touche à la mer par un quatrième point ; celui de Somain à Busigny relie les lignes de Douai à Valenciennes

la construction de l'embranchement de la Fère à Reims est réduite de 6 ans à 4; la ligne de Cateau à Somain (traité du 19 février 1852-2°) sera remplacée par un embranchement reliant le chemin principal à celui de Maubeuge, et passant par Cambrai. La Compagnie recevra en subventions :

De la ville de Cambrai et du département du Nord. . . .	2.000,000 fr.
De la Compagnie du chemin de fer des Ardennes. . . .	2,500,000
TOTAL.	4,500,000

Le capital nécessaire sera réalisé au moyen d'une nouvelle émission d'obligations.

La Compagnie du Nord sollicite, concurremment avec celles des Ardennes et de l'Est, la concession du chemin de fer de Paris à Soissons.

Par traité du 17 juin 1853, elle a pris à bail la ligne belge de Charleroi à Erquelines.

Elle est associée pour un cinquième dans le chemin de ceinture.

ÉTAT FINANCIER DE LA COMPAGNIE.

Les dépenses faites et à faire sont évaluées approximativement, au 30 juin 1855, par les *Documents statistiques* du ministère des travaux publics, à 329,189,847 fr., dont 5,455,042 fr. de subventions, soit une proportion d'environ 1 0/0.

Les ACTIONS sont au nombre de 400,000, libérées de 400 fr., soit un capital versé de 160 millions. Elles devaient être de 500 fr.; mais le décret du 19 février 1852, ayant fixé à 2 millions par an le remboursement de 40 millions dus à l'État, et réduit l'intérêt de 5 à 3 0/0, a autorisé la libération des actions à 400 fr.

L'amortissement des actions commencera en 1908.

Les échéances semestrielles sont au 1er janvier et au 1er juillet.

Les EMPRUNTS sont au nombre de six :

1° 75,000 obligations résultant de la conversion des actions du chemin de fer d'Amiens à Boulogne en obligations;

elles sont remboursables en 75 tirages annuels (de 1852 à 1926) et portent 15 fr. d'intérêt payables le 1er janvier et le 1er juillet.

2° 2,363 obligations de la Compagnie d'Amiens à Boulogne, émises en 1851, à 335 fr., remboursables, en 16 tirages, à 500 fr.; 20 fr. d'intérêt, payables au 1er août.

3° Quatre séries de 75,000 obligations chacune, émises à 335 fr. : une en 1852, deux en 1854, une en 1855; remboursables à 500 fr. par annuités jusqu'en 1926; intérêt de 15 fr. payable en janvier et juillet.

Les actions de Charleroi à Erquelines reçoivent, pour prix du bail de la ligne, un intérêt fixe de 16 fr. 87 cent. 1/2; elles sont au nombre de 17,418, remboursables à 562 fr. 50 en 88 tirages annuels.

Le Rapport du 28 avril 1856 établit ainsi le fonds social, en ce qui concerne les capitaux fournis par l'industrie :

Capital d'actions (1)		200,000,000
Ligne d'Amiens à Boulogne	37,500,000	
Emprunt de la Cie de Boulogne	1,181,558 09	
Emprunt de 1852	24,750,000	
1er emprunt de 1854	22,989,846 90	
2e —	22,429,151 43	
Emprunt de 1855 en cours d'émission	9,523,370 05	
Total en obligations	118,373,926 47	118,373,926 47
Total par l'industrie privée		318,373,926 47
Subventions : par l'Etat	43,085	
— par les dépts, les communes, etc.	5,408,957	
Total des subventions	5,452,042	5,452,042
Ensemble		323,825,968 47

Nous avons déjà fait remarquer que dans les comptes de gestion présentés chaque année aux assemblées générales ne figure aucune réserve pour amortissement du matériel. Chacun sait cependant que ce matériel s'use fort vite, qu'une locomotive, par exemple, après avoir été intégralement re-

(1) Les actions sont cotées au taux du remboursement, 500 fr., et non à celui de la libération, 400. Le chiffre de 200 millions comprend donc 40 millions qui n'ont pas été versés.

nouvelée, par pièces et morceaux, finit, au bout de dix à quinze années, par être tout à fait hors de service; que les traverses qui supportent les rails ne durent pas plus de dix ou douze ans, et les rails eux-mêmes au plus vingt ans. De cette absence d'un fonds de réserve spécial résulte une hausse factice des actions, produite par l'exagération des dividendes, et dont la conséquence finale doit être tôt ou tard, lorsqu'il faudra renouveler le matériel, une dépréciation subite, instrument de fortune pour les actionnaires dûment avisés, et de ruine pour le *mutum et turpe pecus* des ignorants.

Ce qui vient d'arriver à la Compagnie du Nord, obligée de changer tous ses rails de 30 kilog. par mètre courant contre des rails de 37 kilog., justifie notre observation.

Le renouvellement a donné lieu, jusqu'au 31 décembre 1855, à une dépense de 9,157,136 fr. 27 c. imputée :

« 1° Sur le compte de Premier Établissement;

« 2° Sur la réserve supplémentaire de l'amortissement, tel qu'il avait été constitué avant la prolongation de concession, et dont les excédants ont été laissés disponibles pour cet emploi;

« 3° Enfin sur les bénéfices de l'exploitation, qui doivent subir, pour le même objet, un prélèvement annuel de 360,000 fr., pendant cinq années à dater de 1853. »

REVENU DES ACTIONS.

1846 : 6 40	1848 : 11 »»	1850 : 24 »»	1852 : 41 50	1854 : 50 50
1847 : 18 95	1849 : 16 05	1851 : 36 »»	1853 : 41 50	1855 : 61 »»

Les actions ont monté en 1845, lors de leur émission, jusqu'à 860 fr.; elles sont tombées les six années suivantes au-dessous de ce cours et ont été cotées au plus bas, en 1848, à 302 fr. 50. Elles ont repris en 1852 et ont atteint jusqu'à 965 fr. Depuis 1856, elles ont dépassé 1,100 fr.

L'assemblée générale se compose des propriétaires de 40 actions.

CHEMINS DE FER DES ARDENNES ET DE L'OISE.

(Paris, 70, rue de Provence.)

MM. Masterman, duc de Mouchy, comte Siméon, baron-

Seillière, etc., ont obtenu, le 19 juillet 1853, la concession des lignes suivantes à construire aux risques et périls de la Compagnie :

De Reims à Mézières et à Charleville, avec embranchement sur Sedan	107 kilom.
De Creil à Beauvais	37
Total	144

La Compagnie a promesse de deux autres lignes : 1° prolongement de Charleville à la frontière belge, à exécuter dans le système de la loi de 1842 ; 2° embranchement de Compiègne à Reims, par Soissons. Elle doit payer à la Compagnie du Nord une subvention de 2,500,000 fr. pour l'exécution du chemin passant par Cambrai. Elle sollicite la concession d'une ligne directe entre Soissons et Paris.

La concession est de 99 ans, à courir du 20 juillet 1858.

Les lignes de Reims à Charleville, de Mézières à Sedan et de Creil à Beauvais, devront être livrées à la circulation dans le délai de 5 ans.

Cinq ans après l'ouverture de la section de Charleville à la frontière belge, si les bénéfices excèdent 8 0/0 du capital dépensé par la Compagnie, moitié du surplus sera attribuée à l'État.

Le capital social est de 21 millions, divisé en 42,000 actions de 500 fr., dont 350 versés. L'intérêt est de 4 0/0 pendant la durée des travaux ; il se paye en janvier.

La Compagnie pourra émettre un emprunt de 9 millions.

L'assemblée générale se compose des propriétaires de 20 actions.

CHEMINS DE FER DE L'EST.

(Compagnies fusionnées.)

(Administration : Paris, gare de Strasbourg.)

La Compagnie des chemins de fer de l'Est est formée de la réunion des anciennes Compagnies de Paris à Strasbourg, de Strasbourg à Bâle, de Blesme et Saint-Dizier à Gray, de Montereau à Troyes, de Mulhouse à Thann. Le réseau, décrété pour moitié par la loi de 1842, se compose de deux lignes principales : 1° de Paris à Strasbourg, avec embranchements sur Reims, Metz, Thionville, Forbach, Wissembourg; 2° de Paris à Mulhouse, avec embranchement sur Coulommiers. Elles se raccordent par trois embranchements : Blesme à Chaumont, Nancy à Vesoul par Épinal, Strasbourg à Bâle.

Les parties exploitées comprennent, d'après l'*Indicateur des Chemins de fer*, 1,080 kilomètres :

Paris à Strasbourg.	502	kilomètres.
Epernay à Reims	30	
Blesme à Donjeux.	55	
Frouard à Forbach	113	
Metz à Thionville	27	
Wendenheim à Wissembourg.	40	
Montereau à Troyes.	100	
Strasbourg à Bâle.	141	
Lutterbach à Thann.	15	
Noisy-le-Sec à Nangis.	57	

Les parties en construction, d'après les *Documents statistiques*, ajouteront au réseau 687 kilomètres, savoir :

Nangis à Nogent-sur-Seine.	28
Embranchement de Coulommiers. . .	32
Troyes à Chaumont.	96
Donjeux à Gray.	120
Gray à Vesoul.	54
Langres à Mulhouse par Belfort. . . .	190
Nancy à Vesoul par Epinal.	135
Strasbourg à Kehl.	6
Paris à Vincennes, Saint-Maur. . . .	26

HISTORIQUE.

1° Ligne principale.

Première concession. — La ligne de Strasbourg, avec embranchements sur Reims, sur Metz et la frontière de Prusse, construite par l'État suivant le système de la loi de 1842, fut mise en adjudication le 25 novembre 1845. Le maximum de durée était de 45 ans. MM. Cubières, Pellaprat, duc de Galliéra et Blacque-Belair offrirent un rabais de 1 an 79 jours, et furent déclarés adjudicataires pour 43 ans 286 jours.

La Société anonyme, autorisée par ordonnance du 17 décembre 1845, se constitua au capital de 125 millions, divisé en 250,000 actions de 500 fr.

Première modification.—Le 25 mars 1852 intervint entre l'État et la Compagnie la convention suivante :

La Compagnie s'engage : 1° à payer à la concession de Blesme à Gray une subvention de 10 millions; 2° à construire à ses frais, dans un délai de quatre ans, un chemin de fer de Metz à Thionville; 3° à prolonger cet embranchement jusqu'à la frontière, dans la direction de Luxembourg, au cas où la ligne de raccordement sur le territoire prussien serait exécutée. Si ce second embranchement ne doit pas avoir de suite, la Compagnie payera au gouvernement une somme de 5 millions.

A ces conditions, la concession du 25 novembre 1845 est portée à 99 ans, qui courront du 27 mars 1855.

2° Ligne de Montereau à Troyes (embranchement de la ligne de Lyon).

Première concession. — La loi du 26 juillet 1844 avait autorisé le ministre des travaux publics à concéder sans subvention, pour une durée qui n'excéderait pas 99 ans, l'embranchement de Montereau à Troyes, dont les travaux devaient être à la charge des concessionnaires. L'adjudication eut lieu le 25 janvier 1845, au profit de MM. Vautier, Gallice d'Albane et Paul Séguin, pour 75 ans.

La Société anonyme, autorisée par ordonnance du 29 mai 1845, se fonda au capital de 20 millions, divisé en 40,000 actions de 500 fr.

Le 9 août 1846, elle obtint de l'État un prêt de 3 millions à 5 0/0, remboursable par sixièmes à dater du 30 juin 1852.

Première modification. — Le 8 mars 1852, la durée de la concession fut portée à 99 ans, devant prendre fin, comme celle de Lyon, en 1955.

3° Chemin de fer de Blesme et Saint-Dizier à Gray.

Première concession. — Cette ligne, qui s'embranche sur le chemin de Paris à Strasbourg, doit passer par Saint-Dizier, Joinville, Chaumont et Langres. Elle a pour but de relier la Marne à la Saône. Parcours, 175 kilomètres.

L'entreprise en fut concédée, le 26 mars 1852, à MM. Vandeul, Wilkinson, Grimaldi et Burge aux conditions suivantes :

Les concessionnaires devront construire la ligne à leurs risques et périls dans un délai de 5 ans. Ils recevront de la Compagnie de Strasbourg une subvention de 10 millions. Ils sont autorisés à contracter un emprunt jusqu'à concurrence de 22 millions. L'État en garantit l'intérêt et l'amortissement à 4 1/2 0/0 l'an pendant 50 ans. Il garantit également pendant 50 ans un minimum de 4 0/0 d'intérêt du capital social fixé à 16 millions. La durée de la concession est de 99 ans, à dater de l'achèvement des travaux.

La Société anonyme, autorisée le 4 juin 1852, se fonda au capital de 16 millions, divisé en 32,000 actions de 500 fr.

4° Chemin de fer de Strasbourg à Bâle.

Première concession. — Cette ligne, d'un parcours de 140 kilomètres, fut concédée le 6 mars 1838 à M. Kœchlin pour 99 ans. La Société anonyme, autorisée le 14 mai suivant, se constitua au capital de 42 millions, divisé en 84,000 actions. Mais les actionnaires ne versèrent que 350 fr. Le 15 juillet 1840, l'État compléta la mise sociale par un prêt de 12,600,000 fr. à 4 0/0 d'intérêt et 1 0/0 d'amortissement. Toutefois les actionnaires avaient le privilége de 4 0/0 d'annuités sur les arrérages dus au gouvernement.

L'État devait entrer en partage des bénéfices excédant 4 0/0 du capital de 29,400,000 fr.

Modification. — Le 25 février 1852, le prolongement du chemin de fer de Strasbourg à la frontière bavaroise par Wissembourg fut concédé à la Compagnie de Strasbourg à Bâle, aux conditions suivantes :

La Compagnie s'engage à faire tous les travaux dans un délai de 3 ans. L'État lui accorde une subvention de 3 millions et une garantie, durant 50 ans, de 4 0/0 d'intérêt du capital nouveau, pourvu qu'il n'excède pas 10 millions si la ligne n'a qu'une voie, 12 millions si elle en a deux.

La concession de l'embranchement nouveau est, comme pour la ligne principale, de 99 ans, à partir du 6 mars 1838.

Quinze ans après la mise en valeur du chemin, l'État aura droit à la moitié des bénéfices qui excèderont 8 0/0 du capital engagé.

5° Chemin de fer de Mulhouse à Thann.

Ce tronçon, d'un parcours de 21 kilomètres, emprunte la ligne de Bâle l'espace de 6 kilomètres environ. La concession était de 99 ans et le capital de 2,600,000 fr., divisé en 5,200 actions de 500 fr.

6° Fusion des lignes précédentes. — Concessions nouvelles. — Dernières modifications.

Le décret du 17 août 1853 autorisa le rachat des lignes de Montereau à Troyes et de Blesme à Gray par la Compagnie de Strasbourg, à laquelle furent accordées les concessions nouvelles de Paris à Mulhouse, de Nancy à Gray, et de Paris à Vincennes, Saint-Mandé, Saint-Maur.

Tracé des lignes concédées. — Le chemin de fer de Paris à Mulhouse, s'embranchant sur celui de Strasbourg aux environs de Noisy, passe par Tournon, pour rejoindre, en aval de Nogent, la ligne de Montereau à Troyes. De Troyes, il se porte, par Bar-sur-Aube, vers Chaumont. Au delà de Chaumont, il suit le chemin de Blesme à Gray, dont il se détache au delà de Langres, pour se diriger sur Vesoul, Belfort et Mulhouse, en passant par Dannemarie et Altkirch. Il rejoint à Mulhouse le chemin de fer de Strasbourg à Bâle.

L'embranchement de Coulommiers descend dans la vallée du Morin par la vallée de l'Aubetin.

Le chemin de fer de Nancy à Gray se détache de la ligne principale de Paris à Strasbourg entre Nancy et Lunéville, gagne la vallée de la Moselle et passe par Charmes, Épinal, Vesoul et la vallée de la Haute-Saône.

Le chemin de fer de Paris à Vincennes part d'un point situé à l'est du canal Saint-Martin et se divise en deux branches, dirigées, l'une sur Saint-Mandé, l'autre sur Vincennes, Fontenay, Saint-Maur et la Varenne-Saint-Maur.

7° Conditions du traité entre la Compagnie et l'État.

La Compagnie de Strasbourg s'engage :

1° A rembourser le prêt de 3 millions fait par l'État à la Compagnie de Montereau à Troyes. Ce remboursement aura lieu en 3 annuités avec intérêt à 4 0/0 ; l'échéance de la première annuité est fixée au 31 décembre 1853 ;

2° A rembourser le prêt de 12,500,000 fr. consenti par l'État à la Compagnie de Strasbourg à Bâle, en exécution de la loi du 15 juillet 1840. Ce remboursement aura lieu avec intérêt à 4 0/0 en 41 annuités égales à dater du 8 mai 1857 ;

3° A couvrir l'État des engagements par lui pris envers la Compagnie de Strasbourg à Bâle, pour la garantie de 4 0/0 d'intérêt sur le capital par elle employé à la construction du chemin de Strasbourg à Wissembourg. — La Compagnie de Paris à Strasbourg est substituée aux droits, priviléges et hypothèques de l'État sur la Compagnie de Strasbourg à Bâle ;

4° La Compagnie renonce à la garantie d'intérêt consentie par l'État aux premiers concessionnaires du chemin de Blesme à Saint-Dizier et Gray.

Les lignes concédées ou incorporées ne formeront, avec la ligne principale, qu'une même entreprise, et prendront fin, comme celle-ci, le 27 novembre 1954.

La Compagnie aura la préférence, à conditions égales, pour la concession de l'embranchement de Cocheron à Sarrebourg, au cas où la construction en serait jugée nécessaire.

A dater de 1861, l'État aura part pour moitié dans les bénéfices qui excèderont 8 0/0.

8° Conditions de rachat des lignes incorporées.

1° La Compagnie de Strasbourg a remboursé les 40,000 actions du chemin de Montereau à Troyes à raison de 500 fr. chacune, sans distinction ni retenue. Le remboursement a eu lieu en espèces, dans un délai de dix-huit mois à partir de l'entrée en jouissance ; l'intérêt fixé à 3 0/0 jusqu'à parfaite liquidation.

2° Il a été délivré, par la Compagnie de Strasbourg aux actionnaires de la Compagnie de Saint-Dizier à Gray, une obligation de 500 fr. produisant 25 fr. d'intérêt et remboursable à 650 fr., en échange de 2 actions de Saint-Dizier à Gray, sur lesquelles 250 fr. avaient été versés.

3° D'après le traité de fusion approuvé par l'assemblée générale du 25 janvier 1854, la Compagnie de Paris à Strasbourg a remis aux actionnaires de la Compagnie de Strasbourg à Bâle, en échange de leurs titres, des obligations de 500 fr. chacune, portant 25 fr. d'intérêt annuel, jouissance du 1er décembre 1853, remboursables à 650 fr. en 99 ans. Cet échange a eu lieu à raison de 3 obligations de la Compagnie du chemin de fer de Paris à Strasbourg pour 4 actions non amorties de la Compagnie de Strasbourg à Bâle, plus un solde de 31 fr. 50 par quatre actions.

4° La ligne de Mulhouse à Thann avait été affermée à la Compagnie de Strasbourg à Bâle, et depuis la fusion, c'était la Compagnie de l'Est qui se trouvait fermière de ce tronçon. Elle en a fait l'acquisition en 1855, afin de le prolonger au delà de Wesserling (13 kilomètres). Les 5,200 actions de la Compagnie de Thann s'échangent contre 5,200 obligations de l'Est de 500 fr., remboursables à 650 et produisant 25 fr. d'intérêt. La Compagnie acquéreur se charge du service des intérêts et de l'amortissement d'un emprunt de 400,000 fr. contracté par la Compagnie venderesse, et sur lequel il restait à payer 195,000 fr. en 1856.

Ces modifications de tracé et de concessions ont amené la liquidation de la Compagnie de Provins aux Ormes, à qui avait été concédé un tronçon de 14 kilomètres, le 20 juillet 1852. Les actionnaires ont été remboursés.

Dans tous ces traités, les directeurs décident entre eux absolument des clauses et conditions du rachat. Sans doute la loi exige l'approbation des assemblées d'actionnaires; mais, encore une fois, qui a jamais vu une assemblée générale contredire un conseil d'administration? Voilà donc une trentaine d'individus disposant de quatre à cinq cent millions, de la fortune de cinquante à soixante mille citoyens, comme de leur bien propre; mettant à la charge d'une partie de leurs actionnaires des exploitations onéreuses; donnant à d'autres des obligations à revenu et capital fixe en échange d'actions susceptibles de produire de gros dividendes et de tripler de valeur; taillant et coupant dans les contrats au gré de leur caprice ou de leurs intérêts; arrachant à l'État des prorogations de baux de deux tiers pour des lignes qui, comme celle de Paris à Strasbourg, ont plus coûté au gouvernement qu'aux actionnaires.

Et personne n'y trouve à reprendre ou à blâmer; au contraire, on décore ce système des grands mots de *crédit démocratisé, d'intérêt national, de progrès industriel.* En vérité, si la féodalité banquière savait régler ses appétits et mettre des bornes à sa voracité, ce serait à désespérer de la liberté en France. Heureusement, au train dont vont les choses, il est permis d'espérer qu'avant peu elle crèvera de ses propres excès; mais ce ne sera pas sans de graves perturbations pour les intéressés.

Pourquoi l'intelligence des affaires, la sagesse des combinaisons, la prévoyance laissent-elles la place à l'empirisme? Pourquoi la société erre-t-elle à l'aventure, au caprice des passions et de l'égoïsme de quelques ambitieux insatiables? Ceux qui, par leur concours officieux, leur incurie ou leur indifférence, prêtent la main à cette spoliation de l'État et des particuliers, ne seront du moins pas fondés à se plaindre au jour du cataclysme.

ÉTAT FINANCIER DE LA COMPAGNIE.

Les dépenses d'établissement faites et à faire sont évaluées approximativement, au 30 juin 1855, par les *Documents statistiques* du ministère des travaux publics, à 646,661,012 fr.

LA SUBVENTION DE L'ÉTAT se compose :

1° Des achats de terrains, terrassements, ouvrages d'art, ateliers, stations, maisons de garde de Paris à Strasbourg, et des embranchements qui s'y raccordent par le côté du Nord.

2° De 3 millions en espèces pour la ligne de Wissembourg.

Elle s'élève, d'après les *Documents* précités, à 125,382,500 francs, soit 19 0/0 de la dépense totale.

Les ACTIONS sont au nombre de 500,000, émises en deux séries égales, représentant un capital de 250 millions.

La première série comprend les 250,000 actions de l'ancienne Compagnie de Paris à Strasbourg, complétement libérées, ayant droit à l'intérêt et au dividende.

La seconde série, de 250,000 actions également, créée pour la construction de la ligne de Mulhouse, n'a droit au dividende qu'à partir du 1er janvier 1857.

Les échéances semestrielles sont aux 1er mai et 1er novembre.

L'amortissement doit s'effectuer de 1856 à 1949.

Les EMPRUNTS sont au nombre de 6; les cinq premières séries d'obligations sont remboursables à 650 fr., et produisent 25 fr. d'intérêt, payable le 1er juin et le 1er décembre.

1° 60,000 obligations émises en 1852 contre espèces, à 500 fr., remboursables de 1854 à 1952.

2° 16,000 obligations remises en échange des 32,000 actions de Blesme à Gray libérées de 250 fr., remboursables de 1854 à 1952.

3° 62,828 obligations remises en échange des 84,000 actions de Strasbourg à Bâle, remboursables de 1855 à 1949.

4° 125,000 obligations négociées contre espèces à 480 fr., remboursables de 1856 à 1949.

5° 5,200 obligations remises en échange de 5,200 actions de Mulhouse à Thann, remboursables de 1856 à 1949.

6° 126,000 obligations, émises du 12 au 24 décembre 1856, à 270 fr., remboursables à 500 fr., 15 fr. d'intérêt, soit un capital encaissé de 34,020,000 fr.

La Compagnie est en outre chargée du service des emprunts des lignes incorporées :

1° *Montereau à Troyes*. 3,300 obligations remboursables à 1,250 fr., de 1853 à 1927 ; 50 fr. d'intérêt payable en janvier et juillet.

2° *Strasbourg à Bâle*. 2,775 obligations remboursables à 1,250 fr., de 1845 à 1891; 50 fr. d'intérêt payable en avril et octobre. — 24,000 obligations remboursables à 625 fr., de 1856 à 1905 ; 25 fr. d'intérêt payable en janvier et juillet.

3° *Mulhouse à Thann.* 400 obligations de 1,000 fr., remboursables jusqu'en 1860; 50 fr. d'intérêt payable en janvier et juillet.

Les fonds engagés dans l'exploitation à la fin de 1856 se composent de :

Capital d'actions.		250,000,000
1er emprunt de 60,000 obligations à 500 fr. .	30,000,000	
16,000 obligations, rachat de la ligne de Gray.	8,000,000	
62,828 pour actions de la ligne de Bâle. . .	31,414,000	
125,000 obligations à 480 fr.	60,000,000	
5,200, rachat de la ligne de Thann.	2,600,000	
3,300 obligations de Montereau à 1,000 fr. .	3,300,000	
2,775 de Bâle, même taux.	2,775,000	
24,000 idem à 500.	12,000,000	
400 de Mulhouse à Thann, à 1,000 fr. . . .	400,000	
126,000 obligations de 1856, émises à 270 fr.	34,020,000	
Total des obligations. . . .	184,509,000	184,509,000
Total par l'industrie privée.		434,509,000
Subvention de l'État en travaux et en argent.		125,382,500
Prêt de l'État remboursable par annuités, environ.		12,000,000
ENSEMBLE.		571,891,500

REVENU DES ACTIONS.

Jusqu'en 1851, elles n'ont touché que 4 0/0.

1852 : 33 »» 1853 : 30 30 1854 : 62 »» 1855 : 78 50

Les actions, lors de leur émission, en 1846, ont primé de 50 à 60 fr. ; mais depuis cette époque jusqu'en 1851, elles sont restées au-dessous du pair. Elles ont repris faveur après la prorogation de bail, et ont doublé de valeur un instant en 1853. L'année 1854 leur a été défavorable, comme à tous les titres de même espèce; cependant elles se sont maintenues au-dessus du pair. En 1856, elles oscillent entre 900 et 1,000 fr.

L'assemblée générale se compose des propriétaires de 40 actions.

La Compagnie est associée pour un cinquième dans le chemin de Ceinture.

19

CHEMIN DE FER DE PARIS A LYON.

(Compagnies fusionnées.)

(Administration : Paris, 47, rue de Provence.)

La ligne de Paris à Lyon fait partie du grand réseau décrété par la loi de 1842. La Compagnie actuelle est formée de la réunion des anciennes Compagnies de Paris à Lyon, de Dijon à Besançon et de Dôle à Salins.

Longueur en exploitation, 661 kilomètres :

Paris à Lyon	512
Dijon à Besançon par Dôle	92
Auxonne à Gray	37
La Roche à Auxerre	20

En construction, 315 kilomètres :

Besançon à Belfort et embranchement.	100
Dôle à Châlon et Bourg	176
Dôle à Salins	39

HISTORIQUE.

1° Ligne principale.

Les vicissitudes du chemin de fer de Lyon forment toute une histoire. Commencé au moyen d'un crédit de 71 millions accordé par la loi du 26 juillet 1844, il fut mis en adjudication le 20 décembre 1845. Une seule compagnie, représentée par MM. Ganneron, Ch. Laffitte, Baudrand et Barillon, se présenta. Elle demandait une concession de 42 ans. Le maximum fixé par le ministre était de 41 ans 90 jours. L'adjudication ne put avoir lieu. Cependant la Compagnie, ayant déclaré accepter les conditions du gouvernement, fut reconnue adjudicataire par ordonnance du 21 décembre suivant.

La Société anonyme se constitua au capital de 200 millions. En 1847, elle sollicita et obtint une modification au cahier des charges. Les travaux de la traversée de Lyon devaient être exécutés par l'État ; si les dépenses de la ligne excédaient 216 millions, il serait accordé une prorogation de concession d'une année par million en plus. (Loi du 9 août.)

En 1848, la Compagnie se mit en liquidation ; ses actions tombèrent à 95 fr., et le 17 août de la même année, elle obtint de se faire racheter par l'État aux conditions suivantes :

« Il sera délivré aux actionnaires par chaque action de 500 fr., dont 250 fr. versés, un titre de 7 fr. 60 c. de rente 5 0/0, jouissance du 22 mars 1848. Les actionnaires qui déclareront avant le 1er septembre leur intention de verser les 250 fr. formant le complément de leurs engagements recevront un titre de 25 fr. de rente jouissance du 22 mars 1848. »

Le gouvernement reprit en conséquence les travaux de la ligne et l'exploitation des sections achevées.

Enfin, le 5 janvier 1852, la ligne entière fut accordée par voie de concession directe à MM. E. André, Baring, Bartholony, Hottinguer, Seillère, duc de Galliera, etc., aux conditions suivantes :

La Compagnie s'engage à terminer, à ses risques et périls, dans le délai de quatre ans, la section de Châlon à Lyon ;

A rembourser à l'État 114 millions représentant les dépenses déjà faites sur toute la voie, et à en payer l'intérêt depuis la prise de possession jusqu'à l'entier remboursement ;

Elle entrera, moyennant versement d'un million, dans l'entreprise du chemin de Ceinture ;

Le gouvernement garantit à la Compagnie, pendant 50 ans, 4 0/0 d'intérêt du capital dépensé jusqu'à concurrence de 200 millions. Il garantit également l'emprunt contracté par elle à sa formation.

Quinze ans après la mise en valeur (à partir de 1871), si les bénéfices dépassent 8 0/0, l'État aura droit à la moitié de l'excédant.

La concession est de 99 ans, à dater du 5 janvier 1846.

Un décret du 17 août 1853 a ajouté à la concession précédente l'embranchement de la Roche à Auxerre par la vallée de l'Yonne aux conditions suivantes : La Compagnie s'engage à exécuter cette section à ses risques et périls, sans subvention ni garantie d'intérêt, dans le délai de deux ans.

La durée de la concession nouvelle est la même que celle de la ligne principale.

2° Chemin de fer de Dijon à Besançon et Belfort avec embranchements.

La longueur de la ligne de Dijon à Besançon, avec embranchement d'Auxonne à Gray, est de 123 kilomètres.

La construction en avait été arrêtée jusqu'à Mulhouse par la loi du 21 juin 1846, ainsi que celle de l'embranchement de Dôle sur Salins.

Elle fut concédée, le 12 février 1852, à MM. Bouchotte, Convers, Bretillot, etc., aux conditions suivantes : Les concessionnaires exécuteront les travaux à leurs frais ; la ligne de Besançon devra être terminée dans le délai de 3 ans. L'État garantit un minimum de 4 0/0 pendant 50 ans du capital employé jusqu'à concurrence de 16,600,000 fr. Il garantit également pour 50 ans l'intérêt et l'amortissement à 5 0/0 d'un emprunt de 5 millions et demi que les concessionnaires sont autorisés à contracter. La concession est de 99 ans. Après 15 années d'exploitation, l'État aura droit à la moitié de l'excédant de 8 0/0 dans les bénéfices.

La Société anonyme fut autorisée le 11 septembre 1852.

Le décret du 17 août 1853 ajouta à la concession précédente la ligne de Besançon à Belfort, passant par Baume-les-Dames; Clerval, l'Ile-sur-le-Doubs et Montbéliard, sur une longueur de 90 kilomètres. La Compagnie s'engage à exécuter, sans subvention ni garantie d'intérêt, tous les travaux dans un délai de trois ans. La durée de la concession est également de 99 ans.

Le capital nécessaire à la construction de la ligne sera fourni au moyen :

1° D'une nouvelle émission de 36,800 actions qui jouiront d'un intérêt de 4 0/0 jusqu'à leur libération complète ;

2° De l'émission de nouvelles obligations de même forme que les premières.

3° Fusion des deux Compagnies précédentes.

Par conventions, en date des 15 octobre 1853 et 16 février 1854, entre les deux Compagnies de chemins de fer de Paris à Lyon, et Dijon à Belfort, suivies d'une troisième convention entre le ministre des travaux publics et la Compagnie de Paris à Lyon, la fusion des deux Compagnies a été opérée, et la ratification du Gouvernement accordée aux conditions suivantes :

Sur le premier capital de 33,200 actions de 500 fr., formant le fonds social de la Compagnie de Dijon à Besançon, on avait versé 350 fr. par action, soit une somme de 11,620,000 francs.

Sur les 36,800 actions, dont 26,800 *souscrites*, formant le capital de l'embranchement de Besançon à Belfort, aucun versement n'avait été fait ; et c'est la difficulté de cette réalisation qui paraît avoir amené la fusion.

En échange de la double concession qu'elle avait obtenue de l'État, et des 11,620,000 fr. fournis par ses actionnaires, la Compagnie de Besançon à Belfort a donc été tout heureuse et tout aise de recevoir 25,000 actions de Lyon, libérées de 250 fr., soit un capital de 6,250,000 fr., qui d'après la cote de la Bourse (mai 1854), est censé valoir 13 millions, et après versement intégral des actions, en vaudra 19. C'est donc pour une différence en plus de 1,380,000 fr., en prenant la cote de la Bourse pour argent comptant, que la Compagnie de Dijon à Belfort s'est vendue : moins de 42 fr. par action.

Pour la Compagnie de Lyon, au contraire, l'affaire se résume dans un boni de 5,370,000 fr., plus les avantages des lignes concédées à la Compagnie de Dijon à Belfort, et des nouvelles lignes *imposées*, comme condition de son acquiescement, par le ministre des travaux publics, à la Compagnie de Paris à Lyon.

Ces nouvelles lignes sont : 1° un chemin de fer de Châlon-sur-Saône à Dôle ; 2° un chemin de fer de Bourg à Lons-le-Saulnier ; 3° un chemin de fer de Lons-le-Saulnier à Besançon ou Dôle, ou tout autre point intermédiaire entre Châlon et Besançon.

Toutes ces lignes comprennent un développement de 396 kilomètres.

La dépense de ce réseau partiel est évaluée à 90 millions ;

le produit brut, à 8,207,000 fr., le produit net à 4,924,200 fr.

Pour faire face à ces dépenses, l'assemblée générale du 20 avril 1854 a autorisé le conseil d'administration à contracter un nouvel emprunt de 75 millions, au mieux des intérêts de la Compagnie.

Ainsi, par un judicieux calcul, la Compagnie aime mieux s'adresser, pour l'achèvement de ses travaux, à l'obligation qu'à l'action. L'action, ce n'est déjà plus que le gage de l'obligation; et l'idéal du système serait, en substituant peu à peu le prêt à la commandite, d'obtenir des dividendes très-réels à de soi-disant actionnaires qui, sans verser un centime, n'auraient eu que la peine de donner leur signature.

4° Chemin de fer de Dôle à Salins; rachat.

Cette ligne fut concédée le 12 février 1852 à M. Grimaldi, agissant tant en son nom que comme mandataire de la Société des Salines de l'Est.

Parcours : 38 kilomètres.

La Compagnie devait construire le chemin à ses frais dans un délai de trois ans. L'État garantissait pendant 50 ans 4 0/0 d'intérêt du capital de 7 millions, et devait entrer, après 15 ans, en partage des bénéfices au delà de 8 0/0.

La Compagnie de Paris à Lyon ayant reconnu l'importance, pour ses communications avec la Suisse, de faire de ce tronçon une tête de ligne, en demanda le rachat aux intéressés, et par acte du 10 août 1855, il fut convenu :

« Que la Compagnie acquéreur serait, à partir du 1er août 1855, purement et simplement substituée, tant activement que passivement, en ce qui concerne le chemin de fer de Dôle à Salins, aux lieu et place de l'ancienne Société des salines de l'Est.

« La Compagnie de Paris à Lyon s'engage envers la Compagnie venderesse :

« 1° A lui remettre 10,000 de ses obligations portant 15 fr. d'intérêt, remboursables à 500 fr. en 99 ans, et, de convention expresse, admises réciproquement sur le pied de 280 fr. l'une, pour une valeur de . . . . 4,480,000 fr. »

« 2° A lui payer la somme de 1,917,736 16

« 3° A lui payer la somme de 681,524 80

formant compensation de la différence de valeur résultant de la différence d'amortissement sus-indiquée.

« Soit ensemble, valeur du 1er août 1855, et sauf décompte d'intérêts à 4 0/0 l'an, 7,079,260 fr. 96 c.

« La Compagnie acquéreur s'engageant à payer en outre quelques sommes dues pour travaux ou appointements courus pendant le mois de juillet précédent. »

L'arrêté ministériel, en date du 5 avril 1856, portant approbation des conventions ci-dessus, stipule que les cahiers des charges, les garanties d'intérêt, l'éventualité de partage des bénéfices avec l'État, la durée des concessions, seront identiques pour la ligne principale, les lignes fusionnées et les embranchements.

Par convention du 31 janvier 1855, la Compagnie de Paris à Lyon entre pour un tiers dans l'entreprise du chemin de fer de Lyon par le Bourbonnais.

Elle est associée pour un cinquième dans l'exploitation du chemin de Ceinture.

ÉTAT FINANCIER DE LA COMPAGNIE.

D'après les *Documents statistiques*, les dépenses faites et à faire par la Compagnie de Paris à Lyon s'élèvent (compte au 30 juin 1855) à 408,842,177 fr. La part contributive de l'État est de 61,046,964 fr., soit environ 15 0/0.

Les Actions sont au nombre de 265,000, libérées à 500 fr., représentant un capital de 132,500,000 fr.

Les échéances semestrielles ont lieu le 1er janvier et le 1er juillet.

Les Emprunts se composent :

1° De 80,000 obligations de 1,050 fr., émises en 1852 et 1854, remboursables à 1,250 fr., de 1856 à 1905, 50 fr. d'intérêt payable en avril et octobre.

2° De 100,000 obligations émises en 1855 à 290 fr., remboursables à 500 fr. en 99 ans ; 15 francs d'intérêt payable en avril et octobre.

Le Rapport du 26 avril 1856 établit comme suit le fonds social de la Compagnie :

Capital d'actions.		132,500,000
Produit des 80,000 obligations à 1,050 fr. .	83,968,170	
— des 100,000 obligations à 290 fr. . .	29,000,000	
Total des obligations. . . .	112,968,170	112,968,170
Total par la Compagnie.		245,468,170
Subvention en travaux par l'État		61,046,964
Ensemble		306,515,134

REVENU DES ACTIONS.

1852 : 14 »» 1853 : 31 25 1854 : 65 »» 1855 : 82 50

La hausse a, comme toujours, salué la bienvenue des actions nouvelles, qui se sont cotées, en 1852, jusqu'au-dessus de 1,000 fr. Elles se sont constamment maintenues au-dessus du pair. Le trafic énorme qu'ont développé sur cette ligne les transports de l'armée d'Orient a soutenu ses titres pendant la crise de la guerre, et ses actions se sont cotées jusqu'à 1,000 fr. en 1854, alors que toutes les autres valeurs étaient en désarroi. Depuis 1856, elles ont dépassé 1,500 fr.

L'assemblée générale se compose de tous les propriétaires de 40 actions.

CHEMIN DE FER DE PARIS A LYON PAR LE BOURBONNAIS.

(Administration : Paris, 19, rue des Capucines.)

Cette nouvelle ligne a été concédée à un Syndicat formé des trois Compagnies de Paris à Lyon, d'Orléans et du Grand-Central. Elle se compose des sections suivantes :

Juvisy à Corbeil (construite) ;
Corbeil et Moret à Nevers (à construire) ;
Nevers à Roanne (construite entre Nevers et Saint-Germain-des-Fossés) ;
Roanne à Lyon par Tarare (à construire) ;
Embranchement de Saint-Germain à Vichy (à construire).

La longueur concédée est de 670 kilomètres, dont 265 en exploitation :

Lyon à Roanne.	150	kilomètres.
Nevers à Saint-Germain.	105	
Juvisy à Corbeil.	10	

La convention intervenue entre les parties contractantes, le 31 janvier 1855, approuvée par décret du 7 avril, contient les stipulations suivantes :

La Compagnie d'Orléans cède au Syndicat :

1° La section construite et exploitée de Juvisy à Corbeil, moyennant 12,000 fr. de rente par kilomètre, moins une retenue de 1,200 fr. par kilomètre pour le matériel roulant.

2° La section construite de Nevers à Saint-Germain-des-Fossés, et celle à construire de Saint-Germain à Roanne, moyennant une rente de 15,000 fr. par kilomètre, moins une retenue de 1,500 fr. par kilomètre pour le matériel roulant. La Compagnie d'Orléans reste chargée de l'achèvement des travaux entre Nevers et Roanne.

Le Grand-Central cède au Syndicat les chemins de Rhône-et-Loire, aux charges et conditions où il les possède lui-même, et recevra 131,007 obligations de 500 fr. à 3 0/0 en remplacement de celles qu'il a émises lui-même pour la reconstruction des chemins cédés.

La totalité du capital nécessaire à l'exécution du chemin et au rachat des sections cédées sera réalisée en obligations de 500 fr. à 15 francs d'intérêt.

La prise de possession des sections exploitées a eu lieu le 1er janvier 1856, sauf pour celle de Juvisy à Corbeil, qui s'effectuera lors de l'ouverture de la ligne de Corbeil à Nevers.

La section de Paris à Juvisy reste à la Compagnie d'Orléans, et celle de Paris à Moret, à la Compagnie de Lyon.

Les trois Compagnies s'engagent à construire et exploiter à frais et profits communs, le chemin de Moret et de Corbeil à Nevers dans le délai de six ans, celui de Roanne à Lyon direct dans le délai de huit ans.

La Société sera administrée par un conseil de douze membres, pris en nombre égal dans le conseil de chaque Compagnie.

Le partage des produits de toute nature résultant des rapports directs entre Paris et Lyon, quelle que soit la ligne parcourue, aura lieu de la manière suivante :

Du 1er janvier 1856 jusqu'à l'ouverture de la section de Saint-Germain à Roanne, 3/4 pour la Compagnie de Lyon ; 1/4 pour le Syndicat ; 2° de l'ouverture de la section précédente à celle de la section de Roanne à Lyon, 2/3 pour la Compagnie de Lyon, 1/3 pour le Syndicat, 3° après l'ouverture de la section de Roanne à Lyon par Tarare, 1/2 à la Compagnie de Lyon, 1/2 au Syndicat.

La Compagnie d'Orléans cède au Grand-Central, moyennant une rente de 12,000 fr. par kilomètre, sous déduction de 1,200 fr. par kilomètre pour le matériel roulant, la ligne de Saint-Germain à Clermont, dont elle achèvera les travaux.

Les chemins de fer de Rhône-et-Loire, absorbés par la Compagnie nouvelle, sont les plus anciens de France ; ils formaient autrefois trois Compagnies : de *Saint-Étienne à Lyon*, de *Saint-Étienne à la Loire* et d'*Andrezieux à Roanne*; ils étaient concédés à perpétuité.

Par suite d'une convention intervenue, le 17 mai 1853, entre le gouvernement et MM. de Mouchy, B. Fould, Desart, Seguin, Delahante, ils furent réunis en une seule Compagnie constituée pour 99 ans à partir du 17 mai 1857. La Société nouvelle doit rembourser les anciennes au moyen d'actions à créer et d'obligations ; elle se substituait activement et passivement à leur lieu et place.

Par décret du 26 décembre 1853, les chemins fusionnés de Rhône-et-Loire furent réunis au Grand-Central, qui, pour subvenir aux charges imposées par le rachat et la reconstruction de ces lignes, émit les 131,007 obligations dont il est parlé dans les conventions du 31 janvier 1855.

C'est maintenant à la Compagnie de Lyon-Bourbonnais que sont dévolus les droits et obligations de la Compagnie cédante. Voici les clauses principales :

La Compagnie s'engage à exécuter les travaux de rectification et d'amélioration des lignes réunies ; — elle s'engage à rembourser en trente annuités le prêt de 4 millions consenti par l'État à la Compagnie d'Andrezieux à Roanne.

L'État garantit pendant 50 ans, à partir du 1er janvier 1853, le payement d'annuités, qui seront de 3,628,000 fr. à dater de 1857, en représentation du revenu des lignes rachetées. Cette garantie s'applique au service des emprunts contractés par les anciennes Compagnies, ainsi qu'aux obligations créées pour leur liquidation.

La Compagnie de Saint-Étienne à Lyon a reçu, en échange de ses actions, 94,974 obligations remboursables à 625 fr.; 25 fr. d'intérêt; — celle de Saint-Étienne à la Loire, 7,240 obligations de 625 fr., dont l'intérêt n'est de 25 fr. qu'à dater de 1857; — celle d'Andrezieux à Roanne, 11,600 obligations de 500 fr. 3 0/0.

ÉTAT FINANCIER DE LA COMPAGNIE.

Les dépenses faites et à faire s'élèvent approximativement, d'après les *Documents statistiques*, à 261,663,852 fr. La section de Nevers à Saint-Germain-des-Fossés, cédée par la Compagnie d'Orléans, était dotée de 36,401,000 fr., qui représentent la part contributive de l'État dans les dépenses de la Compagnie nouvelle, soit environ 14 0/0.

La Compagnie de Lyon-Bourbonnais, étant substituée activement et passivement au lieu et place du Grand-Central, reconnaît les dettes contractées par les chemins de Rhône-et-Loire, ainsi que les obligations créées pour leur liquidation, savoir :

1° Emprunt 3 0/0 de Rhône-et-Loire. — 63,643 obligations remboursables à 500 fr. (de 1854 à 1952); 15 fr. d'intérêt payables en janvier et juillet.

2° Emprunt 4 0/0 de Rhône-et-Loire. — 102,614 obligations remboursables à 625 fr. (de 1854 à 1952); 25 fr. d'intérêt aux mêmes échéances.

L'intérêt et l'amortissement de ces emprunts sont compris dans les annuités garanties par l'État pour 50 ans.

3° Emprunt 3 0/0 dit Grand-Central. — 131,007 obligations remboursables à 500 fr. (de 1855 à 1953); 15 fr. d'intérêt, mêmes échéances. L'échange de ces titres a lieu au pair contre ceux de la Compagnie du Bourbonnais.

La Compagnie a émis en outre, dans le courant d'avril 1856, 186,000 obligations, remboursables à 500 fr. (de 1856 à 1953); 15 fr. d'intérêt payables en janvier et juillet. Elles ont été négociées à 285 fr. avec jouissance du 1er janvier précédent; elles sont complétement libérées.

La Compagnie n'a pas d'actions; tout son capital doit être formé par voie d'EMPRUNT. Ses obligations sont garanties solidairement par les trois Sociétés d'Orléans, de Paris-Lyon et du Grand-Central.

La convention des 2 février et 6 avril 1855 a étendu à la participation des Compagnies de Paris à Lyon et du Grand-Central dans la Société du Bourbonnais le partage des bénéfices entre l'État et ces Compagnies, au delà de 8 0/0.

CHEMIN DE FER DE LYON A LA MÉDITERRANÉE.

(Compagnies fusionnées.)

(Administration : Paris, 23, rue Laffitte.)

Sous cette nouvelle dénomination sont groupées les anciennes Compagnies de Lyon à Avignon, d'Avignon à Marseille, du Gard, de Montpellier à Cette, de Montpellier à Nimes.

Le réseau comprend 619 kilomètres, dont 550 en exploitation.

Lyon à Marseille.	350 kilomètres.
Rognac à Aix.	27
Tarascon à Cette.	105
Nîmes à Alais	50
Alais à la Grand'Combe	18

A construire :

Marseille à Toulon.	69

HISTORIQUE.

1° Le chemin de fer de Lyon à Avignon, commencé en exécution de la loi du 16 juillet 1845, fut adjugé une première fois le 10 juin 1846 à la Compagnie Talabot, pour une durée de 44 ans 298 jours. Les travaux furent abandonnés, comme ceux de Paris à Lyon, en 1848, et repris par l'État. — Le 3 janvier 1852, une nouvelle adjudication fut accordée à MM. Génissieu, Boignes, E. Blount, Drouillard, Benoist, etc. Durée de la concession, 99 ans; subvention, 49 millions; garantie par l'État de 5 0/0 d'intérêt et d'amortissement d'un emprunt de 30 millions à contracter par les adjudicataires. — Enfin, le 15 juillet 1852, un traité de fusion vint encore changer les conditions de propriété du chemin, comme nous le verrons tout à l'heure.

2° La ligne d'Avignon à Marseille, d'un parcours de 120 kilomètres, est devenue tristement célèbre dans l'histoire des folles dépenses et des gaspillages. Elle fut concédée le 12 juin 1843 à MM. Talabot, Ricard, Chaponnière et Rey de Foresta, pour 33 ans. Le gouvernement accorda aux adjudicataires une subvention de 32 millions, et prit en outre à sa charge toutes les dépenses d'expropriation, réglées depuis à 10 millions. — Le 13 novembre 1847, la Compagnie obtint l'autorisation de contracter un emprunt de 20 millions. Le 10 mai 1850, elle fut de nouveau autorisée à emprunter 30 millions avec garantie par l'État de 5 0/0 d'intérêt et d'amortissement. Son capital était de 20 millions. Ce qui porte le prix de revient des 120 kilomètres à 112 millions environ.

Soit 925,000 fr. par kilomètres ! La moyenne des autres lignes est de 391,000 fr.

Les actions n'ont jamais rien produit; nous verrons plus loin les conditions du rachat par la Compagnie fusionnée.

3° Le chemin d'Alais à Beaucaire fut concédé à perpétuité, le 29 mai 1833; celui d'Alais à la Grand'Combe le fut pour 99 ans (21 mai 1836). Capital social, 16 millions; emprunts, 9 millions.

4° Le chemin de Montpellier à Cette fut concédé le 9 juillet 1836 pour 99 ans. Capital, 3 millions; emprunts, 1,300,000 fr.

5° Le chemin de Montpellier à Nîmes, propriété de l'État,

fut affermé pour 12 ans, le 22 avril 1845, moyennant une somme annuelle de 381,000 fr., sans préjudice de 3 0/0 d'intérêt du matériel d'exploitation, estimé 900,000 fr.

Fusion. — Voici maintenant à quelles conditions ces lignes sont entrées dans la fusion (1852). C'est la Compagnie de Lyon à Avignon qui stipule comme acquéreur.

1° La Compagnie de Marseille à Avignon recevra, pour prix de la cession de ses droits, 40,000 obligations de 625 fr., remboursables en 99 ans à dater du 3 avril 1855. Chaque obligation portera 15 fr. d'intérêt du 1er octobre 1852 au 1er octobre 1857; 20 fr. de cette dernière époque au 1er octobre 1864, et 25 fr. depuis 1864 jusqu'au complet remboursement. Les actionnaires pourront souscrire dans la nouvelle Compagnie 20,000 actions aux mêmes conditions que les fondateurs.

2° Les Sociétés du Gard (chemin d'Alais à Beaucaire et à la Grand'Combe) recevront une annuité de 1,200,000 fr., représentée par 30,000 obligations produisant 40 fr. d'intérêt, remboursables à 1,000 fr., en 99 ans, qui courront du 3 avril 1845. Cette annuité pourra s'augmenter de 50,000 fr. par an jusqu'à concurrence de 1,450,000 fr., lorsque les chemins de l'Hérault et du Gard auront produit 100,000 fr. de plus la dernière année que l'année précédente. — La concession perpétuelle d'Alais à Beaucaire prendra fin avec la concession générale.

3° Le chemin de Montpellier à Cette est cédé moyennant une annuité de 260,000 fr., représentée par 13,000 obligations à 20 fr. d'intérêt, remboursables à 500 fr., en 99 ans, à partir du 3 avril 1855.

4° Le chemin de Montpellier à Nimes, propriété de l'État, est concédé gratuitement. Quant à la Compagnie fermière de l'exploitation, elle recevra une indemnité de 500,000 fr., représentée par 625 obligations à 40 fr. d'intérêt, remboursables à 1,000 fr., en 99 ans, à dater du 3 avril 1855.

Le traité du 15 juillet 1852, portant approbation des conventions précédentes, contient les clauses qui suivent :

La Compagnie de Lyon à la Méditerranée devra affecter une somme de 5 millions à l'achèvement des chemins de la rive droite du Rhône. L'embranchement d'Aix sera exécuté par la Compagnie, moyennant 1 million de subvention par cette ville. Celui de Marseille à Toulon le sera par l'État, dans les conditions de la loi du 11 juin 1842. La moitié des bénéfices excédant 8 0/0 appartiendra au Trésor.

La Société des Mines de la Grand'Combe s'engage à réduire de 5 fr. par tonne les houilles qu'elle doit fournir à l'État en exécution de la loi du 17 juillet 1837, et à proroger jusqu'au 24 juillet 1864 la période pendant laquelle cette condition est obligatoire.

De son côté, le gouvernement garantit à la Compagnie de Lyon à la Méditerranée : 1° une somme annuelle qui ne peut dépasser 2,735,000 fr. pour l'exécution des engagements contractés avec les Compagnies faisant cession de leurs droits; 2° 4 0/0 pendant 50 ans des sommes dépensées par la Compagnie pour l'exécution des travaux à la charge du Trésor, sans que le capital puisse excéder 31 millions; 3° 5 0/0 d'intérêt et amortissement, pendant 99 ans, de l'emprunt de 30 millions garanti pour 33 ans à l'ancienne Compagnie d'Avignon à Marseille. — L'État fait abandon de son chemin de Nîmes à Montpellier. — La concession est de 99 ans à dater de l'achèvement des travaux.

La Compagnie de la Méditerranée, par traité du 20 mars 1855, a pris à bail, pour dix ans, l'exploitation du chemin de fer de Bességes à Alais. — Par convention en date du mois de décembre 1855, elle doit se fusionner avec la Compagnie de Lyon à Genève. Ce traité, qui n'est pas encore définitif, n'aurait d'effet qu'à dater de 1860. — Nous reparlerons de ces conventions dans les paragraphes consacrés aux Compagnies intéressées.

L'assemblée se compose des propriétaires de 20 actions.

ÉTAT FINANCIER DE LA COMPAGNIE.

Les *Documents statistiques* évaluent à 297,266,734 fr. les dépenses d'établissement faites et à faire sur cette ligne. Nos chiffres, sauf erreur, accusent un capital engagé de 317 millions; le lecteur appréciera.

Les Subventions de l'État s'élevaient à 136 millions, savoir :

A la Compagnie de Marseille à Avignon. . . .	39,976,768
Chemin de fer de Montpellier à Nîmes	14,709,157
Lyon à Avignon et subventions nouvelles. . .	81,935,558
Total.	136,621,483
Subvention de la ville d'Aix	1,000,000
Ensemble	137,621,483

Des remboursements par la Compagnie ont réduit la part contributive du Trésor à 125,171,000 fr.; soit, avec la subvention de la ville d'Aix, 126,171,000 fr., ou 42 0/0.

Les Actions sont au nombre de 90,000, libérées de 500 fr., représentant un capital de 45 millions. — Échéances semestrielles, avril et octobre.

Les Emprunts affectés, tant à la liquidation des Compagnies rachetées qu'aux travaux, sont au nombre de trois; ils sont remboursables en 99 ans, de 1856 à 1954 :

1° 120,000 obligations, émises en 1852, à 500 fr., remboursables à 625; 25 fr. d'intérêt payables en avril et octobre;

2° 182,333 obligations, émises en 1853, à 350 fr., remboursables à 500; 15 fr. d'intérêt (janvier et juillet);

3° 82,666 obligations, émises en 1855, à 280 fr., remboursables à 500; 15 fr. d'intérêt (janvier et juillet).

Les sommes engagées dans le réseau de Lyon à la Méditerranée se répartissent donc comme suit :

Capital d'actions		45,000,000
1er emprunt	62,534,282	
2e — (obligations de rachat)	60,751,622	
3e —	22,932,137	
Total des obligations. . .	146,218,041	146,218,041
Total par la Compagnie.		191,218,041
Subvention de l'État et de la ville d'Aix		126,171,000
Ensemble		317,389,041

Sur ces 317 millions, 45 seulement appartiennent aux actionnaires, moins d'un septième. C'est une somme de 272 millions que l'État et les capitalistes mettent à la disposition de cette élite de propriétaires, afin d'aider à la prospérité de leur entreprise; 126 millions sont abandonnés à titre gratuit par l'État, qui garantit de plus l'intérêt à 5 0/0 d'une partie des emprunts ; 146 millions sont fournis par les porteurs d'obligations, en échange d'un revenu fixe de 5 0/0 et d'une prime de remboursement : tout cela pour que les actionnaires touchent un revenu de 86 fr., comme en 1855 ; pour que les actions se cotent à 1,800 et 1,900 fr., et qu'on dise : Voilà les merveilles de la finance, tant honnie, tant décriée !

Eh bien ! oui, voilà les monstruosités, l'opprobre, la condamnation du système ; voilà la finance prise en flagrant délit d'accaparement, de razzia sur les fonds des contribuables et des particuliers. Une poignée d'actionnaires dispose, comme de sa propriété privée, d'une valeur de 317 millions où elle n'a pas un septième d'engagé. Les porteurs d'obligations, trois fois plus intéressés qu'elle dans l'affaire, sont, comme l'État, rançonnés, réduits à la portion congrue, chassés des conseils et des délibérations. Tels sont les résultats du *crédit démocratisé* de la secte saint-simonienne.

« Ce résultat, dit le Rapport, est des plus satisfaisants, puisqu'il s'applique à une première année d'exploitation, surtout si l'on considère que la ligne de Lyon à Avignon n'a été exploitée en entier, pour la grande vitesse, qu'à partir du 16 avril, et pour la petite vitesse, qu'à partir du 5 septembre. »

C'est fort heureux qu'à ce prix ces Messieurs se déclarent satisfaits. Que pourrait-on leur donner de plus ?

La ligne de la Méditerranée va donc être classée parmi les meilleures ; et c'est ce qui prouve que le public ne sait pas un mot des chemins de fer et de leur rendement. Il ne connaît que deux signes : le dividende, 86 fr., et la cote des actions, 1,800 à 1,900 fr. Analysons les chiffres, pour son édification.

Ce dividende provient d'un modeste excédant de 7,005,485

fr. 48 c. ; une somme de 435,485 fr. 48 c. est portée à la réserve. Mais il n'est encore fait aucune retenue pour le renouvellement de la voie et du matériel.

Nous croyons, dit le Rapport, que la prudence nous impose l'obligation de créer une réserve spéciale en prévision du renouvellement de la voie en fer. Mais *nous nous bornons*, pour cette première année, *à poser le principe*, en en suspendant l'application jusqu'au règlement de 1856. »

La somme à répartir est de 6,570,000 fr. ; soit, par action, 73 fr., qui, ajoutés aux 13 fr. d'intérêt déjà soldés, constituent un revenu de 86 fr. par action, ou 17 fr. 20 0/0.

Les 191 millions fournis par l'industrie (actions et obligations), ayant préalablement touché l'intérêt à 4 et 5 0/0, si ce reliquat de 6,570,000 fr. était loyalement réparti entre tous les porteurs de titres, au marc le franc, ce serait une augmentation de 3 fr. 43 0/0 environ, c'est-à-dire un revenu de 7 à 8 0/0.

Et si les subventions touchaient aussi leur 5 0/0! et si l'on faisait des réserves, au lieu de se borner à en *poser le principe* !

En un mot, la meilleure ligne de fer, — d'après cote, — produit à peine 5 0/0 du capital engagé ; mais elle donne 17 0/0 aux actionnaires. Voilà les prodiges de la finance !

CHEMIN DE FER DE BESSÉGES A ALAIS.

(Siége social : Paris, 23, rue Laffitte.)

Ce tronçon, d'une longueur de 30 kilomètres, a été concédé, le 8 juin 1854, à MM. de Veau de Robiac, Varin d'Ainvelle et E. Silhol, pour 99 ans, finissant au 7 juin 1957. La Société anonyme a été autorisée le 16 août 1855.

Capital, 4 millions ; actions de 500 fr., dont 400 versés ; 4 0/0 pendant la durée des travaux. — 7,143 obligations, émises en mai 1855, à 280 fr. ; 15 0/0 d'intérêt payables en avril et octobre ; elles sont remboursables à 500 fr., de 1857 à 1956. — L'assemblée se compose des propriétaires de 10 actions.

Par traité du 20 mars 1855, ratifié le 8 octobre, l'exploitation de la ligne est affermée pour dix ans à la Compagnie de Lyon à la Méditerranée, qui fournit le matériel et prélève 50 0/0 des recettes brutes, jusqu'à concurrence de 20,000 fr. par kilomètre, et 33 0/0 sur ce qui excéderait ce chiffre. Le minimum de ce prélèvement est fixé à 270,000 fr., et la Compagnie de Bességes tient compte en outre de 90,000 fr. par an pour loyer du matériel.

CHEMIN DE FER DE LYON A GENÈVE.

(Administration : Paris, 23, rue Laffitte.)

Cette ligne a été concédée, le 30 avril 1853, à MM. Bartholony, Benoist d'Azy, duc de Galliera, Blount, Jayr, etc., aux conditions suivantes :

Le gouvernement français accorde aux concessionnaires une subvention de 15 millions, et le gouvernement suisse une subvention de 2 millions. La garantie d'intérêt par l'État est de 3 0/0 d'un capital de 50 millions. Concession de 99 ans, qui courront du 1er mai 1859. Après l'ouverture de la ligne entière, l'État entrera en partage des bénéfices excédant 8 0/0 du capital dépensé par la Compagnie. Les actions jouiront d'un intérêt de 4 0/0 du capital versé pendant la durée des travaux.

La longueur de la ligne est de 216 kilomètres en France et de 12 en Suisse, ensemble 228, la section de Lyon à Bourg, par Ambérieux, est en exploitation, 74 kilomètres.

ÉTAT FINANCIER DE LA COMPAGNIE.

Les Actions sont de 500 fr. dont 375 versés, au nombre de 80,000, représentant un capital de 40 millions.

Il a été émis, en 1853, 87,719 Obligations, au cours de 285 fr., remboursables à 500 (de 1855 à 1954) ; 15 fr. d'intérêt (janvier et juillet). Il doit y avoir un deuxième emprunt de 20 millions.

Les Subventions sont de 17 millions.

Ce qui établit ainsi le capital actuel de la Compagnie :

Actions	40,000,000
Obligations	25,000,000
Total par l'industrie privée	65,000,000
Subventions (suisse et française)	17,000,000
Ensemble	82,000,000

Par convention du 8 décembre 1855 avec la Compagnie du chemin de fer sarde Victor-Emmanuel, les deux lignes doivent se raccorder à Culoz.

Par convention du 19 décembre 1855 avec la Compagnie de Lyon à la Méditerranée, ces deux entreprises doivent se fusionner en une seule, deux ans après leur mise en exploitation totale de la ligne de Genève, c'est-à-dire vers 1860. Le capital sera partagé entre les deux Compagnies au prorata des produits nets de l'exploitation pendant l'exercice qui précèdera la fusion. — La ligne de Genève n'étant qu'à ses débuts, sa recette brute sera comptée avec 36 0/0 d'augmentation ; le produit net sera évalué par une déduction fixe de 40 0/0 du produit brut.

Ces deux conventions n'ont pas encore reçu l'approbation du gouvernement.

CHEMIN DE FER DE SAINT-RAMBERT A GRENOBLE.

(Siége social : Paris, 31, rue Lepelletier.)

Cette ligne, destinée à relier Grenoble et Valence à Lyon, a été concédée le 7 mai 1853 pour 99 ans, qui finiront le 30 avril 1958. Parcours, 92 kilomètres, dont 56 en exploitation.

Subvention de l'Etat, 7 millions ; garantie de 3 0/0 d'intérêt pendant 50 ans, sur un capital de 25 millions. Après l'achèvement des travaux, l'État vient en partage des bénéfices excédant 8 0/0 du capital dépensé.

Capital, 25 millions ; 50,000 Actions de 500 fr. dont 300 versés ; — 4 0/0 pendant la construction.

La concession s'est augmentée en 1856 des lignes directes

de Lyon à Grenoble et de Valence à Grenoble, qui portent l'étendue du réseau à 260 kilomètres. Les conditions de subvention et de garantie du capital de 25 millions sont applicables à l'ensemble des trois lignes. — Le capital doit être porté à 75 millions, la Compagnie doit prendre le nom de *Compagnie du Rhône aux Alpes.*

CHEMIN DE FER DE PARIS A ORLÉANS ET SES PROLONGEMENTS.

(Compagnies fusionnées.)

(Administration : Paris, 11, rue de la Chaussée-d'Antin.)

Cette Compagnie se compose des anciennes Sociétés de Paris à Orléans, du Centre, d'Orléans à Bordeaux, de Tours à Nantes, réunies par le décret de fusion du 27 mars 1852. Depuis cette époque, elle a subi, quant à ses concessions, de nombreux remaniements que nous mentionnerons dans l'historique. Voici l'étendue de son réseau en 1856 :

En exploitation, d'après l'*Indicateur des Chemins de fer*, 1,239 kilomètres :

Paris à Bordeaux.	582 kilomètres.
Poitiers à Niort	78
Tours à Nantes	195
Orléans à Limoges.	282
Vierzon à Nevers.	102

En construction, d'après les *Documents statistiques*, 517 kilomètres :

Tours au Mans.	88
Nantes à Saint-Nazaire	58
Savenay à Châteaulin et embranchement. . . .	285
Niort à La Rochelle et Rochefort	86

Soit un développement total de 1,756 kilomètres, que l'annexion du chemin de fer de Sceaux et Orsay portera prochainement sans doute à 1,781 ; car il ne manque plus au contrat d'acquisition de cette ligne que la sanction du gouvernement.

HISTORIQUE.

1° Ligne principale.

La ligne de Paris à Orléans est la première de quelque importance qui ait été ouverte autour de Paris. La construction en fut concédée, le 7 juillet 1838, à MM. Casimir Lecomte et Cie pour une durée de 70 ans, portée quelque temps après à 99, à partir du 15 juillet 1840. La Société anonyme, autorisée par ordonnance du 13 août 1838, fut constituée au capital de 40 millions, divisé en 80,000 actions de 500 fr. Les concessionnaires n'avaient reçu ni subvention ni garantie; cependant leur capital de fondation paraissant devoir être insuffisant, ils demandèrent et obtinrent, par la loi du 15 juillet 1840, que l'État leur garantit un minimum de 4 0/0 d'intérêt pendant 46 ans 324 jours, à la charge par eux d'employer annuellement 1 0/0 à l'amortissement du capital social.

Le 22 octobre 1842, la Compagnie fut autorisée à émettre 8,888 obligations, remboursables à 1,250 fr. et portant intérêt à 4 0/0. Un autre emprunt de 10 millions fut également consenti par délibération de l'assemblée du 8 mars 1847.

La ligne de Paris à Orléans ne fut bientôt plus qu'un tronçon devant les prolongements que lui assigna la loi de 1842. Elle devint la tête des chemins de Nantes, de Bordeaux et du Centre, d'un parcours de plus de 1,500 kilomètres. Aussi, malgré les emprunts, les actions montèrent-elles au quadruple de l'émission. Cette grande prospérité n'a pas empêché la Compagnie de solliciter une augmentation de bail et d'autres avantages, comme nous le verrons plus loin.

2° Prolongements.

1° Le chemin d'Orléans à Bordeaux fut adjugé, le 9 octobre 1844, à MM. Laurent, Luzarches et Mackensie, pour 27 ans 278 jours. Le maximum de durée fixé par la loi était de 41 ans 16 jours. La Société anonyme, autorisée par ordonnance du 16 mai 1845, se constitua au capital de 65 millions, divisé en 130,000 actions de 500 fr.

Les travaux de la ligne devaient être exécutés suivant la loi de juin 1842. La loi du 6 août 1850 apporta une première modification au cahier des charges en prorogeant jusqu'à 50 années la durée de la concession. Moyennant quoi la Compagnie s'engageait à terminer à ses frais les travaux et à hâter d'un an la pose de la voie et l'ouverture de la ligne.

2° Le chemin de Tours à Nantes, exécuté également selon les principes de la loi de 1842, fut mis en adjudication le 25 novembre 1845. Le maximum de la concession était de 35 ans. Deux Compagnies se présentèrent. MM. O'Neill, Mackensie, Dufeu, Drouillard, etc., furent déclarés adjudicataires pour 34 ans 15 jours.

La loi du 6 août 1850, dont nous venons de parler, vint porter à 50 ans la durée de l'exploitation, aux mêmes clauses que pour la Compagnie de Bordeaux. La Société anonyme, autorisée par ordonnance du 17 décembre 1845, était au capital de 40 millions, divisé en 80,000 actions de 500 fr.

3° Le chemin du Centre, allant d'Orléans à Vierzon avec embranchement sur Nevers et Limoges, construit également aux frais de l'État, fut concédé pour 39 ans 11 mois, le 9 octobre 1844, à une Compagnie formée des administrateurs du chemin de fer d'Orléans. La Société anonyme, autorisée par ordonnance du 13 avril suivant, porta son capital à 33 millions, divisé en 60,000 actions de 500 fr.

3° Fusion.

Le décret du 17 mars 1852 vint autoriser la réunion de ces quatre entreprises en une seule. La cession au profit de la Compagnie d'Orléans des droits des trois autres se fit aux conditions suivantes :

« 18 *mars*. La Compagnie du centre recevra *une* action entièrement libérée de la Compagnie de Paris à Orléans contre *deux* actions du chemin du Centre entièrement libérées, soit 33,000 actions contre 66,000.

« 18 *mars*. La Compagnie de Tours à Nantes recevra *une* action entièrement libérée d'Orléans contre *quatre* actions du chemin de Tours à Nantes, libérées de 425 fr., soit 20,000 actions contre 80,000.

« 20 *mars*. La Compagnie d'Orléans à Bordeaux recevra une action entièrement libérée de Paris à Orléans contre *trois* actions du chemin d'Orléans à Bordeaux, libérées de 275 fr., soit 43,334 actions contre 130,000.

« Les actions anciennes et les actions nouvelles auront des droits égaux aux intérêts et aux dividendes de l'année 1852. Après l'échange opéré, les actions des Compagnies rachetées seront détruites. »

L'échange des actions, par suite de modifications, ne se fit pas strictement dans les conditions sus-énoncées. Il fut accordé :

8 actions nouvelles contre	5 anciennes d'Orléans. 10 du Centre. 15 d'Orléans à Bordeaux. 20 de Tours à Nantes.

Le nombre des actions se trouva ainsi de 282,134, représentant un capital de 141,067,000 fr. Afin d'arrondir les chiffres, il fut créé 17,866 actions nouvelles, représentant une somme de 8,933,000 fr.

De cette façon, le capital de la Compagnie fusionnée se trouva porté à 150 millions, représenté par 300,000 actions.

4° Concessions nouvelles et remaniements.

Le décret du 27 mars 1852 concéda à la Compagnie fusionnée :

1° Le prolongement du Guétin à Clermont, avec embranchement de Saint-Germain-des-Fossés à Roanne ;

2° Le prolongement de Châteauroux à Limoges ;

3° L'embranchement de Poitiers sur La Rochelle et Rochefort.

L'étendue du réseau se trouvait portée ainsi à 1,568 kilomètres. Le décret du 17 août y ajouta : De Tours au Mans, 88 : de Nantes à Saint-Nazaire, 58.

Par convention du 14 juin 1855, approuvée le 20, il fut concédé à la même Compagnie un chemin de fer de Nantes à Châteaulin, par Redon, Quimper, Lorient, avec embranchement sur Pontivy, 285 kilomètres.

D'autre part, le conseil d'administration passa avec la Compagnie d'Orsay une convention, ratifiée le 16 août 1855 par l'assemblée générale, pour le rachat de Sceaux et Orsay.

Le réseau comprenait alors 2,026 kilomètres.

Mais la Compagnie d'Orléans ayant cédé : 1° au Grand-Central la section de Saint-Germain à Clermont, 65 kilomètres ; 2° au Syndicat de Paris à Lyon-Bourbonnais les sections de Juvisy à Corbeil, 12 kilomètres, et de Nevers à Roanne, 170 (1), l'étendue des concessions, au 31 décembre 1855, était réduite à 1,779 kilomètres.

5° Conditions avec l'État.

La concession est portée à 99 ans à partir de 1852, et doit prendre fin au 31 décembre 1950 ; c'est une prolongation de :

13 ans sur le chemin d'Orléans,
59 ans sur celui du Centre,
49 ans sur ceux de Bordeaux et Nantes.

Toutes les sections nouvelles sont de même durée.

L'État garantit un minimum d'intérêt de 4 0/0 d'un capital de 150 millions, pendant 50 ans.

Il renonce à son droit de partage dans les bénéfices des Compagnies du Centre, de Nantes et de Bordeaux.

Les prolongements du Centre seront exécutés dans le système de la loi de 1842, sauf déduction de 16 millions à fournir par la Compagnie en dégrèvement des charges imposées au Trésor.

Les départements et les villes intéressés à l'embranchement de Poitiers sur Rochefort et La Rochelle fourniront une subvention de 4 millions.

L'État accorde une subvention de 25 millions pour le chemin de fer de Nantes à Châteaulin, qui devra être terminé dans un délai de 9 ans.

Le reste des dépenses à la charge de la Compagnie.

(1) Voir les Compagnies de Paris à Sceaux, du Grand-Central, de Paris à Lyon par le Bourbonnais pour les conditions de rachat et de cession.

La faculté de rachat réservée au gouvernement ne pourra s'exercer que quinze ans après l'achèvement de toutes les sections.

Le transport des dépêches, qui devait être gratuit, sera payé à la Compagnie à raison de 300,000 fr. par an.

L'assemblée générale se compose des propriétaires de 20 actions.

La Compagnie est intéressée pour un tiers dans le chemin de Lyon-Bourbonnais, et pour un cinquième dans le chemin de Ceinture.

ÉTAT FINANCIER DE LA COMPAGNIE.

Les *Documents statistiques* évaluent les dépenses faites et à faire à 552,013,575 fr. Ce chiffre nous semble devoir être de beaucoup dépassé; nous dirons tout à l'heure pourquoi.

Les SUBVENTIONS en travaux et en argent doivent s'élever à 225,699,000 fr., y compris 4 millions de subventions locales et déduction faite de la partie des subventions afférentes aux sections cédées à la Compagnie de Paris à Lyon par le Bourbonnais : soit une proportion de 41 0/0. — Les lignes du Centre, d'Orléans à Bordeaux, de Tours à Nantes, ont été exécutées dans le système de la loi de 1842. Le tableau 11 des *Documents*, colonne 10, *subventions en travaux non remboursables*, porte le chiffre de 247,950,000 fr. Mais « *on espère*, dit une note, réduire ces dépenses de quelques millions, en raison des économies *probables*. »

Par la cession au Syndicat de Lyon-Bourbonnais de la section de Nevers à Saint-Germain, il faut déduire de ce chiffre les 36,401,000 fr. qui y sont affectés; reste 211,549,000 fr. Maintenant nous devons ajouter les 25 millions afférents à la section de Nantes à Châteaulin, ce qui relève la somme à 236,549,000 fr. La probabilité d'économie serait donc de 11 millions.

Les ACTIONS ont été portées par le compte de fusion à 300,000, représentant un capital de 150 millions; elles sont de 500 fr., complétement libérées ; échéances semestrielles, avril et octobre.

Les Emprunts sont au nombre de trois, le dernier émis en trois séries.

1er emprunt 1842. 8,888 obligations, négociées à 1,125 fr., remboursables à 1,250, de 1845 à 1891 ; 50 fr. d'intérêt (janvier et juillet).

2e emprunt. 13,333 obligations, négociées en 1848 à 750 fr., remboursables à 1,250, de 1849 à 1938 ; 50 fr. d'intérêt (janvier et juillet).

3e emprunt. Les obligations portent 15 fr. d'intérêt, payables en janvier et juillet ; elles sont remboursables à 500 fr., de 1855 à 1951 pour les deux premières séries, et à 1950 pour la troisième.

1re série,	1852.	150,000	obligations	négociées à	340 fr.
2e —	1854.	130,000	—	—	275
3e —	1855.	150,000	—	—	290

Le Rapport de 1856 établit ainsi la participation de l'industrie privée à la composition du capital à la fin de 1855 :

Capital d'actions		150,000,000
1er emprunt	9,999,000	
2e —	9,999,750	
3e — en trois séries	129,764,545	
Total des obligations	149,763,295	149,763,295
Total par l'industrie privée		299,763,295
Par l'État, dépenses *faites* au 31 décembre 1854		216,641,825
Ensemble		516,405,120

Du chiffre de 516,405,120 fr. il faudrait déduire la dépense afférente à la section de Nevers, distraite de la Compagnie d'Orléans ; il faudrait y ajouter d'autre part les sommes dépensées par l'État en 1855. A défaut de renseignements précis, nous croyons pouvoir prendre, sans être taxé d'exagération, le chiffre de 500 millions comme celui des dépenses de toute nature engagées dans la Compagnie à la fin de 1855. La longueur exploitée à la même époque était de 1,158 kilomètres. Calculons sur 1,200, afin de laisser à la Compagnie une marge encore plus favorable. Le coût kilométrique serait alors de 416,000 fr. L'étendue concédée étant de 1,745 kilomètres, d'après le Rapport du 30 novembre 1856, il resterait à parfaire 545 kilomètres représentant, à 416,000 fr. par kilomètre, 226,720,000 fr., dont 200 millions environ à fournir par la Compagnie.

Le revenu des actions.	24,286,176 fr.
et le service des emprunts.	5,738,733
portent le revenu de 1855 à.	30,024,909

soit 6 0/0 du capital de toute provenance engagé dans l'entreprise. Mais les actions ont touché 16 0/0.

Ce revenu de 6 0[0 est dû à ce que, comme toujours, il n'est fait aucune réserve pour le renouvellement de la voie et du matériel sujet à détérioration. Ainsi les rails et traverses de la ligne de Paris à Orléans sont aujourd'hui complétement renouvelés. Le rapport ne dit rien du chiffre de cette dépense, mais il l'impute complétement au compte de Premier Établissement.

Les 225 millions de subventions ne touchent ni intérêt ni amortissement; mais les 200 millions que la Compagnie devra réaliser,—par voie d'emprunt sans doute,—pour parfaire son réseau, auront droit à un revenu et au remboursement. Les sections inachevées sont les moins productives, car plus le réseau s'allonge, plus il perd au point de vue du rendement; et la plupart des embranchements à terminer sont considérés par la Compagnie elle-même comme des charges.

Aggravation des dépenses et réduction du produit net, telle est la perspective, la certitude des actionnaires de l'avenir. Ce revenu de 6 0[0 descendra — par les dépenses de renouvellement des voies, successivement exécuté à l'aide d'emprunts, et par la diminution du produit kilométrique, — à 5, 4, 3, 2 0[0, même à zéro. Les obligations priment les actions; elles ont privilége sur elles. Elles absorberont tout le produit net, en attendant qu'elles réclament de l'État l'exécution de sa garantie d'intérêt. La haute finance le sait; elle n'y perdra rien, car elle se met déjà en mesure. Les actions de chemins de fer sont toutes aux mains des petits rentiers, dont l'apathique confiance ne cessera que devant un désastre qu'ils auraient pu prévoir.

Nous avons dit les conditions des actionnaires de l'avenir; les chiffres suivants vont nous montrer celles des actionnaires du passé.

REVENU DES ACTIONS.

Exercices antérieurs à la fusion (ancienne Compagnie d'Orléans).

De 1840 à 1843, 4 0/0 pendant les travaux.

1844 : 39 25	1846 : 61 »»	1848 : 42 80	1850 : 57 75
1845 : 47 30	1847 : 62 70	1849 : 57 »»	1851 : 63 50

Exercices postérieurs à la fusion.

1852 : 48 40	1853 : 62 10	1854 : 69 »»	1855 : 80 »»

Le capital versé par les actionnaires de l'ancienne Compagnie d'Orléans est de 40 millions. Avant 1852, cette mise de fonds était représentée par 80,000 actions. Les revenus cumulés des exercices 1844 à 1851 inclusivement s'élèvent à 431 fr. 30c. par action, soit pour l'ensemble à 34,504,000 fr.

L'échange s'étant opéré en 1852 à raison de 8 titres nouveaux contre 5 anciens, les 40 millions se trouvent représentés aujourd'hui par 128,000 actions. Les revenus cumulés des quatre exercices 1852-1855 montent à 259 fr. 50 c. par action, soit pour les 128,000, un total de 33,216,000 fr.

Ainsi les anciens actionnaires d'Orléans ont touché en douze ans, pour un capital versé de 40 millions :

Avant la fusion.	34,504,000 fr.
Après la fusion.	33,216,000
TOTAL.	67,720,000

c'est-à-dire un revenu de 5 fr. 77 c. 0[0, plus le remboursement de leur capital. Ils restent co-propriétaires, pour 95 ans encore, de tout le réseau concédé.

Si les exercices devaient, comme l'affirment les Rapports, grossir d'importance d'année en année, en prenant seulement ces 12 premières annuités comme base du revenu des actions pour les 95 qui restent à courir, nous arriverions aux résultats suivants :

Intérêts cumulés en 1950.	536,116,000 fr.
Amortissement à 500 fr. des 128,000 actions.	64,000,000
Total.	600,116,000

Voilà ce qu'auraient produit en un siècle les 40 millions primitivement souscrits par les actionnaires de l'ancienne Compagnie d'Orléans.

La part des Compagnies incorporées, quoique beaucoup moins brillante, est encore fort belle.

Mais le plus clair profit de tous ces tripotages, c'est la hausse qui a permis aux financiers de liquider à 500 0|0 et plus de bénéfice. Pour l'avenir, et dans l'inrérêt de leurs acheteurs, ils ont eu soin de faire garantir par l'État 4 0|0 d'intérêt du capital engagé. Ce ne sera pas là une vaine précaution.

Telle est la justice distributive de la féodalité capitaliste.

CHEMIN DE FER GRAND-CENTRAL.

(Siége social : Paris, 16, place Vendôme.)

Le Grand-Central a subi de nombreux remaniements depuis sa concession. L'étendue de son réseau, d'après le Rapport à l'assemblée du 3 mai 1856, est de 1,349 kilomètres, dont 140 environ en exploitation.

Concession du 21 avril 1853 : de Clermont à Lempdes ; de Lot à Montauban ; embranchement sur Marcillac ; de Lempdes à Périgueux.	314 k.
Concession du 7 avril 1855 ; de Lempdes à la rivière du Lot ; de Saint-Étienne à la rencontre de la ligne de Clermont à Montauban ; de cette ligne à Périgueux ; de Limoges à Agen ; de Marcillac à Rodez.	765
Embranchements sur Tulle, Cahors, Bergerac et Villeneuve-d'Agen (concession provisoire)	120
Achat à la Compagnie d'Orléans de la section de Saint-Germain à Clermont	65
Achat de la ligne de Montluçon à Moulins.	85

HISTORIQUE.

Ce chemin, destiné à relier Bordeaux et Lyon en passant par Périgueux, Brives, Aurillac, le Puy, fut concédé, le 21 avril 1853, pour 99 ans, à MM. de Morny, Latour-Maubourg, Pourtalès, Hutchinson, Uziella, etc. Les travaux devaient être exécutés selon le système de la loi de 1842, sauf pour les sections suivantes : de Clermont à Lempdes, de la rivière du Lot à Montauban, avec embranchement sur Marcillac, et de Périgueux à Coutras.

Le capital était de 90 millions, représenté par 180,000 actions.

Par décret du 26 décembre 1853, les chemins de fer de Rhône-et-Loire furent annexés au Grand-Central, puis cédés, le 31 janvier 1855, par le Grand-Central à la Compagnie de Paris à Lyon-Bourbonnais (1).

Le décret de 7 avril 1855, en complétant le réseau de cette Compagnie, modifia la clause relative à la participation de l'État dans les travaux ; la Compagnie se charge de toutes les dépenses moyennant une subvention du Trésor de 76 millions pour les lignes principales et de 2 millions pour l'embranchement de Rodez.

Les quatre embranchements concédés provisoirement (Cahors, Villeneuve-d'Agen, Bergerac et Tulle) doivent être construits dans le système de la loi de 1842.

Un décret du 15 décembre 1855 approuve la construction d'un embranchement destiné à relier les mines de Roche-la-Morlière et Firminy au tronc principal.

Achats et fusions.

La ligne de Moulins à Monluçon doit desservir huit concessions houillères en exploitation, les hauts-fourneaux de Commentry, Fourchambault, les glaces et verreries de Montluçon, Souvigny, et une foule d'autres établissements de premier ordre. Elle fut concédée le 17 octobre 1854 à MM. Ferd. Barrot, de Monicaut, Rougemont, etc., pour 99 ans

(1) Voir le chemin de fer de Paris à Lyon par le Bourbonnais.

à partir du 17 octobre 1860. La société anonyme, autorisée le 23 juin 1855, porta son capital à 22 millions, représenté par 44,000 actions.

Par convention du 28 juin 1855, approuvée le 19 décembre suivant, la Compagnie de Moulins s'est fusionnée avec le Grand-Central ; les actions des deux Compagnies, libérées de 250 fr., s'échangent au pair. En conséquence, les 180,000 actions du Grand-Central sont portées à 224,000.

Le Grand-Central a acheté les établissements miniers et métallurgiques d'Aubin comprenant : 1° onze concessions de houille ; 2° une mine de fer ; 3° divers droits de recherche, d'extraction et d'affouage de houille et minerais ; 4° quatre concessions de mines métallifères ; 5° six forges et hauts-fourneaux ; 6° divers terrains, carrières, forêts et domaines ; 7° le fonds de roulement. — Le prix de la concession est de 44,200 obligations, remboursables à 500 fr. pendant la durée de la concession ; 15 fr. d'intérêt.

La section de Saint-Germain-des-Fossés à Clermont a été cédée au Grand-Central par la Compagnie d'Orléans, qui reste chargée de l'achèvement des travaux. — Cette concession a été faite moyennant la remise du nombre d'obligations nécessaire pour représenter un revenu net de 12,000 fr. par kilomètre, sauf déduction de 1,200 fr. par kilomètre en représentation du matériel roulant fourni par la Compagnie acquéreur, soit en tout, 46,800 obligations remboursables à 500 fr. ; 15 fr. d'intérêt.

Nous avons mentionné ailleurs les conventions relatives à la participation dans le chemin de fer de Lyon-Bourbonnais.

Conditions avec l'État.

L'État accorde une subvention de 78 millions en compensation des travaux à sa charge ; quatre embranchements de 130 kilomètres seront construits dans le système de la loi de 1842. La durée de la concession est de 99 ans à dater de l'achèvement des travaux, c'est-à-dire de 110 ans à partir du 2 mai 1852. Le capital d'actions est porté à 112 millions. Le gouvernement garantit un intérêt de 4 0/0 du capital de 219 millions à réaliser par voie d'emprunt ou par émission d'actions. — Il entrera en partage des bénéfices excédant 8 0/0 du capital dépensé par la Compagnie. — Les travaux doivent être exécutés dans le délai de onze ans.

ÉTAT FINANCIER DE LA COMPAGNIE.

Les dépenses sont évaluées, par les *Documents statistiques*, à 331,455,000 fr., dont 92,900,000 fr. à fournir par l'État, soit 28 0/0.

SUBVENTIONS par l'État : en espèces 78 millions; en travaux, *mémoire*. (A payer ultérieurement.)

Les ACTIONS sont au nombre de 224,000, représentant un capital de 112 millions; elles sont de 500 fr., dont 450 fr. versés. Elles touchent 4 0/0 pendant la durée des travaux.

L'assemblée se compose des propriétaires de 20 actions.

Les EMPRUNTS de Rhône-et-Loire sont transférés à la Compagnie du Bourbonnais. Il reste à la charge de la Compagnie 181,000 obligations, remboursables à 500 fr., en 99 ans; 15 fr. d'intérêt (janvier et juillet) ; elles représentent un capital de 54,300,000 fr., savoir :

90,000 obligations émises en 1855.	27,000,000
44,200, achat des établissements d'Aubin.	13,260,000
46,800, achat de la section de Clermont à St-Germain.	14,040,000

Le Grand-Central a fait, avec la Compagnie d'Orléans, un traité de fusion dans le courant de 1856 : chaque section serait construite par le Grand-Central et exploitée par lui pendant deux ans ; il serait ajouté 50 0/0 aux produits nets du dernier exercice ; et le prix de rachat serait basé sur ce taux. Mais cette convention n'a pas reçu les sanctions nécessaires à sa validité.

Les concessions sollicitées par la Compagnie sont : en Espagne, le chemin de Madrid à Saragosse ; en France, le réseau pyrénéen ; une ligne de Limoges à Paris, passant par Tours, Vendôme et Châteaudun.

CHEMINS DE FER DU MIDI ET CANAL LATÉRAL A LA GARONNE.

(Siége social : Paris, 15, place Vendôme.)

Sous cette dénomination sont compris les prolongements de Bordeaux sur l'Océan, sur la frontière d'Espagne et sur la Méditerranée, ainsi que le canal latéral à la Garonne.

Par décision du 24 août 1852, la concession des chemins du Midi a été accordée à MM. d'Eichtal, E. André, E. Péreire, I. Péreire, Audoin, etc. Les Statuts de la Compagnie anonyme ont été approuvés le 6 novembre 1852.

Longueur exploitée, d'après l'*Indicateur des Chemins de fer*, 460 kilomètres :

Bordeaux à Bayonne.	198 kil.
Lamothe à la Teste.	13
Bordeaux à Toulouse.	257

A construire, 353 kilomètres :

Toulouse à Cette	231
Embranchement de Mont-de-Marsan. . .	37
— de Perpignan	60
— de Pézénas	25
Longueur du canal.	209

La durée de la concession est de 99 ans, à dater de l'achèvement des travaux; elle doit prendre fin le 24 août 1957. — L'État accorde une subvention de 35 millions pour la ligne de Bordeaux à Cette, et de 16,500,000 fr. pour celles de Narbonne et Perpignan.—Il garantit, pendant 50 ans, un minimum d'intérêt de 4 0/0, et l'amortissement d'un emprunt à contracter de 51 millions; il garantit également l'intérêt à 4 0/0 du capital de 67 millions. — Après l'achèvement des travaux, il a droit à la moitié des bénéfices au delà de 8 0/0.

La Compagnie a pris à bail l'exploitation du chemin de fer de Bordeaux à la Teste aux conditions que nous dirons ci-après :

ÉTAT FINANCIER DE LA COMPAGNIE.

Le coût du réseau est évalué à 175,488,417 fr. par les

Documents statistiques, et la part contributive de l'État à 51,500,000 fr., soit 29 0/0.

Les SUBVENTIONS de l'État s'élèvent à 51,500,000.

Les ACTIONS étaient, d'après la première constitution, au nombre de 134,000, représentant un capital de 67 millions. Par modification approuvée le 11 août 1856, il a été émis 89,334 actions nouvelles, au cours de 700 fr., payables : 250 fr. comptant ; 250 fr. du 2 au 10 janvier 1857 ; 200 du 1er au 10 juillet 1857. — Elles touchent 4 0/0 pendant la durée des travaux (échéance en janvier).

149,788 OBLIGATIONS émises à 285 fr. libérées, remboursables à 500, de 1859 à 1957 ; 15 fr. d'intérêt (janvier et juillet).

L'assemblée se compose des propriétaires de 40 actions.

CHEMIN DE FER DE BORDEAUX A LA TESTE.

(Siége social à Bordeaux. — Bureaux à Paris : 15, place Vendôme.)

Cette ligne, d'un parcours de 52 kilomètres, a été autorisée par la loi du 17 juillet 1837, et adjugée, le 26 octobre de la même année, à M. Fortuné de Vergès, pour 70 ans. La Compagnie anonyme, autorisée par ordonnance du 28 février 1838, était au capital de 5 millions, représenté par 10,000 actions. Une capitalisation d'intérêts accordée à MM. E. et I. Péreire a fait créer à leur profit 5,000 actions nouvelles. — Emprunt, 1,047 obligations remboursables à 1,250 fr.

Ce chemin, loin de produire des bénéfices, n'a jamais fait ses frais. L'État a dû, à plusieurs reprises, en prendre l'exploitation, y affecter des crédits, le mettre sous séquestre. Cette défaveur a sans doute empêché qu'il fût compris dans la grande fusion d'Orléans. Le service en est affermé, comme nous venons de le voir, à la Compagnie du Midi pour 99 ans. C'est la tête du chemin de Bayonne.

La Compagnie fermière prend à sa charge les dettes et les

dépenses de réparation de la voie; sur les produits nets de l'embranchement, elle prélève le service des emprunts et 5 0/0 des sommes dépensées à la construction de la ligne de Bayonne et la réparation de celle de la Teste; l'excédant, s'il y en a, est partagé par moitié entre les deux Compagnies. La concession est prorogée à 99 ans, qui prendront fin avec le bail des chemins du Midi.

CHEMIN DE FER DE GRAISSESSAC A BÉZIERS.

(Siége social : Paris, 45, rue Taitbout.)

Concédé pour 99 ans par décret du 27 mars 1852; fin du bail, 29 mars 1955; approbation des Statuts, 18 février 1853. — Parcours, 59 kilomètres. — Capital, 18 millions, divisé en 36,000 actions de 500 fr., dont 400 payés. 4 0/0 pendant les travaux (octobre et avril). — 26,600 obligations émises à 140 fr., remboursables à 250; 7 fr. 50 c. d'intérêt (novembre et mai).

Ce tronçon ne compte pas moins de dix souterrains, d'une longueur ensemble de 3,778 mètres.

CHEMIN DE FER DE PARIS A SCEAUX ET ORSAY.

(Siége social : Paris, 35, rue Neuve-des-Petits-Champs.)

La ligne de Paris à Sceaux, d'un parcours de 11 kilomètres, construite en exécution de la loi du 5 août 1844, fut concédée le 8 septembre suivant à M. Arnoux pour l'expérimentation de ses trains articulés. La concession était de 50 ans. La Société anonyme, autorisée par ordonnance du 23 février 1845, se constitua au capital de 3 millions.

Ce chemin n'a jamais couvert ses frais; l'État a dû venir plusieurs fois à son secours.

Comme indemnité, et pour l'expérimentation en grand des trains articulés, le gouvernement concéda, le 30 avril 1853, à la même Compagnie, le prolongement de Bourg-la-Reine à Orsay aux conditions suivantes :

1° L'État livre tous les travaux en cours d'exécution ; 2° il s'engage à payer une subvention de 800,000 fr. pour l'achèvement desdits travaux ; 3° il garantit pendant 50 ans un intérêt de 3 0/0 sur une somme de 3 millions déjà empruntée et sur une autre somme de 1,200,000 fr. à emprunter ; 4° la durée de la concession est portée à 99 ans, commençant le 10 décembre 1854.

La Compagnie s'engage à terminer les travaux et à compléter les essais des trains articulés. L'État aura droit à la moitié des bénéfices excédant 8 0/0.

L'ensemble des dépenses faites par l'État pour ce tronçon s'élève à 2,905,669 fr.

Aux termes des conventions provisoires passées avec la Compagnie d'Orléans, celle-ci se charge du payement intégral des sommes dues par la Compagnie d'Orsay, et qui peuvent s'élever à 4 millions ; elle rachète les 6,000 actions de capital au prix de 5,000 obligations 3 0/0 remboursables à 500 fr. En calculant l'obligation à 300 fr., 5 obligations contre 6 actions font ressortir ces dernières au prix de 250 fr. l'une.

Cette convention est subordonnée à l'approbation du gouvernement, à celle de l'assemblée des actionnaires d'Orléans, et à des conditions de développement du réseau de Sceaux-Orsay, qui n'est que de 26 kilomètres.

CHEMINS DE FER DE L'OUEST ET DU NORD-OUEST.

(Compagnies fusionnées.)

(Siége social : Paris, 124, rue Saint-Lazare.)

Sous cette dénomination sont agglomérées les anciennes Compagnies de Versailles rive droite, Versailles rive gauche, Paris à Saint-Germain, Paris à Argenteuil, Paris à Rouen, Rouen au Havre, Dieppe et Fécamp, Paris à Caen et Cherbourg, Ouest (ancienne).

L'étendue du réseau concédé est de 1,778 kilomètres, d'après le Rapport du 30 novembre 1856, et de 2,059, d'après les *Documents statistiques.*

Il se divise en deux sections distinctes, qu'aucune considération géographique ou de facilité d'exploitation n'engageait à réunir : les lignes de Normandie et celles de Bretagne.

Banlieue de Paris.	65 kilomètres.
RÉSEAU NORMAND.	
Paris au Havre.	229
Embranchements de Dieppe et Fécamp.	69
Mantes à Cherbourg.	317
Tourville à Serquigny.	56
Lisieux à Honfleur.	36
Bayeux à Saint-Lô.	35
Mézidon au Mans	139
Argentan à Granville	152
RÉSEAU BRETON ET ANGEVIN.	
Versailles à Brest par Chartres, Rennes.	605
Rennes à Saint-Malo.	74
Rennes à Redon.	72
Le Mans à Angers.	105
Séez à Conches	72
Fresnay à Sillé-le-Guillaume	16

Longueur en exploitation, 885 kil.

Banlieue de Paris	65
Paris au Havre.	229
Embranchement de Dieppe.	52
— de Fécamp.	17
Mantes à Caen.	182
Versailles à Laval	284
Le Mans à Alençon	56

HISTORIQUE.

1° Saint-Germain et Argenteuil.

La ligne de Saint-Germain, la première construite aux environs de Paris, fut concédée, le 9 juillet 1835, à M. E. Péreire, pour 99 ans. La société anonyme, autorisée le 4 novembre suivant, se constitua d'abord au capital de 6 millions, qu'elle porta à 9 au mois de septembre 1845.

Le chemin atmosphérique, construit par l'État entre le Pecq et Saint-Germain, en exécution de la loi du 5 août 1844, lui fut concédé le 2 novembre de la même année.

L'embranchement d'Argenteuil, adjugé le 10 juin 1846 à M. Andraud fut ultérieurement annexé à la Compagnie de Saint-Germain.

Enfin, le 16 septembre 1852, elle obtint la ligne de Passy et Auteuil.

2° Les deux Versailles et l'ancienne Compagnie de l'Ouest.

Le chemin de fer de Versailles (rive droite) concédé le 24 mai 1837, était au capital de 11 millions, divisé en 22,000 actions. — Celui de la rive gauche, adjugé l'année suivante, au capital de 10 millions, divisé en 20,000 actions. Ces deux Compagnies furent incorporées à celle de l'Ouest (ancienne), et leurs lignes devinrent la tête du chemin de fer de Chartres.

La ligne de Paris à Rennes, omise dans la loi de 1842, fut décrétée le 26 juillet 1844, et exécutée de Versailles à La Loupe aux frais de l'État.

Le 4 juin 1845 intervint entre le ministre des travaux publics et les deux Compagnies de Paris à Versailles un traité qui n'eut pas de suite, et aux termes duquel la voie, construite suivant le principe de la loi de 1842, devait être concédée pour 55 ans.

La loi du 21 juin 1846 antorisa de nouveau la concession du chemin de l'Ouest à MM. E. Péreire, d'Eichtal et Tarbé des Sablons, à la charge par les concessionnaires de désintéresser les deux Compagnies de Versailles.

Ce projet fut abandonné comme le premier, et, le 9 août 1847, un crédit fut ouvert au ministre des travaux publics pour l'acquisition et la pose de la voie de fer entre Versailles et Chartres.

Le 21 avril 1849, un nouveau crédit fut ouvert pour l'exploitation au compte de l'État de la section terminée.

Enfin, le 13 mai 1851, l'exploitation de la ligne fut concédée à MM. Peto, Brassey, Henderson, etc., aux conditions suivantes :

1° L'État livre à la Compagnie le chemin de Versailles à Chartres, ainsi que les travaux en cours d'exécution de Chartres à Rennes; 2° il lui accorde une subvention de 14 millions pour l'embranchement du Mans à Mézidon; 3° il lui garantit pendant 50 ans 4 0/0 d'intérêt d'un capital de 55 millions; 4° la durée de la concession est de 99 ans.

La Compagnie achèvera à ses frais les travaux commencés. Elle remboursera en 60 annuités les 5 millions prêtés par le gouvernement au chemin de la rive gauche.

Après l'ouverture entière de la ligne de Paris à Rennes, l'État aura droit à partager les bénéfices excédant 8 0/0 du capital dépensé par la Compagnie.

Le 30 juin 1851, les concessionnaires conclurent, avec la Compagnie de Versailles (rive droite), un rachat aux conditions suivantes: Les actionnaires recevront à titre d'indemnité 8,000 obligations de 1,000 fr. 5 0/0, remboursables au pair en 50 annuités, à partir du 1er juillet 1853, ou une valeur égale en obligations à 1,250, produisant 50 fr. d'intérêt. Ils auront le droit de souscrire, aux mêmes conditions que les fondateurs, 15,000 actions de la Compagnie nouvelle.

La fusion de la rive gauche n'eut pas lieu; il y eut seulement un traité d'affermage.

La nouvelle Compagnie, autorisée par décret du 27 mars 1852, se constitua au capital de 50 millions; mais au commencement de 1855, elle n'avait encore réalisé que 35 millions.

3° Ligne de Paris à Rouen, embranchements de Dieppe et Fécamp.

Une première concession de la ligne *de Paris à Rouen, au Havre et à Dieppe avec embranchement sur Elbeuf et Louviers*, fut faite à MM. Chouquet, Lebobe et Cie, le 6 juillet 1838. Mais les concessionnaires demandèrent la résiliation du traité, qui fut annulé le 1er août 1839.

L'année suivante, MM. Charles Laffite, E. Blount et Cie, obtinrent pour 99 ans la concession *de Paris à Rouen*, à la charge pour eux d'en exécuter tous les travaux. L'État leur accorda un prêt de 18 millions à 3 0/0, remboursable par trentièmes.

Les embranchements de Dieppe et Fécamp furent concédés, le 13 septembre 1845, en exécution de la loi du 19 juillet de la même année, à MM. Blount, Osmond, d'Alton-Shée, de Saint-Albin et Barbet, pour une durée de 94 ans.

La Société anonyme, autorisée par ordonnance du 14 octobre 1845, fixa son capital à 18 millions, divisé en 36,000 actions de 500 fr.

Par traité en date du 21 février 1851, la Compagnie de Paris à Rouen afferma pour 8 années l'exploitation de la ligne de Dieppe, moyennant une annuité de 288,000 fr., soit 8 fr. par action de la Compagnie de Dieppe. Si les bénéfices annuels de la Compagnie de Rouen dépassaient 45 fr. par action, la Compagnie de Dieppe devait avoir le dixième de l'excédant.

Le 2 avril 1855, ces deux embranchements furent incorporés à la ligne principale.

4° Chemin de fer de Rouen au Havre.

Ce chemin de fer, construit en exécution de la loi du 11 juin 1842, fut concédé à MM. Charles Laffite et Cie, pour une durée de 97 ans, avec subvention de 8 millions par le Trésor, et 1 million par la ville du Havre, et prêt par l'État de 10 millions à 3 0/0, remboursables par quarantièmes d'année en année.

5° Chemin de fer de Paris à Caen et Cherbourg.

Cette ligne, depuis longtemps à l'état de projet, se détache du chemin de Rouen à Mantes. Elle fut concédée le 8 juillet 1852 à MM. Chasseloup-Laubat, Benoist d'Azy, Blount, etc., aux conditions suivantes : 1° subvention de 16 millions pour la section de Mantes à Caen ; 2° construction de la section de Caen à Cherbourg dans le système de la loi de 1842 ; 3° garantie par l'État, pendant 50 ans, de 4 0/0 d'intérêt sur un capital de 30 millions ; 4° garantie de 4 0/0 d'intérêt et de l'amortissement d'un emprunt à contracter de 18 millions ; 5° partage de l'État dans les bénéfices au delà de 8 0/0 ; 6° durée de la concession, 99 ans à courir du 8 juillet 1858.

6° Fusion.

Par suite des fusions et des affermages antérieurs, les Compagnies contractantes en 1855 étaient réduites au nombre de cinq : Paris à Saint-Germain, Paris à Rouen, Rouen au Havre, Ouest, et Paris à Cherbourg. Les conventions des 2 février et 6 avril 1855 arrêtèrent les conditions du traité et furent approuvées le 7 avril par décret impérial, à la charge par les Compagnies d'accepter les lignes suivantes : d'Argentan à Granville, — de Serquigny à Rouen, — de Lisieux à Honfleur, — d'un point de la ligne de Mézidon au Mans sur la ligne soit de Mantes à Cherbourg, soit de l'Ouest, — de Rennes à Brest, — de Rennes à Saint-Malo, — de Rennes à Redon, — du Mans à Angers. Les nouveaux statuts, passés le 13 juin, furent approuvés le 16. Voici les conditions financières du traité :

Les Compagnies apportent toutes leurs concessions antérieures, leur actif et leur passif, sans aucune réserve.

Il est accordé :

1° A la Compagnie de l'Ouest, dont les actions ont été prises comme type au taux de capitalisation de 700 fr. *une* action nouvelle contre *une* ancienne complétement libérée ;

2° A la Compagnie de Rouen, son coupon du deuxième semestre 1854, montant à 37 fr. 50 c. par action ; le partage de sa réserve, représentée par 6,000 actions nouvelles, ou *une* pour *douze* anciennes ; enfin *trois* actions nouvelles pour *deux* anciennes : en tout *dix-neuf* pour *douze* ;

3° A la Compagnie du Havre, *six* nouvelles contre *sept* anciennes ;

4° A celle de Caen à Cherbourg, *six* nouvelles contre *sept* anciennes, après libération du dernier versement de 175 fr. ;

5° A la Compagnie de Saint-Germain, pour chacune de ses 54,000 actions dédoublées, *une demi-action* nouvelle et *une demi-obligation* de 1,250 fr. produisant 50 fr. d'intérêt ;

6° A la Compagnie de Dieppe, pour *une action* reprise au taux de 306 fr. 25 c., *une obligation* 3 0/0 de la fusion, au taux de 280 fr., 15 fr. d'intérêt ; plus *un appoint* de 26 fr. 25 c. ;

7° A l'ancienne Compagnie affermée de Versailles (rive gauche), pour *une action* reprise à 323 fr. 75 c., *une obligation* de la fusion, au taux de 280 fr., 15 fr. d'intérêt, et *un appoint* de 43 fr. 75 c.

Le capital de la nouvelle Compagnie se trouve ainsi composé :

Rouen.	114,000	actions.
Le Havre	34,286	
Ouest	51,428	
Cherbourg et Caen.	70,000	
Saint-Germain	27,000	
Total	296,714	
Émission de.	3,286	
TOTAL GÉNÉRAL. . . .	300,000	

soit un capital actions de 150 millions.

7° Liquidation des emprunts des Compagnies incorporées.

La Compagnie nouvelle avait à servir, provenant des anciennes, dix-sept espèces différentes de titres d'emprunt. La charge annuelle résultant de ces emprunts était, au 16 juin 1855, de 9,150,940 fr.

Le 13 août 1855, la Compagnie fit connaître qu'à dater du 27 du même mois, il serait offert aux porteurs de ces titres de les échanger contre des obligations nouvelles, de 15 fr. d'intérêt, remboursables en 94 ans, à 500 fr., et garanties par l'État. Elles étaient offertes au taux de 280 fr. et devaient se compenser mathématiquement à parité de valeur avec les anciennes. Mais cet échange ne pouvait être obligatoire.

L'opération, close le 25 janvier 1856, donna les résultats suivants :

Le nombre des obligations nouvelles à délivrer était de. . .	527,734
Au 25 janvier 1856, il en avait été délivré.	398,358
Il restait à échanger.	129,376

D'où résulte que le quart environ des anciens titres n'a pas accepté la conversion.

Voici le tableau des titres d'emprunts anciens et les conditions offertes à l'échange :

TITRES des OBLIGATIONS à échanger.	CAPITAL REMBOURSABLE.	INTÉRÊT ANNUEL.	JOUISSANCE DU TITRE.	PRIX auquel les obligations ont été admises à l'échange
Saint-Germain, 1839	1250 fr. en 4 ans	50	1er juillet 1855	1200
Saint-Germain, 1842-1849	1250 fr. en 38 ans	50	id.	1000
Versailles (rive dr.), 1843	1250 fr. en 38 ans	50	id.	1000
Ouest, 1852-1853-1854	1250 fr. en 47, 48 et 49 ans	50	id.	970
Havre, 1845-1847	1250 fr. en 69 et 70 a.	50	1er mars 1855	900
Havre, 1848	1250 fr. en 84 ans	60	1er juillet	1080
Rouen, 1845	1250 fr. en 63 ans	40	id.	800
Rouen, 1847-1849	1250 fr. en 69 et 70 a.	50	1er juin	935
Rouen, 1854	1250 fr. en 84 ans	50	id.	925
Obligations à délivrer aux actionnaires de Saint-Germain et aux porteurs des parts de fondateurs de Rouen et du Havre	1250 fr. en 84 ans	50	id.	925
Action de Dieppe, déduction faite des 75 f. restant dus, mais en y comprenant les intérêts dus, de 20 f. 75 c. jusqu'au 1er juillet 1855	500 fr. en 99 ans	20	1er juillet 1855	306 25
Actions de Versailles (rive gauche), y compris les intérêts dus, 46 f. 50 c. jusqu'au 1er juillet	400 fr. en 80 ans	15	1er juillet 1855	323 75

8° Conditions avec l'État.

La concession de tout le réseau est portée à 99 ans, à courir du 1er janvier 1858. — L'État renonce à toute participation dans les bénéfices. — Il accorde à la Compagnie les subventions en travaux et en espèces qui seront mentionnées ci-après. — Il accorde, pendant 50 ans, les garanties d'intérêt suivantes :

3 1/2 0/0 du capital de 150 millions, soit une annuité de 5,250,000 fr.;

4 0/0 des emprunts pour l'exécution des chemins concédés avant la fusion, soit, sur un capital de 203,370,000 fr., une annuité de 8,134,800 fr.;

4 0/0 d'un emprunt à contracter pour l'exécution des

lignes nouvelles, soit, sur un capital de 156 millions, une annuité de 6,240,000 fr.

Le capital garanti est donc de 509,370,000 fr., et l'annuité totale, indépendamment des subventions, s'élève à 19,624,000 fr.

De cette façon, la Compagnie ne court aucun risque, et tous les profits seront sa propriété.

La faculté de rachat par le gouvernement ne pourra être exercée que sur l'ensemble des lignes et embranchements concédés, et seulement après le 1er janvier 1874.

ÉTAT FINANCIER DE LA COMPAGNIE.

Les dépenses d'établissement sont évaluées par les *Documents statistiques* à 683,035,000 fr.

Les SUBVENTIONS, y compris 15,335,000 fr. de subventions locales, doivent s'élever à 173,035,000 fr., soit une proportion de 19 0/0.

Les ACTIONS sont au nombre de 300,000, à 500 fr. complétement libérées (jouissance d'avril). — L'assemblée se compose des propriétaires de 20 actions.

Les OBLIGATIONS sont au nombre de 600,000, remboursables à 500 fr., de 1858 à 1951, émises au taux de 280 fr.; 15 fr. d'intérêt (janvier et juillet).

Le revenu des actions, en 1855 a été de 50 fr.

La Compagnie est intéressée pour un cinquième dans le chemin de Ceinture.

Une garantie d'intérêt montant à 19 millions et demi par an, une subvention de 173 millions, avec concession de 99 ans, sont sans doute des conditions exorbitantes. Mais il est juste de dire que l'État s'est montré plus empressé de les faire que les financiers de les solliciter. Les Compagnies ne voulaient à aucun prix du réseau breton. En vain fait-on valoir que la ligne de Brest n'a pas à craindre, comme celles de Lyon, de Nantes, du Havre, du Nord, la concurrence des canaux et des rivières navigables. Elle traverse des pays sans industrie, sans agriculture, sans gisements métalliques ; le roulage et les voitures suffisent largement au mouvement des marchandises et des voyageurs de ces contrées ; un chemin de fer n'a point de chance d'y faire ses frais de longtemps.

Alors, pourquoi n'en pas ajourner la construction? Ah ! c'est que l'État a d'autres vues : les lignes de fer sont avant tout pour lui des voies stratégiques. Le gouvernement reste essentiellement *militaire* quand la nation tourne de plus en plus au *péquin*. Il lui faut des services accélérés pour le transport des troupes et des munitions ; la manœuvre sur 50,000 lieues carrées comme sur un champ de bataille de quelques hectares. Le côté industriel des chemins de fer n'est à ses yeux que secondaire. Aussi faut-il imputer au budget toutes les mauvaises chances de l'entreprise.

C'est un des résultats du déplorable mélange des affaires et de la politique, dont nous avons déjà signalé les dangers à propos de la Banque de France. Mais l'esprit public est d'accord sur ce point avec le gouvernement. Il compte au nombre des richesses du pays des lignes comme celles de l'Ouest et de la Méditerranée. Il semble que les chemins de fer soient une affaire de mode ; on n'en saurait trop faire. Alors qu'on paye ses impôts sans murmurer.

CHEMIN DE FER DE CEINTURE.

(Administration : Paris, 104, rue Saint-Lazare.)

Le chemin de fer de Ceinture a pour but de relier entre elles les gares de l'Ouest ou de Rouen, du Nord, de Strasbourg, de Lyon et d'Orléans. Son parcours est de 17 kilomètres. Il a coûté 15,859,536 fr., dont moitié, 7,859,536 fr., fournie par l'État. L'exploitation en est concédée à un Syndicat représentant les cinq Compagnies de Paris à Orléans, de Lyon, de Strasbourg, du Nord et de l'Ouest. La concession est de 99 ans, du 1er janvier 1854 au 1er janvier 1953. (Loi du 10 décembre 1851.)

La même loi autorise les Compagnies du Nord et de Strasbourg à raccorder les gares de La Chapelle et de La Villette.

Avec le chemin de Ceinture, Paris est sur le même pied que Lyon, Rouen, et autres villes jadis d'entrepôt. Ce n'est plus qu'un lieu de passage, le carrefour de la France, boulevard des modes, foyer des arts et des sciences, séjour de plaisir et de consommation : ce sera de moins en moins un centre manufacturier et industriel.

RÉSEAU PYRÉNÉEN.

Ce réseau, voté dans la session de 1856, n'est pas encore concédé. Il comprend 652 kilomètres :

1° De Toulouse à Bayonne par Saint-Gaudens, Bagnères de Bigorre, Tarbes, Pau, Orthez.	328 kil.
Embranchement de Foix par la vallée de l'Ariége	71
— de Ramous à Dax.	28
2° D'Agen à Tarbes par Auch et Rabastens (continuation de la ligne de Paris à Agen par Limoges et Périgueux). . . .	138
3° De Mont-de-Marsan à Rabastens.	87

La dépense est évaluée à 138,059,395 fr., soit 208,320 fr. par kilomètre.

Les produits bruts sont évalués à 12,352,697 fr., et le produit net à 6,176,340 fr.

Ce revenu, capitalisé à 5 1/2 0/0, représente un capital de 112,297,236 fr. La différence entre ce chiffre et les devis est de 26,762,059 fr., soit, en nombre rond, 26 millions de subvention à fournir par l'État. — La ville de Toulouse offre de plus 1 million.

L'État garantit pendant 50 ans un intérêt de 4 0/0 du capital de 112 millions, soit une annuité de 4,480,000 fr.; il sera admis au partage des bénéfices au delà de 8 0/0.

CHEMINS DE FER INDUSTRIELS.

Nous n'avons point compris dans notre revue les chemins de fer spécialement affectés à l'exploitation des mines; la plupart sont la propriété des Compagnies minières. En voici la liste :

D'Abscon et d'Anzin à Somain (il transporte aujourd'hui des voyageurs).
De l'usine de Bourdon au Grand-Central.
De Carmaux à Alby.
De la gare de Saint-Ouen au chemin de Ceinture (à construire).
De Commentry au canal du Berry, avec embranchements aux puits Saint-Louis et Saint-Charles.
Du Creuzot au canal du Centre.
De Decize au canal du Nivernais.
D'Épinac au canal de Bourgogne.
Des mines de Fins à l'Allier.
Des carrières du Long-Rocher au canal du Loing.
Des mines de Montieux au chemin de Lyon-Bourbonnais.
Des mines de Montrambert au chemin de Saint-Etienne.
Des mines d'Ougney au canal du Rhône au Rhin, traversant la ligne de Dijon à Besançon.
Des mines de la Roche-Morlière et de Firminy au Grand-Central.
Des mines de Sorbier au chemin de Saint-Étienne.
De Villers-Cotterets au Port-aux-Perches, sur l'Ourcq.

CHEMINS DE FER SUR LA VOIE PUBLIQUE desservis par des chevaux.

Par décret du 18 février 1854, il a été fait concession à M. Loubat, pour 30 ans à dater de l'achèvement des travaux, de la ligne de Vincennes à Sèvres, avec embranchement sur Boulogne.

La ligne de Rueil à Marly a été concédée aux mêmes conditions, le 15 juillet 1854, à M. le vicomte de Mazenod.

Par convention du 14 mars 1855, il a été fait concession à la Société bretonne des *Tanguières* d'un chemin de fer de Rennes à Moidray (baie du Mont-Saint-Michel), pour une durée de 60 ans à dater de l'achèvement des travaux.

CHAPITRE IV.

Navigation maritime et fluviale.

Dans un pays comme la France, couvert d'un réseau de voies ferrées, l'annulation des distances mettant en rapport immédiat les lieux de production avec les lieux de consommation, le service des places d'entrepôt à l'intérieur perd beaucoup de son importance, et les foyers commerciaux, plus occupés désormais des relations avec le dehors qu'avec le dedans, se reportent naturellement aux extrémités du système circulatoire, aux villes maritimes. Marseille et Cette, Bordeaux, La Rochelle, Saint-Nazaire, Lorient, Le Havre, Boulogne, Calais, Dunkerque, toutes ces têtes de ligne doivent donc recevoir un surcroît continuel de population et de vie, tandis que pour les cités du centre, comme Rouen, Lyon, etc., l'agglomération des affaires et des ouvriers tend à se disséminer le long des railways, dans les localités rurales. On se figurait à l'origine que les chemins de fer, traversant les grandes villes de l'intérieur, étaient faits surtout pour elles : c'est juste le contraire qui a lieu. Par le nouveau système de transport, l'ancienne nature des choses a été changée; les chefs-lieux de province, loin qu'ils voient la masse de leurs affaires s'en accroître, ne figurent plus que comme points d'entrecroisement dans l'atelier national; et si quelques localités peuvent se vanter que le chemin de fer a été inventé surtout à leur profit, ce sont incontestablement les ports de mer.

Le développement de la circulation intérieure appelle donc un développement proportionnel de la circulation maritime : la locomotive a pour complément obligé le navire à vapeur. Ce n'est pas la mer qui dira à la nouvelle force motrice : Tu n'iras pas plus loin! Des services réguliers s'établiront donc entre les continents, rivalisant de vitesse et de précision avec les voies ferrées, appelant la spéculation à de nouvelles et non moins lucratives entreprises.

Comme en toute chose, l'initiative fut prise par la France; comme en toute chose aussi, elle fut bientôt dépassée par ses rivales.

MESSAGERIES IMPÉRIALES (SERVICES MARITIMES).

(Siége social : Paris, 28, rue Notre-Dame-des-Victoires.)

Ce fut en 1835 que le gouvernement français entreprit

d'établir un service de bateaux à vapeur, ayant son point de départ à Marseille, et desservant à époques fixes les divers ports du littoral de l'Italie, de la Grèce, Malte, Alexandrie, Smyrne et Constantinople.

L'exemple du gouvernement français donna bientôt naissance à la création de lignes semblables, par l'Angleterre, l'Autriche, les États-Unis, la Turquie elle-même. Les Compagnies anglaises, Cunard et Péninsulaire, par le nombre et la puissance de leurs steamers, et par l'étendue de leurs lignes, laissent loin derrière elles aujourd'hui tout ce qui a été tenté en France et dans les autres États.

Pendant quatorze ans le service de la Méditerranée fut exécuté par l'État, avec un déficit annuel de 3,500,000 fr. En 1847 et 1848, ce déficit s'élevait à 4,500,000 fr., non compris les frais généraux, l'intérêt du capital, l'assurance et la dépréciation. Triste monument de l'imbécillité de l'État en matière de commerce et d'industrie.

Le gouvernement pensa alors sans doute qu'il ne pouvait se débarrasser à trop haut prix d'une si détestable affaire : par la loi du 8 juillet 1851, le service des paquebots de la Méditerranée fut concédé à la Compagnie des *Messageries nationales*, aux conditions suivantes :

Durée de la concession, 20 ans ;

Reprise du matériel de l'État, consistant en 13 navires de la force de 160 à 220 chevaux, pour le prix de 3,318,000 fr.

Subvention de l'État, moyenne annuelle, 2,700,000 fr.

Parcours effectués chaque année, 105,216 lieues marines.

La Compagnie s'est formée au capital de 24 millions de francs, divisé en deux séries de 2,400 actions de 5,000 fr. chacune.

La première série a été seule émise, avec un versement de 2,500 fr. par action : ce qui portait à 6 millions le capital immédiatement disponible.

Or, après une exploitation de 16 mois, le capital de 6 millions n'avait pas été entièrement dépensé : il restait un solde de 607,076 fr. Le produit net de la Compagnie était de 3,086,345 fr. ; elle payait à ses actionnaires un dividende de 600 fr. par versement de 2,500 fr., soit 18 0/0 l'an, et elle annonçait en outre qu'au moyen de ses réserves elle aurait, en quatre années, doublé son matériel ; en autres termes, qu'elle aurait formé, à l'aide de ses bénéfices, et sans rien demander de plus aux actionnaires, la moitié de son capital social.

En 1854, la Compagnie des *Messageries Nationales* hérita de la succession de la *Compagnie Impériale* (Taffe fils et Cie, à Marseille), à des conditions qui, sans nouveau débours de sa part, paraissent devoir doubler son revenu. Cette dernière Compagnie, qui n'a péri que par l'incapacité et l'égoïsme de sa direction, avait fait avec l'État un traité par lequel elle s'obligeait à entretenir 10 navires à vapeur, de la force de 300 chevaux et à grande vitesse ; à effectuer 17 départs par mois de Marseille aux deux ports de l'Afrique de Tunis et Maroc ; et à transporter annuellement pour l'État 20,000 hommes et 5,000 tonneaux de matériel ; moyennant quoi l'État lui accordait une subvention de *un million* par an. La Compagnie n'ayant pu tenir cet onéreux engagement, le traité avec l'État a été résilié, et la Société dissoute. La Compagnie des *Messageries Nationales* est alors intervenue ; en même temps qu'elle se rendait acquéreur, au plus bas prix, du matériel de l'*Impériale*, elle obtenait du gouvernement un nouveau traité, avec réduction du nombre des départs mensuels à 10, et augmentation de 500,000 fr. sur l'indemnité allouée.

Depuis la déclaration de guerre, la Compagnie des *Messageries Nationales*, chargée des transports de troupes et de matériel pour l'Orient, a obtenu la francisation de trois steamers d'origine anglaise ; plus encore un million de subvention pour ce supplément de service : en sorte que l'heureuse Compagnie se trouve en ce moment pensionnaire de l'État pour une somme de plus de 5 millions.

Le rapport de 1856 constate les résultats suivants :

Les itinéraires réglementaires ont suivi la progression ci-après :

1853 : 105,216 lieues.
1854 : 245,824
1855 : 286,280

Dix navires neufs, d'une force collective de 2,490 chevaux, sont entrés en ligne en 1855; au 31 mai 1856 le matériel naval était de :

Navires en service.	41	force.	8,970	chevaux.
— en construction. .	5	—	1,380	
Total.	46	—	10,350	

La Compagnie a fondé à Marseille, à Constantinople et dans ses principales agences des établissements spéciaux distribués d'une manière conforme à son organisation et à ses besoins.

Le principal intérêt de l'exploitation s'est porté, en 1855 comme en 1854, sur les transports militaires, 202,914 soldats et officiers de tout grade, 29,250 tonnes de matériel, tel est le mouvement militaire desservi par les navires de la Compagnie, tant à l'aller qu'au retour, depuis le commencement de la guerre jusqu'en mai 1855. — Le navire *la Ville-de-Bordeaux* s'est seul perdu en 1855. Il n'appartenait pas à la Compagnie, qui l'avait à fret.

Les recettes de 1855 ont dépassé celles de 1854 de 90 0/0, et de 29 0/0 seulement si l'on tient compte de la différence des parcours.

Le développement du trafic se résume comme suit :

	Voyageurs.	Marchandises.
1852. . .	27,347	9,338 tonnes.
1853. . .	35,529	12,973
1854. . .	120,410	26,859
1855. . .	207,835	42,880

Le compte de l'exploitation se répartit ainsi :

Recettes de toute nature.	25,749,092 12
Dépenses	20,275,264 54
Bénéfices.	5,473,827 58
dont 5 0/0 au fonds de réserve.	273,691 25
Solde à reporter.	5,200,136 33
Il a déjà été distribué.	2,160,000 »»
Reste.	3,040,136 33
L'administration propose de répartir un dividende de.	2,880,000 »»
Solde de l'exercice 1855.	160,136 33

Cette nouvelle distribution, à 60 fr. par action, porte à 105 fr. le dividende moyen annuel payé en 1855 aux actions de la deuxième série.

ÉTAT FINANCIER DE LA COMPAGNIE.

Le capital social est de 24 millions réalisés; les actions sont de deux séries. — Le conseil est autorisé à émettre un emprunt au moyen de 16,000 obligations remboursables à l'échéance de 14 ans à partir de leur création, soit au 1er octobre 1870. Elles portent 15 fr. d'intérêt.

Durée de la Société, du 22 janvier 1852 au 31 décembre 1901.

L'assemblée se compose des propriétaires de 20 actions.

COMPAGNIE GÉNÉRALE DE NAVIGATION A VAPEUR.

(Bazin, Léon Gay et Cie, à Marseille.)

Cette Compagnie, constituée en commandite pour 25 ans à dater du 1er janvier 1854, est formée des deux Sociétés Léon Gay et Bazin. Capital, 5 millions, porté à 10 par décision de la dernière assemblée. Actions de 500 fr.; celles de la première série ont été libérées dans le courant de 1856. — Le service maritime, circonscrit jusqu'à présent dans la Méditerranée, doit s'étendre dans les mers de l'Inde, de la Chine et de l'océan Pacifique.

Les dividendes ont été, en 1854, de 45 fr. 63, en 1855 de 122 fr. 53, non compris l'intérêt à 5 0/0 du capital versé. Jouissance, janvier et juillet. — L'assemblée se compose des propriétaires de 20 actions.

COMPAGNIE GÉNÉRALE MARITIME.

(Paris, 15, place Vendôme.)

Société anonyme fondée sous le patronage du Crédit mobilier, le 2 mai 1855, pour une durée de 30 ans. — Le capital est fixé à 30 millions; actions de 500 fr., dont 350 versés.

La Compagnie a acheté le matériel de la Société la *Terre-*

neuvienne, comprenant 29 navires jaugeant ensemble 4,258 tonneaux, au prix de 1,265,000 fr., soit une valeur moyenne, par tonneau de jauge, de 245 fr. pour les navires à voiles, et de 629 fr., machines comprises, pour les navires en fer à hélice. Au mois d'octobre 1855, elle a obtenu la francisation d'un navire à voiles et de six bâtiments à vapeur achetés en Angleterre. Au 1er janvier 1856, elle avait à la mer 45 navires représentant un capital de 6,779,191 fr. Enfin, lors de l'assemblée générale du 29 avril 1856, son matériel se composait de :

Navires à vapeur à flot.	8	10	69 jaugeant 23,850 tonnes.
— en construction. .	2		
Navires à voiles à flot.	45	59	
— en construction. .	14		

La Société entreprend la navigation au long cours, le grand et le petit cabotage, l'armement et le commerce maritime.

Le dividende sur l'exercice 1855 a été de 4 fr. 50, indépendamment de l'intérêt à 5 0/0.

L'assemblée se compose des propriétaires de 20 actions.

CLIPPERS FRANÇAIS.

(Paris, 20, rue Neuve-des-Capucines.)

Commandite sous la raison sociale *Graham, de Linarès et Cie*, fondée pour 30 ans à partir du 18 janvier 1855. — Capital, 20 millions; actions de 100 fr. L'assemblée se compose des propriétaires de 25 actions.

COMPAGNIE CENTRALE.

(Siége social à Bordeaux.)

Commandite sous la raison sociale *A. Lubbert et Cie*, fondée le 12 avril 1838. Capital, 2,100,000 fr.; actions de 250 fr.

COMPAGNIE D'ARMEMENTS MARITIMES.

(Paris, 20, rue Drouot.)

Commandite sous la raison sociale *J.-C. Barbey et Cie*,

Capital, 10 millions. La Société possède 42 navires à voiles et 3 steamers à hélice. L'assemblée du 22 avril a voté le fractionnement des parts d'intérêt de 5,000 fr. en actions au porteur de 500 fr., et la transformation de la commandite en société anonyme. La moyenne du dividende, pendant les six exercices clos 1850-55, a été de 30 0/0.

CONSTRUCTIONS MARITIMES ET NAVIGATION.

(Cette et Marseille.)

Société en commandite fondée en 1856, sous la raison sociale *Séguineau et Cie*. Capital, 10 millions, dont moitié est réalisée; actions de 100 fr. La Société a racheté au prix de 3 millions le matériel de l'ancienne Société Ch. Reynaud, qui avait coûté plus de 6 millions. Elle se propose, outre la construction des navires, l'armement pour son propre compte.

SOCIÉTÉ PHOCÉENNE.

(Marseille.)

Commandite fondée en 1856, sous la raison sociale *Altaras, Canne et Cie*. Capital, 10,000 actions de 250 fr., dont 135 versés.

Cette Société base sa réussite sur le principe que la navigation à vapeur, pour rendre au commerce les services qu'il en attend et se substituer définitivement à la navigation à voiles, doit employer des navires d'un tonnage relativement peu élevé, de manière à effectuer rapidement des chargements complets, que les gros bâtiments sont obligés d'attendre. L'avantage de ce système est une succession plus nombreuse de voyages et une diminution de dépenses quand les frets ne sont pas tout à fait complets.

COMPAGNIE DE NAVIGATION MIXTE.

(L. Arnaud Touache frères et Cie, à Marseille.)

Fondée en 1850, pour l'application du système de machines à éther de M. Du Trembley, au capital de 225,000 fr., cette Compagnie obtint en quelques mois des succès tellement rapides, que ses actions, émises à 1,000 fr., s'élevèrent bientôt à 2,000 et 2,400. Un si prompt et si magnifique résultat ne pouvait qu'engager les fondateurs à étendre leurs opérations et à augmenter leur matériel : le capital de la Société fut immédiatement porté à 5 millions. Elle possède actuellement, tant à la mer qu'en construction, 7 navires à vapeur d'éther et à voiles, dont 2 pour le service de l'Algérie, et 5 pour le service de Rio-Janeiro, avec escale en Espagne, à Gorée, Fernambouc et Bahia.

Nous ne savons quel a été le dernier dividende alloué aux actionnaires; mais il va sans dire que la progression des bénéfices n'a pas suivi celle du capital de la Compagnie. C'est un principe dont les entrepreneurs ne se souviennent pas assez, que le produit net, en toute espèce d'industrie, décroît comme le capital engagé augmente, en sorte que, toutes choses égales d'ailleurs, le bénéfice est toujours proportionnellement plus fort dans une petite entreprise que dans une grande.

Les autres Compagnies de navigation de Marseille sont les suivantes :

1° Compagnie *Bazin-Périer*, possédant 6 bateaux à aubes, affectés momentanément au service de l'Algérie;

2° Compagnie *Valéry*, faisant le service de la Corse avec 5 bateaux à aubes;

3° Compagnie *André-Abeille*, qui tient la ligne d'Italie, avec 3 bateaux à aubes;

4° Compagnie *Marc-Fraissinet*, qui pratique le littoral espagnol avec 2 bateaux, dont un à hélice, et prépare un service avec les ports de la Manche, au moyen de 2 autres bateaux à hélice en construction;

5° Compagnie *Chargé* aîné, qui fait le service sur l'Italie, au moyen de 3 bateaux à hélice;

6° Compagnie *H. Bouchet*, qui vient d'organiser un service sur l'Italie, à l'aide de 5 bateaux à hélice de petite dimension;

7° Compagnie *Cohen*, avec un bateau à hélice.

Plusieurs Compagnies étrangères, anglaises, espagnoles, napolitaines, fréquentent en outre le port de Marseille, et présentent un effectif de 30 bateaux à vapeur.

Le nombre des navires mus par la vapeur, soit à aubes, soit à hélice, qui desservent ou fréquentent le port de Marseille, est en ce moment de près de 100.

COMPAGNIE FRANCO-AMÉRICAINE.

(Gauthier frères, à Lyon.)

Cette compagnie, formée d'abord au capital de 18 millions, porté aujourd'hui à 23, avec engagement des actionnaires de l'élever à 60 au cas où elle obtiendrait du gouvernement la concession des services transatlantiques, a commencé ses opérations entre Le Havre et New-York, Rio-Janeiro et la Nouvelle-Orléans, depuis février 1856. Elle possédait 8 navires à hélice et à voiles, dont 2 construits à Nantes, et 6 achetés en Angleterre. Un de ces navires, le *Lyonnais*, a péri, au commencement de novembre 1856, dans un abordage au milieu de l'Atlantique. Deux autres navires sont en construction à Nantes.

La pensée qui présida à la formation de cette Compagnie fut d'abord l'application sur une grande échelle du système de vaporisation à éther de M. Du Trembley, à l'instar de la Compagnie L. Arnaud et Touache frères, de Marseille; puis l'espoir plus ou moins fondé d'obtenir tout ou partie des concessions en projet pour le service de l'État.

Jusqu'ici, malgré les rapports favorables des ingénieurs du gouvernement, le système Du Trembley n'a reçu de la Compagnie Franco-Américaine aucune application. Les directeurs semblent y avoir entièrement renoncé; des doutes se sont même élevés sur la réalité de la découverte, et l'on n'hésite pas à attribuer le succès de la Compagnie L. Arnaud et Touache frères à toute autre cause que l'éther.

Quant à la concession ou aux concessions à faire par l'État, une commission formée par le gouvernement pour étudier la question et examiner les titres des Compagnies soumissionnaires, a ainsi classé les concurrents :

N° 1. — Compagnie Rothschild : elle attend pour créer son matériel la décision du gouvernement. — Subvention demandée, 10 millions.

N° 2. — Compagnie Gauthier frères. — Subvention demandée, 11,500,000 fr.

N° 3. — Grande Compagnie Maritime. — Subvention demandée, 16 millions.

On croit que chaque Compagnie aura une part.

En attendant que l'Empereur ou le Corps législatif, car il s'agit ici d'une loi de finance, prononce sur l'adjudication, la Compagnie Franco-Américaine soutient seule le poids de la concurrence anglaise, qui vient jusque dans le port du Havre enlever les consignations du pays, et avec laquelle elle a été forcée de s'entendre.

Ces faits prouvent de plus en plus ce que nous avons relevé ailleurs en traitant des chemins de fer, savoir : que la prospérité de toutes ces formidables Compagnies dépend moins de l'importance de leur trafic et de l'habileté de leur administration que du monopole dont elles jouissent et des secours de l'État. Pour payer la régularité et la vitesse, il faut, ou des tarifs élevés, ou de larges subventions, quelquefois les deux ensemble : ce qui veut dire que la nation seule est capable de se rendre certains services, et que les demander, moyennant subvention, à des Compagnies, c'est livrer la fortune publique, organiser le favoritisme, la corruption et la cherté.

Les mêmes faits montrent quelle anarchie d'idées règne dans les hautes régions de l'industrie et du pouvoir.

Si le libre-échange, aujourd'hui en faveur auprès du gouvernement, est une vérité, pourquoi ce régime de subventions et de priviléges, qui lui donne un si éclatant démenti? Pourquoi ne pas traiter tout de suite avec l'Anglais, avec l'Américain, qui nous offrent leurs services à prix réduit? Que signifie cette gloriole d'un service national?...

Si au contraire c'est la protection qui est vraie et légitime, pourquoi souffrir que dans nos propres ports la marine de l'étranger fasse à la nôtre une concurrence désastreuse? Avons-nous des engagements secrets qui nous lient? et faudra-t-il que, pour plaire à nos alliés et contenter notre gloire, nous supportions tout à la fois une lutte qui nous ruine et un monopole subventionné qui nous épuise?...

Les actions de la Franco-Américaine, descendues un moment à 385 fr. sont remontées, depuis le discours de l'Empereur au Corps législatif, à 500 et même 515 fr.; elles oscillent autour du pair. — Celles de la Compagnie Maritime, à 430 encore le 27 décembre 1856, ont monté d'un saut, le 3 janvier, à 520 et se tiennent au niveau des précédentes. On sent l'approche de la Concession, et les prétendants se tiennent prêts pour la hausse.

COMPAGNIE DES GONDOLES.

Société anonyme fondée à Lyon le 19 juillet 1829, pour 50 ans. Navigation du Rhône, de la Saône et de leurs affluents, canaux ou rivières. Capital social représenté par 2,000 actions nominatives.

COMPAGNIE DES TRANSPORTS SUR LE RHONE ET LA SAONE.

Société anonyme fondée à Lyon, pour 30 ans, le 8 août 1848. Capital, 3 millions; actions de 1,000 fr., nominatives.

L'AIGLE.

Compagnie anonyme fondée à Lyon, pour la navigation du Rhône et de la Saône. Durée, 30 ans à dater du 12 octobre 1853. Capital représenté par 1,800 actions nominatives.

CHAPITRE V.

Assurances.

Une Société d'assurance n'a pas besoin de capital : il n'y a là ni travaux à faire, ni marchandises à acheter, ni main-d'œuvre à payer. Des propriétaires, en nombre aussi grand qu'on voudra, — le plus sera le mieux, — prennent l'engagement les uns envers les autres, chacun au prorata des valeurs qu'il veut faire assurer, de se couvrir réciproquement des pertes qu'ils auront faites par force majeure ou cas fortuit : c'est ce qu'on nomme assurance *mutuelle*. Dans ce système, la prime à payer par chaque associé ne se calcule qu'à l'expiration de l'année, ou à des périodes plus longues encore, selon la rareté et la médiocrité des sinistres. Elle est donc variable, et ne produit de bénéfices pour personne.

Ou bien, des capitalistes se réunissent et offrent aux particuliers de leur rembourser, moyennant une prime annuelle de x p. 1,000, le montant des dégâts éventuels causés par l'incendie, la grêle, les naufrages, l'épizootie, en un mot par le sinistre objet de l'assurance. C'est ce qu'on appelle assurance *à prime fixe*, la seule dont nous ayons à nous occuper.

Or, toute Compagnie doit pourvoir au remboursement des sinistres, ainsi qu'aux frais d'administration au moyen des annuités payées par les assurés, sous peine d'entrer en déficit. L'excédant des annuités sur les dépenses forme, avec l'intérêt des capitaux qui servent de garantie aux engagements de la Société, le bénéfice des actionnaires. Aussi ne faut-il pas s'étonner de voir les dividendes monter à 50, 100 et 150 0/0.

Comme le capital est inutile aux assurances, les actionnaires ne versent d'habitude qu'une faible part en numéraire, juste ce qu'il faut pour couvrir les frais de premier établissement, un 10e ou un 20e de leur souscription. Ils prennent l'engagement de payer le surplus, s'il y a lieu, et souscrivent à cet effet, au nom de la Société, une obligation non négociable, espèce de billet à ordre, sans échéance déterminée, payable à présentation en cas qu'un appel de fonds soit jugé nécessaire. Certaines Compagnies exigent, comme garantie de cette obligation, le dépôt d'effets publics dont les arrérages continuent d'appartenir aux déposants. Le capital en versements et en effets ne va souvent pas à plus du cinquième de la valeur nominale de l'action. Aussi le conseil d'administration a-t-il le droit de constater la solvabilité des actionnaires nouveaux et d'en exiger au besoin un gage égal au montant de l'obligation. C'est pourquoi encore les actions sont nominatives pour la plupart.

Les Compagnies qui reçoivent des espèces les convertissent en titres portant intérêt ou même en immeubles.

La spéculation parasite n'a rien à voir avec ces valeurs, dont la rareté ou la fréquence des sinistres augmente ou atténue le revenu dans des proportions considérables, mais qui échappent à toutes les supputations. Toutefois, les Compagnies comptent généralement, dans leurs prévisions, que la somme de sinistres qu'elles auront à rembourser monte à 30 ou 40 0/0 de leurs recettes.

Plusieurs Compagnies, telles que la *Nationale*, le *Phénix*, la *Générale*, l'*Union*, l'*Urbaine*, la *France*, la *Providence*, forment entre elles, pour le maintien des primes, un comité d'entente que l'on peut fort bien regarder comme une coalition, de l'espèce défendue par la loi. Aussi, tandis que la Compagnie mutuelle pour l'assurance des bâtiments se contente de 15 c. p. 1,000, les Compagnies à prime fixe ne prennent pas moins de 40 c. Mais, telle est l'imbécillité du public et l'ineptie des administrateurs mutuellistes, que les particuliers vont de préférence au plus cher, jugeant apparemment qu'il en est de l'assurance comme des autres marchandises, et que plus ils payent, mieux ils sont assurés.

Lorsque l'esprit d'initiative qui sommeille en France aura pris son essor, l'assurance deviendra un contrat entre les citoyens, une association dont les bénéfices profiteront à tous les assurés, et non à quelques capitalistes, bénéfices qui se traduiront alors en une réduction de la prime à payer. Cette idée s'est déjà produite, dans le public et dans les assemblées délibérantes, sous forme de projet d'assurances par l'État. C'est la voie naturelle à toute innovation, puisque nous ne savons rien entreprendre sans le gouvernement. Si nous en croyons nos renseignements, le projet serait déjà étudié, le travail fait, les décrets tout prêts. On dit même que les auteurs de ce projet se promettent de tirer des contribuables, par cette voie philanthropique, quelque chose comme 80 ou 100 millions; et que plus d'un serviteur fidèle, que la pénurie du trésor n'a pas permis de récompenser de ses longs services, fonde sur cette impériale institution l'espoir de sa fortune et l'avenir de ses enfants. Qu'attend-on alors? Il n'y a point là d'expropriations à faire, point d'indemnités à accorder : l'État, en autorisant les Compagnies à pâturer sur son domaine, n'a rien aliéné, rien promis ; il ne doit rien. Nous sommes curieux de voir si le ministère ou le conseil d'État trouvera le secret, à propos de la centralisation des assurances, de jeter les millions aux Compagnies pour les dédommager de la perte d'un droit qu'il ne céda jamais; — si, comme le répand déjà la calomnie, l'assurance ne sera entre les mains de l'État qu'une nouvelle machine à impôt et sinécures; — ou si, enfin, le gouvernement, fidèle au principe de mutualité sur lequel il repose, profitera de l'occasion pour introduire dans l'économie du pays cette grande loi, qu'en tout service public, le prix de vente doit être égal au prix de revient.

ASSURANCES CONTRE L'INCENDIE.

LA NATIONALE.

(Paris, 3, rue de Ménars.)

Société anonyme fondée pour 80 ans, à dater du 11 février 1820.

Le capital est de 10 millions, divisé en 2,000 actions nominatives de 5,000 fr. Les actionnaires s'engagent à verser, s'il y a lieu, le montant de leurs actions, et transfèrent, en garantie de cet engagement, 50 fr. de rentes françaises au nom de la Société. Le produit en appartient directement au déposant. Pour devenir actionnaire, il faut être admis par le conseil d'administration à la majorité des trois quarts des votants, ou déposer en rentes une valeur égale au montant des actions dont on est acquéreur.

Dividende de 1855, 675 fr. C'est le plus élevé qu'elles aient touché.

L'assemblée se compose des 100 plus forts actionnaires.

ASSURANCES GÉNÉRALES.

(Paris, 88, rue Richelieu.)

Société anonyme; durée, 50 ans à dater du 18 mars 1819.

Capital, 2 millions, divisé en 300 actions de 5,000 fr. et en 1,000 actions de 500 fr. Les actions de 5,000 fr. sont nominatives; elles ne peuvent être transférées qu'avec l'agrément du conseil d'administration. Un cinquème est payé en argent ou en dépôt d'effets publics. Pour les quatre autres cinquièmes, il est souscrit au nom de la Société des obligations non négociables, payables à présentation.

Les actions de 500 f. sont au porteur; le montant en est versé argent comptant.

Un huitième des bénéfices est affecté au fonds de réserve; sur les 7/8 restants, 2 0/0 sont employés en actes de bienfaisance.

L'assemblée se compose des propriétaires de 2 actions nominatives ou de 20 au porteur.

Le revenu des actions de 5,000 fr. a dépassé 1,000 fr. sur huit exercices. Les plus élevés sont ceux de 1853 : 2,062 fr. 50 c., et 1855 : 2,775 fr.

LE PHÉNIX.

(Paris, 40, rue de Provence.)

Société anonyme fondée pour 80 ans à dater du 1er septembre 1819.

Le maximum des assurances est de 600,000 fr. sur un seul risque.

Capital, 4 millions, divisé en 4,000 actions de 1,000 fr., dont le montant a été intégralement versé. Les actions sont au porteur. — L'assemblée se compose des porteurs de 15 actions. — Dix exercices ont donné 100 fr. et au-dessus de dividende, et quatre plus de 200 fr.

LE SOLEIL.

(Paris, 13, rue du Helder.)

Société anonyme fondée pour 90 ans à dater du 16 décembre 1829.

Capital, 6 millions, représenté par 1,000 actions nominatives de 6,000 fr., divisibles en coupons au porteur de 1,000 fr.

Le propriétaire d'une action de 6,000 fr. ne verse pas d'argent. Il transfère seulement à la Société une inscription de 45 fr. de rente en fonds publics français, ou l'équivalent en actions de la Banque. Les souscripteurs de coupons en versent le montant en espèces et touchent 5 0/0 par an d'intérêt. Les actions et les coupons ont le même droit à la répartition des dividendes.

L'assemblée se compose des propriétaires de 8 actions et des 30 plus forts assurés participants demeurant à Paris.

Les trois derniers exercices ont produit 300 fr. de revenu chacun.

L'UNION.

(Paris, 15, rue de la Banque.)

Société anonyme, durée, 50 ans à dater du 5 octobre 1828.

Capital, 10 millions, représenté par 2,000 actions nominatives de 5,000 fr. Les actionnaires ne versent que 100 fr. en numéraire; ils s'engagent à payer le surplus, s'il y a lieu, et affectent à la garantie de cet engagement un transfert de 45 fr. de rente 3 0/0 ou l'équivalent en fonds publics. Les actions ne peuvent être transférées sans l'avis du conseil d'administration, qui peut exiger de l'acquéreur le dépôt d'effets publics d'une valeur égale au montant des actions acquises.

Un huitième des bénéfices est affecté au fonds de réserve; le reste est distribué aux actionnaires. — L'assemblée se compose des propriétaires de 5 actions. — Les dividendes depuis 1851 ont dépassé 200 fr. Celui de 1855 s'est élevé à 325.

LA FRANCE.

(Paris, 6, rue de Ménars.)

Société anonyme fondée pour 50 ans à partir du 27 février 1837.

Maximum des assurances sur un seul risque, 800,000 fr.

Capital, 10 millions, représenté par 2,000 actions nominatives de 5,000 fr.

Versement en numéraire, 100 fr. L'obligation de verser le tout, s'il y a lieu, est garantie par le dépôt d'effets publics d'une valeur en capital de 900 fr. — L'assemblée se compose des propriétaires de 5 actions. — Cinq exercices ont produit plus de 100 fr. Celui de 1855 est de 200.

L'URBAINE.

(Paris, 8, rue Lepelletier.)

Société anonyme fondée pour 50 ans à dater du 4 mars 1838.

Maximum des assurances sur un seul risque, 600,000 fr.

Capital, 5 millions, divisé en 1,000 actions nominatives de 5,000 fr.

Les actionnaires doivent verser 200 fr. en numéraire, et affecter à la garantie du surplus 40 fr. de rente sur l'Etat.— L'assemblée se compose des propriétaires de 3 actions. — Dividende de 1855, 300 fr.

LA PROVIDENCE.

(Paris, 14, rue de Ménars.)

Société anonyme fondée pour 30 ans à dater du 18 septembre 1838.

Maximum des assurances sur un seul risque, 600,000 fr.

Capital, 5 millions, divisé en 2,000 actions nominatives de 2,500 fr. dont 250 fr. versés en numéraire, le reste en dépôt de rentes. L'assemblée se compose des 100 plus forts actionnaires. — Le plus fort dividende a été de 90 fr.

LA PATERNELLE.

(Paris, 4, rue de Ménars.)

Société anonyme fondée le 2 octobre 1843 ; durée 50 ans. —Capital, 3 millions; actions nominatives de 1,000 fr., dont 400 fr. versés en espèces. —L'assemblée se compose des propriétaires de 10 actions. — Le plus fort dividende a été de 16 fr.

LA CONFIANCE.

(Paris, 102, rue Richelieu.)

Société anonyme fondée le 16 septembre 1844, pour 50 ans. — Capital, 4 millions; 800 actions nominatives de 5,000 fr., dont 1,000 fr. versés en espèces.—L'assemblée se compose des propriétaires de 5 actions.

LE NORD.

(Lille, 29, rue de Saint-Pierre. — Paris, 10, rue de Ménars.)

Société anonyme autorisée le 24 février 1840, pour 50 ans. —Capital, 2 millions; 2,000 actions nominatives de 1,000 fr.; 200 fr. en espèces. — L'assemblée se compose des propriétaires de 5 actions.— Les cinq derniers exercices ont produit 20 fr.

LA SALAMANDRE.

(Paris, 8, place de la Bourse.)

Cette Société n'assure pas hors du département de la Seine. Elle est en commandite sous la raison : *Leroux de Lens et Cie*.

Capital, 3 millions, représenté par 500 actions nominatives de 5,000 fr., et par 100 actions au porteur de 5,000 fr. divisibles en coupons de 500 fr. — 10 0/0 des bénéfices sont affectés à l'amortissement des actions au porteur.

ASSURANCES SUR LA VIE.

LA NATIONALE.

(Paris, 3, rue de Ménars.)

Société anonyme fondée le 11 février 1820, pour 99 ans.

Capital, 15 millions, représenté par 3,000 actions nominatives de 5,000 fr. Les actionnaires doivent déposer, à titre de garantie, 50 fr. de rente ou l'équivalent. Les acquéreurs d'actions doivent être agréés par le conseil d'administration, ou déposer en fonds publics une valeur égale au montant des actions acquises.

L'assemblée se compose des 100 plus forts actionnaires. — Les exercices 1852-54 ont produit ensemble 2,025 fr.

ASSURANCES GÉNÉRALES.

(Paris, 87, rue Richelieu.)

Société anonyme fondée le 22 décembre 1819 pour 50 ans.

Capital, 3 millions, divisé en 300 actions nominatives de 7,500 fr. et en 1,000 actions au porteur de 750 fr. Les souscriptions ont été intégralement versées. La Compagnie place ses fonds sur l'État. Elle assure soit pendant la vie soit après décès.

L'assemblée se compose des propriétaires de 2 actions ou de 20 coupons. — Le plus haut dividende a été de 862 fr. 50, et le plus faible de 14 fr. 25.

L'UNION.

(Paris, 15, rue de la Banque.)

Société anonyme fondée pour 99 ans à dater du 21 juin 1829.

Capital, 10 millions, divisé en 2,000 actions nominatives de 5,000 fr. Garantie de l'obligation, 50 fr. de rente 3 0/0, ou l'équivalent. Les nouveaux actionnaires doivent être agréés par le conseil. La Compagnie assure pendant la vie et après décès.

Sur les produits nets il est fait un prélèvement de 15 0/0 au moins et de 25 0/0 au plus en faveur des assurés. Cette quote-part peut être appliquée à une réduction de prime. C'est un commencement d'application du vrai principe des assurances : l'assurance par les assurés. — Un second prélèvement de 15 0/0 au moins, 25 0/0 au plus, est mis en réserve. Le surplus est réparti aux actionnaires.

Il faut avoir 5 actions pour assister à l'assemblée. — De 1838 à 1850, le dividende a varié de 110 fr. au plus bas à 160 au plus haut.

LE PHENIX.

(Paris, 40, rue de Provence.)

Société anonyme autorisée le 9 juin 1844.—Durée, 99 ans. — Capital, 4 millions; 800 actions nominatives de 5,000 fr., dont 1,000 fr. versés en numéraire. — L'assemblée se compose des propriétaires de 3 actions. — Le dividende a été de 100 fr. au plus bas et de 150 au plus haut.

CAISSE PATERNELLE.

(Paris, 4, rue de Ménars.)

Société anonyme autorisée le 19 mars 1850. — Durée, 50 ans.— Capital, 4 millions; 8,000 actions de 500 fr., dont 100 fr. en espèces.

L'IMPÉRIALE.

(Paris, 58, rue de Provence.)

Société anonyme autorisée le 29 mars 1854. — Durée, 99 ans. — Capital, 5 millions; 10,000 actions de 500 fr., dont 250 en espèces.

ASSURANCES MARITIMES.

ASSURANCES GÉNÉRALES MARITIMES.

(Paris, 87, rue Richelieu.)

Société anonyme autorisée le 22 avril 1818. — Durée, 50 ans. — Maximum d'assurance sur un seul risque 6 0/0 du capital social.

Capital, 2 millions, divisé en 300 actions nominatives de 12,500 fr., et en 1,000 actions au porteur de 1,250 fr.

Les actions nominatives sont garanties :

1° Par le versement en espèces de 2,500 fr.;

2° Par 2, 500 fr. de retenues opérées sur les bénéfices nets;

3° Par une obligation de 7,500 fr., souscrite par l'actionnaire au nom de la Compagnie et payable dans les dix jours de la notification d'un appel de fonds.

Les actions au porteur sont payées comptant.

La Société place ses capitaux en propriétés sises à Paris.

Sur les bénéfices, 2 0/0 sont employés en actes de bienfaisance, 1/8 est mis en réserve, et le surplus réparti aux actionnaires. — L'assemblée se compose des propriétaires de 2 actions ou de 20 coupons. — Le plus fort dividende a été de 1,900 fr.

LLOYD FRANÇAIS.

(Paris, 8, place de la Bourse.)

Société anonyme autorisée pour 30 ans à dater du 16 mars 1837. — Maximum des assurances sur un seul risque, 3 0/0 du capital social.

Capital, 6 millions, divisé en 1,200 actions nominatives de 5,000 fr. Chaque actionnaire s'engage à verser le montant de ses actions, s'il y a lieu, et est tenu de déposer en garantie des effets publics représentant 1,000 fr. en capital et produisant 50 fr. d'intérêt. — L'assemblée se compose des propriétaires de 5 actions. — Le plus fort dividende est celui de 1855 : 290 fr.

LA MELUSINE.

(Paris, 6, place de la Bourse.)

Société anonyme fondée le 15 mars 1838.—Durée, 30 ans. — Maximum des assurances sur un seul risque, 3 0/0 du capital social. — Capital, 2 millions; 400 actions nominatives de 5,000 fr., dont 100 fr. en espèces et 36 fr. de rente en 3 0/0. — 2 actions pour assister à l'assemblée. — Dividende de 1855, 252 fr. 50; c'est le plus élevé.

L'INDEMNITÉ.

(Paris, 24, boulevard Poissonnière.)

Société anonyme autorisée le 27 mai 1836, réorganisée pour 30 ans le 7 mai 1856. — Maximum sur un seul risque, 5 0/0 du capital social. — Capital, 2 millions; 400 actions nominatives de 5,000 fr., dont 1,000 fr. en espèces.

CHAMBRE D'ASSURANCES MARITIMES

(Paris, 40, rue Notre-Dame-des-Victoires.)

Société anonyme autorisée le 16 septembre 1837.—Durée, 30 ans. — Maximum sur un seul risque, 3 0/0. — Capital, 3 millions; 600 actions nominatives de 5,000 fr., garanties pour un cinquième par le dépôt de 45 fr. de rente ou l'équivalent.

LA SÉCURITÉ.

(Paris, 6, place de la Bourse.)

Société anonyme autorisée le 10 avril 1836, pour 21 ans. — Maximum des assurances sur un seul risque, 4 0/0 du capital social. — 300 actions nominatives de 5,000 fr., représentant 1,500,000 fr., garanties pour un cinquième par le dépôt de 40 fr. de rentes 3 0/0 ou l'équivalent.

LA SAUVEGARDE.

(Paris, 8, place de la Bourse.)

Société anonyme autorisée le 4 mai 1846.—Durée, 30 ans. — Maximum d'assurances sur un seul risque, 4 0/0 du capital social. — 200 actions nominatives de 5,000 fr., dont 1,000 fr. en espèces. — Dividende de 1855, 405 fr.; c'est le plus élevé.

L'OCÉAN.

(Paris, 6, place de la Bourse.)

Société anonyme autorisée le 29 mars 1837, pour 40 ans. — Maximum d'assurances sur un seul risque, 5 0/0 du fonds social. — Capital, 1 million; 200 actions nominatives de 5,000 fr., dont 1,000 fr. versés en espèces. — Moyenne du revenu annuel, 208 fr. 15 c.

L'UNION DES PORTS.

(Paris, 4, place de la Bourse.)

Société anonyme autorisée pour 36 ans à partir du 27 mai

1836.—Maximum sur un seul risque, 3 0/0 du fonds social.
Capital, 5 millions, représenté par 940 actions nominatives de 5,000 fr., et 60 actions au porteur de 5,000 fr. également, divisibles en coupons de 500 fr. Sur les premières il a été versé 750 fr. le surplus consiste en engagements souscrits par les actionnaires. Les actions au porteur ont été intégralement versées. — L'assemblée se compose des porteurs de 2 actions. — Dividende de 1855, 225 fr.; c'est le plus élevé.

LA VIGIE.

(Paris, 6, place de la Bourse.)

Société anonyme autorisée le 21 mai 1845. — Durée, 30 ans. —Maximum sur un seul risque, 4 0/0 du fonds social. — Capital, 1 million; 200 actions nominatives de 5,000 fr., dont 1,000 fr. versés en espèces.

LE PILOTE.

(Paris, 6, place de la Bourse.)

Société anonyme autorisée le 23 juin 1852. — Durée, 30 ans. — Maximum sur un seul risque, 4 0/0 du fonds social. — 200 actions nominatives de 5,000 fr., dont 1,000 fr. versés en espèces. — Dividende de 1855, 374 fr.

COMPAGNIE DE PRÊTS A LA GROSSE.

(Paris, 87, rue de Richelieu).

Autorisée le 16 juillet 1853, pour 30 ans. 200 actions de 5,000 fr., dont 1,000 fr. versés en numéraire. — Revenu de 1855, 150 fr.

PHARE MARITIME.

(Paris, 35, rue Vivienne.)

Société anonyme autorisée le 5 décembre 1853.—Durée, 20 ans. — Maximum sur un seul risque, 4 0/0 du fonds social. — Capital, 1 million; 200 actions nominatives de 5,000 fr., dont 1,000 versés en espèces.

LA MARITIME.

(Paris, 4, place de la Bourse.)

Compagnie anonyme autorisée pour 30 ans à partir du 25 mars 1854. — 1,000 actions nominatives de 1,000 fr., tout en numéraire.

COMPAGNIE CENTRALE.

(Paris, 7, place de la Bourse.)

Société anonyme fondée pour 30 ans à dater du 23 novembre 1854. — Maximum sur un risque, 3 0/0. Capital, 5 millions; 1,000 actions nominatives de 5,000 fr., dont 1,000 fr. versés en espèces.

LA RÉUNION.

(Paris, 10, place de la Bourse.)

Société anonyme fondée pour 50 ans, à dater du 6 juin 1855. — Maximum, 3 0/0. — Capital, 6 millions; 1,200 actions de 5,000 fr. dont 1,000 fr. en espèces.

LA GIRONDE.

(Bordeaux, 2, rue Esprit-des-Lois.)

Société anonyme fondée le 26 janvier 1844. — Durée, 20 ans. — Maximum sur un seul risque, 5 0/0 du fonds social. — Capital, 2 millions; 400 actions nominatives de 5,000 fr.; versement en espèces, 1,000 fr.

LA GARONNE.

(Bordeaux, 1, rue du Réservoir.)

Société anonyme autorisée le 21 novembre 1846. — Durée, 20 ans. — Maximum, 5 0/0. — Capital, 2,500,000 fr.; 500 actions nominatives de 5,000 fr., dont 1,000 fr. en espèces. — Le dividende le plus élevé a été de 575 fr.

COMPAGNIE D'ASSURANCES DU HAVRE.

(Havre, 34, rue d'Orléans.)

Société anonyme fondée pour 12 ans à dater du 26 novembre 1850. — Maximum, 6 0/0. — Capital, 2 millions; 2,000 actions nominatives de 1,000 fr.; 250 fr. en numéraire.

LLOYD MARSEILLAIS.

(Marseille, 75, rue de Paradis.)

Société anonyme autorisée le 11 juillet 1845, pour 20 ans. —Maximum, 5 0/0.—Capital, 1 million; 200 actions nominatives de 5,000 fr.; versement de 1,000 fr. en espèces.

ASSURANCES CONTRE LA GRÊLE.

ASSURANCES GÉNÉRALES.

(Paris, 87, rue de Richelieu.)

Société anonyme autorisée le 25 octobre 1854. — Durée, 50 ans. — Capital, 10 millions, divisé en 2,000 actions nominatives de 5,000 fr. garanties : 1° par un versement de 1,000 fr. en espèces; 2° par une obligation de l'actionnaire de verser les quatre autres cinquièmes d'année en année, à dater de la demande du premier cinquième. — L'assemblée se compose des propriétaires de 5 actions. — Revenu en 1855, 50 fr.

CHAPITRE VI.

Industrie minière. — Métallurgie.

—

HOUILLÈRES ET CHARBONNAGES.

L'extraction de la houille n'a pris de l'importance en France que depuis l'invention de la vapeur, et surtout depuis l'établissement des chemins de fer. La substitution du charbon minéral au charbon de bois dans le traitement des minerais de fer, le gaz d'éclairage, le combustible des machines, le chauffage des logements donnent à cette industrie une importance de plus en plus grande, et font craindre que les mines ne viennent prochainement à faire défaut à la consommation. On dit cependant que de nouvelle recherches ont fait reconnaître de nombreux et forts gisements à des profondeurs inespérées et sur des points inattendus : nous faisons des vœux pour que cette bonne fortune se réalise.

Le nombre des mines de charbon concédées en France est de 448, réparties fort inégalement entre 45 départements. Elles occupent une superficie de 4,776 kilomètres carrés 56 hectares. Les bassins de la Loire et du Nord sont les plus riches. Il fournissent à eux seuls la moitié de la production annuelle française. Mais ils ne peuvent rivaliser avec les gisements houillers de la Belgique, et surtout de la Grande-Bretagne.

La moyenne de l'exploitation indigène, dans les six années 1847-52, a été de 45 millions de quintaux métriques, et l'importation, durant la même période, de 27 millions de quintaux, dont les deux tiers de provenance belge.

En supposant que les 4,776 kilomètres carrés 56 hectares rendent un demi-mètre cube de houille par mètre de superficie, ce qui est fort exagéré, la consommation restant ce qu'elle est, la France aurait encore pour 331 ans de combustible.

Que pense de cela le monde actionnaire?...

Le nombre des ouvriers employés en 1852 à l'exploitation des mines françaises était de 35,381, dont 27,001 à l'intérieur des puits, et 8,380 à l'extérieur. La houille sur place revient en moyenne à 1 fr. le quintal.

Le combustible minéral se divise en six classes principales : anthracite, houille dure à courte flamme, houille grasse maréchale, houille grasse à longue flamme, houille maigre à longue flamme, lignite et stipite.

COMPAGNIES FORMÉES DE L'ANCIENNE SOCIÉTÉ DES MINES DE LA LOIRE.

La Compagnie des Mines de la Loire, constituée en Société civile par acte du 17 février 1847, au capital de 80,000 actions, réunit alors quatre groupes, qui se sont fractionnés de nouveau, par ordre du gouvernement, en 1854, savoir :

1º *Société des Mines de la Loire* (rue de la Victoire, 44);

2° *Société des Houillères de Montrambert et de la Béraudière* (Lyon);

3° *Société des Houillères de Rive-de-Gier* (Lyon);

4° *Société des Houillères de Saint-Étienne* (Lyon).

Ces quatre groupes se sont constitués en autant de Sociétés anonymes, le 17 octobre 1854, pour une durée de 99 ans. Les actions sont au nombre de 80,000, nominatives pendant les trois premières années, et, passé ce délai, nominatives ou au porteur, au choix du propriétaire. Chaque action ancienne a reçu une action de chacune des quatre Sociétés nouvelles. — Les assemblées se composent des propriétaires de 25 actions.

La Société civile avait contracté des emprunts ou reconnu ceux des Compagnies incorporées. Le service de cette dette est réparti entre les quatre Sociétés fractionnées, et effectué par un agent spécial chargé en outre des intérêts communs. Elle se compose de la manière suivante, d'après le compte rendu de 1856 :

4,370 obligations des anciens emprunts.	5,462,500 »»
11,784 — de l'emprunt de 1852.	14,730,000 »»
16,154 —	20,192,500 »»
Créance du chemin de fer Grand-Central.	1,000,000 »»
Solde à ce jour de la dette spéciale des entrepôts.	479,166 70
Ensemble	21,671,666 70

Les dividendes de l'exercice 1855 se sont élevés à 60 fr. par action pour les quatre groupes, savoir :

Rive-de-Gier.	27 fr.
Saint-Étienne	14
Mines de la Loire. . .	10
Montrambert.	9
Total.	60

HOUILLÈRES DE LA HAUTE-LOIRE.

(Paris, 9, place de la Bourse.)

Société civile constituée le 6 octobre 1837, pour 99 ans. — Capital, 2,600,000 fr., divisée en 5,200 actions, nominatives ou au porteur, de 500 fr.; jouissance avril et octobre. — Emprunt négocié au moyen de 400 obligations remboursables à 1,250 fr.; 50 fr. d'intérêt payable en mars et septembre.

HOUILLÈRES DE MONTCHANIN (SAONE-ET-LOIRE).

(Paris, 47, rue de la Victoire.)

Société civile constituée en 1838 pour 99 ans. — Capital, 2,200,000 fr.; 440 actions nominatives de 5,000 fr.

MINES DE MONTIEUX-SAINT-ÉTIENNE (LOIRE).

(Paris, 10, rue Neuve-des-Mathurins.)

Société civile constituée le 18 mars 1838. — Capital, 1,400,000 fr.; 2,800 actions au porteur, de 500 fr.

HOUILLÈRES DE BLANZY (SAONE-ET-LOIRE).

(Paris, 10, rue de la Chaussée-d'Antin.)

Commandite sous la raison sociale *Chagot et Cie*, fondée le 12 juillet 1838 pour 82 ans. — Capital, 15 millions; 30,000 actions au porteur, de 500 fr. — Emprunts, deux séries d'obligations 5 0/0, remboursables au pair, savoir : 1,000 obligations de 1,000 fr., et 1,000 de 250 fr.

HOUILLÈRES DE LA CHAZOTTE (LOIRE).

(Paris, 20, rue Neuve-des-Mathurins.)

Société anonyme autorisée le 27 octobre 1843. — Durée, 99 ans. — Capital représenté par 3,550 actions nominatives ou au porteur. — Dernier dividende, 42 fr.

HOUILLÈRE ET CHEMIN DE FER D'ÉPINAC.

(Paris, 35, rue Lepelletier.)

Société anonyme autorisée le 2 juillet 1850. — Durée, 99 ans. — Capital représenté par 2,400 actions au porteur.

HOUILLÈRES DE SAINT-CHAMOND.

(Paris, 10, rue de la Chaussée-d'Antin.)

Société anonyme autorisée le 29 octobre 1853. — Durée, 50 ans. — Capital représenté par 3,275 actions nominatives.

MINES DE LA GRAND'COMBE (GARD).

(Paris, 57, rue de la Chaussée-d'Antin.)

Ancienne Société civile, devenue anonyme en 1855. — Durée, 50 ans. — Capital représenté par 24,000 actions nominatives ou au porteur. — Dernier dividende, 60 fr. — L'ancienne Société était propriétaire du chemin de fer d'Alais aux mines et à Beaucaire, annexé à la Compagnie de Lyon à la Méditerranée. La Société nouvelle reste garante des emprunts contractés par l'ancienne. — L'extraction en 1855 a été de 359,836 tonnes. — L'assemblée du 29 mai 1856 a autorisé la négociation d'un emprunt de 4,500,000 fr. au moyen d'obligations.

HOUILLÈRES ET CHEMIN DE FER DE PORTES ET SÉNÉCHAS (GARD).

(Paris, 85, rue Richelieu.)

Commandite sous la raison sociale *Jules Mirès et Cie*, constituée le 11 novembre 1854. — Durée, 40 ans. — Capital, 7,200,000 fr. représenté par 24,000 actions au porteur libérées à 300 fr. — Dividende de 1855, 27 fr.

HOUILLÈRES DU CENTRE-DU-FLENU.

(Paris, 18, rue Meslay.)

Société civile française constituée le 12 mars 1838, pour 99 ans. — Capital, 3,600,000 fr., divisé en 3,600 actions, nominatives ou au porteur, de 1,000 fr. — Revenu de 1855, 20 fr.

PONT-DE-LOUP-SUD (BELGIQUE).

(Paris, 10, rue Neuve-des-Mathurins.)

Société civile française constituée pour 99 ans, en mars

1838. — Capital, 2,800,000 fr. ; 2,800 actions de 1,000 fr. au porteur ou nominatives. — Dividende de 1855, 70 fr.

HOUILLÈRES D'AZINCOURT (NORD).

(Aniches, département du Nord.)

Société anonyme fondée pour 99 ans, le 31 juillet 1842. — Capital représenté par 1,500 actions nominatives. — Dividende du dernier exercice, 150 fr.

HOUILLÈRES DE CHALONNES-SUR-LOIRE.

(Paris, 9, rue Saint-Florentin.)

Société civile, constituée pour 99 ans, le 29 mars 1843. — Capital, 1,200,000 fr. ; 1,200 actions de 1,000 fr.

CHARBON MINÉRAL DE LA MAYENNE ET LA SARTHE.

(Laval.)

Société transformée en anonyme le 4 juillet 1855. — Durée, 50 ans. — Capital représenté par 13,200 actions libérées ou au porteur. — Moyenne des exercices 1851-55, 36 fr.

HOUILLÈRES ET CHEMIN DE FER DE CARMAUX A TOULOUSE.

Société fondée en 1856, au capital de 17,400,000 fr., pour l'exploitation des houilles de Carmaux et du chemin de fer de Carmaux à Alby. Le capital sera porté à 58 millions lorsque le prolongement de ce chemin de fer jusqu'à Toulouse et jusqu'au Grand-Central aura été accordé. — Les mines produisent actuellement 1,200,000 hectolitres de houille par an.

FORGES, FONDERIES, HAUTS-FOURNEAUX.

Les mines de fer concédées étaient, en 1852, au nombre de 177, d'après la *Statistique des ingénieurs*. Mais les minières, qui s'exploitent à ciel ouvert, sont beaucoup plus nombreuses ; elles forment, aux termes de la loi, une dépendance de la propriété du sol, et ce n'est qu'à défaut par le propriétaire de les exploiter lui-même que l'administration permet aux maîtres de forges du voisinage d'en extraire les minerais dont ils ont besoin.

En 1847, année de prospérité extraordinaire pour l'industrie du fer, le nombre des minières exploitées a été de 980, et celui des mines, de 101. La production a été de 34,636,948 quintaux métriques, représentant une valeur de 9,432,250 fr., ou 272 fr. par quintal ; 2,291,491 fr., ou le quart environ, ont été attribués à titre de redevance aux propriétaires du sol. Le nombre des ouvriers employés était de 15,669, et la somme de leurs salaires, de 5,394,808 fr.

Les cinq départements de la Haute-Marne, de la Haute-Saône, du Cher, de la Moselle et du Nord fournissent à eux seuls plus de la moitié de la consommation. Viennent ensuite, par ordre d'importance : les Ardennes, la Meuse, la Côte-d'Or, le Pas-de-Calais, la Nièvre et l'Aveyron.

L'infériorité de la France par rapport à l'Angleterre et à d'autres puissances, dans la production du fer, tient moins à l'insuffisance des gisements qu'à l'éloignement où ils se trouvent, pour la plupart, des mines de combustibles. Les frais de transport augmentent le prix d'une façon considérable. C'est ainsi que le coût du minerai par quintal métrique varie de 10 centimes à 2 francs, suivant les localités.

FORGES ET FONDERIES DE LA LOIRE ET L'ARDÈCHE.

(Lyon, 8, rue Sainte-Hélène.)

Société anonyme, autorisée le 13 novembre 1822. — Durée, 99 ans. — Le capital, primitivement divisé en 800 parts, se trouva porté, en 1846, à 4,000, par la subdivision de chaque part primitive en quatre, et l'émission de 800 nouvelles. L'assemblée du 3 avril 1855 a autorisé la négociation de 2,000 actions nouvelles, qui porteraient le nombre total à 6,000 ; mais cette mesure n'a pas encore reçu son exécution. — Le dividende de 1855 a été de 500 fr.

FORGES DU CREUSOT (Saone-et-Loire).

Société en commandite au capital de 14 millions ; actions

de 500 fr. — Dernier dividende, 100 fr. Jouissance juin et décembre.

FORGES ET FONDERIES D'ALAIS (Gard).

(Paris, 28, rue de Grammont.)

Société anonyme fondée le 20 octobre 1830, pour 99 ans, au capital de 6 millions, reconstituée sur de nouvelles bases le 13 février 1856. Les établissements avaient été affermés, le 15 mai 1836, pour 20 ans. Aujourd'hui les Compagnies fermière et propriétaire sont fusionnées ; le capital, sans évaluation déterminée, est divisé en 18,000 actions. Chaque action ancienne, de 3,000 fr., s'est échangée contre 7 nouvelles.

FORGES DE DECAZEVILLE (Aveyron).

(Paris, 17, rue de Provence.)

Société anonyme autorisée le 28 janvier 1826. — Durée, 50 ans. — Capital social, 7,200,000 fr., représenté par 2,400 actions nominatives de 3,000 fr. — Trois emprunts : l'un de 1,200,000 fr., 1,200 obligations de 1,000 fr., 45 fr. d'intérêt ; l'autre de 1,200,000 fr., 2,400 obligations de 500 fr., 27 fr. 50 d'intérêt ; le troisième de 2 millions, 4,000 obligations de 600 fr., 30 fr. d'intérêt.

FORGES D'AUDINCOURT (Doubs).

(Siége social à Audincourt.)

Société anonyme autorisée le 11 août 1824. — 99 ans. — 4,500,000 fr. représentés par 900 actions nominatives de 5,000 fr.

HOUILLÈRES ET HAUTS-FOURNEAUX DE COMMENTRY, MONTVICQ, IMPHY, ETC.

(Paris, 16, place Vendôme.)

Commandite constituée le 17 décembre 1853, pour 60 ans, sous la raison sociale *Boignes, Rambourg et Cie*. — Capital représenté par 50,000 actions ; 50 fr. de dividende en 1855.

FORGES DE CHATILLON ET COMMENTRY.

(Paris, 11, rue du Conservatoire.)

Commandite fondée le 13 novembre 1845, sous la raison sociale *Bouguéret, Marténot et Cie*. — Durée, 75 ans. — Capital, 25 millions, représenté par 50,000 actions de 500 fr. — Dividende de chacun des deux derniers exercices, 50 fr. — Emprunt de 6 millions en obligations remboursables à 625 fr., 25 fr. d'intérêt.

FORGES ET USINES DE LA BASSE-INDRE.

Commandite fondée le 8 mars 1846, pour 36 ans, sous la raison sociale *A. Langlois et Cie*. — Capital, 2,500,000 fr.; 5,000 actions, nominatives ou au porteur, de 500 fr. — Dividendes de 1854 et 1855, 80 fr.

HAUTS-FOURNEAUX DE MAUBEUGE (NORD).

(Siége social à Valenciennes.)

Société anonyme autorisée le 26 octobre 1849. — Durée, 50 ans. — Capital représenté par 6,000 actions.

FORGES ET FONDERIES DE L'HORME.

(Lyon, 32, place Bellecour.)

Compagnie anonyme autorisée le 2 juillet 1847. — Durée, 99 ans. — Capital divisé en 10,000 actions nominatives.

FORGES DE DENAIN ET ANZIN.

(Siége social à Denain.)

Société anonyme autorisée le 6 avril 1849. — Durée, 99 ans. — Capital représenté par 20,000 actions nominatives ou au porteur.

HAUTS-FOURNEAUX D'HERSERANGE ET ST-NICOLAS.

(Paris, 58, rue Hauteville.)

Commandite constituée le 27 novembre 1854, sous la

raison sociale *Maillard et Cie*. — Capital 12,500,000 fr., divisé en 50,000 actions de 250 fr. ; il n'en a encore été émis que 40,000.

HAUTS-FOURNEAUX, ACIÉRIES DE LA MARINE ET DES CHEMINS DE FER.

(Rive-de-Gier.)

Commandite constituée pour 50 ans, le 14 novembre 1854, sous la raison sociale *Jackson frères, Pétin Gaudet et Cie*. Cette Société s'est formée des quatre commandites suivantes : 1° Forges et Aciéries d'Assailly-Jackson ; 2° Aciéries de Lorette ; 3° Forges et Hauts-Fourneaux de Vierzon ; 4° Forges de la marine et des chemins de fer. — Capital, représenté par 54,000 actions au porteur. — Revenu de 1855, 70 fr.

MINES DIVERSES.

La France possède un grand nombre de gisements métallifères de diverse nature ; mais ils ne sont pas assez riches pour être exploités. Aussi sommes-nous tributaires de l'étranger pour les métaux : le cuivre, le zinc, le plomb, l'étain, le mercure, l'or, l'argent, etc. Le fer et la houille indigènes ne sont pas même suffisants. Les concessions de mines autres que de fer et de charbon étaient, en 1852, de 199, dont fort peu en exploitation. Sous le rapport des salines, nous sommes au contraire des plus favorisés ; nous avons mines de sel gemme, sources salées, laveries de sables et marais salants. Les mines de sel concédées sont au nombre de 25. — L'attention commence à se porter vers l'Algérie, dont les gisements métallifères sont, dit-on, aussi riches que variés.

MINES DE PLOMB DE PONTGIBAUD.

(Paris, 18, rue Bergère.)

Compagnie anonyme autorisée le 8 avril 1853. — Durée, 99 ans. — Capital représenté par 10,000 actions au porteur. — Revenu du dernier exercice, 25 fr.

ASPHALTES (SEYSSEL, VAL-DE-TRAVERS).

(Paris, 216, quai Jemmapes.)

Commandite constituée le 3 janvier 1856, pour 10 ans, sous la raison sociale *Baboneau et Cie*. — Capital, 4 millions; actions de 500 fr. Il n'en a encore été émis que 6,000.

SALINES DE L'EST.

Société anonyme autorisée par ordonnance royale du 2 janvier 1828. — Exploitation en commun avec l'État des mines de Dieuze, Moyen-Vic, Salins, Arc, des mines de sel gemme de Vic et de toutes celles qui peuvent se trouver dans les dix départements suivants : Meurthe, Moselle, Meuse, Vosges, Haut-Rhin, Bas-Rhin, Doubs, Haute-Saône, Jura et Haute-Marne. — Capital, 10 millions, divisé en 2,000 actions.

SALINS DU MIDI.

(Paris, 15, place Vendôme.)

Commandite constituée le 15 juin 1856, sous la raison sociale *A. Renouard et Cie*. — Durée, 10 ans. — Capital, 10 millions; actions de 500 fr.; 12,000 seulement ont été émises.

COMPAGNIE FERMIÈRE DE LA CARONTE.

(Paris, 3, rue Louis-le-Grand.)

Commandite fondée le 27 août 1853, pour 30 ans, sous la raison sociale *J. Luyt et Cie*. — Exploitation de mines de cuivre. — Capital, 7 millions; actions de 100 fr.; 25,000 seulement ont été émises.

MINES DE MOUZAIA (ALGÉRIE).

(Paris, 10, rue Mogador.)

Société en commandite pour l'exploitation de mines de cuivre, sous la raison sociale *Bœuf et Cie*. — Durée, 98 ans à partir du 20 juin 1845. — Capital, 6 millions; actions de 100 fr. — La Société a affermé ses mines et établissements à la Compagnie de la Caronte, moyennant 60 0/0 des bénéfices nets de l'exploitation.

MINES DE TENÈS (ALGÉRIE).

(Paris, 8, rue de Provence.)

Exploitation de minerais de cuivre. Commandite fondée le 13 novembre 1849, sous la raison sociale *H. Fleury et Cie*. —Durée, 99 ans. Capital, 2,400,000 fr.; actions de 500 fr.

USINES MÉTALLURGIQUES.

USINES DE NOGENT.

(Paris, 66, rue de Bondy.)

Commandite constituée pour 50 ans, le 29 août 1853, sous la raison sociale *Sommelet, Dantan et Cie*. — Fabrication d'armes blanches, coutellerie et taillanderie. — Capital, 3 millions; actions de 100 fr. — Revenu de 1850, 8 fr.

USINES DE SEPTÈMES.

(Marseille.)

Commandite sous la raison sociale *F. Jacquinot et Cie*. — Durée, 30 ans, à partir du 30 mai 1853. — Capital, 10 millions; actions de 240 fr.; 16,000 seulement ónt été émises.

SOCIÉTÉ J.-F. CAIL.

(Paris, 46, quai de Billy.)

Construction de machines à vapeur, d'appareils pour sucreries, outillage, etc. Usine mise en commandite pour 20 ans, le 8 juin 1850. — Capital, 7 millions; 14,000 actions de 500 fr. Le revenu a toujours dépassé 10 0/0, et a atteint 15 0/0 en 1854.

CHRISTOFLE ET Cie.

(Paris, 56, rue de Bondy.)

Commandite constituée le 6 juillet 1845, pour une durée de 30 ans. — Capital, 2 millions; 4,000 actions de 500 fr. — Moyenne des six derniers exercices, 93 fr. par action.

GALVANISATION DU FER.

(Paris, 40, rue de Bondy.)

Commandite fondée le 20 juillet 1838. — Durée, 20 ans.

—Capital, 2 millions; 2 séries de 2,000 actions de 500 fr. — Moyenne des cinq derniers exercices, 36 fr. par action.

CHAMEROY ET Cie.

Commandite fondée pour 28 ans, le 3 avril 1838. — Capital, un million; 2,000 actions de 500 fr. — Moyenne des six derniers exercices, 62 fr. par action. — Emprunt de 200,000 fr. représenté par 2,000 obligations de 100 fr.

FERS ÉTIRÉS.

(Paris, 40, rue Bellefond.)

Commandite fondée pour 20 ans, le 18 mai 1838, sous la raison sociale *Gandillot et Cie*. — Capital, 611,745 fr., divisé en 2,399 actions de 255 fr. — Moyenne des trois derniers exercices, 36 fr. par action.

USINE CAVÉ.

(Paris, faubourg Saint-Denis.)

L'assemblée du 10 janvier 1856 a révoqué les gérants et provoqué la liquidation de la Compagnie, qui doit se réorganiser. Trois actions anciennes s'échangeront contre une nouvelle.

CHAPITRE VII.

Gaz.

La fabrication du gaz ne peut être évaluée en prix de revient d'une manière générale. D'abord le transport de la houille augmente sensiblement les frais pour les villes qui ne sont desservies ni par des chemins de fer ni par des voies navigables, ou qui se trouvent à une grande distance des lieux d'extraction. Ensuite, la distillation du charbon minéral rend en coke et en produits chimiques une valeur qui, lorsqu'elle trouve son placement, suffit, au dire de certaines personnes, à couvrir les frais de manipulation. A Paris, tous les résidus de l'usine s'emploient dans l'industrie; il s'est créé des fabrications spéciales pour utiliser ceux qui semblaient le moins susceptibles d'une application industrielle. De cette manière, le prix du gaz peut être considérablement diminué; à Paris le gaz pourrait même être livré à la consommation pour rien; tandis que dans les villes où ces résidus sont trop peu importants pour être employés sur place ou expédiés au loin, l'éclairage a à supporter presque tous les frais de fabrication et de distribution.

La plupart des villes ont des usines à gaz, qui sont presque toutes exploitées en société. Nous mentionnerons seulement les principales.

SOCIÉTÉ PARISIENNE D'ÉCLAIRAGE ET DE CHAUFFAGE PAR LE GAZ.

(Paris, 1, rue Saint-Georges.)

Compagnie anonyme constituée par acte du 19 décembre 1855, approuvée le 22 du même mois. Le capital est divisé en 110,000 parts, évaluées à 500 fr. l'une, soit 55 millions. Elle s'est incorporée les six Sociétés suivantes, qui ont reçu, en échange de leurs apports :

1° Société	L. Margueritte et Cie.	27,256	parts.
2° —	Brunton, Pilté et Cie	21,648	
3° —	Dubochet et Cie.	11,478	
4° —	Lacarrière et Cie	8,988	
5° —	Payn et Cie	6,588	
6° —	Ch. Gosselin et Cie.	4,042	
	Total	82,000	
	Actions émises à 500 fr..	30,000	
	Ensemble.	110,000	

Le capital des 30,000 actions émises à 500 fr., soit 15 millions, est affecté aux destinations suivantes :

Fonds de roulement.	1,500,000 fr.
Édification d'usines et travaux divers.	3,625,000
A MM. Péreire et Margueritte, remboursement de l'usine Pauton, établie à Sèvres.	325,000
Aux Compagnies fusionnées pour prix de leurs apports. .	9,550,000
Ensemble.	15,000,000

Aux termes du cahier des charges, la concession est de 50 ans. Le gaz doit être fourni à la ville au prix de 15 centimes le mètre cube et à l'industrie au prix de 30 centimes. A l'expiration de la concession, la ville de Paris deviendra propriétaire de tout le matériel existant sous les voies publiques, sans indemnité. Elle deviendra également propriétaire des usines moyennant un prix fixé à dire d'experts. L'éclairage sera fait par le gaz de houille, et il n'en pourra être employé d'autre sans le consentement du préfet de police, après délibération du conseil municipal.

Cette dernière disposition est dirigée principalement contre les inventeurs du gaz à l'eau, qui offraient un rabais considérable sur les prix accordés à la Compagnie concessionnaire. Les expériences des inventeurs, soumises à une commission composée de MM. Dumas, Chevreul et Regnault, n'ont pas été reconnues concluantes. Est-ce à dire qu'elles soient condamnées pour cinquante ans? La Compagnie parisienne a acheté le brevet, mais avec l'intention avouée de ne pas s'en servir.

Il y a dans la concession de tout monopole deux intérêts qu'il est difficile de concilier : l'intérêt public et celui des monopoleurs. La fusion, il est vrai, a diminué le prix du gaz; mais on parle, pour la Compagnie, de bénéfices annuels de 16 0/0 au minimum. S'il en était ainsi, ce serait la population qui aurait encore fait, cette fois, les frais de la coalition.

La Compagnie concessionnaire comprend l'éclairage et le chauffage, dans Paris et les communes suburbaines.

L'assemblée se compose des propriétaires de 20 actions.

COMPAGNIE DU NORD.

(Paris, 30, rue Jacob.)

Commandite fondée le 12 janvier 1845, sous la raison sociale *Ch. Gosselin, E. Brison et Cie*. — Durée, 50 ans. — Capital, 3 millions; 6,000 actions de 500 fr. — Éclairage de Batignolles, Saint-Denis, La Chapelle, etc. Dividende de chacun des cinq derniers exercices, 40 fr.

COMPAGNIE DE L'EST.

(Cours de Vincennes, 45, près Paris.)

Commandite fondée le 16 juin 1845, sous la raison sociale *Foucart et Cie*, pour l'éclairage de Vincennes, Saint-Maudé, Charonne, Bercy, Charenton, Alfort, etc. — 500,000 fr. divisés en 1,000 actions de 500 fr. — Dernier dividende, 74 fr. 50 c.

COMPAGNIE CENTRALE.

(Paris, 110, rue Richelieu.)

Commandite constituée le 23 mars 1847, sous la raison sociale *Lebon père, fils et Cie*, pour l'éclairage des villes suivantes : Dieppe, Pont-Audemer, Chartres, Fécamp, Morlaix, Bernay, Honfleur, Nice, Alger, et la prison Mazas à Paris. — Durée, 99 ans. — Capital, 5 millions, dont moitié seulement est réalisée. Actions de 5,000 fr. nominatives, et de 500 fr. au porteur.

L'ALLIANCE.

(Paris, 66, rue de la Victoire.)

Commandite fondée le 31 octobre 1853, sous la raison sociale *Howyn de Tranchère et Cie*. — Durée, 60 ans. — Capital, 25 millions; actions de 500 fr., dont 100,000 seulement sont émises. La Compagnie a cédé à la société fusionnée son brevet de gaz à l'eau et l'éclairage de l'hôtel des Invalides.

GAZ ET HAUTS-FOURNEAUX DE MARSEILLE.

(Paris, 85, rue Richelieu.)

Commandite fondée le 17 mai 1856; raison sociale, *J. Mirès et Cie*; durée, 50 ans; capital, 7,200,000 fr.; actions de 300 fr.

GAZ DE VERSAILLES.

(Paris, 30, rue Jacob.)

Commandite fondée le 20 juin 1839, sous la raison sociale *Ch. Gosselin et Cie*. — 1,200 actions de 500 fr. — Revenu en 1855, 35 fr.

CHAPITRE VIII.

Compagnies diverses.

VOITURES PUBLIQUES.

MESSAGERIES IMPÉRIALES.

Société anonyme fondée en 1808 et 1809, pour le transport des marchandises et des voyageurs, le factage, le camionnage, etc., dans toute l'étendue de l'empire. Depuis la création du réseau de chemins de fer, elle a abandonné les grandes routes, et a dû se restreindre au service subalterne des localités répandues sur la longueur ou à distance des voies ferrées. — Durée jusqu'à la fin de 1867. Capital, 2,500,000 fr.; 250 actions de 10,000 fr., divisibles en coupons de 5,000. Elles sont cotées 40,000 fr.

COMPAGNIE GÉNÉRALE DES OMNIBUS.

Cette Compagnie, constituée sous forme anonyme le 22 février 1855, pour une durée de 30 ans, résulte : 1° de la fusion des diverses entreprises d'omnibus affectés au service de la capitale; 2° du privilége qui lui a été accordé, par décret du 5 août 1854, de faire seule ce service. Pour compléter le monopole, elle a acheté de M. Loubat le droit d'exploiter un système d'omnibus sur rails, dont le cessionnaire était l'inventeur. Ainsi, sous le régime des concessions, les découvertes ne servent plus qu'à procurer à leurs auteurs le droit de prendre leur part du monopole établi, monopole que le gouvernement se réserve d'étendre encore, sous prétexte de lignes nouvelles à desservir.

Le fonds social est de 12 millions, représenté par 24,000 actions de 500 fr. libérées; elles ont touché 45 fr. sur le premier exercice. L'assemblée du 14 mai 1856 a décidé qu'il serait émis 6,000 actions nouvelles, sauf approbation du gouvernement. — Emprunt : 8,000 obligations remboursables à 500 fr.; 25 fr. d'intérêt, jouissance d'avril et octobre.

COMPAGNIE IMPÉRIALE DES VOITURES DE PARIS.

Commandite fondée le 18 août 1855, sous la raison sociale *E. Caillard et Cie*. — Durée, 60 ans. — Capital, 40 millions, représenté par 400,000 actions de 100 francs libérées, dont 75,000 destinées à rembourser les anciens entrepreneurs de voitures, dépossédés ou fusionnés en suite du privilége accordé à la Compagnie Impériale par le préfet de police.

D'après le compte-rendu du 23 avril 1856, l'exploitation avait porté en 1855 sur 848 voitures; mais la Compagnie en avait, à l'époque de l'assemblée générale, 1,896. Elle avait réuni tous les anciens numéros, à l'exception de 79, et était en négociation pour l'achat de toutes les voitures de remise. L'administration municipale lui concède 500 numéros nouveaux pour voitures de place et 500 pour voitures de remise.

Les anciens numéros se sont vendus de 5 à 7,000 fr. : la concession de 1,000 nouveaux numéros représenterait donc, sauf déduction du prix des voitures, un cadeau de 5 à 7 millions.

Cette sorte d'entreprise est certainement une de celles où l'association est la moins nécessaire, et où l'autorité pourrait le plus aisément se dispenser de créer un monopole. Il semble en vérité que la Concurrence, cette grande force économique dégagée par la Révolution, soit devenue suspecte. Bientôt on concédera des priviléges d'épiciers, de fruitiers, de chemisiers, de savetiers. Et l'on s'étonne qu'un spéculateur logicien s'en vienne dire un jour au propre frère du magistrat municipal : Monsieur, obtenez-moi un privilége, et nous partagerons la prime...

40 millions de capital pour un matériel de moins de 3,000 voitures!... Nous serions curieux d'en voir le compte.

GLACES ET VERRERIES.

MANUFACTURE DE SAINT-GOBAIN.

Société anonyme formée le 17 février 1830, en continuation de celle organisée en 1702. Le capital est divisé en 1,152 actions nominatives, estimées à 7,000 fr. l'une.

GLACES ET VERRERIES DE MONTLUÇON.

Commandite fondée le 18 février 1846, pour 40 ans, sous la raison sociale *F. Berlioz et Cie*. — Capital, 12 millions; 24,000 actions de 500 fr. — Revenu moyen, 25 fr. par action.

FILATURES.

COMPTOIR DE L'INDUSTRIE LINIÈRE.

(Paris, 11, rue des Bourdonnais.)

Commandite fondée le 27 juin 1846, pour 25 ans, sous la raison sociale *Cohin et Cie*. Capital, 20 millions; actions de 500 fr., dont 20,000 seulement ont été émises.—Moyenne des quatre derniers exercices, 41 fr.

FILATURE DE LIN D'AMIENS.

(Paris, 26, rue des Petites-Écuries.)

Société anonyme autorisée pour 50 ans, le 11 juin 1838.— Capital, 4 millions; 8,000 actions de 500 fr. — Moyenne des derniers exercices, 56 fr.

COMPAGNIE CONTINENTALE POUR LE FILAGE DU LIN.

(Boulogne-sur-Mer.)

Commandite fondée le 6 juin 1851. — Durée 25 ans. — Raison sociale *Trudin et Cie*. — Capital, 3,675,000 fr., divisé en 7,350 actions de 500 fr., libérées. Les deux derniers exercices ont produit 20 fr. par action.

FILATURE ROUENNAISE LA FOUDRE.

(Petit-Quevilly, près de Rouen.)

Commandite sous la raison sociale *Hartoy frères et Cie*, fondée le 23 juin 1855, au capital de 2,500,000 fr. Actions de 250 fr., dont 125 versés. Il n'en a été émis que 9,200.

IMMEUBLES.

La mise en actions de la propriété immobilière n'est pas moins que la ruine du droit civil. Quoi de plus mobile que l'action? Quoi de plus antipathique au mouvement et à la mutation que l'immeuble, avec son cortége d'hypothèques, de servitudes, de prescriptions, de licitations, de droits des absents, des mineurs et des femmes? Quand les fermiers et les locataires pourront devenir, par l'achat des actions, copropriétaires des immeubles qu'ils exploitent ou habitent, le fermage et le loyer n'auront plus de raison d'être; le cumul des deux qualités de locataire grevé du fermage, et d'actionnaire participant au dividende, conduit à la négation de la propriété, telle du moins que l'entend le Code civil.

HOTEL ET IMMEUBLES DE RIVOLI.

(Paris, 15, place Vendôme.)

Société anonyme autorisée pour 30 ans, le 9 décembre 1854. — Capital, 24 millions; actions de 100 fr.

Nous empruntons les renseignements suivants au Rapport du 26 mai 1856.

La Compagnie est propriétaire de l'hôtel du Louvre, de onze maisons construites rue de Rivoli, de l'Échelle, de Rohan, de Marengo et de l'Oratoire-du-Louvre, plus de l'hôtel d'Osmond.

L'emploi de son capital se répartit ainsi :

Hôtel du Louvre, acquisition des terrains et construction.	11,143,809	65
Maisons de la rue de Rivoli, terrains et bâtisse.	8,375,342	75
Total rue de Rivoli.	19,519,152	40
Ameublement de l'hôtel du Louvre.	2,144,291	59
Hôtel d'Osmond.	1,899,367	34
Solde disponible.	437,188	67
TOTAL ÉGAL.	24,000,000	» »

L'assemblée a décidé que le capital serait élevé à 72 millions au moyen d'une émission de 96,000 actions nouvelles de 500 fr.; que la durée serait portée à 99 ans, et que la Compagnie prendrait le titre de *Société immobilière*. La sanction du gouvernement n'a pas encore été accordée.

Revenu des actions, 5 0/0. — L'assemblée se compose des porteurs de 100 actions.

PALAIS DE L'INDUSTRIE.

Société anonyme autorisée le 20 octobre 1852.

Capital, 13 millions; actions de 100 fr. A quoi il convient d'ajouter, pour supplément de dépenses, 4 millions sur lesquels l'État prêta 2,600,000 fr. Après l'exposition, la Compagnie se trouva en présence d'un déficit de 3,673,644 fr. 10 c.

Malgré la prime de 75 fr, que firent un instant les actions de cette entreprise, nous sommes encore à nous demander si quelqu'un a pu croire qu'elle donnerait jamais des bénéfices. Sans la garantie de 4 0/0 de l'État, le capital ne se serait pas réalisé. La durée de la Société était de 35 ans, à dater de l'achèvement des travaux. Les journaux de Paris, fin août 1856, ont annoncé en ces termes l'issue de cette affaire :

« Le Palais de l'Industrie vient, par une décision toute récente, de devenir une propriété de l'État. Dans une réunion de 258 des principaux actionnaires de la Société qui avait été fondée pour la construction de ce monument, 238 voix ont été en faveur de la cession au gouvernement. On dit que l'offre de remboursement a été de 84 fr. par action. Après la décision de la majorité, la remise du Palais de l'Industrie a été faite par M. de Rouville au représentant du gouvernement dans l'assemblée. »

L'État, en donnant 84 fr. par action, reste dans les conditions de son engagement. C'est le taux de capitalisation du 4 0/0. Il rembourse le capital de 13 millions et perd en outre les 2,600,000 fr. qu'il avait prêtés à la Compagnie. Les actionnaires doivent se trouver heureux d'être, à ces conditions, débarrassés des charges de l'entretien du monument.

RUE IMPÉRIALE DE LYON.

(Siége social à Lyon.)

Compagnie anonyme autorisée le 3 juillet 1854, — Durée, 50 ans. Capital, 7 millions; actions de 500 fr. — Imitation de la Compagnie des Immeubles de Rivoli.

DOCKS ET PORTS.

SOCIÉTÉ DES PORTS DE MARSEILLE.

(Paris, 99, rue Richelieu.)

Compagnie anonyme formée sous le patronage de M. Mirès, le 27 mars 1856, pour l'exploitation des terrains acquis par lui à Marseille, et la construction de quartiers nouveaux faisant face aux ports de la Joliette et Napoléon. — Capital, 25 millions. Les actions, émises à 250 fr., ont été libérées à 150 par décision de l'assemblée du 5 juin 1856. En compensation de ce dégrèvement, la gérance est autorisée à émettre un emprunt de 10 millions, au moyen d'obligations 5 0/0. Les statuts ne sont pas encore homologués.

DOCKS-NAPOLÉON.

Un décret du 17 septembre 1852 a autorisé l'établissement des docks sur la place d'Europe (Paris), à proximité du chemin de Ceinture.

Les docks, selon l'origine du mot, sont des bassins à flot ménagés dans les ports pour le chargement et le déchargement des navires..

Tandis que l'armateur de Marseille, de Bordeaux et du Havre est obligé d'avoir de vastes magasins, une armée de commis et d'hommes de peine pour décharger les cargaisons; tandis que chaque vente nécessite un déplacement de marchandises et un nouvel emmagasinage, le négociant de Londres, de Liverpool et des principaux marchés de la Grande-Bretagne, une fois son vaisseau entré au dock, n'a plus à s'en inquiéter. Une Compagnie se charge, moyennant une prime de x pour 1,000, du déchargement et de l'emmagasinage.

Contre les denrées déposées, le négociant se fait délivrer des *warrants*, ou billets représentatifs de ses marchandises. Les produits circulent et s'échangent ainsi sous forme de papier, sans frais de transport ni de camionnage; le dernier acquéreur, marchand au détail ou industriel, prend seul livraison matérielle des objets nécessaires à son commerce ou à son industrie. C'est un déplacement au lieu de cinq à dix que nécessite le système français. Ajoutons que le droit de douane s'acquitte seulement au moment où les marchandises sortent de l'entrepôt ; le négociant n'a pas besoin d'en faire l'avance.

Si les docks et les warrants sont appelés à rendre d'immenses services sur les ports de mer, ils ne doivent pas être moins utiles, on le suppose du moins, sur les marchés situés au centre d'un grand mouvement de marchandises circulant par la voie des canaux ou des chemins de fer.

Paris, sous ce rapport, semble se placer en première ligne parmi les villes où le dock semble indispensable. L'idée qui a présidé au décret du 17 septembre, décret mal inspiré, encore plus malheureux, dont les promoteurs de l'entreprise auraient dit cependant, qu'il valait à lui seul, comme apport à la Compagnie, *vingt-cinq millions !*

En fait, et malgré toutes les excitations pour déterminer la fougue des boursiers, l'affaire a été accueillie par le public avec plus de curiosité que d'intérêt. L'incapacité et la malversation aidant, elle a été constamment en baisse, tant et si bien qu'elle a fini par se liquider en police correctionnelle, et que personne à cette heure ne se préoccupe des docks, à part les actionnaires.

Serait-ce donc une mauvaise spéculation ? Peut-être. Malgré l'éloge que le ministère public et les inculpés en ont fait à l'envi devant le tribunal, le premier dans l'intérêt de l'accusation, les autres dans l'intérêt de leur défense, il nous est impossible de saisir le caractère précis de l'*institution*.

Le dock, tel qu'il existe en Angleterre, à Londres et à Liverpool, a sa raison d'être dans un immense développement maritime, au moyen duquel le commerce presque entier de l'Europe avec le reste du globe se trouve concentré sur ces deux places. Pour faire de Paris, à l'aide des docks, un marché central européen, en concurrence avec le marché de Londres, il faudrait donc : 1° faire de cette capitale un port de mer capable de recevoir des navires de 500 et 1,000 tonnes, une flotte de plusieurs milliers de voiles ; 2° pour utiliser et desservir ce port, créer une marine comparable à celle des Anglais ; 3° lui assurer un commerce proportionnel.

Un semblable déplacement, qui exigerait des milliards, suppose d'ailleurs dans les relations internationales des révolutions qui ne peuvent être que l'effet de causes profondes et du temps, sans compter qu'il viole toutes les données de la géographie, et change arbitrairement le caractère et la destinée des nations.

Ce simple rapprochement montre déjà combien fausse, intempérante et inepte, était l'idée d'importer à Paris les docks de Londres; quelle absurdité couvrait l'emploi de ce mot anglais *dock*, pour désigner une chose qui, à Paris, dans aucun cas, ne pouvait avoir rien du dock anglais; combien pitoyable enfin devait être la contrefaçon ?

Rendons-nous compte de la position, de la vie, de l'industrie, du commerce parisiens.

Le dock n'a d'importance, d'usage à Londres que pour les matières premières, les denrées encombrantes, apportées par la mer, et qui demandent à être logées, en attendant qu'elles soient enlevées par le consommateur anglais ou étranger. L'exportation n'a que faire des docks.

Ceci posé, procédons par élimination.

La bijouterie, les modes, les nouveautés, l'horlogerie, l'article Paris, etc., n'ont rien à voir avec les entrepôts. Les frais de transport et d'emmagasinage sont minimes comparativement à la valeur des objets; et ce sont des produits d'une détérioration facile, qui doivent se vendre au jour le jour, sous peine d'une dépréciation considérable. Les docks pourraient tout au plus leur offrir la ressource d'un mont-de-piété, d'un prêt sur nantissement dans le genre des sous-comptoirs organisés par le décret du 24 mars 1848, c'est-à-dire un palliatif à la misère, une exploitation philanthropique, plus faite pour déconsidérer le négociant que pour faciliter l'écoulement de ses produits.

Quant aux denrées encombrantes, servant à la consommation de Paris, elles ont leurs entrepôts à Paris : c'est la halle aux Vins, la halle aux Blés, le grenier d'Abondance, le grenier à sel, la Douane, institutions publiques; les caves de Bercy, les chantiers d'Ivry et de la Râpée, institutions privées. Il ne manque à ces établissements que le warrant, et c'est une innovation qu'on peut bien leur appliquer. Point n'est besoin pour cela d'envoyer les marchandises à la place d'Europe.

Ainsi l'industrie parisienne (produits de luxe et de fantaisie) ne peut user des entrepôts; et le commerce qui en a besoin s'en trouve fourni.

Reste la question du transit. Le système de rayonnement adopté par le gouvernement de juillet pour la construction des chemins de fer fait de Paris le centre de communication de tous les points de la France. Les marchandises de Marseille, Bordeaux, Nantes, le Havre sont fréquemment obligées de passer à Paris pour se rendre à d'autres points du territoire. En cette question, comme en tant d'autres, les affaires ont été sacrifiées à la politique.

Mais on commence à s'apercevoir de l'erreur. Les raccordements entre les lignes se construisent de toutes parts. Une fois qu'ils seront exécutés, l'importance de l'entrepôt de Paris diminuera considérablement.

D'ailleurs, avec le développement des moyens de communication, la question de l'entrepôt s'annule de plus en plus. Les canaux, les chemins de fer traversent les cités et les provinces, ne laissant partout que les quantités demandées : tout s'expédie en droiture, et ce qui fit jadis la fortune de villes telles que Paris, Lyon, Nantes, Rouen, etc., ce qui fonda leur existence, savoir, leur navigation et leur entrepôt disparaît sans trouver d'analogue dans les chemins de fer.

Quant à la centralisation du commerce continental dans un dock parisien, au détriment de ceux de Londres, c'est une utopie sur laquelle nous ne reviendrons pas. La mission de Paris est autre que celle de la grande cité britannique; puis la concurrence aux docks anglais se fait aujourd'hui sur tous les points du littoral européen, à l'aide des chemins de fer et de la vapeur; le percement de l'isthme de Suez y fera plus à lui seul que tout le reste.

Ces considérations, que nous développions en 1853, ont

été pleinement justifiées. Depuis cette époque, la Compagnie s'est mise en liquidation, sans avoir rien fait.

Ses administrateurs, MM. Cusin, Legendre et Duchêne de Vère, ont dû justifier leur gestion devant la police correctionnelle.

L'assemblée générale du 2 juin 1856 a sanctionné un projet de traité avec les docks et le chemin de fer de Saint-Ouen. D'après ce projet, les deux Compagnies n'en formeraient qu'une; le capital serait de 30 millions, dont 16 millions par les docks-Napoléon, et 14 millions par la Société de Saint-Ouen. Les actions des docks, de 250 fr., dont 125 versés, s'échangeraient à raison de trois anciennes contre une nouvelle de 250 fr., valeur nominale, libérée de 187 fr. 50 c., et perdraient ainsi 62 fr. 50.

Il est question de construire des docks dans nos ports et d'en concéder l'exploitation à une seule Compagnie pour toute la France. Quelle peut être la raison de ce monopole, dont on cite M. Em. Péreire comme le futur bénéficiaire? C'est de compléter sans doute l'institution du *Crédit mobilier*, et de placer sous la main d'une même agence la circulation des marchandises, comme on y a placé la circulation des valeurs industrielles. Alors, avec la faculté de faire la hausse et la baisse, 1° sur toutes les actions; 2° sur toutes les marchandises; 3° sur toutes les voies de transport; avec la centralisation des banques et la centralisation des hypothèques, le système sera fort avancé : encore un pas, et nous aurons une dictature.

Quelques personnes pensent néanmoins que l'idée de docks peut recevoir une application utile dans les chefs-lieux de département, aux points de jonction des canaux et des lignes de fer, pour centraliser les produits des récoltes, discipliner le marché, faire des avances aux producteurs, qui échapperaient ainsi à l'avilissement de leurs denrées, en même temps que les consommateurs seraient préservés des risques d'accaparement et de hausse exorbitante. Nous avons sous les yeux un projet de devis pour l'établissement d'un dock à Dijon : ce dock, d'après les calculs de l'auteur du projet, M. C... B..., devrait contenir 1,800,000 hectolitres; la dépense s'élèverait à 12 millions. Le conseil municipal de Dijon a émis un vœu favorable.

Conçu dans les principes que nous venons, en peu de mots, de faire connaître, un pareil établissement nous semble d'une utilité incontestable : reste seulement à voir si la dépense à effectuer peut être balancée par le service rendu. Nous ne saurions, en tout cas, partager l'opinion de la municipalité dijonnaise, qui a cru voir dans l'établissement de ce dock un moyen de *développer le commerce* et d'augmenter la prospérité de la ville de Dijon. La création des chemins de fer a donné lieu à cet aphorisme, que rien au monde ne peut démentir : *Ville traversée, ville perdue.* Si, dans les conditions où il est proposé, l'établissement d'un dock à Dijon est vraiment d'utilité publique, les mêmes motifs subsistent pour *Beaune, Châlon, Mâcon, Chagny, Dôle*, etc. Au lieu d'un dock gigantesque par province, il y a avantage à en construire sur des dimensions plus modestes dans chaque arrondissement. Au moyen du télégraphe électrique, et avec le passage des trains, tous ces docks sont en communication permanente; les cours sont maintenus en équilibre sur tous les points du territoire, et toujours, sans qu'il soit besoin d'aucune centralisation, la marchandise circule, sans stationnement, du lieu de production à celui de consommation.

Nous avons donné des détails aussi complets que possible sur les principales valeurs cotées à la Bourse. Il en existe beaucoup d'autres sur lesquelles les notions nous manquent, ou qui sont de trop peu d'importance pour mériter un chapitre spécial. Elles ne sont pas l'objet de grandes spéculations.

Enfin il existe un grand nombre de Compagnies dont les actions, étrangères à la circulation, ne figurent pas à la Bourse, mais qui n'en sont pas moins quelquefois d'une très-haute importance. Telle est, pour n'en citer qu'un exemple, la *Compagnie des forges et hauts-fourneaux de Franche-Comté*, simple commandite sous la raison sociale *J. Vautherin*, *A. Guenard*, *Regad et Cie*, formée pour l'exploitation d'une trentaine de hauts-fourneaux et d'usines dans les départements du Doubs et du Jura, et dont le capital engagé n'est pas moindre aujourd'hui de 17 millions, ce qui suppose un fonds de roulement d'au moins 4 millions. Nous ne parlons pas de ces Compagnies, qui, par leur caractère privé, semblent se dérober au mouvement général, et n'intéressent, au moins quant à présent, que le commerce proprement dit et la statistique.

Au surplus, nous résumons, et en même temps nous complétons dans le *Bulletin de la Bourse*, page 440, l'état financier des Compagnies industrielles.

TROISIÈME SECTION

VALEURS ÉTRANGÈRES.

Le gouvernement français, en autorisant à la Bourse de Paris la cote des effets publics étrangers, n'entend nullement en garantir la valeur ni intervenir en faveur de ses nationaux en cas de banqueroute.

Les marchés à terme dans le mois où se détache le coupon se traitent *coupon détaché*, à quelque époque qu'ils aient lieu.

Au comptant, le coupon est détaché à la quatrième Bourse du mois qui précède l'échéance.

CHAPITRE PREMIER.

Fonds publics.

—

EMPRUNTS BELGES.

La dette publique belge se compose de :

	Capital non amorti.	Rente.
Dette ordinaire.	420,800,147 fr.	21,348,507 f.
Dette extraordinaire. . . .	225,481,833	11,136,418
TOTAL.	646,281,980	32,484,925

L'emprunt de 1852 se cote à part. Les taux des fonds belges sont :

4 1/2 provenant de la conversion de l'ancien 5 0/0, d'une consolidation de la dette flottante et d'un emprunt de 1844 ;

4 0/0, emprunt de 1836 ;

3 0/0, emprunt de 1838 ;

2 1/2.

EMPRUNT DE LA VILLE DE BRUXELLES (1853).

70,000 obligations de 100 fr., au porteur ; 3 fr. d'intérêt. Des lots sont affectés au remboursement par voie de tirage au sort.

1er numéro.	25,000 fr.
2e, 3e, 4e, chacun 10,000.	30,000
Le 5e.	4,000
Du 6e au 40e, chacun.	de 1,000 à 200

FONDS HOLLANDAIS.

La Bourse de Paris ne connaît guère que le 2 1/2 0/0 ; cependant il y a des rentes 3 et 4 0/0 ; les intérêts se payent à Paris chez MM. Mallet frères.

FONDS AUTRICHIENS.

1° OBLIGATIONS MÉTALLIQUES.

Les obligations métalliques d'Autriche sont de 1,000 florins, soit, à 2 fr. 60 c. par florin, 2,600 fr. Elles sont garnies de coupons d'arrérages qui se détachent tous les six mois ; elles sont au porteur. Il y a des obligations de 4 et 3 0/0.

2° LOTS D'AUTRICHE (1834).

Ils proviennent d'un emprunt de 25 millions de florins de convention (2 fr. 50), et sont remboursables avec primes par voie de tirage au sort jusqu'en 1860. Les obligations sont de 500 florins, divisibles en coupons de 100 florins.

20 obligations forment une série.

3° NOUVEAUX EMPRUNTS.

Juillet 1852 : 35,000 obligations de 100 livres sterling 5 0/0 — Septembre 1852 : 80,000 obligations de 1,000 florins de convention au change fixe de 2 fr. 50 ; 5 0/0 d'intérêt.

RENTE DE NAPLES.

Les inscriptions de rente du royaume des Deux-Siciles

sont nominatives. Afin d'en faciliter la négociation en France, MM. de Rothschild ont été autorisés à émettre des certificats au porteur de 25 ducats de rente, inscrits à leurs noms au grand-livre de Naples.

Le prix, coté à la Bourse (Naples 75 80), est de 5 ducats de rente, convertibles en 4 par voie de tirage au sort. Le ducat vaut au pair 4 fr. 40 c.

L'emprunt Rothschild, contracté en 1824, est représenté par 25,000 certificats de 100 liv. sterl. (2,550 fr.), portant intérêt à 5 0/0.

EMPRUNTS ROMAINS.

Ils sont représentés par 56,450 obligations 5 0/0 de 1,000 fr. Ils ont été émis en 1831, 1845, 1850 et 1853.

EMPRUNTS TOSCANS.

34,000 obligations de 1,000 livres, 5 0/0, émises en 1849, remboursables à 1,100 livres. — 1 million de livres de rente 3 0/0 ; emprunt de 1852.

EMPRUNTS PIÉMONTAIS.

1834 : 27,000 obligations de 1,000 fr. 4 0/0. — 1849 : 19,902 obligations de 1,000 fr. 4 0/0 ; autres obligations 5 0/0. — 1850 (dit 1852) : 18,000 obligations de 1,000 fr. 4 0/0. — 1853 : émission de 2 millions de rente 3 0/0.

EMPRUNT RUSSE.

La dette russe est d'environ 1 milliard et demi (valeur en francs). On ne connait guère à la Bourse de Paris que le 4 1/2.

DETTE D'ESPAGNE.

La dette publique espagnole s'élève à 15 milliards et demi de réaux environ : le réal est évalué à 25 cent. La *dette active* est productive d'intérêt ; la *dette passive* ne l'est pas. La *dette différée* est la capitalisation des arrérages non payés de 1836 à 1841 : c'est le 3 0/0 nouveau ou de 1841.

La plupart des emprunts espagnols ont été contractés à l'étranger. On appelle *dette intérieure* celle qui a été souscrite par les nationaux.

Une liquidation générale de la dette publique a converti tous les fonds en 3 0/0.

DETTE PORTUGAISE.

Les fonds portugais sont en 5 0/0, 4 0/0 et 3 0/0. Ils ont été contractés à Londres en livres sterling. Les intérêts se payent, à Paris, chez MM. de Rothschild, au change de 25 fr. 50 cent.

EMPRUNT GREC.

L'emprunt grec, contracté avec la maison Rothschild en 1833, est de 60 millions, valeur en francs. Il est garanti par la France, l'Angleterre et la Russie, chacune pour un tiers. Les intérêts sont de 5 0/0. Les arrérages annuels de la dette sont de 4 millions de drachmes dus à M. de Rothschild, et de 5 millions de drachmes dus à la Bavière.

La drachme vaut 97 centimes 1/2.

EMPRUNT TURC.

125 millions 6 0/0 négociés en 1854. Le tribut de l'Égypte, s'élevant à 7 millions par an, est spécialement affecté à la garantie de cette dette.

EMPRUNT D'HAITI.

L'indépendance d'Haïti (Saint-Domingue) fut reconnue par la France en 1828. Le gouvernement haïtien s'engagea à payer une indemnité de 150 millions aux anciens propriétaires d'esclaves, et contracta, pour faire face au premier terme, un emprunt de 30 millions 6 0/0, remboursables en 25 ans. Peu de temps après, les remboursements et les payements d'intérêts furent suspendus.

Ils furent repris en 1839 avec réduction d'intérêt à 3 0/0 consentie par les porteurs. 1 million était affecté par an à l'amortissement. Nouvelle suspension de payement en 1842.

En 1848, il fut stipulé entre les commissaires haïtiens et les porteurs de titres que le règlement des intérêts arriérés de 1844 à 1848 serait ajourné. Depuis cette époque, les échéances se payent régulièrement.

L'emprunt d'Haïti, c'est la dette des noirs pour le rachat de leur liberté. Les blancs, à leur place, ne montreraient certes guère plus d'empressement à acquitter une parcille créance.

CHAPITRE II.

Valeurs industrielles.

—

INSTITUTIONS DE CRÉDIT.

BANQUE DE BELGIQUE.

La Banque belge s'est constituée en 1835, sous la forme anonyme, au capital de 20 millions, divisé en 20,000 actions de 1,000 fr. En 1841, une nouvelle émission de 10,000 actions a porté ce capital à 30 millions. Les actions de la première émission touchent 4 0/0; celles de la seconde 5 0/0. Elles ont un droit égal au dividende.

Les arrérages se payent à Paris chez MM. de Rothschild.

SOCIÉTÉ GÉNÉRALE DE BRUXELLES.

Compagnie anonyme, constituée le 28 août 1822, pour 53 ans, au capital de 30 millions de florins; 60,000 actions de 500 florins, soit au change, de 2 fr. 11 c., 1,058 fr.). La Société a racheté 29,000 de ses actions.

ACTIONS RÉUNIES.

(Bruxelles.)

Compagnie anonyme, constituée le 7 juin 1837, pour 22 ans. Elle a pour but de favoriser l'accès des grandes entreprises aux petits capitaux. C'est le côté sérieux et utile des Compagnies de Crédit mobilier. Mais sans le jeu et les tripotages, il n'y a que de maigres dividendes à toucher; aussi la moyenne du revenu des actions est-elle au plus de 3 0/0. — Capital, 12 millions; actions de 1,000 fr.

SOCIÉTÉ DES CAPITALISTES RÉUNIS.

(Bruxelles.)

Compagnie anonyme, autorisée le 13 juin 1841, pour une durée de 20 ans. Capital, 25 millions; actions de 500 fr. Revenu moyen, 5 0/0.

BANQUE NATIONALE.

(Bruxelles.)

Escompte du papier de commerce; succursale à Anvers et comptoirs dans les principales villes de Belgique. — Société anonyme autorisée le 4 septembre 1850. — Durée, 25 ans. — Capital, 25 millions; actions de 1,000 fr.

BANQUE DU COMMERCE.

(Genève.)

Société anonyme, fondée pour 30 ans à partir du 10 novembre 1845. Capital 3,100,000 fr.; actions de 1,000 fr. — Escompte des valeurs commerciales.

BANQUE DE GENÈVE.

(Genève.)

Compagnie anonyme, fondée pour 30 ans, le 16 mai 1848. — Capital, 3 millions; actions de 1,000 fr. — Escompte des valeurs.

OMNIUM GÉNEVOIS.

Société civile, fondée pour 30 ans à dater du 5 mars 1849. — Capital, 5 millions; actions de 1,000 fr. Il n'en a été émis que 4, 200. — Espèce de Crédit mobilier.

BANQUE DE DARMSTADT.

Société anonyme hessoise, fondée pour 99 ans, à dater du

2 avril 1853, 25 millions de florins; actions de 250 florins (537 fr. 50). — Imitation de notre Crédit mobilier.

CRÉDIT MOBILIER AUTRICHIEN.

Société anonyme, fondée le 31 octobre 1855, pour 90 ans. C'est la même organisation que le Crédit mobilier de France. — Capital, 100 millions de florins (250 millions de fr.); actions de 200 fl. (500 fr.). Il n'en a encore été émis que 300,000 non complétement libérées.

CRÉDIT MOBILIER ET FONCIER SUISSE.

(Genève.)

Société anonyme, fondée sur le modèle de notre Crédit mobilier. Durée, 30 ans à partir du 7 juin 1853. — Capital, 60 millions; actions de 250 fr. Il n'en a encore été émis que 80,000.

CRÉDIT MOBILIER ESPAGNOL.

L'Espagne a deux institutions de Crédit mobilier : celle-ci et la suivante; elles datent l'une et l'autre de 1856, et sont constituées sous la forme anonyme, pour 99 ans. — Capital, 456 millions de réaux (120 millions de fr.); actions de 1,900 réaux (500 fr.). Il n'a été émis que 120,000 actions, sur lesquelles 30 0/0 de versés.

COMPAGNIE GÉNÉRALE DE CRÉDIT EN ESPAGNE.

C'est la fondation Prost, dont nous avons parlé au chapitre des Caisses d'escompte. — Capital, 399 millions de réaux (105 millions de fr.); actions de 1,900 réaux (500 fr.). Il n'en a été émis que 70,000, sur lesquelles 30 0/0 de versés.

Comment les finances espagnoles trouveront-elles de quoi alimenter de pareilles compagnies, dont une serait déjà de trop, vu le peu d'importance du marché dans la Péninsule?

BANQUE NATIONALE SARDE.

(Gênes et Turin.)

Société anonyme, fondée pour l'escompte des valeurs

commerciales. Durée, 30 ans à partir du 1er juin 1850. — Capital, 32 millions; actions de 1,000 fr.

BANQUE DE SAVOIE.

(Annecy et Chambéry.)

Compagnie anonyme, fondée pour 30 ans, le 26 avril 1851. — Capital, 2 millions; actions de 1,000 fr. — Escompte du papier de commerce.

CANAUX.

CANALISATION DE L'ÈBRE.

(Madrid.)

Compagnie anonyme, fondée le 29 décembre 1852, pour 99 ans. — Capital, 126 millions de réaux de veillon (33,600,000 fr.). Actions de 2,000 réaux (533 fr. 33 c.) — 4 0/0 pendant la durée des travaux.

CANAL DE SUEZ.

(Alexandrie. — Bureau à Paris, 9, rue Richepanse.)

Le percement de l'isthme de Suez, dont on se préoccupe si vivement depuis plusieurs années, est enfin décidé. La Compagnie chargée de l'entreprise s'est constituée en la forme anonyme française; elle a été autorisée le 5 janvier 1856, pour 99 ans. Le capital est de 200 millions, les actions de 500 fr.; elles recevront 5 0/0 pendant les travaux.

CHEMINS DE FER.

CHEMINS DE FER AUTRICHIENS.

(Vienne. — Paris, 15, place Vendôme.)

Société anonyme autrichienne autorisée le 22 février 1855. D'après le Rapport de 1856, l'ensemble des lignes concédées était de 1,359 kilomètres, dont 1,106 en exploitation. 114 kilomètres se construisent aux frais de l'État, et 138 aux frais de la Compagnie. La concession comprend :

1° Pour 92 ans, les lignes suivantes :

De la frontière de Saxe, par Prague, à Brünn et Olmutz (en exploitation)	470 kil.
De Marchegg à Szolnock et Szegedin par Pesth (en exploitation)	448
Des mines du banat de Lissowa à Basiasch par Orawicza (en exploitation)	68
De Szegedin à Temeswar (construit par l'État)	112
De Temeswar au Danube (par la Compagnie)	83
ENSEMBLE	1,181

2° A perpétuité, les mines, usines, forêts, terres arables, prés, etc., couvrant une superficie de plus de 126,000 hectares.

La Compagnie a racheté le chemin de fer de Vienne à Comorn.

Le prix d'achat des chemins, des mines et des forêts est de 200 millions à payer au gouvernement autrichien par la Compagnie, en 36 termes mensuels, sans intérêt, du 1er mars 1855 au 1er février 1858.

Le gouvernement accorde à la Compagnie une garantie d'intérêt de 5.2 0/0, du capital de 200 millions, et l'exempte de certains impôts pour 5 à 10 ans.

Les dépenses à la charge de la Compagnie se composent de :

Prix d'achat des chemins, mines et forêts	200,000,000
Dépenses à faire	154,000,000
TOTAL	354,000,000

Le capital social est de 80 millions de florins de convention (200 millions de francs); les ACTIONS de 500 fr., dont 325 versés, sont au nombre 400,000. — Il a été émis en outre un emprunt au moyen de 300,000 OBLIGATIONS libérées, remboursables à 500 fr. en 90 tirages, négociées à 275 ; intérêt de 15 fr.; jouissance de mars et septembre.

L'exercice de 1855 a donné pour résultats :

Recettes de toute nature	30,991,509 fr.
Dépenses, 53 0/0 de la recette	16,494,821
Revenu net	14,496,688

Les actions touchent 5 0/0 pendant la durée des travaux.

CHEMIN DE FER CENTRAL-SUISSE.

(Bâle.)

Le réseau comprend : de Bâle à Olten, d'Olten à Berne et Morat (raccordement avec l'ouest), d'Olten à Lucerne, d'Olten à Aarau (raccordement avec l'est), 226 kilomètres. Concession de 99 ans. — Capital d'ACTIONS, 36 millions ; actions de 500 fr. — EMPRUNT de 12 millions par obligations de 500 fr. et de 5,000, 5 0/0, remboursables en 25 ans. — 4 0/0 pendant les travaux.

CHEMIN DE FER DE L'OUEST-SUISSE.

(Lausanne.)

Société anonyme autorisée le 27 novembre 1852. Concession de 99 ans. Le réseau comprend : Morges, Lausanne, Yverdun ; de Morges à Coppet ; d'Yverdun à la frontière bernoise. — 224 kilomètres environ. — Capital, 30 millions, divisé en 60,000 ACTIONS de 500 fr. — 5,000 OBLIGATIONS émises à 400 fr., remboursables à 500 ; intérêt, 20 fr. — 4 0/0 aux actions durant les travaux.

CHEMIN DE FER SARDE VICTOR-EMMANUEL.

(Chambéry. — Paris, 48, rue Basse-du-Rempart.)

Tracé : de Modane à Genève, par Montmélian, Chambéry, Aix-les-Bains, Albens ; embranchement de Chambéry sur Saint-Genis d'Aoste. Concession de 99 ans à partir du 25 mai 1853 ; garantie par l'État de 4 1/2 0/0 d'intérêt. — Capital, 50 millions, divisé en 100,000 actions de 500 fr., dont 250 versés. — Intérêt à 4 1/2 0/0 pendant les travaux.

DE NAPLES A NOCERA ET CASTELLAMARE.

(Paris, 31, rue Saint-Guillaume.)

Commandite française fondée le 8 février 1837, sous la raison sociale *A. Bayard de la Vingtrie et Cie*. La concession par le roi de Naples date du 19 juin 1836 ; elle est de 80 ans. La longueur de la ligne est de 42 kilomètres, en exploitation complète depuis 1844. — Capital, 12,500,000 fr.; actions de 1,000 fr. divisées en deux coupons, l'un de *capital*, l'autre de *jouissance*; le premier a droit à 5 0/0, au dividende et au remboursement; le second, au dividende et au partage de l'actif après l'amortissement.

DE TARRAGONE A REUSS.

(Paris, 15, rue Saint-Fiacre.)

Commandite française, fondée le 29 juin 1853, sous la raison sociale *G. Ragel et Cie*. Concession de la ligne de Tarragone à Reuss (province de Catalogne, en Espagne); 16 kilomètres; 99 ans. — Capital, 1,750,000 fr., divisé en 7,000 Actions de 250 fr. — 4,200 Obligations, émises à 250, remboursables à 500; 15 fr. d'intérêt.

CHEMINS DE FER BELGES.

D'Anvers à Gand. — 51 kilomètres; 90 ans; 4,700,000 fr.; actions de 500 fr.

Chemin de l'entre-Sambre-et-Meuse. — 105 kilomètres; 90 ans; 21,500,000 fr., divisés en 31,000 actions de 500 fr. et 23,000 de 250. — Trois séries d'obligations de 1,000 fr., 4, 5 et 5 1/4 0/0.

De la Flandre occidentale. — 122 kilomètres à une seule voie; 90 ans; 11,621,818 fr.; actions de 220 et de 250 fr. — 10,000 obligations de 500 fr. 3 0/0.

De Tournay à Jurbise et de Landen à Hasselt. — 76 kilomètres; 12,500,000 fr.; actions de 500 fr.; concession de 90 ans.

De Manage à Erquelines. — Affermé à la Compagnie du Nord.

De Charleroi à Louvain. — 64 kilomètres; 90 ans; 6,500,000 fr.; actions de 500 fr.; 2,500 obligations de 1,000 fr., 45 fr. d'intérêt.

De Dendre-et-Waes et de Bruxelles vers Gand, par Alost.

— 109 kilomètres; 90 ans; 15 millions; actions de 500 fr.; 7,000 obligations de 1,000 fr. 5 0/0.

D'Anvers à Rotterdam. — 80 kil.; 90 ans; 12,500,000 fr.; actions de 250 fr.; 2,000 obligations de 1,000 fr. 5 0/0.

MINES.

CHARBONNAGES BELGES.

Hauts-fourneaux, usines et charbonnages de Marcinelle et Couillet. — Compagnie anonyme autorisée le 10 octobre 1836, — Durée, 30 ans. — Capital, 12 millions; actions de 500 fr.

Sars-Longchamps et Bouvy. — 4 décembre 1835; 99 ans; 2,800,000 fr.; actions de 1,000 fr.

Compagnie des Charbonnages belges. — 6 mai 1846; 99 ans; 15 millions : actions de 500 fr.

Haut-Flenu. — 1838; 30 ans; 4 millions; actions de 500 fr.

Levant du Flenu. — 1836; 99 ans; 2,800,000 fr.; actions de 1,000 fr.

Société du charbonnage des produits au Flenu. — 1836; 90 ans; 4 millions; actions de 1,000 fr.

Hornu et Wasmes. — 1836; 90 ans; 3 millions; actions de 1,000 fr.

Monceau-Fontaine. — 1836; 90 ans; 2,300,000 fr.; actions de 1,000 fr.

Boussu et Sainte-Croix-Sainte-Claire. — 1837; 3,500,000 f.; actions de 1,000 fr.

Sacré-Madame. — 1838; 99 ans; 3,500,000 fr.; actions de 1,000 fr.

Courcelles-Nord. — 1838; 99 ans; 2,250,000 fr.; actions de 500 fr.

FORGES ET USINES BELGES.

Hauts-fourneaux et charbonnages de Chatelineau. — 1850; 20 ans; 12 millions; actions de 400 fr.

D'Ougrée. — 1854; 71 ans; capital représenté par 10,500 actions.

Fabrique de fer d'Ougrée. — 1837; 89 ans; 3,500,000 fr.; actions de 1,000 fr.

Société de Saint-Léonard. — 1836; 90 ans; 1,600,000 fr.; actions de 1,000 fr.

Charbonnages et hauts-fourneaux de l'Espérance, à Seraing. — 1836; 90 ans; 4 millions; actions de 1,000 fr.

De Monceau-sur-Sambre. — 1837; 99 ans; 4 millions; actions de 1,000 fr.

De la Providence. — 1838; 25 ans; 5,500,000 fr.; actions de 1,000 fr.

De Sclessin. — 1841; 90 ans; 11 millions; actions de 1,000 fr.

Établissements de John Cockerill, à Seraing et à Liége. — 1842; 50 ans; 12,500,000 fr. — 12,200 actions de 1,000 fr.; 400 de 500 fr.; 400 de 250 fr.

Fourneaux et laminoirs de la Sambre. — 1853; 25 ans; 5 millions; actions de 500 fr.

PHÉNIX MÉTALLURGIQUE.

(Cologne.)

Société anonyme prussienne autorisée le 10 novembre 1852. — Durée, 25 ans. — Capital, 6 millions de thalers (22,500,000 fr.); actions de 100 thalers (375 fr.). Il n'en a encore été émis que 44,000. — 10,000 obligations de 100 thalers 6 0/0.

VIEILLE-MONTAGNE.

(Liége. — Paris, 19, rue Richer.)

Cette Compagnie a absorbé les quatre suivantes : Mines et usines à zinc de la Prusse rhénane, de la Meuse, de Valentin-Cocq, et Société du blanc de zinc. Elle est constituée sous forme anonyme, pour 99 ans à partir du 23 juin 1837. Capital, 9 millions. Les actions sont de 1,000 fr., divisées en coupons de 100 fr.; elles ont été remboursées d'un cinquième par amortissement. — Revenu de chacun des deux derniers exercices, 200 fr.

La Compagnie a deux emprunts : 3,000 obligations de 1,000 fr. 5 0/0, et 13,000 obligations de 500 fr. 5 0/0.

NOUVELLE-MONTAGNE.

Verviers. — Paris, M. Rougemont de Lowemberg, correspondant.)

Société anonyme belge fondée le 6 mars 1845. — Durée, 20 ans. — Capital, 3 millions; actions de 1,000 fr. — Moyenne des quatre derniers exercices, 91 fr. — La production en 1855 a été de 2,232 tonnes de zinc et de 45 tonnes de plomb.

SOCIÉTÉ DE CORPHALIE.

Compagnie anonyme belge autorisée le 14 novembre 1846. — Durée, 30 ans. — Capital, 5,500,000 fr.; actions de 1,000 fr.

SOCIÉTÉ DE BLEYBERG-ÈS-MONTZEN.

Compagnie anonyme belge autorisée le 13 août 1853. — Durée, 50 ans. — Capital, 2,750,000 fr.; actions de 500 fr.

MINES DE ZINC DE STOLBERG ET WESTPHALIE.

(Aix-la-Chapelle. — Paris, 47, rue de Luxembourg.)

Compagnie anonyme prussienne autorisée le 31 septembre 1845. — Durée, 25 ans. — Capital, 8 millions de thalers (30 millions de francs); deux séries d'actions de 100 thalers (375 fr.). Les 40,000 actions de la deuxième série ont privilége sur celles de la première en cas de liquidation.

MINES ET FONDERIES D'ESCHWEILER.

Société anonyme prussienne autorisée le 1er septembre 1848. — Durée, 25 ans. — Capital, 1,500,000 thalers (5,625,000 fr.); actions de 100 thalers (375 fr.). Elles sont de deux séries; celles de la seconde, au nombre de 8,500, sont privilégiées en cas de liquidation.

MINES ET FONDERIES DE ZINC DE LA SILÉSIE.

(Breslau.)

Société anonyme prussienne autorisée le 28 septembre 1853. — Durée, 50 ans. — Capital, 5 millions de thalers (18,750,000 fr.); actions de 100 thalers (375 fr.).

MINES ET FONDERIES DE CUIVRE DU RHIN.

(Cologne.)

Compagnie anonyme prussienne fondée pour 30 ans à dater du 1er juillet 1853. — Capital, 1 million de thalers (3,750,000 fr.); actions nominatives de 100 thalers (375 fr.). 2,000 obligations de 100 thalers 5 0|0.

GLACES ET VERRERIES.

GLACES ET VERRERIES D'OIGNIES.

(Bruxelles.)

Société anonyme belge approuvée le 2 juin 1836. — Durée, 30 ans. — Capital, 10 millions; actions de 1,000 fr. — Revenu du dernier exercice, 71 fr. 50 c.

COMPAGNIE DE FLOREFFE.

Société anonyme belge autorisée le 30 mai 1853. — Durée, 50 ans. — Capital, 6 millions; actions de 500 fr. — Dernier exercice, 24 fr. 35 c.

MANUFACTURE DE GLACES D'AIX-LA-CHAPELLE.

(Aix-la-Chapelle. — Paris, 47, rue de Luxembourg.)

Société anonyme prussienne autorisée le 21 janvier 1853. — Durée, 50 ans. — Capital, 2 millions de thalers (7,500,000 fr.); actions de 100 thalers (375 fr.). — 5 0/0 jusqu'à la mise en activité complète des établissements.

TABLEAU GÉNÉRAL

DES VALEURS COTÉES A LA BOURSE DE PARIS

et leur cours à la fin de 1856 (1).

FONDS PUBLICS.

RENTES FRANÇAISES.	ÉPOQUES de jouissance.	COURS fin de 1856.
4 1/2 % nouveau (ancien 5 et emprunts).	mars et septemb.	90
4 1/2 ancien.	dito.	
4 %.	dito.	
3 %.	juin, décembre.	66
FONDS ÉTRANGERS.		
Anglais. Consolidés 3 %.	»	92
Belges. 4 1/2 %.	mai, novembre.	91
— 3 %.	février, août.	70
— 2 1/2 %.	janvier, juillet.	51
Espagne. Différée 3 %.	juin et décembre.	24
— Passive.		
— 3 % 1841.	janvier, juillet.	41
— Dette intérieure.	dito.	39
— Petites coupures.	dito.	
Naples. Récépissés Rothschild.	dito.	
Rome. Emprunt.	juin, décembre.	85
Haïti. Emprunt.	janvier, juillet.	550
Piémont. 5 %.	dito.	91
— 3 %.	dito.	55
— 5 % anglo-sarde.	juin, décembre.	85
— Obligations 4 % 1834.	janvier, juillet.	1020
— — août 1849.	avril, octobre.	930
— — octobre 1851.	février, août.	930
Autriche. Lots.		425
— 5 %.	janvier, juillet.	88
— 5 % nouveau.		
Hollande. 2 1/2 %.	dito.	64
Russie. 4 1/2 %.	dito.	94
Turquie. Emprunt.	avril, octobre.	90

(1) Les principales abréviations employées dans les bulletins de Bourse sont les suivantes : Fin c[t], *fin courant* ; — Fin p[n], *fin prochain* ; — P[e] d[t] 2, *prime dont* 2 ; — En liq., *en liquidation* ; — J., *jouissance* ; — 3 0/0 b., *bénéfice* ; — 2 0/0 p., *perte*. — Ces deux dernières formules sont spécialement affectées à la cote des actions des Compagnies d'assurances.

OBLIGATIONS DIVERSES.

	VALEUR d'émission.	PRIX du rembours.	ÉPOQUES de jouissance.	INTÉRÊT annuel.	COURS fin de 1856.
Ville de Paris. 1849 (25,000)	1000	1000	avril. oct.	50	1050
— 1852 (50,000)	1000	1000	janv. juill.	50	1050
— 1855 (150,000)	400	500	mars, sept.	15	378
Ville de Marseille. 1848 (9,000)	1000	1000	janv. juill.	50	1020
Montpellier. (13,000)	500	500	mars, sept.	25	
Liste civile. (20,000)	1000	1100	mai, nov.	50	1050
Lits militaires. (11,000)	1000	1000	avril, oct.	50	
Obligations fonc., de 1,000 fr. 3 %.	1000	1200	mai, nov.	3 %	940
— coupon de 100 fr. 4 %.	100	100	dito	4 %	95
— coupon de 100 fr. 3 %.	100	100	novembre	3 %	85
— coupon de 500 fr. 4 %.	500	500	mai, nov.	4 %	445
— dito 3 %.	500	500	dito	3 %	400
— Promess., 3 % à 1000 fr. dont 200 payés	1000	1000	dito	3 %	940
Vieille-Montagne. (3,000)	1000	1000	janv. juill.	50	
— (13,000)	500	500	dito	25	440
Loire. (4,160) anciennes	1250			50	1050
— (18,000) nouvelles	1250			50	945
Chameroy. (2,000)	100			6 %	
Châtillon et Commentry. (12,000)	500	625	janv. juill.	25	510

ACTIONS DE CHEMINS DE FER.

NOMBRE d'actions.	VALEUR au pair.	SOMMES payées.	REVENU de 1855.	ÉPOQUE de jouissance	COMPAGNIES.	COURS fin de 1856.
400,000	400	tout	61	juillet.	Nord	940
300,000	500	tout	50	avril.	Ouest	850
6,000	500	tout	»	»	Sceaux et Orsay	»
300,000	500	tout	80	avril.	Orléans	1320
250,000	500	tout	78 50	mai.	Est (anciennes)	810
250,000	500	475	4 %	mai.	Est (nouvelles)	750
265,000	500	tout	82 50	juillet.	Paris à Lyon	1360
80,000	500	375	4 %	juillet.	Lyon à Genève	740
90,000	500	tout	86	avril.	Lyon à la Méditerranée	1750
134,000	500	tout	4 %	juillet.	Midi (anciennes)	740
39,334	700	250	4 %	juillet.	Midi (nouvelles)	750
15,000	500	tout	»	»	Bordeaux à la Teste	»
224,000	500	450	4 %	janvier.	Grand-Central	610
50,000	500	300	4 %	juillet.	Saint-Rambert à Grenoble	600

ACTIONS DE CHEMINS DE FER (SUITE).

NOMBRE d'actions.	VALEUR au pair.	SOMMES payées.	REVENU de 1855.	ÉPOQUE de jouissance	COMPAGNIES.	COURS fin de 1856.
36,000	500	400	4 %	avril.	Graissessac à Béziers.	540
42,000	500	350	4 %	janvier.	Ardennes et Oise.	550
8,000	500	400	4 %	juillet.	Bessèges à Alais.	»
400,000	500	325	31 90	juillet.	Chemins de fer autrichiens. .	770
100,000	500	250	4 1/2	juin.	Sarde Victor-Emmanuel. . .	580
11,000	500	tout	4 %	janvier.	Manage à Erquelines. . . .	»
72,000	500	tout	4 1/2	juillet.	Central-Suisse.	480
60,000	500	250	4 %	juin.	Ouest-Suisse.	460
7,000	250	tout	6 %	juillet.	Tarragone à Reuss.	225
32,000	200	187	5 %		Rome à Frascati.	»

OBLIGATIONS DES COMPAGNIES DE CHEMINS DE FER.

NOMBRE d'obligations.	VALEUR d'émission.	PRIX de rembours.	INTÉRÊT annuel.	ÉPOQUES de jouissance	COMPAGNIES.	COURS fin de 1856.
375,000	335	500	15	janv. juill.	Nord (5 séries, 1851-1855). .	288
2,363	335	500	15	août.	Nord-Boulogne (1851). . . .	»
80,000	1050	1250	50	avril, oct.	Paris à Lyon.	975
100,000	295	500	15	dito	— (1855).	280
120,000	500	625	25	dito	Méditerranée, 5 % garanti par l'État (1852).	475
182,333	350	500	15	janv. juill.	— 3 % (1853). . .	287
30,000	280	500	15	dito	— (1855).	»
138,828	500	650	25	juin, déc.	Est (1852).	450
125,000	480	650	25	janv. juill.	— (1854).	450
126,000	270	500	15	»	— (1856).	»
600,000	280	500	15	janv. juill.	Ouest (1855).	285
8,888	1125	1250	50	dito	Orléans (1842).	1000
13,333	750	1250	50	dito	— (1848).	1000
150,000	340	500	15	dito	— (1852, gar. par l'État).	290
130,000	275	500	15	dito	— (1854).	290
150,000	290	500	15	dito	— (1855).	290
131,007	300	500	15	dito	Grand-Central (1853). . . .	285
180,000	300	500	15	dito	— (1855). . . .	285
186,000	285	500	15	dito	Lyon-Bourbonnais (1856). . .	285
102,614	500	625	25	dito	Rhône-et-Loire (1853). . . .	»
63,643	500	500	15	dito	— 3 % (1855). .	285
87,719	285	500	15	dito	Lyon à Genève (1856, garanti par l'État)	285
149,788	285	500	15	dito	Midi (1856, gar. par l'État.). .	285
300,000	275	500	15	mars, sept.	Chemins autrichiens (1855). .	285
4,200	250	500	6 %	»	Tarragone à Reuss.	»

VALEURS INDUSTRIELLES.

NOMBRE d'actions.	VALEUR au pair.	REVENU du dernier exercice.	COMPAGNIES.	COURS fin de 1856.
			ASSURANCES MARITIMES.	
400	12,500	1,900	Générale (an.)	24 °/o b.
300	5,000	200	Sécurité (an.)	32 °/o b.
1,000	5,000	262 50	Union des ports (an.)	11 °/o b.
1,000	1,000	»	Indemnité (an.)	14 °/o b.
1,200	5,000	290	Lloyd français (an.)	30 °/o b.
200	5,000	205 90	Océan (an.)	25 °/o b.
600	5,000	180	Chambre d'assurances (an.)	30 °/o b.
400	5,000	252 50	Mélusine (an.)	20 °/o b.
200	5,000	915	Vigie (an.)	25 °/o b.
200	5,000	405	Sauvegarde (an.)	15 °/o b.
200	5,000	374	Pilote (an.)	»
200	5,000	150	Cie française des prêts à la grosse (an.)	»
200	5,000	»	Phare maritime (an.)	»
1,000	1,000	»	La Maritime (an.)	»
1,000	5,000	120	Centrale (an.)	18 °/o b.
1,200	5,000	89	La Réunion (an.)	15 °/o b.
200	5,000	»	L'Eole (an.)	»
200	5,000	»	Cie Bordelaise (an.)	»
400	5,000	»	Gironde (an.)	»
500	5,000	180	Garonne (an.)	»
200	5,000	»	Aquiraine (an.)	»
200	5,000	»	Lloyd bordelais (an.)	»
100	5,000	»	Alliance maritime (an.)	»
500	1,000	24	La Provence (an.)	»
1,200	1,000	107 50	Havraise et Parisienne (an.)	»
600	1,000	»	La Fortune (an.)	»
600	1,000	»	Les Deux-Mondes (an.)	»
600	1,000	30	La Sphère (an.)	»
600	1,000	»	Le Commerce (an.)	»
600	1,000	»	Les Antilles (an.)	»
200	5,000	»	Lloyd marseillais (an.)	»
			ASSURANCES CONTRE L'INCENDIE.	
400	5,000	2,775	Générale (an.)	40,000
4,000	1,000	215	Phénix (an.)	200 °/o b.
2,000	5,000	675	Nationale (an.)	170 °/o b.
2,000	5,000	325	L'Union (an.)	84 °/o b.
1,000	6,000	300	Le Soleil (an.)	115 °/o b.
2,000	5,000	200	La France (an.)	40 °/o b.
1,000	5,000	300	L'Urbaine (an.)	100 °/o b.

NOMBRE d'actions.	VALEUR au pair.	REVENU du dernier exercice.	COMPAGNIES.	COURS fin de 1856.
2,000	2,500	90	La Providence (an).	45 °/o b.
400	5,000	»	L'Aigle (an.).	15 °/o b.
3,000	1,000	12 50	La Paternelle (an.).	pair.
800	5,000	»	La Confiance (an.).	7 1/2 b.
2,000	1,000	20	Le Nord (an.).	12 °/o b.
			ASSURANCES SUR LA VIE.	
400	7,500	2,025	Générale (an.).	103 2/3 b
3,000	5,000	300	Nationale (an.).	23 °/o b.
2,000	5,000	160	Union (an.).	11 °/o b.
800	5,000	150	Phénix (an.).	3 °/o b.
1,000	1,000	»	Conservateur (an.).	»
8,000	500	»	Caisse Paternelle (an.).	»
10,000	500	»	Impériale (an.).	»
			ASSURANCES DIVERSES.	
2,000	5,000	50	Générale (*grêle*) (an).	9 °/o b.
60,000	100	19 °/o	L'Agriculture et la Générale réunies (an.). (*Mortalité des bestiaux*.). .	»
16,000	250	5 °/o	La Française (co.) (*Accidents des chemins de fer*.).	»
			BANQUES ET CAISSES.	
91,250	1,000	200	Banque de France (an.). . . .	4,000
6,000	500	30 25	— de la Martinique (an.). . .	»
6,000	500	32 50	— de la Guadeloupe (an.). . .	»
6,000	500	42 93	— de la Réunion (an.). . . .	»
600	500	»	— de la Guyane (an.). . . .	»
460	500	»	— du Sénégal (an.). . . .	»
6,000	500	36 50	— de l'Algérie (an.). . . .	600
40,000	500	42	Comptoir d'escompte de Paris (an.).	700
3,470	100	6 °/o	Sous-comptoir des Entrepren. (an.).	»
50,000	100	8 25	— des Métaux (an.). .	»
40,000	100	4 72	— des Chem. de fer (an.).	»
5,000	100	10 °/o	— des Denr. colon. (an.).	»
600	1,000	»	Comptoir d'Alais (an.).	»
525	100	6 °/o	— d'Angoulême (an.). . .	»
253	1,000	6 °/o	Dito. Dito.	»
6,000	100	»	Comptoir de Caen (an.). . . .	»
600	500	»	— de Colmar (an.). . . .	»
2,000	150	6 °/o	— de Dôle (an.).	»
4,000	500	24	— de Lille (an.).	»
1,600	500	»	— de Mulhouse (an.). . .	»

NOMBRE d'actions.	VALEUR au pair.	REVENU du dernier exercice.	COMPAGNIES.	COURS fin de 1856.
400	250	5 %	Comptoir de Sablé (an.).	»
500	200	20	— de St-Jean-d'Angély (an.).	»
400	500	»	— de Ste-Marie-aux-Mines (a).	»
60,000	500	17 50	Crédit Foncier de France (an.) . .	600
120,000	500	203 70	Crédit Mobilier (an.).	1,400
4,544	500	5 %	Crédit maritime (co.).	»
100,000	500	79 90	Caisse générale des chemins de fer, Mirès et Cie (co.).	510
50,000	500	»	— des Actionn., Amail et Cie (co.).	»
50,000	100	22	— centrale de l'Industrie, Vergniolle et Cie (co.).	158
30,000	100	25	Crédit indust., Malevergne et Cie (c.).	»
6,000	500	16 %	Caisses d'Escompte, Prost et Cie (co.).	»
20,000	500	37 40	Caisse Béchet et Cie (co.). . . .	435
1,000	1,000	73 36	— Lehideux et Cie (co.). . .	»
110,680	100	10 26	Comptoir cent., Bonnard et Cie (co.)	137
2,000	500	»	Bouron et Cie (co.).	515
16,000	500	57 50	Lécuyer et Cie (co.).	600
1,600	5,000	»	Nu-propriétaires (co.).	6,500
1,200	500	6 %	Comptoir commercial d'Angers (co.).	»
500	1,000	60	Caisse commerciale de Honfleur (co.).	»
600	1,000	95	Caisse départ^{le} de la Mayenne (co.).	»
3,000	1,000	9 %	Caisse commerciale du Nord (co.). .	»
10,000	375	30	Caisse industrielle du Nord (co.). .	»
20,000	500	»	Comptoir de la Méditerranée (co.).	»
1,600	250	»	Caisse commerciale de Roubaix (co.).	»
4,000	1,000		Caisse du comm. et de l'agricult. (c.).	»
5,000	200	5 %	Caisse commerciale d'Avignon (co.).	220
50,000	100	15 %	Crédit foncier de San-Francisco (civ.).	»
31,000	1,058	152 90	Société générale de Bruxelles (an.).	2,820
20,000	1,000	60	Banque de Belgique (an.). 1re série.	950
10,000	1,000	70	— 2e, 1841.	»
12,000	1,000	40	Actions réunies (an.).	»
100,000	537 50	34 90	Banque de Darmstadt (an.). . . .	800
300,000	500	»	Crédit mobilier autrichien (an.). .	»
160,000	250	»	Mobilier et foncier suisse (an.). . .	»
10,000	50	»	Crédit des Etats sardes (co.). . .	»
120,000	500	»	Crédit mobilier espagnol (an.). . .	»
70,000	500	»	Cie génér. de crédit en Espagne (an.).	»
3,000	1,000	57	Banque de Genève (an.).	»
			BOUGIES.	
60,000	100	»	Stéarinerie (co.).	112
2,000	500	»	Etoile (co.).	»

NOMBRE d'actions.	VALEUR au pair.	REVENU du dernier exercice.	COMPAGNIES.	COURS fin de 1856.
2,400	500	»	Soleil (co.).	»
1,200	500	»	Huilerie. Stéarinerie (co.).	»
			CANAUX.	
69,120	1,000	50	Quatre-Canaux (an.). Act. de capit.	1,080
68,000	»	830	— de jouissance.	98
27,200	1,000	50	Bourgogne (an.). Act. de capital. .	975
27,200	»	12 50	— de jouissance.	140
6,000	1,000	50	Arles à Bouc (an.), cap.	»
17,600	1,000	50	Trois-Canaux (an.), cap.	»
13,000	»	11	Roanne à Digoin (an.).	130
600	5,000	540	Aire à la Bassée (an.).	8,000
11,550	1,000	67 50	Sambre à l'Oise (an.).	920
2,200	1,000	129	Scarpe inférieure (co.).	1,500
6,000	1,000	120	Sambre française (an.).	1,350
63,000	400	4 %	Canalisation de l'Ebre (an.).	»
400,000	500	»	Canal de Suez (an.).	»
			CAOUTCHOUCS.	
30,000	100	»	Caoutchouc durci (co.).	80
50,000	100	15	Caoutchouc souple (co.).	105
20,000	100	»	Cie générale belge (co.).	»
			CHARBONNAGES ET ASPHALTES.	
5,200	500	20	Houillères de la Haute-Loire (civ.).	350
3,600	1,000	20	Centre du Flenu (civ.).	245
2,800	1,000	70	Pont-de-Loup-Sud (civ.).	400
2,800	500	»	Montieux-St-Etienne (civ.).	»
30,000	500	»	Blanzy (co.).	700
1,500	1/1500e	150	Azincourt (an.).	1,450
3,550	»	42	Chazotte (an.).	780
1,850	»	»	Layon-et-Loire (an.).	400
24,000	300	27	Portes et Sénéchas (co.).	300
80,000	»	60	Loire (quatre groupes) (an.). . .	740
80,000	»	10	Loire (an.).	160
80,000	»	14	Saint-Etienne (an.).	158
80,000	»	9	Montrambert (an.).	158
80,000	»	27	Rive-de-Gier (an.).	280
3,275	»	»	Saint-Chamond (an.).	»
13,200	»	34	Mayenne et Sarthe (an.).	625
24,000	»	60	Grand'Combe (an.).	925
30,000	500	25	Charbonnages belges (an.). . . .	450
8,000	500	60	Haut-Flenu (an.).	»

NOMBRE d'actions.	VALEUR au pair.	REVENU du dernier exercice.	COMPAGNIES.	COURS fin de 1856.
6,720	250	»	Houillères-réunies-sous-Quarégnon, (an.).	450
3,000	500	»	Asphaltes-Seyssel (co.).	»
1,200	1,000	40	Bastennes (co.).	»
			EAUX ET BAINS.	
80,000	250	4 %	Cie générale des Eaux (an.).	215
8,000	250	8 70 %	Eaux d'Auteuil et Neuilly (co.). .	255
7,000	100	6 %	Eau de Seine purifiée (co.). . . .	107
9,000	100	5 %	Eaux de Calais et St-Pierre. . . .	100
10,000	100	»	Samaritaine (civ.)	»
60,000	100	»	Lavoirs et bains publics (co.). . .	»
			FILATURES.	
8,000	500	35	Lin Maberly (Amiens). (co.). . .	695
20,000	500	55 50	Cohin et Cie. (co.).	565
7,350	500	20	Trudin, Cie Continentale. (co.). . .	»
1,400	500	35 81	Société lainière. (co.).	550
5,000	1/5000e	25	Cie linière de Pont-Remy. (an.). .	480
10,000	250	125	La Foudre. Cie Rouennaise. (co.). .	»
1,500	100	»	La Bresle. (co.).	103
4,000	1,000	50	La Lys. (an.).	
			FORGES, FONDERIES, HAUTS-FOURNEAUX.	
4,000	1/4000e	500	Loire-et-Ardèche. (an).	4,325
2,400	3,000	350	Decazeville. (Aveyron). (an.). . .	4,000
18,000	»	»	Alais, Gard. (an.).	»
5,000	500	80	Basse-Indre. (co.).	690
50,000	500	50	Châtillon et Commentry. (co.). . .	440
10,000	»	»	Horme. (an.).	640
6,000	»	»	Maubeuge. (an.).	450
28,000	500	80	Creusot. (co.).	795
50,000	»	50	Fourchambault. (co.).	497
54,000	»	70	Marine et chemins de fer.	510
50,000	250	»	Herserange. (co.).	»
6,000	500	39 47	Aisne-et-Nord. (co.).	530
24,000	500	»	Franche-Comté. (co.).	495
»	500	»	Côte-d'Or. (co.).	600
900	5,000	»	Andincourt. (an.).	»
4,000	1,000	75	Espérance. (Belgique). (an.). . .	1,250
4,000	1,000	125	Monceau-sur-Sambre. (an.). . . .	1,430
5,500	1,000	105	Providence. (Belgique. (an.). . .	1,450

NOMBRE d'actions.	VALEUR au pair.	REVENU du dernier exercice.	COMPAGNIES.	COURS fin de 1856.
12,000	»	60	Ougrée. (an.).	632
10,000	500	»	Sambre, Franco-Belge. (an.). . .	»
60,000	375	30	Phénix métallurgique. (an.). . .	350
			GAZ.	
110,000	500	»	Cie parisienne d'Ecl. et Chauff. (an.).	800
40,000	250	30	Union des Gaz. (co.).	290
6,000	500	40	Nord. (Batignolles.) (co.). . . .	500
1,000	500	74 50	Est. (Vincennes). (co.).	»
1,200	500	35	Versailles. (co.).	300
600	500	70	Brest. (co.).	»
1,300	500	30	Amiens. (co.).	460
2,100	416	15	Wazemmes. (co.).	175
15,000	500	31 85	Cie Centrale, Lebon, 18 villes. (co.).	545
24,000	300	5 %	Gaz et Hauts-Fourneaux de Marseille. (co.).	»
100,000	50	»	L'Alliance. (co.).	»
			GLACES ET VERRERIES.	
1,152	7,000	»	Saint Gobain. (an.).	33,000
24,000	500	»	Montluçon. (co.).	250
10,000	1,000	62 15	Oignies. (an.).	11,200
12,000	500	24 35	Floreffe (an.).	»
20,000	375	»	Aix-la-Chapelle. (an.).	125
			IMMEUBLES.	
130,000	100	4 %	Palais de l'Industrie. (an.). . . .	70
240,000	100	5 %	Immeubles Rivoli. (an.).	95
14,000	500	»	Rue Impériale de Lyon. (an.). . .	»
			JOURNAUX.	
6,000	500	75	Journaux réunis : *Pays*, *Constitutionnel*. (co.).	500
2,500	200	100	*Le Siècle*. (co.).	500
108	2,500	550	*Le Droit*. (co.).	4,500
			MINES DIVERSES.	
90,000	80	20	Vieille-Montagne. (an.).	330
3,000	1,000	90	Nouvelle-Montagne. (an.).	1,225
40,000	375	5 %	Stolberg et Westphalie. (an.). . .	85
5,500	1,000	70	Corphalie. (an.).	1,137
5,500	500	»	Bleyberg-ès-Montzen. (an.). . .	»

NOMBRE d'actions.	VALEUR au pair.	REVENU du dernier exercice.	COMPAGNIES.	COURS fin de 1856.
8,500	375	5 %	Eschweiler. (an.).	»
6,500	»	»	— dito, 2e série. . . .	»
50,000	375	8 42	Silésie. (an.).	170
10,000	375	»	Mines et fonderies de cuivre du Rhin. (an.).	»
10,000	»	25	Pontgibaud. (an.).	»
25,600	100	1 75	Fermière de Caronte. (co.). . . .	»
24,000	100	4 %	Tenez. (co.). Algérie.	40
60,000	100	1 50	Mouzaïa. (co.). dito.	30
1,800	1,000	80	Villefort, Vialas, Auzonnet, etc. (civ.)	»
40,000	100	9 %	Septèmes. (co.).	97
6,000	260	6 %	San-Fernando. (an.).	265
12,000	500	»	Salins du Midi. (co.).	»
4,000	500	»	Salines de Gouhenans. (co.). . .	»
			NAVIGATION.	
48,000	500	120	Messageries Impériales. (an.). . .	1,200
10,000	500	136 78	Navigation à vap., Bazin et Cie (co.).	595
60,000	500	13 50	Cie générale Maritime. (an.). . . .	425
36.000	500	154 21	Franco-Américaine. (co.). . . .	475
10,000	100	5 %	Clippers français. (co.).	80
50,000	500	20 %	Armements maritimes. (co.). . .	500
16,000	250	10 %	Paquebots fluviaux et marit. (co.) .	280
30,000	500	»	Navigation mixte. (co.).	»
			PAPETERIES.	
1,800	1,000	»	Marais et Sainte-Marie. (an.). . .	1,000
4,000	»	80	Essonnes. (an.).	1,150
800	1,000	80	Echarçon. (an.).	1,000
800	1,000	»	Souche. (an.).	»
			PONTS ET PORTS.	
100,000	150	»	Ports de Marseille. (co.).	»
7,000	1,000	10	Pont et port de Grenelle. (co.). . .	»
3,000	1,000	5 1/2	Ponts réunis. (co.).	»
4,000	1,000	5 1/4	— — nouveaux. (co.). . .	»
			SUCRERIES, RAFFINERIES.	
16,000	250	21 25	De la Scarpe. (co.).	480
10,000	500	55	De Tournus. (co.).	»
14,000	500	»	De Bourdon. (co.).	500

NOMBRE d'actions.	VALEUR au pair.	REVENU du dernier exercice.	COMPAGNIES.	COURS fin de 1856.
			USINES.	
4,000	500	40	Galvanisation du fer. (co.). . . .	400
2,399	255	35	Fers étirés, Gandillot et Cie. (co.). .	»
2,000	500	58	Chameroy (co.).	700
14,000	500	50 25	Cail et Cie. (co.).	»
50,000	100	»	Constructions maritimes, Séguineau et Cie. (co.).	»
4,000	500	90	Cristofle et Cie (co.).	500
			VOITURES ET OMNIBUS.	
250	10,000	»	Messageries impériales (an.). . .	
6,000	1,000	600	Caillard et Cie. (co.).	600
3,200	300	10	Omnibus des chemins de fer. (co.) .	170
24,000	500	45	Cie générale des Omnibus. (an.). . .	800
3,200	300	10	Omnibus de Londres. (co.). . . .	175
1,700	80	9 50	Gondoles parisiennes, (co.). . . .	100
400,000	100	1 65	Cie impér. des petites voitures. (an.).	87
			DIVERS.	
40,000	100	10	Subst. aliment., dessiccation. (co.).	107
»	»	»	Docks-Napoléon. (an.). . . . . :	170
100,000	25	6 1/2	Téleg. sous-marin. (Manche.) (co.)	20
30,000	250	5 %	— . — Méditerranée. (co.).	110
28,000	500	12 50	Vidanges Richer. (co.).	250
1,000	1,000	14 65 %	Moulin Packham. (co.).	»
800	1,000	10 %	Grilles fumivores. (co.).	1,010
8,000	500	9 %	Produits chimiques de Javelle et Sèvres. (co.).	»
8,750	200	20	Société des Deux-Cirques. (co.). .	200

CONSIDÉRATIONS FINALES

Nous sommes loin d'avoir épuisé notre matière.

Sous cette rubrique, *Spéculation,* il nous eût été facile de passer en revue toutes les parties de la science économique, et de secouer encore bien d'autres mystères. Nous croyons en avoir dit assez pour faire comprendre à nos lecteurs quel esprit anime la société actuelle; quelle est sa constitution intime, son organisme, sa tendance, sa fin, et pour justifier à leurs yeux les réflexions par lesquelles nous terminerons ce travail.

§ 1er. LA FÉODALITÉ INDUSTRIELLE : MARCHE DE LA CRISE.

Nous disions en terminant le chap. VII, Ire partie, page 168 :

« Il faut que cette situation ait une issue : Ou le triomphe du système, c'est-à-dire l'expropriation en grand du pays, la concentration des capitaux, du travail sous toutes ses formes, l'aliénation de la personnalité, du libre arbitre des citoyens, au profit d'une poignée de croupiers insatiables; ou la liquidation. »

Naturellement on ne veut d'aucune de ces propositions. On espère se tirer d'affaire par les moyens termes, dont le champ, semble-t-il, est infini. A cet égard, nous ne nous faisons pas d'illusion.

Mais, nous l'avons dit maintes fois, la force des choses ne s'arrête pas devant l'inconséquence des hommes; et puisque nous ne savons pas choisir entre deux termes dont l'alternative est devenue inévitable, nous n'avons plus qu'à montrer comment nous sommes exposés à les subir l'un et l'autre.

Une chose d'abord est devenue manifeste. La *Féodalité industrielle*, que Fourier prédisait il y a près de cinquante ans, que l'école saint-simonienne chanta ensuite, cette féodalité existe. Elle a définitivement remplacé l'anarchie industrielle, qu'avait laissée à sa suite la Révolution. Elle s'est constituée moitié par le privilége, moitié par la licence, toujours avec l'aide et l'approbation du gouvernement. Le titre III, livre Ier, du Code de commerce, concernant les sociétés de commerce, lui tient lieu, provisoirement, de charte.

L'anarchie industrielle n'avait pas conscience d'elle-même; elle ne se savait pas. La féodalité industrielle se sait; elle agit en connaissance de cause. La première était de bonne foi, partant honnête; la seconde, qui ne peut invoquer en économie d'autres principes que ceux que lui a laissés sa mère, et qui ne peut plus y croire, est fatalement de mauvaise foi; elle est immorale.

La masse de valeurs cotées à la Bourse, dont la féodalité industrielle dispose, monterait déjà, suivant un économiste, M. Angelo Tedesco, à près de 20 milliards de francs :

Dette publique.	10,144,260,840 fr.
Banques diverses.	1,677,167,660
Obligations.	2,170,097,377
Chemins de fer.	3,156,910,000
Assurances.	262,650,000
Hauts-fourneaux.	491,306,545
Messageries et transports.	352,990,000
Gaz.	213,197,100
Mines.	145,895,495
Ponts et Canaux.	301,136,037
Divers.	412,012,437
TOTAL.	19,507,623,491 fr.

En y ajoutant les établissements non cotés, mais que la nature de leur institution et leur importance permettent de ramener à cette grande catégorie du travail féodal, plus 8 milliards de créances hypothécaires, on peut évaluer, modérément, l'actif de la caste à 30 milliards.

TRENTE MILLIARDS de francs! c'est sur cette masse de capitaux, plus ou moins solidaires, que la féodalité nouvelle est assise; c'est avec cette artillerie qu'elle mitraille à bout portant la multitude inorganisée des petites industries et des petites fortunes, qu'elle bat en brèche les garanties créées par la Révolution et toutes les libertés publiques.

Trente milliards de francs, produisant en intérêts, dividendes et frais à la charge du public, 6 0/0 au moins du capital, représentent un revenu annuel de 1,800 millions. — Ajoutez 1,200 millions de frais d'État, plus un milliard de loyers et fermages non absorbés par l'hypothèque, et qui tôt ou tard entreront dans le système, et vous arrivez du premier coup à un tribut de 4 milliards, que la nation travailleuse doit prélever chaque année sur une production moyenne de 9 milliards, pour nourrir, béatifier et défendre contre soi son aristocratie. Nous avons aboli en 89 les *droits féodaux* : qu'était-ce à côté de ces 4 milliards? Évalués en argent, il n'y en avait pas pour 20 millions.

Le mouvement se poursuit donc et tend à se généraliser, englobant à leur tour la propriété foncière et l'industrie agricole. Cela est inévitable : et tel est le principe supérieur de ce qu'on appelle aujourd'hui, sans y rien comprendre, la *Crise*.

Les causes de la crise, en effet, sont de plusieurs sortes.

Il y en a d'accidentelles, comme la dépréciation de l'or, les exportations de numéraire pour l'armée d'Orient, les mauvaises récoltes, les inondations, etc. Ces causes peuvent être jusqu'à certain point conjurées, leurs effets réparés. La prévoyance à cet égard sera d'autant plus efficace que la constitution économique du pays se rapprochera davantage de l'égalité mutuelliste, de la vraie démocratie. Dans le cas contraire, le mal produit par les sinistres sera en raison directe de la hiérarchisation des fortunes; et comme chaque époque, chaque année, chaque saison a sa part de calamités, on peut dire que, dans une mesure plus ou moins grande, la force majeure et ses coups imprévus doivent être imputés à la mauvaise économie : ce qui les fait rentrer dans la catégorie suivante.

Il y a ensuite les causes organiques et constitutionnelles :

1° Exorbitance du capital engagé dans l'outillage industriel, notamment dans les chemins de fer. — Ce capital, sans doute, est très-productif pour les Compagnies qui ont obtenu le privilége des exploitations. Mais, comme en dernière analyse ce même capital n'a guère fait autre chose que supplanter d'anciennes industries, il s'en faut de beaucoup que sa productivité, dans l'inventaire général du pays, soit telle que le donnent à entendre les cotes de la Bourse : il y a plutôt déficit. Ni le produit brut, ni le produit net industriel, en un mot, ne s'est accru depuis vingt-cinq ans dans la même proportion que le capital engagé; et comme le mouvement ne s'arrête pas, l'appauvrissement croît toujours.

2° Retour au salariat de la population industrieuse à fur et mesure du développement de la société anonyme, et distribution de moins en moins équitable des produits. — On a vu dans l'*Introduction*, page 6, que la répartition de la richesse, de même que le transport de la richesse, est elle-même richesse. Tout ce qui tend à rendre cette répartition moins universelle et moins égale est donc cause d'appauvrissement, ni plus ni moins qu'une entrave apportée à la circulation, une taxe sur le travail, un impôt sur le produit.

3° Défruitement des campagnes par les chemins de fer, au profit de Paris, des grandes villes et de l'étranger, et au détriment des populations rurales. — Avant l'établissement des chemins de fer, la plus forte partie des produits agricoles étaient consommés sur place : il en résultait sur tous les points du pays, hors de la sphère d'action des grandes villes, un état de bon marché qui permettait aux classes pauvres de vivre du plus modique salaire. Si elles gagnaient peu, elles dépensaient peu ; la condition était égale. Actuellement l'équilibre est rompu : le chemin de fer, en assurant des prix plus élevés aux produits du sol, a créé la cherté dans les campagnes. Le journalier ne peut plus subsister : sept millions de travailleurs, de tout âge et de tout sexe, ont commencé de se mettre en marche pour aller demander aux travaux de l'État, aux entreprises par actions, à la domesticité, à l'émigration, une existence que le pays natal leur refuse.

4° Défaite de la propriété immobilière par la propriété mobilière, en autres termes de l'hypothèque par l'action. — Elle résulte de l'ensemble des faits industriels et financiers, et n'est d'ailleurs contestée par personne. Elle a pour conséquences : la désertion du capital, qui se rejette vers la commandite et les emprunts publics; l'expropriation des propriétaires obérés, que promettait de secourir et qu'abandonne à leur infortune le Crédit foncier ; la recomposition des grands domaines, de ces funestes *latifundia*, qui déterminèrent la chute de la république romaine et amenèrent la dissolution de l'empire; la conversion de la production céréale en production fourragère, par suite la décadence de l'agriculture, et finalement la dépopulation.

Dira-t-on que le Crédit foncier, lorsque enfin on aura réussi à le faire fonctionner, changera la face des choses, et, en mettant un terme à l'expropriation, régénèrera du même coup l'industrie agricole ? Il n'en est rien. L'agriculture n'aura fait que changer sa fièvre chaude contre une humeur froide, ainsi qu'on va voir.

5° Subalternisation de l'agriculture par la finance, conséquemment, dans un délai plus ou moins long, retour de la propriété terrienne aux mœurs féodales. — Quand le capital n'aura plus ni actions, ni obligations industrielles sur lesquelles il puisse s'abattre et agioter, il acceptera les conditions que lui offre en ce moment le Crédit foncier ; cela est inévitable. Qui empêche d'ailleurs le gouvernement impérial, par un simple décret, de consolider en masse la dette hypothécaire, et de transformer la multitude des créanciers du sol en porteurs d'obligations de la Société ? L'idée n'est pas nouvelle; et tôt ou tard il faudra bien que l'empereur, dans l'intérêt de sa popularité, la mette à exécution. Alors la propriété n'est plus qu'une emphytéose ; un pas de plus, et l'État devient seul propriétaire ; le laboureur, qui n'a que son travail et ses bras pour répondre des avances à lui faites par la grande Compagnie, se trouve changé en colon attaché à la glèbe.

Du moins l'exploitation du sol va recevoir, par le crédit, tous les développements dont elle est susceptible? Autre illusion.

6° Appauvrissement continu du sol par le système d'exploitation suivi, système également inhérent à la propriété morcelée, à la suzeraineté financière et à la concentration impériale, et qui ne nous paraît susceptible d'amendement que sous la loi d'une démocratie mutuelliste et égalitaire.

Comme rien ne se fait de rien et par rien, la science de l'agriculteur, sur laquelle on a tant écrit de nos jours, se réduit, en dernière analyse, à ces deux préceptes :

a) Rendre chaque année au sol, en quantité et proportion égales, les éléments qu'il a perdus par la récolte de l'année précédente ;

b) Faciliter, par les façons données à la terre et aux plantes, l'absorption végétale de ces éléments.

D'où vient la richesse des forêts vierges, tant admirée des faiseurs de descriptions romantiques? De ce que, depuis l'origine du globe, la terre qui les porte n'a pas perdu un atome de ses principes, et qu'en outre elle s'est continuellement enrichie de ceux que l'air, le soleil, la pluie et la végétation lui fournissent.

Dans notre système d'exploitation demi-civilisée, c'est juste le contraire qui a lieu. Rien de ce que produit la terre n'y retourne ; tout est enlevé, transporté au sein des villes pour une consommation qui, au point de vue de l'agriculture, peut être considérée à bon droit comme non reproductive. L'absentéisme, si funeste aux populations, altère la constitution du sol lui-même, l'épuise, le dénude. Que peuvent, contre cette exhaustion énergique, les combinaisons de l'assolement et la chimie des engrais? retarder de quelques années une ruine inévitable, comme les inventions de la cuisine retardent la consomption du débauché.

C'est à cet appauvrissement du sol qu'il nous paraît rationnel d'attribuer le retour périodique des mauvaises récoltes, les maladies des végétaux, et peut-être les épidémies venues à la suite. Quand la nature perd l'équilibre, elle entraîne les populations.

7° Augmentation du prix des loyers, à Paris et dans les chefs-lieux de départements.— Elle est en moyenne, à Paris, depuis 1848, de 50 0/0. Ce sont 60 à 80 millions détournés du commerce et de l'industrie, et que se partagent, chaque année, 12 à 15,000 propriétaires. On a attribué cet enchérissement aux démolitions exécutées après le coup d'État dans la capitale. Sans doute elles y ont contribué pour quelque chose : mais la cause principale, organique, la vraie cause, est, avec le monopole qui laisse à la merci de 15,000 détenteurs au plus l'habitation de 1,200,000 âmes, l'émigration forcée des populations rurales qui se rejettent sur la capitale et les grandes villes. D'après le tableau officiel du recensement, publié par décret du 20 décembre 1856, la population du département de la Seine, qui était en 1851 de 1,422,065 habitants, s'élèverait aujourd'hui à 1,727,429. L'augmentation, en cinq ans, a été de 305,354. Le département du Nord, le plus industriel après celui de la Seine, qui ne comptait en 1851 que 1,058,285 habitants, en a aujourd'hui 1,212,353: augmentation, 154,068. Soit pour les deux départements de la Seine et du Nord, 459,412 habitants de plus qu'à l'avant-dernier recensement. Or, l'accroissement de population pour la totalité du pays n'a été, depuis cinq ans, que de 257,736, environ 7 pour 1,000. En sorte que, toutes compensations faites, les deux départements du Nord et de la Seine se sont enrichis, aux dépens des 84 autres départements, de 442,000 personnes qui ont déserté la campagne, et demandent leur existence à l'agglomération financière, mercantile et industrielle. Est-ce clair?

8° Accroissement continu de l'impôt. — Il résulte de l'analyse des budgets, et les faits démontrent, que depuis la fin de la première République, les dépenses d'État se sont augmentées progressivement, aussi bien sous le gouvernement constitutionnel de la Restauration que sous le régime militaire de l'Empire, aussi bien sous les institutions plus libérales encore de 1830 et de 1848 que sous les deux administrations précédentes. A cette heure, le budget des dépenses de l'État est d'environ 1,700 millions, à peu près un cinquième du revenu total du pays. Après avoir posé en principe que plus une nation paye pour ses frais d'État, plus elle est riche, nous en sommes venus à présenter tous les trois mois le chiffre croissant des sommes encaissées par le fisc comme le signe de la prospérité publique. La Bourse est entrée dans cette idée : le bordereau des recettes trimestrielles ne manque jamais d'être salué par la hausse. Concluons donc que la progression de l'impôt fait partie essentielle du système et doit être rangée au nombre des causes organiques, chroniques, de notre décadence sociale.

9° Besoin de plus en plus grand de numéraire pour le service de l'agiotage. — C'est ici surtout qu'il faut voir jusqu'où va la subversion des principes et des intelligences.

Il y a trop de valeurs, crie-t-on de tous côtés, trop de titres, trop de papier sur le marché, pour la somme d'espèces disponibles. Et c'est par cette considération puissante, c'est afin de ne pas aggraver la crise en provoquant de nouvelles émissions, que dans le *Moniteur* du 9 mars 1856, le gouvernement annonçait que pendant toute l'année il n'accorderait aucune nouvelle concession, et engageait les intermédiaires à ne pas négocier les valeurs non inscrites au cours officiel. C'est pour suppléer à ce besoin toujours croissant de numéraire créé par les reports qu'un praticien, M. Angelo Tedesco, propose de mettre la rente en circulation, et de centraliser les reports dans une CAISSE DE L'ÉTAT.

Mais que signifient ces phrases cabalistiques : *Il y a trop de papier, la place est écrasée?* Depuis quand les titres d'action sont-ils assimilables au billet de Banque ?

Les économistes distinguent, selon la manière dont le capital fonctionne, deux sortes de capitaux : le capital *engagé*, et le capital *circulant*.

Le capital engagé, par cela même qu'il est engagé, n'a pas besoin d'espèces qui le représentent. On ne lui demande que son produit, et pour donner son produit, il ne réclame lui-même que du travail.

Il en est autrement du capital circulant, qui consiste en matières premières, services et marchandises : sans cesse il a besoin de se convertir, de se solder, en numéraire.

Or, les dettes de l'État sont du capital engagé, consommé, productif seulement d'intérêt, par le moyen de l'impôt. Il en est de même des actions : elles constituent le passif des Compagnies, leur dette consolidée, une consommation irrévocable, qui par nature et destination ne peut plus donner lieu qu'à des *produits*, à du capital circulant, susceptible d'échange, mais lui-même inconvertible, et par conséquent hors de la sphère d'action du numéraire.

Les transfèrements auxquels les actions industrielles et les titres de rentes peuvent donner lieu ne sauraient, en bonne économie, modifier d'une manière sensible cette condition du capital engagé. Ce sont des propriétés pour la mutation desquelles on peut créer un bureau, où les espèces seront d'autant moins nécessaires que les opérations se multiplieront davantage : il est contre tous les principes que de telles mutations deviennent un embarras pour le pays, une entrave à la production et à la distribution de la richesse.

Comment donc se fait-il que ce soit précisément le capital engagé qui appelle la plus grande quantité de numéraire : comme si les immeubles pouvaient être l'objet d'une circulation effective, ainsi que les produits ; comme s'ils faisaient partie de la consommation courante, comme si c'étaient des subsistances ?

Ah ! c'est qu'il ne suffit pas au capitalisme moderne de s'assurer, pour l'avenir, par ses actions, l'exploitation du pays. Il faut encore que, par la transmissibilité de l'action et par son escompte en numéraire, il réalise dans le présent sa jouissance ; il faut de plus qu'il agiote, qu'il reporte, qu'il tripote, qu'il joue. En quoi la puissance de dévoration de la Féodalité nouvelle est autant au-dessus de la force absorbante de l'ancienne, que la lettre de change est au-dessus de la pièce de métal. Voilà pourquoi le capital engagé a tant besoin de numéraire ; pourquoi M. Angelo Tedesco propose de convertir la rente en assignats ; pourquoi enfin le gouvernement, afin d'assurer la circulation boursière, s'efforce d'en retenir l'élan, et d'en modérer les émissions. L'interdiction du 9 mars a été levée le 30 novembre : par permission de Sa Majesté l'Empereur des Français, les Compagnies de chemins de fer pourront ajouter à la somme de leurs obligations 214 millions d'obligations nouvelles. En sorte que le gouvernement, qui se flatte, par des mesures de prévoyance, de dégager la place, en réalité engage la place ; il écrase le marché sous cette accumulation périodique de titres circulants, et paralyse le travail et l'échange, en réservant à l'agiotage le numéraire, instrument obligé des transactions et représentant indispensable du fonds de roulement.

10° Enfin, abaissement du sens moral dans la nation, corruption de la foi publique et délaissement du travail producteur pour la spéculation parasite et le jeu. Ces causes, les plus actives de toutes, et les moins signalées de la crise actuelle, ont été amplement développées dans cet ouvrage, et nous n'y reviendrons pas. Qu'il nous suffise de rappeler ici que l'immoralité bancocratique et agioteuse n'a commencé de s'afficher avec impudeur que du jour où elle s'est imaginé n'avoir plus rien à craindre de la Révolution abattue, et que le dernier soupir de la République semble avoir été, grâce à cette émancipation boursière, le dernier soupir de la conscience française. Contre l'inflexible solidarité des principes, que pourraient ensuite les efforts d'un gouvernement, même vertueux et réparateur? *Qui peccat in uno*, dit l'Évangile, *factus est omnium reus*. Nous avons manqué à la foi publique; nous sommes fripons et misérables: c'est logique et c'est justice. De telles ruines ne se relèvent que par l'expiation et le temps.

Telle est la Crise, invincible tant qu'on ne l'attaquera pas dans ses causes, et qui ne faiblira point ni pour une, ni pour deux, ni pour une série de bonnes récoltes, mais qui ira toujours grandissant, comme le déplacement de capital, de revenu, de salaire, de consommation et de population, qu'elle représente.

La Crise, en un mot, c'est la Féodalité industrielle: ne cherchez point ailleurs la cause de cette gêne universelle, endémique, incurable. »

Ainsi la France se remet elle-même en servitude. Encore un peu de temps, et nous serons revenus, par une courbe rentrante, aux pures idées féodales. La croisade contre-révolutionnaire sera terminée, et sans mieux savoir aujourd'hui ce que nous faisons que nous ne le savions autrefois, nous pourrons ajouter un livre de plus aux *Gesta Dei per Francos*.

Démenti donné à la politique de Louis XI, de Richelieu, de Mazarin, de Colbert, de Law, de Turgot et de la Révolution française, aux principes du Code civil et de toutes nos constitutions; amende honorable, à la noblesse et à l'Église, des antiques injures commises contre les deux premiers ordres par le Tiers anarchique et jaloux : telle nous apparaît la Féodalité nouvelle.

Cependant. l'esprit révolutionnaire est toujours là qui veille : et de même que la Féodalité antique, par cela même qu'elle froissait les droits du grand nombre, appelait une révolution dans le sens de l'Égalité; de même la Féodalité nouvelle, subalternisant le travail et se résolvant en une exploitation capitaliste au profit d'une caste de parasites, appelle à son tour une révolution dans le sens du partage, ce que nous avons appelé *Liquidation*.

A la *Féodalité industrielle*, en un mot, doit succéder, selon la loi des antinomies historiques, une DÉMOCRATIE INDUSTRIELLE : cela résulte de l'opposition des termes, comme le jour succède à la nuit.

Mais quel sera l'agent de cette révolution?

L'histoire encore nous le révèle. Entre l'ancienne féodalité et la révolution, il y eut, comme régime transitoire, le despotisme. Entre la Féodalité nouvelle et la liquidation définitive nous aurions donc une concentration économique, tranchons le mot, un *Empire industriel*.

Ce premier acte de la réaction du droit contre le privilége, réaction amenée par la nature des choses et par la logique de l'histoire, n'est plus une prévision : il est flagrant. Nous venons d'en voir un échantillon dans le projet de M. Angelo Tedesco.

Du reste, nos lecteurs comprendront que lorsque nous nous servons de ce mot, *Empire industriel*, pour désigner le point culminant de l'absorption capitaliste et spéculative, nous n'entendons nullement accuser l'intention du pouvoir, mais seulement la tendance des idées et des faits.

C'est ce que nous avons maintenant à prouver.

§ 2. L'EMPIRE INDUSTRIEL : APOGÉE DE LA CRISE.

Remontons de quelques années en arrière.

Les excès du mercantilisme et de la spéculation; l'accroissement continu, et passé pour ainsi dire en nécessité sociale, de la dette publique et des hypothèques; l'envahissement, par des Compagnies privilégiées, de la richesse minérale, des chemins de fer; la constitution féodale de la grande industrie : tous ces faits d'une économie subversive qui signalèrent la dernière moitié du règne de Louis-Philippe, et préparèrent l'état de crise où nous nous trouvons, devaient naturellement provoquer une protestation de la part des classes lésées, et suggérer des projets de réforme. Dès 1830, la discussion ne manqua pas à l'œuvre; la révolution de février y trouva son point d'appui. Un moment on put croire que la République deviendrait l'expression des idées qui agitaient les masses, et qu'après avoir condamné la bancocratie des dix-huit dernières années, elle entreprendrait, par de nouvelles institutions, de créer un autre ordre de choses.

L'attente générale fut trompée, à la grande satisfaction des intérêts nantis, au grand désappointement des classes, en majorité immense, qui réclamaient soit des garanties, soit une part d'héritage. A peine la République fut proclamée, que ses chefs s'empressèrent de désavouer le principe qui leur avait donné l'existence et qui seul pouvait les soutenir. Les divers pouvoirs qui se sont succédé depuis le 24 février se sont préoccupés uniquement de conserver, maintenir, protéger le régime antérieur, en protestant contre toute pensée, toute tendance révolutionnaire. L'esprit qui avait engendré le mouvement de 1848 se retira donc de l'arène ; la raison d'État repoussant l'initiative qui lui était offerte, l'instinct populaire et la force des choses se chargèrent des réformes.

Qu'a produit jusqu'ici cette union de l'instinct et de la nécessité? Où menace-t-elle de nous pousser encore? C'est ce que nous allons examiner.

L'histoire ne se répète jamais, nous le savons. Mais on ne saurait nier aussi que des situations analogues engendrent des péripéties analogues : ici le sens de l'agitation moderne devient plus clair que le jour.

De même que le régime qu'elle venait de détruire, la société de 89 s'était immédiatement divisée, par la nature des relations et des intérêts, en trois classes principales, que nous nommerons simplement *classe supérieure*, *classe inférieure* et *classe moyenne*. On peut dire même que cette subdivision du Tiers-État, retenue du système féodal, ne fit que se continuer après la révolution, comme elle n'a fait depuis que se fortifier et s'accroître.

La classe supérieure, qui a remplacé l'ancienne noblesse, et qui en ambitionne les titres comme elle en affecte les mœurs, se compose de toutes les notabilités financières, industrielles, commerciales, agricoles, scientifiques, etc.; des administrateurs de grandes Compagnies, en un mot de tous ceux, quel que soit d'ailleurs leur mérite personnel, dont le revenu provient, pour la plus grande part, de la prélibation capitaliste, du monopole des concessions, du privilége des offices, sinécures, et des arrérages de la propriété. Ajoutez les fonctionnaires qui, dans l'administration, le clergé, la magistrature, l'armée, jouissent d'un traitement de plus de 4,000 fr. On peut même dire que, la constitution politique étant motivée sur la subordination des sujets, et ayant pour but principal de la maintenir, tout individu vivant du budget devrait être rangé dans la première classe, si l'extrême modicité de la solde ne forçait d'en rejeter une bonne partie dans la troisième.

Généralement, les citoyens appartenant à la classe supérieure sont peu favorables aux idées de réforme : ils constituent, dans leur minorité infime, le parti conservateur par excellence. Qu'ont-ils à gagner au mouvement ? Leur ambition ne va pas au delà du maintien, et, s'il se peut, de l'accroissement de leurs rentes, dividendes, traitements, monopoles, sinécures, pensions, subventions et priviléges.

Il n'en est pas de même des deux autres classes, dont la masse est à la première à peu près comme 80 est à 1 (c'est exactement la proportion des privilégiés de l'ancien régime). Comme le revenu, dans ces deux classes, se compose, au rebours de ce qui a lieu dans la précédente, de la vente ou échange des produits et services beaucoup plus que des redevances du capital et de la propriété et des avantages des emplois et priviléges, il y a, chez les individus de ces deux catégories, tendance constante à s'affranchir des charges, toujours trop lourdes, que font peser sur la production et la circulation le budget de l'État, l'exploitation des grandes Compagnies, le privilége des offices, l'intérêt des capitaux, l'escompte des banques, les loyers et fermages de la propriété. Qu'elles le sachent ou l'ignorent, les deux classes dont nous parlons sont donc, par la nature de leurs intérêts, dans une disposition d'esprit perpétuellement révolutionnaire, et l'expérience prouve qu'en effet elles n'ont jamais fait défaut aux révolutions.

La classe moyenne, sur laquelle on s'était flatté jadis d'asseoir le gouvernement représentatif, est tombée progressivement dans une condition si précaire, qu'elle n'apparaît plus que comme une transition de l'opulence parasite au paupérisme, de la liberté propriétaire à la servitude du salariat. Le sentiment de cette déchéance lui a fait perdre toute foi aux combinaisons politiques ; du désespoir elle a passé à l'indifférence : elle n'attend, pour l'amélioration de son sort, pas plus de ses hommes d'État que de ses évêques. Or, quand la foi à l'ordre politique s'évanouit, le jour n'est pas loin où l'ordre politique doit se renouveler ou périr : c'est la loi des révolutions.

Pour la classe moyenne, en effet, le ciel gouvernemental est sans pitié. De jour en jour l'aggravation des charges budgétaires, le prélèvement du capital, l'extension des grandes Compagnies de finance, commerce, industrie, travaux publics, écrasant la petite exploitation, rejette des multitudes de citoyens de l'exercice des professions libres dans la subalternité des emplois, les met à la merci de l'État ou de la nouvelle Féodalité. Que peut à cela le pouvoir? rien. Il faudrait qu'il combattît son propre principe, qu'il niât sa propre formule; et puis, lui-même n'est-il pas dans la dépendance des grands feudataires du commerce, des barons de la houille, du fer, du coton, du railway?...

Ainsi grevée par ses frais d'État, tributaire d'une exploitation supérieure, soumise à toutes les oscillations boursières, à toutes les machinations diplomatiques, la classe moyenne se voit peu à peu privée de toutes garanties. La sécurité s'en va, le marché se resserre, le crédit se refuse, les affaires tombent dans une stagnation chronique, constitutionnelle, normale. Au dedans, les masses, trop pauvres, ne dépensant plus que pour leurs aliments, n'achètent pas; au dehors, l'exportation, mal soutenue par le marché intérieur, met le fabricant à la merci de l'acheteur étranger. Insensiblement notre commerce international se change en un service subalterne. Qu'importe alors que la balance nous reste favorable si nos prix sont insuffisants? Vis-à-vis des Américains, des Anglais, des Russes, nous ne sommes plus des échangistes, nous devenons des salariés. Nous n'avons pas même le moyen d'opérer le transport de nos produits, et ce sont les flottes anglaises et américaines qui, pour les neuf dixièmes, viennent au Havre prendre nos cargaisons.

Il faudrait donc, pour rendre l'élan à ce monde de boutiquiers, de fabricants, d'artisans, de cultivateurs, d'entrepreneurs de toute espèce, il faudrait, disons-nous, 1° alléger le fardeau que lui imposent à la fois l'impôt, le capital et la propriété, les frais d'État, d'escompte, de commission et de loyer; 2° lui subordonner les grandes Compagnies, au lieu de le subordonner lui-même à elles; 3° par-dessus tout, condition *sine quâ non*, créer le marché intérieur en mettant les classes travailleuses à même de se procurer les produits dont la misère les force de s'abstenir.

Tel est le problème à résoudre en faveur de la classe moyenne : on devine, par cet exposé, que le problème n'est autre que celui dont la classe inférieure réclame à son tour la solution.

Nous appelons classe inférieure celle qui a pour caractère non-seulement le travail, qui distingue aussi, et même à un degré supérieur, la classe moyenne, mais le salariat. Dans de bonnes conditions, l'état de salarié peut être considéré comme le plus avantageux à la liberté du cœur et de l'esprit, et jusqu'à certain point au bien-être de l'individu et de la famille; mais dans la condition généralement faite au travailleur par l'insécurité du commerce et des entreprises, le progrès des machines, l'avilissement de la main-d'œuvre et l'abrutissement du travail parcellaire, le salariat est devenu synonyme de servitude et de misère. Pour la classe salariée, la plus nombreuse et la plus pauvre, d'autant plus pauvre qu'elle est plus nombreuse, la réforme s'est de tout temps réduite à ces trois termes :

Garantie du travail ;

Vie à bon marché ;

Instruction supérieure, aussi bien dans l'ordre industriel que dans l'ordre scientifique et littéraire, conséquemment participation croissante de l'ouvrier aux avantages et prérogatives de l'entrepreneur, ce qui veut dire, fusion des classes par l'égalité des aptitudes et des moyens.

Ainsi, comme nous le faisions pressentir tout à l'heure, le problème réformiste, pour la classe inférieure et pour la classe moyenne, est identiquement le même. Les conditions de bien-être que demande la première supposent la réalisation de celles que revendique la seconde, et réciproquement. L'ouvrier aurait le travail garanti si le bourgeois avait lui-même la garantie du débouché ; le consommateur trouverait la vie à bon marché si le producteur parvenait à se débarrasser du parasitisme qui le grève et l'entrave ; le salariat, condition la plus douce de toutes quand le salaire est suffisant, prendrait sa part des bénéfices et de la responsabilité de l'entrepreneur, si le salarié recevait une éducation meilleure, une instruction plus variée et plus forte, avantage dont il ne jouira que lorsque l'avénement définitif de la classe moyenne aura fait disparaître du pouvoir toute pensée, tout vestige d'aristocratie et de privilége.

La question est donc commune aux deux classes, et leurs intérêts, différents à la superficie, sont au fond solidaires. Il n'y a véritablement entre elles d'opposition que celle qui résulte du contrat de louage d'ouvrage qui les unit ; mais cette opposition se rencontre partout où il y a vendeur et acheteur, partout où il existe distinction de parties, échange, société. Bien loin qu'elle produise nécessairement la lutte, c'est sur elle que repose la société elle-même.

Tout concourant à rallier contre le privilége d'en haut l'intelligence du milieu et les bras de la plèbe, on se demande par quelle fatalité ces deux grands corps ne parviennent pas à s'entendre; comment en juillet, plus tard en février, de même qu'auparavant en 89 et 93, ils se sont montrés antagoniques; comment enfin, de même que la lutte contre la première féodalité s'était résolue, en premier lieu dans une monarchie absolue, puis après 89 dans un despotisme militaire, de même après la révolution de février la lutte contre la féodalité nouvelle vint aboutir à une restauration impériale?

C'est à quoi nous répondons: L'instinct, qui n'a cessé jusqu'ici de dominer les masses, l'instinct seul et sa logique terrible produisent ces mécomptes. Mais nous touchons à la fin. L'instinct populaire n'a plus qu'une partie à jouer, en supposant qu'elle se joue: après, le triomphe de la raison moyenne est inévitable.

Ainsi que nous venons de l'indiquer, la tendance populaire, après avoir renversé une aristocratie, est toujours de la remplacer par un pouvoir qui réponde à son idéal de force et d'unité. Le mépris du plébéien pour ses égaux, sa haine pour ses patrons, son amour de la puissance et du faste, l'y poussent également. Un empereur, pour le paysan et l'ouvrier, est une sûreté contre le bourgeois. Il ne le dit pas; mais il le pense, et il agit d'après cette pensée profonde.

Ainsi se détermine et se réalise, dans l'ordre politique, la pensée populaire : les Grecs nommèrent cette réalisation *tyrannie*; les Romains, *imperium*, empire.

Or, la question est à présent de savoir si la réalisation de l'idée populaire, après avoir été renouvelée en 1851 et 1852, dans l'ordre politique, contre la classe bourgeoise, s'étendra, dans l'ordre économique, à la féodalité industrielle : en autres termes, si le mouvement de concentration qui a absorbé les libertés, s'appliquant à une aristocratie d'argent, de toutes la plus odieuse, envahira le commerce, l'industrie et le sol ?

Cet envahissement, s'il s'accomplit, sera, nous le répétons, le dernier acte de l'instinct populaire.

D'abord, tout nous y porte: l'état intellectuel du prolétariat; sa méfiance de la classe moyenne, qu'il confond, dans sa haine, avec la haute bourgeoisie; les difficultés de plus en plus inextricables dans lesquelles se trouve engagé le gouvernement.

Le peuple n'entend rien aux *affaires*. Il n'a aucune idée des principes de l'économie, des lois de l'échange, du crédit. Il ne comprend pas mieux la responsabilité que la tenue des livres: dans tout cet organisme qui fait le sujet des méditations du siècle, il est plus disposé à voir un dédale où ses intérêts sont sacrifiés à l'habileté bourgeoise qu'un système de garanties à la fois égalitaires et libérales. Il trouve donc plus simple de *bloquer* tout en une communauté gouvernementale, que de chercher dans une constitution savante l'accord de la liberté et du droit.

C'est ce que n'ont cessé de lui prêcher, depuis vingt-cinq ans, d'absurdes rhéteurs; ce qu'il entend glorifier tous les jours, en politique, par la démocratie unitaire; ce dont il admire d'ailleurs le succès, dans les coalitions, fusions et exploitations industrielles dont il porte le fardeau. Comment lui prouver qu'un principe, si fécond pour le privilége, entre les mains du travail et généralisé, ne peut donner que du déficit?

Le peuple se méfie de la classe moyenne.

Après la révolution de juillet, où l'on avait vu les patrons servir de capitaines et les ouvriers de soldats, il semblait que les deux divisions du monde travailleur dussent être unies à jamais dans la communauté de leurs intérêts et de leurs espérances. Mais cette union si belle fut bientôt trompée, et un germe de discorde jeté dans le pays par la politique égoïste, corruptrice et déloyale de Louis-Philippe et de son dernier ministère. Deux journaux, tous les deux républicains, révolutionnaires tous les deux, exprimèrent cet antagonisme funeste, le *National* et la *Réforme*. Un moment, en février, les deux classes, victorieuses l'une par l'autre, parurent réconciliées: mais bientôt la question du travail, aussi mal posée que peu comprise, vint les séparer en camps hostiles, et ajourner à des temps inconnus leur mutuelle émancipation.

Ce que la nécessité a voulu joindre, dit le Sage, que l'homme ne cherche point à le séparer: *Quod Deus junxit*, *homo non separet!* Dès que, par suite des fausses notions qui régnaient sur les conditions du travail et du capital, du patronat et du salariat, du bénéfice et du bon marché, la scission se fut déclarée entre les deux classes qui venaient par leur union de renverser la puissance féodale qui les opprimait, la république sembla devenir ténébreuse, et la révolution inintelligible. On se demanda ce que signifiait cette dislocation de l'ordre économique; ce que voulaient les modérés de la république, d'accord avec les conservateurs dynastiques; ce que prétendaient les radicaux, soi-disant montagnards, mettant hors de la démocratie, sous prétexte de *bourgeoisisme*, l'élite même des démocrates?...

Le peuple, en haine de l'aristocratie, en méfiance de la classe moyenne, en dédain de la République rouge et modérée, a donc fait l'Empire. Comme la plèbe de César, il attend que son patron lui jette à dévorer le bourgeois. La fameuse *Marianne*, organisée en apparence contre l'Empire, n'est autre chose, au fond, qu'une sommation à l'Empire de remplir son mandat.

Jusqu'à présent, il est vrai, l'Empire a tenu ferme contre la pression du prolétariat: il a sauvé la vieille société. Car si l'instinct de la multitude est de faire un empereur, la raison de l'Empire est de maintenir de son mieux la hiérarchie politique et sociale.

Mais l'Empire résistera-t-il toujours? réussira-t-il longtemps encore à tourner les difficultés de toute nature qui l'assiégent, à donner le change à sa destinée, et à tromper la faim du monstre?

En présence d'une dette publique consolidée de 10 milliards; d'une dette hypothécaire de 8 milliards; d'une dette industrielle, capital engagé de la nouvelle féodalité, dont l'intérêt et le dividende sont à servir par les travailleurs, de 12 milliards; — d'un budget ordinaire de 1,700 millions; d'un arriéré de 900 millions; d'une dette flottante de 800 millions; — en présence d'un déficit croissant, d'une cherté croissante, d'un agiotage croissant, d'un monopole croissant, d'une dissolution croissante: — devant cet épouvantable sommaire de la situation politique, économique et sociale du pays; devant cette annihilation des libertés, des croyances et des droits, dont la cause est supérieure au pouvoir et le domine lui-même, il est permis de croire que la fatalité des choses sera plus puissante que la prudence des hommes, et que, par l'Empire ou malgré l'Empire, une LIQUIDATION est imminente.

Napoléon Ier, en 1814 et 1815, vaincu par les armées alliées, refusa d'organiser les corps francs et d'insurger les masses : il recula devant l'anarchie. Il se peut que Napoléon III, vaincu par la coalition des dettes, renouvelle cet exemple de dévouement à l'ordre, et recule à son tour devant la banqueroute. Du moins, il n'abdiquera pas avant d'avoir épuisé tous les expédients. Or, l'ensemble de ces expédients, qu'il est aisé de prévoir, constitue précisément la dernière victoire du prolétariat, de ce que nous avons appelé le gouvernement des instincts : c'est la conversion progressive de la féodalité industrielle en empire industriel, la réalisation du programme communiste.

Comment croire que le gouvernement laisse à des compagnies, jusqu'à fin de bail, les chemins de fer?

Qu'il leur laisse les banques, le change, les assurances, les docks, les mines, les canaux, les salines, les armements?

Qu'il leur laisse la Bourse et les reports?

Qu'il leur laisse même les forges, les gaz, les voitures, et tant d'autres industries, formées en anonyme, cotées à la Bourse, et dont la procession s'allonge, tous les jours, aux dépens de la production individualiste et libre?....

Est-ce que déjà la pensée de s'emparer de toutes ces choses ne lui est pas venue? Est-ce qu'elle ne remplit pas l'atmosphère? Est-ce qu'elle ne se produit pas à chaque instant sous toutes les formes : tantôt par la loi sur la commandite, qui, poussant l'industrie dans les voies de l'anonyme, étend sur elle, par cela même, la protection du gouvernement; tantôt par un règlement sur la boucherie, la boulangerie, le commerce des grains, les tarifs de navigation et de chemins de fer; tantôt par la centralisation des assurances et des banques? Est-ce que, sous prétexte d'utilité publique, les plus violentes attaques ne sont pas chaque jour dirigées contre la propriété? Est-ce qu'on ne soutient pas que si le propriétaire a le droit d'*user*, il n'a pas celui d'*abuser?* Est-ce que le peuple de Paris n'attend pas avec une souveraine impatience que l'empereur, se faisant entrepreneur de bâtiments, tranche d'autorité la question des loyers? Et n'est-il pas au su de tout le monde que depuis plusieurs termes la police est occupée de transiger les locations impayées des familles pauvres, et de louer, dans les divers quartiers de Paris, des maisons qu'elle sous-loue ensuite aux ouvriers?

Or, le jour où l'Empire aura fait retourner à l'État les chemins de fer, où il fera du juste prix dans l'escompte, de l'égalité et de l'unité dans la circulation, force lui sera d'appliquer à tout la réforme, de remplacer les œuvres de la philanthropie par les déterminations d'une loi positive, et de substituer, sur toutes les parties de l'organisme social, son action souveraine à celle du privilége.

Mais, quand cette conversion aura été faite, naturellement avec indemnité, soit inscription de rentes égale à la totalité des valeurs expropriées, la situation sera plus pénible qu'auparavant. D'un côté, par le règlement des indemnités, les charges se seront accrues; de l'autre, par l'abaissement des tarifs et l'amélioration des salaires (l'Empire ne saurait échapper à cette double condition), le revenu net sera amoindri. Tout l'avantage pour le pays sera d'avoir réduit la variété du privilége, qui dans ce moment ne permet pas d'en découvrir la loi, à un même dénominateur. D'une part donc le corps des privilégiés, portant l'uniforme doré de la rente; de l'autre, la multitude des travailleurs de l'État, serfs du grand-livre, esclaves de la consigne, inégaux de grade et de salaire, et n'ayant plus, comme les officiers de l'armée actuelle, qu'une pensée, un intérêt, la promotion et l'augmentation de solde.

Se figure-t-on un antagonisme plus atroce, une situation plus violente? Et croit-on que, ramenées à une expression aussi simple, la banqueroute et l'anarchie se fassent longtemps attendre?....

Le gouvernement, direz-vous, ne se laissera pas ainsi acculer. Il saura s'arrêter à temps; il a la force, et ses ressources sont inépuisables.

Canta, recanta! C'est revenir à une position reconnue intenable. Le gouvernement impérial peut-il rembourser 30 milliards de dettes, diminuer de moitié son budget, couvrir son arriéré; en même temps procurer l'amélioration des salaires, l'abaissement des produits, la participation des ouvriers aux bénéfices; rendre tous les paysans propriétaires, assurer à chacun le travail et l'échange, créer l'égalité politique et civile, fonder sur sa propre autocratie la liberté?...

Si oui, qu'il l'entreprenne, et nous sommes prêts à applaudir. Si non, qu'on se taise; laissez agir le procureur général de la Révolution.

§ 3. LA DÉMOCRATIE INDUSTRIELLE : COMMANDITE DU TRAVAIL PAR LE TRAVAIL, OU MUTUALITÉ UNIVERSELLE ; FIN DE LA CRISE.

Ce qui fait la force de l'Empire, c'est qu'à l'exception des proscrits de la Montagne, dont le tempérament, trempé par l'exil, ne saurait plus s'étonner de rien, il n'est dynastie, fusion, Église ou République, qui osât se charger de cette succession.

La première chose qu'aurait à faire l'héritier serait de déclarer tous les payements suspendus; puis de convoquer, au lieu de parlement, une assemblée de créanciers; enfin d'obtenir un concordat. Pareille besogne ne saurait aller à un Bourbon, à un d'Orléans, voire même à un Lamartine ou un général Cavaignac. Qui d'entre eux voudrait revenir à ce prix? Ce serait pis que de rentrer, comme Louis XVIII qui n'en pouvait mais, dans les fourgons de l'étranger. Rien qu'un Syndicat de *salut public* ne serait de force à se charger de cette ventilation : où sont les Carnot, les Cambon, les Prieur, les Barrère dont on le composerait?...

Pour nous, qu'une solution de cette espèce ne satisferait pas, parce qu'elle ne garantit rien; qui d'ailleurs ne nous croyons pas assez de génie pour résoudre des problèmes posés en termes contradictoires, nous nous bornerons, après avoir indiqué la marche de la révolution nouvelle, à en présenter la formule définitive, d'après les symptômes les plus significatifs du temps actuel.

I. ASSOCIATIONS OUVRIÈRES.

La pensée qui d'abord les inspira fut naïve, malheureusement illusoire. On voulait, en affranchissant le travail du patronat, faire jouir les ouvriers, associés entre eux et devenus maîtres, des bénéfices et prérogatives, supposés immenses, jusqu'alors réservés aux chefs d'établissements. On ignorait que dans la plupart, pour ne pas dire la presque totalité des industries occupant des groupes de travailleurs, dans celles-là surtout où l'association spontanée pouvait paraître immédiatement praticable, les bénéfices, quand ils existent, satisfaisants pour un seul, ne sont plus rien répartis entre des multitudes. Dans une grande manufacture, les profits du maître, distribués aux salariés qu'il emploie, n'augmentant pas de 10 0/0 des salaires variant de 50 c. à 1 fr. 50 c., ne seraient, à l'indigence des travailleurs, que d'un faible soulagement. Il en est ainsi de toutes les professions, considérées en masse ; le *produit net* de l'entrepreneur, produit que l'on doit considérer la plupart du temps comme le fruit de ses combinaisons particulières et l'indemnité de ses risques, n'est pas ce qui cause la misère de l'ouvrier; ce n'est pas par conséquent la revendication de ce *produit net* qui peut la guérir. Dans les 4 milliards que le Travail doit payer chaque année pour le maintien du régime féodal, le produit net, perçu sous forme de dividende en plus de l'intérêt, ne forme pas 100 millions : la cause du paupérisme, qu'on voulait atteindre, n'est pas là.

Les associations ouvrières, fondées en haine du patronat, sur une pensée de substitution, ont pu bientôt s'en convaincre. D'autres mécomptes, fruits de l'inexpérience et du préjugé, l'entraînement des idées de centralisation, de communauté, d'hiérarchie, de suprématie, le parlementage politique, ne tardèrent pas à faire naître la division et le découragement. Tous les abus des sociétés en nom collectif, en commandite et anonymes, furent exagérés encore dans ces compagnies soi-disant fraternelles. On avait rêvé d'accaparer toute l'industrie, de frapper de nullité et de mort les entreprises libres, de remplacer, en tout et pour tout, la bourgeoisie par le prolétariat. Pour mieux émanciper le peuple, on prétendait exclure du cercle des communautés ouvrières ceux qui avaient été jusque-là les représentants de la liberté!... L'erreur ne tarda pas à porter ses fruits. De plusieurs centaines d'associations ouvrières qui existaient à Paris en 1850 et 1851, il reste à peine une vingtaine, qui n'ont dû leur salut qu'à l'abandon des idées utopiques de 1848 et à la reconnaissance des vrais principes de l'économie sociale. Sous ce rapport, ces Associations méritent d'être étudiées, d'autant plus que le phénomène de leur existence révèle un élément positif de spéculation financière et industrielle.

Le problème posé aux Associations ouvrières, hors duquel elles retombent fatalement dans le limbe des confréries religieuses, des impuissances philanthropiques, se divise en deux questions connexes :

1. Existe-t-il dans le concours des forces et dans leur combinaison une virtualité productive telle qu'elle donne lieu à des résultats financièrement appréciables ; qu'en conséquence l'ouvrier puisse s'en servir pour la formation du capital qui lui manque, et la conversion de sa qualité de salarié en celle de participant?

Le travail, en autres termes, peut-il par lui-même, comme le capital, commanditer les entreprises?

2. La propriété des entreprises et leur direction, au lieu de rester, comme généralement elles ont été toujours, individuelles, peuvent-elles devenir progressivement collectives, au point de fournir, d'une part, aux classes laborieuses, une garantie d'émancipation décisive; d'autre part, aux nations civilisées, une révolution dans le rapport du travail et du capital, partant la substitution définitive, dans l'ordre politique, de la Justice à la raison d'État?

De la réponse qui sera faite à ces questions dépend tout l'avenir des travailleurs. Si cette réponse est affirmative, un monde nouveau s'ouvre à l'humanité; si elle est négative, le prolétaire peut se le tenir pour dit. Qu'il se recommande à

Dieu et à l'Église ; il n'y a pour lui, dans ce bas monde, point d'espérance : *Lasciate ogni speranza!*

On comprend d'abord que le problème ne saurait recevoir sa solution d'une multitude fougueuse, obéissant à ses seuls instincts, en qui une longue oppression a tué l'intelligence. Il faut ici, pour initiateurs immédiats des masses travailleuses, des hommes qui, sortis de leur sein, aient reçu de la civilisation dont ils supportent le fardeau une somme de connaissances, et qui aient appris à l'école des exploiteurs à se passer d'eux. De tels initiateurs, ayant un pied dans la civilisation et l'autre dans la barbarie, ne se trouvent qu'en petit nombre, même chez les nations les plus avancées dans l'industrie, telles que la France et l'Angleterre. Et ce qu'il y a de pis, ces ouvriers d'élite, précisément à cause de leur caractère ambigu, sont généralement, vis-à-vis de leurs frères moins instruits, les plus mal accueillis, sinon les plus mal disposés de tous les hommes. Barbarie d'un côté, orgueil de l'autre, il semble que la classe ouvrière conspire, par toutes ses catégories, contre ses propres libertés.

« Lorsque, dit un économiste, les ouvriers anglais, sans éducation, sont débarrassés de la chaîne de fer dans laquelle les retiennent les patrons en Angleterre, et qu'ils sont traités avec l'urbanité et les égards que, sur le continent, on a l'habitude de montrer aux ouvriers les mieux élevés, les ouvriers anglais perdent tout à fait l'équilibre ; ils ne comprennent plus leur position, et au bout d'un certain temps, ils deviennent indisciplinables et inutiles. Ces résultats se manifestent en Angleterre même : aussitôt que l'idée d'égalité entre dans la tête de l'ouvrier anglais ordinaire, la tête lui tourne ; quand il cesse d'être servile, il devient insolent. » (J. Stuart Mill, *Principes d'Économie politique*, t. I, p. 128.)

Ce vice de cœur, qui n'est pas rare non plus chez l'ouvrier français, et qui s'aggrave encore ici d'une excessive mobilité de caractère, constitue dans l'état présent de la société, où le prolétariat n'a rien à attendre que de lui-même, le plus grand obstacle à son affranchissement.

Il s'agit donc, et toute la difficulté est là, de former une réunion d'ouvriers doués d'une certaine dose de moralité et d'intelligence, capables de concevoir les lois de l'économie sociale, ayant la ferme volonté de les suivre, sans y mêler rien des fantaisies et hallucinations de l'époque; il s'agit, en un mot, pour la question que nous venons de poser, de former, non pas une masse de capitaux, mais un fonds d'hommes.

Les initiateurs trouvés, reste à grouper autour de chacun d'eux un nombre d'ouvriers, ou pour mieux dire de collaborateurs, destinés à devenir, en chaque catégorie du travail, une société modèle, un véritable embryon palingénésiaque. C'est de ce groupe que nous demandons s'il possède en soi une force particulière de production.

Le *Travail*, avons-nous dit dans notre INTRODUCTION, est une force productrice, la première de toutes et la plus puissante; le *Capital* en est une autre; le *Commerce* une autre; la *Spéculation* encore une autre. On peut ajouter à cette liste la *Propriété*, le *Crédit*, la *Concurrence*, etc. Tout ce qui est action ou principe d'action en Économie est force productrice. Cela posé, le *Groupement* des travailleurs, abstraction faite du travail de chacun d'eux, et du Capital qui les exploite et qu'ils servent, est-il aussi, comme la *Division du travail*, une force? Cette force peut-elle suppléer le capital, et se passer de sa protection ?

Les faits, plus éloquents dans leur spontanéité que les théories, vont répondre.

Nous avons visité les Sociétés ouvrières. Nous nous sommes procuré le relevé de leur situation depuis leur origine jusqu'au 31 décembre 1853, puis de 1853 jusqu'en 1856; nous avons étudié leur discipline intérieure et les principes, plus ou moins clairement exprimés dans leurs actes, qui les régissent toutes. Nous croyons faire plaisir au public en publiant les détails qu'on va lire sur le mouvement de transformation qui se prépare dans l'économie industrielle, en dehors des formules du Code et des prévisions de la jurisprudence.

Les bases sur lesquelles sont constituées toutes ces Associations sont les suivantes :

1. Faculté illimitée d'admettre sans cesse de nouveaux associés ou adhérents; conséquemment, perpétuité et multiplication à l'infini des compagnies et caractère universaliste de leur constitution.

2. Formation progressive du capital par le travail; en autres termes, *commandite du travail par le travail*, soit que les ouvriers fabriquent eux-mêmes, les uns pour les autres, selon leurs spécialités, les outils et meubles dont ils ont respectivement besoin, soit au moyen de prélèvements sur le prix des ventes et services, ou de retenues mensuelles sur les salaires.

3. Participation de tous les associés à la direction de l'entreprise et aux bénéfices, dans les limites et proportions déterminées par l'acte social.

4. Travail aux pièces, et salaire proportionnel.

5. Recrutement incessant de la Société parmi les ouvriers qu'elle emploie en qualité d'auxiliaires.

6. Caisse de retraite et de secours, formée par une retenue sur les salaires et les bénéfices.

A ces conditions fondamentales, qu'on peut regarder comme la loi commune des Associations, il conviendra bientôt d'ajouter les suivantes, qui, ainsi que nous l'avons fait remarquer à plusieurs, sont le complément nécessaire du système.

7. Education progressive des apprentis.

8. *Garantie mutuelle* de travail, c'est-à-dire de fourniture et consommation, ainsi que de bon marché, entre les diverses Associations.

9. Publicité des écritures.

Telle est, dans son essence, l'*Organique* des Sociétés ouvrières : nous laissons de côté les détails de pratique particuliers à chacune d'elles. Bien entendu d'ailleurs que les principes que nous venons d'exprimer ne sont pas écrits dans les actes, dûment authentiqués, des Associations. Ni la perpétuité, ni l'universalité, ni la déclaration d'absence d'un capital, ni la participation de travailleurs commanditaires à l'administration ainsi qu'aux bénéfices, ni le mutuellisme des Associations, ne seraient tolérés par notre législation commerciale et par les tribunaux chargés d'en donner l'interprétation. Les nouveaux sociétaires ont dû se conformer à la pratique judiciaire reçue; mais ce qu'il ne leur est pas permis de dire, ils le sous-entendent et ils agissent en conséquence. Voyons ce que ces hommes, sans conseils et sans ressources, ont tiré de là, ce qu'ils peuvent en tirer encore.

Il nous est impossible d'entrer ici, comme nous l'avions fait à la seconde édition de ce *Manuel*, dans le détail des opérations et des inventaires de chaque Société.

Qu'il nous suffise de rappeler et de dire que le fonds social, dans toutes ces Compagnies, a commencé, comme celui de la civilisation, par zéro; qu'en quelques années ce fonds s'est élevé, selon l'importance de l'industrie et le nombre des associés, à 20,000, 30,000, 50,000 et 80,000 fr.; que depuis 1853, ce progrès s'est soutenu; qu'au fonds social les Compagnies ajoutent aujourd'hui une caisse de réserve et de secours, formée par un prélèvement sur les bénéfices; que toute idée de communisme est aujourd'hui abandonnée, et l'égalité du bien-être soumise à l'égalité ou équivalence des services, ayant pour point d'appui l'égalité des garanties.

Du reste, les ouvriers sont persuadés que la fortune des Associations est bien moins dans leur extension que dans leur mutualité : l'expérience leur a appris que l'Association, si libérale qu'on la fasse, si dégagée de toute sujétion personnelle, de toute solidarité domestique, de toute exploitation administrative qu'on la suppose, exige encore une certaine éducation des sujets. *On ne naît point associé,* nous disait l'un d'eux; *on le devient.* N'est-ce pas la traduction du mot fameux : *Homo homini lupus, aut deus?*

Société des Bijoutiers en doré, rue Notre-Dame-de-Nazareth, 8. — Fondée en 1834, avec un capital de moins de 200 fr. — 8 associés, 12 auxiliaires ; chiffre d'affaires en 1856 : 200,000 fr. ; produit net : 41,000 fr.

Société des Menuisiers en fauteuils, rue de Charonne, 5. — Personnel de la Société en 1853 : 90 associés et autant d'auxiliaires. — Capital : 81,123 fr. 12 c.

Depuis 1853, les ventes et bénéfices de cette Société ont été toujours croissants. On nous assure qu'à cette heure son actif net n'est pas moindre de 200,000 fr. Elle est assez riche pour offrir à un gérant dont elle ne veut plus une pension de 1,500 fr. à titre d'indemnité. C'est plus que l'État ne donne à un capitaine, après 30 ans de service.

Société des Maçons, rue Saint-Victor, 155. — Personnel au 1er novembre 1856 : 87 associés ouvriers, 8 associés capitalistes (ce sont des maîtres carriers, fournisseurs de plâtre et de briques, un médecin et un ingénieur : on voit ici apparaître le principe de la mutualité industrielle) ; 250 à 300 auxiliaires.

L'apport de chaque associé a été porté à 2,000 fr., soit 174,000 fr. de fonds social. Le matériel de la Société suffit pour exécuter un million et demi de travaux. Le dividende de 1855 a produit aux associés capitalistes 13 fr. 33 c. 0/0. Le dividende de 1856 sera plus fort.

D'après l'*Indicateur du bâtiment*, la Compagnie des maçons est, de toutes les Associations ouvrières, celle qui a le plus de travaux et de commandes.

Société des Ouvriers en limes, rue Phelipeaux, 20, passage de la Marmite. — Personnel, 19 sociétaires, 21 auxiliaires. — Capital au 30 juin 1856 : 29,086 fr. 35 c. — Chiffre d'affaires pendant l'année 1855 : 69,054 fr. 35 c.

Lors de la constitution de la Société, en 1848, l'État avait avancé aux fondateurs une somme de 10,000 fr. Ce prêt a été intégralement remboursé le 4 septembre dernier.

Société des Ouvriers en chaises, rue Amelot, 70. — Réduite à 4 associés, employant à cette heure 25 auxiliaires. — Capital au 31 décembre 1855 : 6,826 fr. 15 c. — Chiffre d'affaires pendant l'année : 72,915 fr. 15 c.

Société des Menuisiers en voitures, faubourg Saint-Honoré, 233. — 16 associés, 24 auxiliaires. — Capital au 31 décembre 1855, 7,400 fr. — Chiffre d'affaires : 75,000 fr. — Bénéfices : 23,230 fr.

Société des Lanterniers pour voitures, rue de la Pépinière. — 14 sociétaires, 30 auxiliaires. — Capital au 30 juin 1856 : 28,000 fr. — Chiffre d'affaires en 1855 : 60,000 fr. Les bénéfices permettent de porter l'apport de chaque associé de 2 à 3,000 fr.

Société des Tourneurs en chaises, rue Popincourt, 32. — Cette Société se fait remarquer par un grand mouvement de personnel. Depuis 1848, 147 ouvriers y sont entrés, 102 en sont sortis, emportant chacun leur part du fonds social. Actuellement le personnel se compose de 45 sociétaires, 70 à 80 auxiliaires. — Capital au 31 décembre : 64,932 fr. 53 c. — Chiffre d'affaires : 153,159 fr. 80 c.

Société des Formiers, rue du Cadran, 12. — Personnel, 26. — Capital versé : 8,000 fr.

Société des Lunettiers, rue Saint-Martin, 250. — 25 sociétaires, 75 auxiliaires. — Capital au 31 décembre 1855 : 28,000 fr. — Chiffre d'affaires : 92,000 fr.

Société des Peintres en laque, rue Albouy, 9. — 11 sociétaires, 16 auxiliaires. — Capital au 31 décembre 1855 : 2,500 fr. — Chiffre d'affaires : 46,600 fr.

Société des Graveurs, rue des Vieux-Augustins, 58. — 2 associés, 20 auxiliaires. — Avoir, espèces et outils, 800 fr.; numéraire et marchandises, 30,000 fr. — Chiffre d'affaires en 1855 : 40,000 fr. Cette petite Société se fait remarquer par son esprit de fraternité envers ses auxiliaires.

Société des Facteurs de pianos, rue du Faubourg-Saint-Denis, 162. — 24 sociétaires, 13 auxiliaires. — Avoir social, matériel et marchandises : 91,000 fr.

Société des Facteurs de pianos, rue Saint-Martin, 122. — 10 associés, 15 auxiliaires. — Capital : 20,238 fr. 96 c. — Chiffre d'affaires en 1855 : 60,621 fr. 70 c.; au 25 novembre 1856 : 59,442 fr. Cette Société a obtenu une mention honorable.

Société des Ébénistes en meubles, rue Saint-Pierre-Amelot, ci-devant rue de Charonne, 5. — 18 associés, 65 auxiliaires. — Capital au 31 décembre 1855 : 132,963 fr. 88 c., sur quoi il y a à rembourser 75,000 fr. prêtés par l'État. — Le chiffre d'affaires en 1855 a été de 200,000 fr.

Société des Brossiers, rue du Petit-Hurleur. — Les associés sont au nombre de 4, de 23 qu'ils étaient en 1849. — Le capital ou avoir net social est aujourd'hui de 5,600 fr. — Chiffre d'affaires en 1855 : 28,000 fr.

Société des Ferblantiers, rue de Bondy, 70. — Le personnel de cette Compagnie a éprouvé, depuis sa fondation en 1848, de grandes et brusques oscillations. Tour à tour de 216, puis de 57, plus tard de 326, le nombre des sociétaires est aujourd'hui de 37, employant de 6 à 8 auxiliaires. — Capital au 31 décembre 1855: 74,000 fr. — Montant des ventes, 213,000 fr. (1).

Il existait naguère encore d'autres Associations ouvrières, paveurs, boulangers, cuilleriers, chapeliers, etc. Nous ne savons ce qu'elles sont devenues.

Toutes, du reste, ont été criblées par l'adversité, le manque de travail et la misère, travaillées par le parlementage, la discorde, les rivalités, les défections, les trahisons; toutes ont payé le tribut de l'inexpérience, du charlatanisme, de l'engouement, de la mauvaise foi. Il faut du temps à l'esprit humain pour définir ses principes; et tant qu'ils ne sont pas définis, la conscience est livrée au trouble et à l'iniquité. Quelques Associations ont vu leurs gérants, une fois initiés aux affaires, se retirer pour s'établir à leur compte en patrons et bourgeois; ailleurs, ce sont les associés qui, dès le premier inventaire, ont réclamé le partage des produits, et sont partis avec leur légitime. Tant il est vrai que les longues pensées répugnent au prolétaire moderne autant qu'à l'esclave antique, et que la tâche la plus difficile des Associations n'est pas de se constituer et de vivre, c'est de civiliser les associés. De semblables détails, intéressants, surtout au point de vue psychologique, pour l'histoire des Associations ouvrières, ne pouvaient trouver place dans ce *Manuel*, où il ne peut être question, tout au plus, que de constater, d'après les résultats financiers, la puissance économique de ces Sociétés.

Résumons-nous maintenant et concluons.

Les Associations ouvrières sont les foyers de produc-

(1) Nous devons les détails qu'on vient de lire à l'obligeance de M. Ch. Beslay, ancien représentant du peuple, à qui ses relations quotidiennes avec les Associations permettent d'en connaître parfaitement la situation personnelle et financière, et qui nous en garantit l'exactitude. Au surplus, et nous l'avons éprouvé nous-mêmes, les ouvriers associés ne font nulle difficulté de donner aux personnes qui les visitent tous les renseignements désirables.

tion, nouveau principe, nouveau modèle, qui doivent remplacer les Sociétés anonymes actuelles, où l'on ne sait qui est le plus indignement exploité, du travailleur ou de l'actionnaire.

Le principe qui y a prévalu, à la place du salariat et de la maîtrise, et après un essai passager du communisme, est la participation, c'est-à-dire la **MUTUALITÉ** des services, venant compléter la force de division et la force de collectivité.

Il y a mutualité, en effet, quand, dans une industrie, tous les travailleurs, au lieu de travailler pour un entrepreneur qui les paye et garde leur produit, sont censés travailler les uns pour les autres, et concourent ainsi à un produit commun dont ils partagent le bénéfice.

Or, étendez aux Associations travailleuses prises pour unités, le principe de mutualité qui unit les ouvriers de chaque groupe, et vous aurez créé une forme de civilisation qui, à tous les points de vue, politique, économique, esthétique, différera totalement des civilisations antérieures; qui ne pourra plus redevenir ni féodale ni impériale; qui, avec toutes les garanties possibles de liberté, avec une publicité loyale, avec un système impénétrable d'assurances contre le vol, la fraude, la concussion, le parasitisme, le népotisme, l'accaparement, l'agiotage, la hausse factice des loyers, des subsistances, des transports, du crédit; contre la surproduction, la stagnation, les engorgements, le chômage, la maladie, la misère, ne donnant rien à la *charité*, vous offrira partout et toujours le **DROIT**.

Là, plus de réalisations anticipées, de chasse à la prime, de subventions à partager entre les ministres, les entremetteurs, les solliciteurs, les fondateurs, les administrateurs; plus de pots-de-vin payés par les fournisseurs à des gérants infidèles; plus de coups de Bourse, de cumuls, de *latifundia*. L'inégalité des conditions et des fortunes a disparu, ramenée qu'elle est à son expression élémentaire, qui consiste dans la différence jetée par l'aveugle nature entre le travailleur et le travailleur, différence que l'éducation, la division du travail, etc., doivent réduire indéfiniment.

La probité, l'honneur, les mœurs, ont fui le monde bourgeois, comme avant la Révolution ils avaient fui le monde féodal. Ils ne se retrouveront que là.

Sans doute il y a loin de la réunion en Sociétés de quelques centaines d'ouvriers, à la reconstitution économique d'une nation de 36 millions d'âmes. Aussi n'attendons-nous pas une telle réforme de la seule expansion de ces Sociétés. Ce qui importe, c'est que l'idée marche, qu'elle se démontre par l'expérience; c'est que la loi se pose, dans la pratique comme dans la théorie.

Déjà nous savons qu'à l'étranger l'exemple donné parmi nous porte ses fruits : les corporations d'ouvriers en Angleterre ont décidé qu'à l'avenir, au lieu de dépenser leurs fonds en grèves inutiles, elles les emploieraient à créer des Compagnies à l'instar des Sociétés parisiennes. Vienne la secousse finale, cette inévitable liquidation prédite depuis plus de huit ans : il sera plus aisé d'organiser sur toute la face du pays le travail, qu'il ne l'a été depuis 1848 de former à Paris les vingt premiers groupes de travailleurs.

II. ASSOCIATIONS POUR LA CONSOMMATION.

Ces Sociétés, telles que la *Ménagère*, ont pour but de résoudre le problème spécial des rapports d'industrie à industrie, conséquemment d'Association à Association. Elles sont dues surtout à l'initiative bourgeoise. Leur existence prouve que si, en 1848 comme toujours, l'instinct populaire a saisi les idées dans leur synthèse, la raison moyenne, plus exercée, s'est attachée tout d'abord, et avec une remarquable prestesse d'intelligence, au nœud de la question.

Outre que l'administration intérieure de ces Sociétés, purement commerciales, ne présentait pas les mêmes difficultés que celle des Associations ouvrières, elles avaient le précieux mérite, à une époque d'agitation révolutionnaire, d'apparaître comme une conciliation des intérêts. C'était un pas vers cette fusion du patronat et du salariat, dénoncée par les utopistes comme une trahison envers le peuple, et un instant mise au ban de la démocratie par les radicaux.

La combinaison dont il s'agit était moins, en effet, une

Société qu'une coalition, par laquelle un certain nombre de consommateurs, garantissant à une maison de commerce une clientèle sûre et un débouché constant, exigeaient en retour une remise sur le prix courant des produits. Les bénéfices du commerce, plus considérables, à cause des chances aléatoires, que ceux de l'industrie proprement dite, permettaient une réduction sensible et une amélioration correspondante dans la position des consommateurs. La conséquence, plus ou moins prochaine, de semblables établissements, eût été de garantir peu à peu, à chaque acheteur, et par le fait de sa consommation, le travail dont il avait besoin, de la même manière que lui-même garantissait le débouché aux marchands. Toute consommation suppose production : ces deux termes sont corrélatifs et adéquats.

Il y avait donc là, selon nous, matière à d'heureuses spéculations : malheureusement elles dépassent la portée ordinaire des travailleurs, dont l'indocilité est si difficile à vaincre, et n'offrent pas aux bourgeois des avantages assez immédiats, pour qu'ils se résignent aux efforts, aux avances, et peut-être aux sacrifices, que dans les commencements elles exigent. Cependant les Sociétés pour la consommation avaient commencé de se multiplier dans les chefs-lieux de départements, grâce à la commandite de quelques bourgeois, qui firent ainsi don à leurs concitoyens de boulangeries, boucheries, épiceries sociétaires. Plusieurs ont été fermées par la police, à la suite du 2 décembre : nous ne saurions dire où en est aujourd'hui ce mouvement.

III. CITÉS OUVRIÈRES, LOGEMENTS A BON MARCHÉ.

Nous lisons dans une brochure, publiée par M. Victor Calland, auteur du projet des *Palais de familles* :

« La même réforme économique, dit M. Émile de Girardin, qui par la voie de l'association s'est accomplie dans les voies de communication et de transport, doit se réaliser dans les habitations humaines... Cette réforme est inévitable : elle contient toute une révolution. »

S'il fallait s'en tenir à cette annonce, elle n'aurait à nos yeux rien de bien rassurant. La réforme opérée par les Compagnies de chemins de fer n'a abouti qu'au monopole. C'est une confiscation de l'industrie des transports au profit d'une poignée de capitalistes, et qui appelle, sous peu, une révolution dans le sens de la démocratie et de la mutualité. Jusqu'à ce qu'une liquidation de ce monstrueux monopole ait affranchi tout à la fois et les salariés qui le servent, et le public qui lui paye ses dividendes, la voie ferrée, loin de contribuer au bien-être général, n'aura fait qu'accélérer la spoliation, aggraver la servitude.

D'après cette observation, on comprendra que ce que nous attendons pour les logements est tout autre chose que ce qu'a prévu M. de Girardin. Ici, comme là, *OEil pour œil, dent pour dent*; en autres termes, service pour service, prix pour prix. Nous demandons, en un mot, que dans une cité *aussi grosse que Paris*, l'habitation soit ôtée à l'arbitraire des propriétaires, et le loyer fixé au *prix de revient*.

Le prix de revient, en fait d'habitation, se compose de ces trois éléments : *Impôt*, *frais d'entretien*, *amortissement*. Dans les deux derniers se trouve le bénéfice de l'entrepreneur.

L'idée de réduire les loyers au prix de revient de l'habitation se trouve au fond de tous les projets de *Cités ouvrières*, patronées et subventionnées par le gouvernement. Mais nul animal ne peut manquer à sa nature. Le gouvernement, qui croyait faire de la philanthropie, n'a réussi qu'à faire naître la spéculation : les *Cités ouvrières* peuvent être citées comme un échantillon de l'Empire industriel.

Par décret des 22 janvier et 20 mars 1852, le gouvernement a affecté une somme de 10 millions de francs à l'amélioration des logements des ouvriers dans les grandes villes manufacturières. Créée dès 1850, la *Cité Napoléon* a reçu en conséquence une subvention de 200,000 fr. Elle contient 194 logements, elle est habitée actuellement par 500 personnes. Son revenu net est de 26,447 fr.

Dégagée des réclames philanthropiques, et ramenée à sa signification technique, bon marché des logements pour les locataires, dividende pour les actionnaires, la Cité ouvrière semble ne devoir jamais manquer d'habitants, pas plus que d'entrepreneurs. Comptant sur une population fidèle, elle pourrait donc, tout en réservant aux fondateurs un revenu suffisant, offrir à prix réduits des logements, des lavoirs, des bains, des asiles. C'est une manière d'industrialiser la propriété bâtie, qui s'accorde merveilleusement avec les nouvelles institutions de crédit, et tend de plus en plus à ramener l'économie sociale à un principe unique, l'échange.

Les ouvriers, à tort ou à raison, précisément peut-être parce que l'initiative venait d'en haut, ne se sont point montrés partisans empressés de ce système. L'idée de les parquer dans des quartiers à part révèle une pensée de méfiance et de caste, qui laisse subsister le schisme, et jure avec les instincts de liberté et d'égalité. Joignez à cela une grille se fermant à heure fixe, comme dans une geôle, et donnant à l'institution certain cachet de police!... et l'on comprendra le peu de faveur avec laquelle la Cité ouvrière a été accueillie.

Pourquoi, si l'on avait vraiment la volonté de procurer aux ouvriers des logements à bas prix, au lieu de Cités ouvrières, ne pas baser la spéculation, l'institution si l'on veut, sur l'achat de maisons particulières, disséminées dans tous les quartiers de la capitale, et qui, convenablement aménagées, restaurées, eussent amené et maintenu la baisse des loyers, en faisant partout concurrence aux propriétaires? Pourquoi, si l'on tient si fort à protéger l'industrie du bâtiment, ne pas charger de la construction des Cités des Compagnies d'ouvriers maçons, plâtriers, ce qui eût été favoriser à la fois les ouvriers dans leur habitation et dans leur travail, et faire coup double? Pourquoi ne pas admettre aux bénéfices de la combinaison, les fabricants, les boutiquiers, les rentiers eux-mêmes et les propriétaires, qui presque jamais n'habitent leurs maisons, aussi bien que les gens du peuple? Est-ce que l'épicier, la modiste, le marchand de vin, le commerçant en étoffes, n'ont pas, autant au moins que l'ouvrier, besoin de logements, ateliers, et magasins à bon marché?... Toute réforme doit être générale et n'exclure personne : c'est éterniser la servitude et consacrer le privilége, que de créer des asiles, des crèches, des hôpitaux, des écoles, qui ne regardent que les pauvres.

Quoi qu'il en soit, l'idée, toute de charité, d'améliorer le logement des ouvriers, et la promesse d'une subvention du gouvernement, ont fait naître à Paris et dans quelques autres villes un certain nombre de Compagnies dont il est utile de connaître les opérations. Nous les trouvons résumées dans un rapport du ministre de l'intérieur du 5 avril 1854, et un article du *Moniteur* du 27 du même mois.

Compagnie Péreire frères. Construction de Cités ouvrières à la Chapelle, Batignolles, jusqu'à concurrence de 4,550,000 fr., dont un tiers fourni par le gouvernement. — Prix moyen des logements, 225 fr. pour 30 mètres carrés de superficie.

Compagnie Heckeren et Kennard. Construction de logements, jusqu'à concurrence de 4,140,000 fr., dont un tiers subventionné par le gouvernement. Mêmes conditions de prix que dans la Compagnie précédente.

Compagnie Puteaux frères. Construction de maisons à Mazas, Batignolles et Grenelle. Subvention du gouvernement. Prix moyen des logements, 200 à 225 fr.

Compagnie Martin et Muller. Construction de 110 maisons entre les rues de Reuilly et Picpus, avec subvention du gouvernement. Prix moyen, 365 fr. En ajoutant 50 cent. par jour, soit par an 182 fr. 50 c., l'ouvrier, au bout de 18 ans, deviendra propriétaire.

Compagnie Carabin. Construction de 182 maisons, entre les avenues de Ségur et Lowendal. Ces maisons sont destinées à devenir la propriété des locataires, moyennant payement de 10 annuités, de 470 à 550 fr. — Subvention du gouvernement.

Toutes ces Compagnies, — un employé de la Préfecture, chargé de la distribution des secours aux familles pauvres expulsées par les propriétaires, nous l'avouait lui-même, — se réduisent, sous une apparence philanthropique, à des spéculations plus ou moins usuraires, ainsi qu'il est facile de s'en convaincre d'ailleurs par la discussion des projets.

Compagnie Dollfus, à Mulhouse. Construction de plus de 300 maisons. Prix moyen du loyer, 120 fr. — Subvention du gouvernement.

Compagnie Montricher, à Marseille. Construction d'une Cité, comprenant 145 chambres garnies, avec jardin, bains, lavoir, restaurant, école, etc. Subvention du gouvernement.

Compagnie Scrive frères, à Lille. Construction de 234 maisons sur le territoire de Marcq-en-Barœul, avec subvention du gouvernement. Louée sur le pied de 4 0/0.

Sur les 10 millions de crédit accordés par l'État, 4 millions et demi environ avaient été distribués en subventions au mois d'avril 1854. Depuis cette époque, nous n'avons pu suivre le mouvement de l'institution. Mais il est clair que c'est là de la philanthropie en pure perte, et que 10 millions distribués par le gouvernement à des spéculateurs pour construire un millier et demi de petites maisons, qu'ils louent ensuite à raison de 7 fr. 50 par mètre carré de logement, ou revendent avec bénéfice, ne feront pas plus pour l'amélioration du sort des ouvriers, que les distributions de soupe et de viande à 5 centimes la portion. Aussi la cherté des loyers, depuis 1854, n'en a-t-elle pas moins été toujours croissante, les expulsions de plus en plus fréquentes, les transactions entre la police et les propriétaires impitoyables, pour le compte des pauvres familles, de plus en plus onéreuses : ce qui n'empêche pas les faiseurs de projets d'aller leur train. L'anomalie de la situation est telle que devant cette forclusion des classes travailleuses, on en est venu à proposer de bâtir un Paris ouvrier dans la plaine d'Issy, l'ancien Paris demeurant réservé à la bourgeoisie, aux étrangers, à la Bourse et aux casernes.

La fatalité pousse l'Empire, qui hésite, et semble crier à ses plébéiens, ses vrais commanditaires : *Oserai-je? — Ose.*

IV. SOCIÉTÉS D'ÉCHANGE.

Celles-ci ont pris la chose de plus haut ; et si ce n'est encore dans l'exécution, du moins quant à l'idée, elles ont, à notre avis, touché le but. Les services qu'un vaste système de crédit, circulation et escompte, est appelé à rendre consistent moins dans la réduction des frais de commission que dans la création du débouché lui-même et la destruction des organes parasites qui l'obstruent.

En dernière analyse, que le commerce se fasse avec du numéraire ou avec du papier, le travail se paye par du travail. Tout individu muni d'un état est donc solvable. Cependant les tailleurs n'ont point de chaussures, ni les cordonniers d'habits : d'où vient cela ? Évidemment, ce n'est pas faute aux uns et aux autres de savoir produire, pas plus que de vouloir acquérir : le mal n'existe ni dans l'organisation du travail, ni dans l'organisation de la consommation. Il est tout entier dans la difficulté de l'échange.

Sous la pression du besoin et l'inspiration d'une idée si simple sont nés des projets de réforme innombrables, qui tous ont pour but d'organiser entre les producteurs, sans distinction de qualité ni de fortune, l'échange direct, c'est-à-dire, soit de supprimer dans le commerce l'emploi de la monnaie, soit au moins de suppléer à l'insuffisance de sa fonction. Nos mains sont pleines de prospectus. Nous nous bornerons à en rapporter les titres :

Réforme monétaire, de M. Mazel, opérant au moyen de bons d'échange ;

Comptoir d'échange et de commission, qui doit joindre aux opérations de banque ordinaire les avances sur marchandises, les crédits à découvert sur caution, et l'émission de bons à vue sur les producteurs qui consentiront à les recevoir en échange de leurs produits ;

Société générale de crédit privé, qui se propose d'émettre des obligations à long terme ;

Monnaie auxiliaire (d'Esclée et Cie) ;

Banque de compensation, qui propose de faire le commerce à l'aide des comptes-courants ;

Banque d'échange de Paris (M. Lachâtre) ;

Banque communale d'Arbanatz, du même ;

Comptoir général d'escompte (Chartron et Cie), à Lyon ;

Monétisation universelle, Lerouge et Cie, rue des Fossés-du-Temple, 34.

Toutes ces conceptions sont hautement compréhensives (1) ; elles n'ont rien de ce particularisme, de cet esprit fantaisiste et exclusif qui déshonora les inspirations populaires de 1848. Elles sont universelles, synthétiques et fécondes, comme leur principe, l'échange. Devant l'échange, plus de classes, plus d'acception de personnes, tous sont égaux : l'égalité est l'essence de l'échange. Avec lui, le parasitisme devient impossible. Pour anéantir le privilége, il suffit de demander au privilégié : Qu'apportez-vous à l'échange ? où est le produit, le service, la valeur, en retour de quoi vous réclamez une pension, une sinécure ?...

Nous ne pouvons pas dire qu'aucune de ces institutions fonctionne : en matière de crédit, d'échange, d'escompte, il n'y a que deux bases d'opération, hors desquelles pas d'affaires : le *numéraire*, ou le *concours des volontés*, deux choses aussi difficiles à réunir l'une que l'autre.

Mais il est clair que ce que tout le monde a conçu, et que nul en particulier ne peut exécuter, tout le monde le peut faire, de même que tout le monde a fait la Banque de France, le Crédit mobilier, le Chemin de fer. Il ne s'agit pour cela que d'une simple manifestation de l'opinion. Que le pouvoir en prenne l'initiative, et le pays applaudira. C'est le cas de répéter le refrain de la ballade : *Oserai-je ? — Ose.*

§ 4. AMORTISSEMENT GÉNÉRAL : CONCLUSION.

Nous avons, dans le cours de ces considérations, prononcé

(1) Voir, sur ces sociétés, *De la Réforme des Banques*, par M. Alfred Darimon. Paris, Guillaumin, 14, rue Richelieu.

des paroles sinistres ; *Liquidation*, *Banqueroute*, *Révolution*, sous l'impression desquelles nous ne voulons pas laisser nos lecteurs.

Certes, nous croyons à une transformation radicale de la société, dans le sens de la Liberté, de l'Égalité des personnes, de la Confédération des peuples : mais nous ne la voulons ni violente, ni spoliatrice. Il s'agit donc de trouver les *voies et moyens* : c'est par là que nous terminerons ce *Manuel*.

En donnant ainsi notre dernier mot, nous n'entendons préjuger en rien les événements. Nous n'avons pas mission de prévenir la lutte ; placés à la queue des partis, nous avons moins que personne la puissance de l'empêcher. Notre seul but, en concluant, est de décliner toute responsabilité dans une catastrophe, dont il n'aura pas tenu à nous que chacun n'ait eu la prévision.

De tout ce que nous venons de dire, une chose résulte claire comme le jour, irréfragable comme la nécessité : c'est que le travail ayant trouvé le secret de se commanditer lui-même, trouvant en lui-même sa puissance de circulation et son débouché, n'a plus que faire du crédit des privilégiés, de la direction d'une aristocratie, du protectorat d'un empereur ou d'un roi. Il répugne à ce système de restriction et de prélibations, qui trouva jadis sa raison d'être dans la barbarie des masses, dans leur résistance au travail, et les nécessités d'une initiation imposée de vive force.

Maintenant le travail est revendiqué universellement comme le plus précieux des biens, comme le premier des droits de l'homme. Autrefois, quand l'humanité, à peine dégrossie, refusait le service, le travail avait pour représentant, qui ? le maître. Il y avait une sorte de justice que le produit tout entier lui appartînt. Aujourd'hui les rôles sont changés : le vrai représentant du travail est le travailleur ; le spéculateur, le capitaliste, le propriétaire, le commerçant, l'entrepreneur, n'en est le plus souvent que le ténia. Un changement de régime est nécessaire.

Ce qui fait la base de toute entreprise industrielle, de toute spéculation mercantile ou financière, c'est la division du travail, le groupe ouvrier, la solidarité de la production et de la consommation, toutes choses qui indiquent une action ou fonction collective. Que la collectivité acquière donc la conscience d'elle-même, et au lieu de servir à l'exploitation individuelle, elle ne voudra plus produire que pour soi; alors les institutions de Crédit, les services publics, les corporations ouvrières, au lieu d'agir au profit de quelques-uns, travailleront pour tous; et la propriété comme l'État sera révolutionnée...

Qu'est-ce qu'un chemin de fer, par exemple? Une industrie servie par un groupe de travailleurs de divers grades et espèces : hommes d'équipe, mécaniciens, chauffeurs, terrassiers, maçons, graisseurs, surveillants, comptables, etc.

Qu'est-ce qu'une mine, une forge, une verrerie, une fabrique de gaz ou de produits chimiques, un service d'omnibus, une entreprise de navigation? — Autant d'industries différentes, servies par des groupes spéciaux d'ouvriers et d'employés.

Il en est ainsi de la Banque de France et autres institutions de crédit; des docks, des ports et de tous les établissements servant à la réception, à l'entrepôt, au chargement et au déchargement des marchandises : toujours des services rendus par des groupes d'hommes.

Un entrepreneur a calculé qu'il y avait en France 6,000 ponts à construire: quel labeur, avec l'entretien de ceux qui existent! A Rome autrefois, et dans la vieille Étrurie, il y avait une corporation dite des constructeurs de ponts, *pontifices*, une vaste confrérie, une franc-maçonnerie pontificale. Alors le travail n'étant pas émancipé, la Société des pontifes formait une corporation privilégiée, consacrée par la religion. Qui empêcherait chez nous d'en faire une Compagnie ouvrière, comme celles des maçons et des paveurs?

Le nombre des chaudières à vapeur était, en 1852, de 7,779, représentant une force de 216,456 chevaux-vapeur. Or, toute machine est comme une pièce d'artillerie, ayant pour résultat non-seulement de remplacer le travail humain, mais de se faire à elle-même, des ouvriers qu'elle supplée, autant de servants. La machine, en un mot, est l'expression matérielle du groupe travailleur. Rendre l'ouvrier co-propriétaire de l'engin industriel et participant de ses bénéfices, au lieu de l'y enchaîner comme esclave : qui oserait nier que telle ne soit la tendance du siècle?

Il n'est partout question que de drainer le sol, de reboiser les cimes, d'égoutter les marais. M. H. Peut propose de rendre à la culture le delta du Rhône, une conquête de 150,000 hectares, pouvant donner un produit net de 45 millions de francs, et assurer le bien-être de 10,000 familles. C'est toute une population de défricheurs, dessécheurs, irrigateurs, reboiseurs, à créer. Se figure-t-on que ces innombrables tribus, dont la construction des chemins de fer a déjà commencé sur une vaste échelle le développement, aussitôt la terre mise en valeur, soient expulsées du sol conquis par leurs mains, comme les highlanders l'ont été de leurs montagnes?...

Il serait absurde de s'imaginer qu'avec l'esprit des sociétés modernes, avec le tempérament que la révolution française, le progrès des sciences, des arts et de l'industrie, la rapidité des communications internationales, ont refait au prolétariat et développent tous les jours, ces gigantesques travaux puissent s'entreprendre et se mener à fin, sans qu'il en résulte, sinon l'émancipation complète, au moins une élévation notable des classes ouvrières. La spéculation, occupée à réaliser ses primes; le gouvernement, absorbé par les soins de sa conservation, n'y réfléchissent pas. Mais depuis quand les révolutions attendent-elles, pour s'accomplir, les prévisions des hommes? Qu'on ne s'y trompe pas : l'organisme industriel, détruit en 89, n'a disparu que pour faire place à un autre, plus profond, plus large, dégagé de tout privilége et retrempé dans la liberté et l'égalité populaire. Ce n'est pas une vaine rhétorique qui le déclare, c'est la nécessité économique et sociale. Le moment approche où nous ne pourrons plus marcher qu'à ces conditions nouvelles. Jadis, gouvernement, capital, propriété, science, jusqu'au travail, tout était caste; maintenant tout tend à devenir peuple...

Les mines de combustible, actuellement concédées, sont au nombre de 400 et tant; presque toutes sont en commandite, et toutes, constituées par le titre de leur concession en monopole, tendent à se coaliser et à surfaire leurs produits. A Lyon, le prix du combustible a presque doublé. Est-ce là ce que se proposait l'auteur de la loi de 1810, quand il disait, à propos des concessions minières, qu'il voulait créer une propriété nouvelle, une propriété dans laquelle l'usage serait enfin séparé de l'abus ?...

La plupart des usines à gaz sont en Sociétés par actions.

Les usines métallurgiques, les filatures, les ateliers de construction, la meunerie, exploitées par les particuliers ou par des Sociétés en nom collectif entre quelques capitalistes, suivent l'entraînement général et émettent aussi des actions.

Les assurances, dont nous avons cité une quarantaine, se comptent par centaines : la plupart, sinon la totalité, sont anonymes.

Les maisons de banque particulières sont toutes sous une raison sociale, servant, pour ainsi dire, de nom propre à leur commandite.

Il y a des Compagnies et des fusions de Compagnies pour le roulage, la batellerie et la navigation ;

Des Compagnies pour le commerce en gros et le commerce de détail.

Il s'en forme actuellement pour la construction des maisons. L'immeuble, ce qu'il y a de plus antipathique à la mobilisation, se met en commandite.

L'agriculture aura son tour : une Société, *le Cheptel*, pour la commandite des bestiaux, se forme, dit-on, au capital de 100 millions... On attribue en partie à ses opérations l'enchérissement de la viande. C'est tout simple : elle ne travaille que pour ses actionnaires. Mais cela ne prouve pas l'inutilité de la combinaison. — Le gouvernement a ouvert un crédit de 200 millions pour le drainage. Et sans épuiser la liste des faits nouveaux, et pour ne parler que de ce qu'il y a de plus ancien sur la terre, qu'est-ce au fond que la commune rurale? Un groupe de laboureurs.

Est-il possible d'admettre que ce mouvement sociétaire, résultat, non des théories utopistes, mais des nécessités économiques, et qui envahit toutes les branches de la production, demeure éternellement fermé à l'ouvrier? que l'*action* ne soit accessible qu'à l'écu, et que le travail, par essence et destination, repousse à tout jamais la commandite du travail? Devons-nous croire que la société de commerce, en se généralisant avec cette puissance irrésistible, a pour but providentiel de ressusciter le régime des castes, de creuser plus profondément le sillon entre la bourgeoisie et le prolétariat, et non d'amener la fusion nécessaire et définitive des deux classes, c'est-à-dire leur émancipation et leur triomphe?

D'ici à un demi-siècle, tout le capital national aura été mobilisé; toute valeur engagée, servant d'instrument à la production, sera inscrite sous une raison sociale ; le champ de la propriété individuelle sera réduit aux objets de consommation, ou, comme dit le Code, aux choses fongibles. Est-ce donc que le salarié, l'antique esclave, exclu, dès l'origine du monde, de la Propriété, devra l'être encore, jusqu'à la consommation des siècles, de la Société?

Sous quelque aspect que nous considérions les choses, par le côté politique ou par le côté économique, au point de vue de la mécanique comme à celui de la commandite, il appert de plus en plus que nous marchons, à travers un semblant de restauration féodale, à une Démocratie industrielle.

Or, pour opérer cette transformation définitive, il suffit, quant au *Droit*, d'un petit nombre de modifications à apporter aux statuts des Compagnies actuelles : nous avons dit, au chapitre de l'*Association*, pages 195 à 209, et tout à l'heure en parlant des Sociétés ouvrières, pages 461 à 471, quelles étaient ces modifications. Quant au transfert de la propriété, sauf le cas d'une lutte qui mettrait la bourgeoisie à la merci de la plèbe, il n'est besoin que d'une simple opération d'amortissement.

Dans vingt-cinq ans, dans dix ans peut-être, au train dont vont les choses, le travail aura le compte exact du capital. Pense-t-on que l'idée ne vienne pas alors au premier d'amortir l'autre, et que, cette idée surgissant, qui que ce soit puisse en empêcher l'exécution?

L'amortissement du capital! On sait le parti qu'ont tiré de cet épouvantail tous les sauveurs de la société depuis une vingtaine d'années, surtout depuis la révolution de 1848. Les moins effrayés ne furent pas les fondateurs de la République. A les entendre, le monde, la veille du déluge, n'était pas plus près de sa perte.

Des usuriers, enrichis de toutes les misères qu'ils avaient semées autour d'eux, les *loups-cerviers* de la banque, les *grecs* de l'agio, se mettaient à invoquer la sainteté du travail, source ultra-légitime de la propriété. Ils parlaient avec attendrissement de l'homme des champs, cultivant avec sa famille, au sein de la paix et de l'innocence, l'héritage paternel, d'où le socialisme, non moins inexorable sans doute que le prêteur hypothécaire, menaçait de l'arracher.

Puis, à l'exemple des Jérémies bancocrates, les honnêtes petits bourgeois de la classe moyenne, bonnes gens dont la vue est aussi longue que le crédit, et que distingue si fort l'esprit d'entreprise, se répandaient en lamentations sur la liberté de l'industrie, que la révolution allait immobiliser et asservir. On voulait, à les en croire, couper les ailes au génie, établir dans la France progressiste le gouvernement de la routine. Il fallait, selon eux, à une grande nation de grandes existences, à une république vraiment digne une aristocratie de fortunes, servant de mobile aux spéculations hardies du travail et de l'art. Et ils pleuraient les individualités glorieuses, honneur de la civilisation et de la patrie, que l'association ouvrière allait étouffer; et ils se demandaient avec désespoir ce qui remplacerait l'opulence, quand il n'y aurait plus de misère!...

C'était contre la loi d'expropriation, rendue à la demande et pour l'avantage des grandes Compagnies; contre leurs tarifs exorbitants et leurs coalitions monstrueuses, qu'il fallait invoquer ces balivernes: elles eussent eu du moins le mérite de l'à-propos. L'établissement des grandes voies de communication, taillant et tranchant, de par la loi, à travers champs, prairies et vignobles, sans aucun souci *de l'héritage paternel* et de l'*innocent laboureur*; écrasant de sa concurrence déloyale le batelier, le roulier et le commissionnaire ; rançonnant les populations après leur avoir ôté toutes garanties contre son monopole, nous a rejetés loin des mœurs primitives et de la pastorale.

Aujourd'hui le gouvernement, après avoir réglé, selon la valeur vénale des immeubles, l'indemnité due aux expropriés, prétend s'attribuer la plus-value résultant, pour les terrains qu'il entame, de la construction d'une route, d'un canal, d'un railway, du percement d'une rue ou d'une place publique. Des amis de l'ordre trouvent au fond la revendication de l'État très-équitable. Pourquoi alors l'État ne suivrait-il pas son principe jusqu'à la fin? Pourquoi, après avoir soumis le petit propriétaire à la grande exploitation, ne subordonnerait-il pas celle-ci à son tour au domaine universel? Toute propriété, d'après la loi nouvelle, ayant pour limite un intérêt supérieur, en autres termes, retenant l'usage, mais excluant l'abus, contrairement à l'ancienne définition, les concessions du souverain tombent les premières sous la règle, et la féodalité industrielle devient impossible. Qu'en disent les légistes?

Ce terrible droit d'expropriation, réservé d'abord au pouvoir central et contesté aux municipalités, voilà qu'on en concède l'exercice à des Compagnies industrielles ! C'est le capital armé contre la propriété! A la bonne heure. Mais le capital lui-même n'est que l'instrument de la production, non plus l'égal, mais le subalterne du travail. Ce que la loi permet au capital de faire contre la propriété, le travail doit être autorisé à l'exécuter contre le capital : il n'y a raison ni prétexte qui puisse retenir cette conséquence. Quand donc saurons-nous appliquer les principes de 1789, les principes de 1852? Quand l'égalité des Français devant la loi sera-t-elle devenue, nous ne disons pas pour le pouvoir qui la représente, mais pour les citoyens qui en sont l'objet, une vérité?.....

Loin de nous toute pensée ironique, tout sentiment de récrimination. Le mouvement est lancé : tous nos efforts pour le retenir seraient vains. Acceptons avec joie, comme ce qu'il y a de meilleur pour l'ordre social, pour la garantie des intérêts et le bien-être des populations, ce que la nécessité invincible nous impose. Quant aux ignorances des moralistes et des hommes d'État, supportons-les avec une résignation philosophique. Ce n'est pas d'aujourd'hui que le bien s'accomplit tout assaisonné d'amertumes, et que la justice éternelle, appelant du geste la justice humaine, établit son tribunal au carrefour de l'iniquité. La propriété, comme l'État, est en pleine métamorphose : au lieu de nous lamenter en aveugles, voyons plutôt, spéculateurs avisés, s'il n'y a pas quelque sujet de nous réjouir.

Le travail, disions-nous tout à l'heure, est la seule chose en définitive qui paye le travail. Cette proposition est la même, mais plus exacte et plus générale dans son expression, que celle de J.-B. Say : *Les produits s'échangent contre les produits*. Or, si le travail paye le travail, qu'est-ce que la propriété, corporative ou individuelle, rentière, agricole, industrielle, mercantile ou financière, peut avoir à craindre? Le producteur a dans la paume de sa main plus de richesses qu'il n'en existe sur la face de la terre. Quand, par impossible, l'expropriation pour cause d'utilité publique devrait aller jusqu'à la totalité du capital national, mobilier et immobilier, le peuple des travailleurs aurait encore de quoi payer, puisqu'il aurait son travail : or, c'est dans le travail qu'est le principe de l'amortissement...

Constatons une dernière fois la nécessité de ce principe, dès longtemps passé dans les faits : nous déduirons ensuite, du point de vue essentiellement spéculatif de la réintégration du peuple dans les domaines créés par son travail, ce qu'il y a de rassurant pour le commanditaire actuel dans les conséquences.

Des Compagnies obtiennent le droit d'établir des chemins de fer : elles immobilisent dans ces travaux des milliards. Et cependant leur création ne leur appartiendra point, comme la maison appartient au propriétaire qui l'a fait bâtir. Les bénéfices annuels leur seront comptés en deux parts, l'une à titre de *dividendes*, l'autre à titre d'*amortissement;* de sorte que dans un délai dont la durée importe peu au fond de la question, les cessionnaires, remboursés par annuités, se trouveront expropriés.

Les droits de péage perçus sur les ponts, les canaux, dérivent du même principe.

Cinquante annuités à 5 0/0 libèrent complétement en capital et intérêts l'emprunteur au Crédit foncier, tandis que cent annuités à 10 0/0 n'allégeraient pas d'un centime le capital des autres emprunts.

L'auteur d'un petit livre sur le Crédit foncier, afin de faire comprendre aux paysans les avantages de la nouvelle institution, suppose un propriétaire obligé de recourir aux usuriers. Le malheureux emprunteur a besoin de 3,000 fr. pour cinq ans ; les intérêts sont de 7 0/0. Mais afin de rester dans le taux légal, on ne lui donne que 2,700 fr. contre une reconnaissance de 3,000. Le prêt dure vingt ans, et dans ce délai il y a trois cessions de créance. A ce sujet l'auteur établit le calcul suivant :

« L'emprunteur aura payé, au bout de vingt ans :

« En intérêts	3,000 fr.
« En frais	400
« En retenues successives sur le capital	1,200
« Ensemble	4,600

« *Et il devra encore les mille écus empruntés!* » ajoute-t-il tout scandalisé.

Qu'il généralise donc sa pensée et qu'il dise :

« Le fermier payera trente ans, cinquante ans, le loyer de la terre, sans avoir, au bout de ce temps, la moindre copropriété du sol qu'il aura cultivé. Loin de là : toute plus-value, fruit de son labeur, s'impute contre lui. Le prix de son fermage s'accroît, à chaque renouvellement, de l'intérêt du capital (engrais et main-d'œuvre) qu'il a affecté à l'amendement du fonds pendant le bail précédent. De génération en génération, le propriétaire perçoit sa rente, une rente de plus en plus élevée, sans se trouver le moins du monde dessaisi.

« Il n'en est pas autrement pour le louage des maisons et des instruments de travail, pour les emprunts d'argent.

Ainsi l'État a bientôt payé en annuités trois fois le capital de sa dette sans l'avoir par là exonérée d'un centime. »

L'économie, qui a la prétention d'être une science positive, ne peut refuser d'admettre cette généralisation que le travail doit amortir tous les capitaux. Les concessions temporaires et les annuités imputées sur le capital n'auraient pas de raison d'être si elles devaient rester à l'état d'exception.

Au surplus, le capitaliste lui-même a renoncé de fait à la pérennité de l'intérêt. Des dividendes, des primes, et la rentrée dans ses fonds, voilà ce qu'il recherche; ce que nous répondions en 1848 à ceux qui nous demandaient ce que les capitalistes feraient de leurs capitaux quand ils ne les placeraient plus sur l'État ou sur hypothèque : l'énorme mouvement de valeurs dont la Bourse est le marché n'a pas d'autre cause.

Eh bien! qu'offre aujourd'hui à la spéculation avide, impatiente, l'amortissement, combiné avec la puissance de production qui peut résulter de la formation progressive des Sociétés ouvrières, des Compagnies de travailleurs?

Ce qu'il vous offre, ô spéculateurs à courte vue, ô hommes d'État pusillanimes, qui redoutez pour votre crédit l'encombrement des valeurs! c'est la faculté illimitée de créer de la richesse et d'en prendre votre part, comme cela a lieu dans la *Société des Maçons*, qui donne 13 fr. 33 c. 0/0 à ses fournisseurs commanditaires; c'est par conséquent la faculté pour chacun de vous de réaliser à volonté, sans avoir jamais à redouter de banqueroute, le capital, augmenté d'une part de produit net, qu'il aura engagé en quelque entreprise que ce soit!

Avec le travail pour hypothèque et l'annuité pour moyen, votre capital n'est plus sujet à dépréciation, votre propriété devient inviolable, vos placements et avances ne redoutent plus la consolidation, vos rentes n'ont rien à craindre de la conversion : il vous suffit, et le travailleur vous en sera reconnaissant, de faire valoir votre inépuisable hypothèque, le Travail. Inventez maintenant, faites des découvertes, construisez des machines, créez, avec de nouveaux besoins, de nouveaux produits; formez des Compagnies, en nom collectif et anonymes; obtenez pour vos combinaisons heureuses, pour vos applications utiles, pour vos entreprises hardies, des brevets et des priviléges, jetez vos actions sur la place; remuez des millions et des milliards, et soyez sans inquiétude. Toute valeur vraie qui aura été par vous constatée, démontrée par la théorie et l'expérience, le Travail vous l'escomptera.

Ainsi la création de ces innombrables Compagnies, qui semblent devoir asservir à tout jamais l'humanité travailleuse, et que tant de gens sont tentés de prendre pour un mouvement en arrière, n'est en dernière analyse qu'une transition régénératrice. C'est par elles que toute subalternisation de l'homme à l'homme doit disparaître, et que les classes que nous avons appelées supérieure et inférieure, nées de l'anarchie économique et de l'individualisme spéculatif, doivent revenir à l'homogénéité, et se résoudre dans une seule et même association de producteurs.

Le gouvernement actuel se flatte, comme ses prédécesseurs, d'avoir fermé l'ère des révolutions.

Pour ceux qui appellent de ce nom les agitations de la place publique, les harangues des tribuns, les manifestations populaires, les orages de la tribune, les luttes de la presse, nous dirons volontiers : C'est possible; et bien que nous ne voulussions pas en jurer, nous en acceptons avec joie l'heureuse espérance.

Mais si l'on entend par révolution la réforme progressive et sans fin des sociétés, la réduction des priviléges, le développement de l'égalité, nous répondrons hardiment : Non, la révolution n'a pas rétrogradé d'une seule ligne; il nous faudrait prendre le bonnet vert, et renoncer à notre qualité de Français, si elle rétrogradait.

Sans doute, en voyant l'abaissement moral des caractères, la couardise et l'hypocrisie des intérêts, le mépris de l'humanité dont ils font preuve, les excès auxquels ils dévouent le présent et l'avenir de la nation, il est pardonnable de croire à une rétrogradation, et de pleurer, avec certains écrivains, trop préoccupés de la surface pour regarder au fond, sur notre décadence.

Décadence de caste, à la bonne heure! c'est le règne Louis XV des bourgeois. Cela durera bien autant que nous, disent-ils comme l'autre; et après, le déluge!...

Hélas! ils n'auront pas l'honneur de ce baptême *in extremis*. Il y a, pour le moment, trop d'incapacité dans la classe moyenne, trop d'innocence encore dans le peuple. Qu'ils jouissent tranquilles, et transmettent à leurs légitimes héritiers leurs fortunes équivoques. Puissent-ils seulement, avant de mourir, apprendre que la base de toute Spéculation honnête et féconde est le Travail : nous ne leur souhaitons pour châtiment que ce remords!

FIN.

TABLE DES MATIÈRES

DEUXIÈME PARTIE.

CONSIDÉRATIONS FINALES.

FIN DE LA TABLE DES MATIÈRES.

Paris. — Imprimerie P.-A. Bourdier et Cie, 30, rue Mazarine.

EXTRAIT DU CATALOGUE

DE LA LIBRAIRIE

GARNIER FRÈRES

6, rue des Saints-Pères, et Palais-Royal, 215 bis.

DICTIONNAIRE NATIONAL

OUVRAGE ENTIÈREMENT TERMINÉ.

Monument élevé à la gloire de la Langue et des Lettres françaises.

Ce grand Dictionnaire classique de la Langue française contient, pour la première fois, outre les mots mis en circulation par la presse, et qui sont devenus une des propriétés de la parole, les noms de tous les Peuples anciens, modernes; de tous les Souverains de chaque Etat; des Institutions politiques; des Assemblées délibérantes; des Ordres monastiques, militaires; des Sectes religieuses, politiques, philosophiques; des grands Evénements historiques : Guerres, Batailles, Siéges, Journées mémorables, Conspirations, Traités de paix, Conciles; des Titres, Dignités, Fonctions, des Hommes ou Femmes célèbres en tout genre; des Personnages historiques de tous les pays et de tous les temps : Saints, Martyrs, Savants, Artistes, Ecrivains; des Divinités, Héros et Personnages fabuleux de tous les Peuples; des Religions et Cultes divers, Fêtes, Jeux, Cérémonies publiques, Mystères, Livres sacrés; enfin la Nomenclature de tous les Chefs-lieux, Arrondissements, Cantons, Villes, Fleuves, Rivières, Montagnes et Curiosités naturelles de la France et de l'Etranger; avec les Etymologies grecques, latines, arabes, celtiques, germaniques, etc., etc.

Cet ouvrage classique est rédigé sur un plan entièrement neuf, plus exact et plus complet que tous les dictionnaires qui existent, et dans lequel toutes les définitions, toutes les acceptions des mots et les nuances infinies qu'ils ont reçues du bon goût et de l'usage sont justifiées par plus de quinze cent mille exemples choisis, fidèlement extraits de tous les écrivains, moralistes et poëtes, philosophes et historiens, politiques et savants, conteurs et romanciers, dont l'autorité est généralement reconnue; par M. BESCHERELLE AÎNÉ, principal auteur de la *Grammaire nationale*. Deux magnifiques volumes in-4° de 3,400 pages, à 4 colonnes, lettres ornées, etc., imprimés en caractères neufs et très-lisibles, sur papier grand raisin glacé et satiné, contenant la matière de plus de 300 volumes in-8. — Prix : 50 fr.; demi-rel. chag., 60 fr.

PETIT DICTIONNAIRE NATIONAL

Par Bescherelle aîné, auteur du grand *Dictionnaire national*, etc. 1 vol. grand in-32 jésus, 2 fr. 25 c.

Relié en percaline à l'anglaise. . . . . 3 fr. »

GRAMMAIRE NATIONALE

Ou Grammaire de Voltaire, de Racine, de Bossuet, de Fénelon, de J.-J. Rousseau, de Bernardin de Saint-Pierre, de Chateaubriand, de Casimir Delavigne, et de tous les écrivains les plus distingués de la France; par MM. Bescherelle frères et Litais de Gaux. 1 fort vol. grand in-8, 12 fr.; net, 9 fr.

Complément indispensable du *Dictionnaire national*.

DICTIONNAIRE USUEL DE TOUS LES VERBES FRANÇAIS

Tant réguliers qu'irréguliers, entièrement conjugués, par Bescherelle frères. 2 vol. in-8 à 2 col., 15 fr.; net, 12 fr.

Ce livre est indispensable à tous les écrivains et à toutes les personnes qui s'occupent de la langue française, car le verbe est le mot qui, dans le discours, joue le plus grand rôle; il entre dans toutes les propositions, pour être le lien de nos pensées et y répandre la clarté et la vie; aussi les Latins lui avaient donné le nom de *verbum* pour exprimer qu'il est le mot nécessaire, le mot par excellence. Mais le verbe doit être rangé dans la classe des parties du discours que les grammairiens appellent *variables*. Aucune, en effet, n'a subi des modifications aussi nombreuses et aussi variées. La conjugaison des verbes est sans contredit ce qu'il y a de plus difficile dans notre langue, puisqu'on y compte plus de trois cents verbes irréguliers. A l'aide de ce dictionnaire, tous les doutes sont levés, toutes les difficultés vaincues.

LE VÉRITABLE MANUEL DES CONJUGAISONS

Ou Dictionnaire des 8,000 verbes, par Bescherelle frères. Troisième édition. 1 vol. in-18, 3 fr. 75 c.

GRAND DICTIONNAIRE ESPAGNOL-FRANÇAIS ET FRANÇAIS-ESPAGNOL

Avec la prononciation dans les deux langues, plus exact et plus complet que tous ceux qui ont paru jusqu'à ce jour, rédigé d'après les matériaux réunis, par D. Vicente Salva, et les meilleurs dictionnaires anciens et modernes, par F. de P. Noriega et Guim. 1 fort volume grand in-8 jésus, d'environ 1,600 pages, à 3 colonnes. Prix : 18 fr.

NOUVEAU DICTIONNAIRE DE POCHE FRANÇAIS-ESPAGNOL ET ESPAGNOL-FRANÇAIS

Avec la prononciation dans les deux langues, rédigé d'après les matériaux réunis par D. Vicente Salva, et les meilleurs dictionnaires parus jusqu'à ce jour. 1 fort vol. grand in-32, format dit Cazin, d'environ 1,100 pages. Prix : 5 fr.

GUIDES POLYGLOTTES, MANUELS DE LA CONVERSATION ET DU STYLE ÉPISTOLAIRE

A l'usage des voyageurs et de la jeunesse des écoles, par MM. Clifton, Vitali, docteur Ebeling, Carolino Duarte. Grand in-32, format dit Cazin, papier satiné. Prix : 2 fr. le vol.

FRANÇAIS-ANGLAIS. 1 vol. in-32.
FRANÇAIS-ITALIEN. 1 vol. in-32.
FRANÇAIS-ALLEMAND. 1 vol. in-32.
FRANÇAIS-ESPAGNOL. 1 vol. in-32.
FRANÇAIS-PORTUGAIS. 1 vol. in-32.
ENGLISH AND FRENCH. 1 vol. in-32.
ESPANOL-FRANCÉS. 1 vol. in-32.
ENGLISH AND PORTUGUESE. 1 vol. in-32.
ESPANOL-INGLÉS. 1 vol. in-32.
ESPANOL-ITALIANO. 1 vol. in-32.
ESPANOL-FRANCÉS-INGLÉS-ITALIANO. 1 vol. in-32.
PORTUGUEZ-FRANCEZ. 1 vol. in-32.
PORTUGUEZ-INGLEZ. 1 vol. in-32.

GRAND DICTIONNAIRE ITALIEN-FRANÇAIS ET FRANÇAIS-ITALIEN

Par Barberi, continué et terminé par Basti et Cerati. 2 gros vol. in-4, 45 fr. ; net, 25 fr.

Ce Dictionnaire donne la prononciation des mots, leur étymologie, leur sens et leurs mots expliqués et appuyés par des exemples. — Un grand nombre de termes techniques des sciences et arts. — La solution des difficultés grammaticales. — Le pluriel des substantifs et les divers temps des verbes quand ils ont une forme irrégulière. Le genre des substantifs qui n'est point indiqué dans les autres dictionnaires italiens, etc., etc. Le tout forme 2,500 pages in-4. Le Conseil royal de l'instruction publique a examiné le grand *Dictionnaire italien-français* et *français-italien* de Barberi, continué et terminé par MM. Basti et Cerati. D'après la délibération du Conseil royal, ce dictionnaire sera placé dans les Bibliothèques des colléges. C'est, en effet, le travail le plus complet qui existe en ce genre et le meilleur guide pour l'enseignement approfondi des beautés de la langue italienne.

DICTIONNAIRE D'HIPPIATRIQUE ET D'ÉQUITATION

Ouvrage où se trouvent réunies toutes les connaissances équestres et hippiques, par F. Cardini, lieutenant-colonel en retraite. 2 vol. grand in-8, ornés de 70 figures. 2e édition, corrigée et considérablement augmentée, 20 fr. ; net, 15 fr.

DE L'ÉLOQUENCE JUDICIAIRE AU DIX-SEPTIÈME SIÈCLE

Antoine Lemaistre et ses contemporains, par M. Oscar de Vallée, avocat général à la cour impériale de Paris. 1 beau vol. in-8 cavalier, 7 fr. 50.

LES ARMES ET LE DUEL

Par Grisier, professeur à l'École polytechnique, au collége Henri IV et au Conservatoire de musique. Ouvrage agréé par Sa Majesté l'empereur de Russie ; précédé d'une Préface par A. Dumas ; Notice sur l'auteur, par Roger de Beauvoir ; Epitre en vers, de Méry, etc. ; Dessins par E. de Beaumont. Deuxième édition, revue par l'auteur. 1 vol. grand in-8, 10 fr.

Nous ne craignons pas de dire que cet ouvrage est le *traité d'escrime* LE PLUS COMPLET qui ait encore paru. La réputation européenne de l'auteur nous autorise à ajouter que c'est très-certainement LE MEILLEUR.

DICTIONNAIRE DE LA CONVERSATION ET DE LA LECTURE

52 vol. grand in-8 de 500 pages à 2 col., contenant la matière de plus de 300 vol. Prix : 208 fr.

Œuvre éminemment littéraire et scientifique, produit de l'association de toutes les illustrations de l'époque, sans acception de partis ou d'opinions, le *Dictionnaire de la Conversation* a depuis longtemps sa place marquée dans la bibliothèque de tout homme de goût, qui aime à retrouver formulées en préceptes généraux ses idées déjà arrêtées sur l'histoire, les arts et les sciences.

SUPPLÉMENT AU
DICTIONNAIRE DE LA CONVERSATION ET DE LA LECTURE

Rédigé par tous les écrivains et savants dont les noms figurent dans cet ouvrage, et publié sous la direction du même rédacteur en chef. 16 vol. gr. in-8 de 500 pages, conformes aux 52 vol. publiés de 1832 à 1839.

Le *Supplément*, aujourd'hui TERMINÉ, se compose de *seize volumes* formant les tomes 53 à 68 de cette Encyclopédie si populaire. Il contient la mention de tous les progrès faits par les sciences depuis la terminaison de l'ouvrage principal (1839) jusqu'à l'époque actuelle, et le résumé de l'Histoire politique des différents États jusqu'en 1852. Les grands et providentiels événements qui sont venus changer la face de l'Europe, en 1848, y sont racontés, de même qu'on y trouve des renseignements précis sur la plupart des hommes nouveaux que ces événements ont fait surgir dans la politique.

Il n'y a pas d'exagération dès lors à dire que de toutes les Encyclopédies le *Dictionnaire de la Conversation* est la plus complète et la plus *actuelle*.

Le *Supplément* a réparé toutes les erreurs, toutes les omissions qui avaient échappé dans le travail si rapide de la rédaction des 52 premiers volumes. Tous les *renvois* que le lecteur cherchait vainement dans l'ouvrage principal se trouvent traités dans le *Supplément*, de même que quelques articles jugés insuffisants ont été refaits.

Qui ne sait l'immense succès du *Dictionnaire de la Conversation ?* Plus de 19,000 xemplaires des tomes 1 à 52 ont été vendus; mais, aujourd'hui, les seuls exemplaires qui conservent toute *leur valeur primitive* sont ceux qui possèdent le *Supplément*, en d'autres termes, les tomes 53 à 68.

Comme les seize volumes supplémentaires n'ont été tirés qu'à 3,000, ils ne tarderont pas à être épuisés; les retardataires n'auront donc qu'à s'en prendre à eux-mêmes de la dépréciation énorme de l'exemplaire qu'ils auront négligé de compléter.

Nous nous bornerons à prévenir itérativement les possesseurs des tomes 1 à 52 qu'avant très-peu de temps il nous sera impossible de compléter leurs exemplaires et de leur fournir les tomes 53 à 68 ; car ils s'épuisent plus rapidement encore que nous ne l'avions pensé, et d'ailleurs, nous le répétons, ils ont été tirés en bien moindre nombre que les premiers volumes.

Prix des seize volumes du *Supplément* (tomes 53 à 68), 80 fr.; le volume, 5 fr.; la livraison 2 fr. 50 c.

GÉOGRAPHIE UNIVERSELLE

PAR MALTE-BRUN.

Description de toutes les parties du monde sur un nouveau plan, d'après les grandes divisions du globe; précédée de l'Histoire de la Géographie chez les peuples anciens et modernes, et d'une Théorie générale de la Géographie mathématique, physique et politique. Sixième édition, revue, corrigée et augmentée, mise dans un nouvel ordre et enrichie de toutes les nouvelles découvertes, par J.-J.-N. Huot, 6 beaux vol. grand in-8, enrichis de 64 gravures sur acier, 60 fr., demi-reliure chagrin, 81 fr.

Avec UN SUPERBE ATLAS entièrement établi à neuf. 1 vol. in-folio, composé de 72 magnifiques cartes coloriées, dont 14 doubles, 80 fr.

On se plaignait généralement de la sécheresse de la géographie, lorsque, après quinze années de lectures et d'études, Malte-Brun conçut la pensée de renfermer dans une suite de discours historiques l'ensemble de la géographie ancienne et moderne, de manière à laisser, dans l'esprit d'un lecteur attentif, l'image vivante de la terre entière, avec toutes ses contrées diverses, et avec les lieux mémorables qu'elles renferment et les peuples qui les ont habitées ou qui les habitent encore.

Il s'est dit : « La géographie n'est-elle pas la sœur et l'émule de l'histoire? Si l'une a le pouvoir de ressusciter les générations passées, l'autre ne saurait-elle fixer, dans une image mobile, les tableaux vivants de l'histoire en retraçant à la pensée cet éternel théâtre de nos courtes misères? cette vaste scène, jonchée des débris de tant d'empires, et cette immuable nature, toujours occupée à réparer, par ses bienfaits, les ravages de nos discordes? Et cette description du globe n'est-elle pas intimement liée à l'étude de l'homme, à celle des mœurs et des institutions? n'offre-t-elle pas à toutes les sciences politiques des renseignements précieux? aux diverses branches de l'histoire naturelle un complément nécessaire? à la littérature elle-même, un vaste trésor de sentiments et d'images? » Et, sans se rebuter par les difficultés de toute nature que présentait un pareil sujet, il consacre sa vie tout entière à élever à la géographie un des plus beaux monuments scientifiques et littéraires de ce siècle.

Malte-Brun a laissé un ouvrage dont la réputation est justifiée par trente années de succès, par le suffrage unanime des savants et des littérateurs, et par l'empressement que plusieurs ont mis à le traduire.

Cette nouvelle réimpression de la *Géographie universelle* a été entièrement revue et complétée par le savant continuateur de Malte-Brun, M. Huot.

DU MÊME AUTEUR :

PRÉCIS DE GÉOGRAPHIE UNIVERSELLE

Précédé d'une introduction historique et suivi d'un aperçu de la géographie ancienne, par MM. Balbi, Larenaudière et Huot, quatrième édition, considérablement augmentée et ornée de nombreuses gravures et cartes. Ouvrage adopté par l'Université. 1 volume grand in-8, 20 fr.; net, 18 fr.

Demi-reliure, dos chagrin. 3 fr. 50 c.

DICTIONNAIRE GÉOGRAPHIQUE, STATISTIQUE ET POSTAL DES COMMUNES DE FRANCE

Dédié au commerce, à l'industrie et à toutes les administrations publiques, par M. A. Peigné, auteur du *Dictionnaire portatif de la langue française* et de plusieurs ouvrages d'instruction ; avec la carte des postes. Cet ouvrage, par la multiplicité et l'exactitude des renseignements qu'il fournit, est indispensable à tout commerçant, voyageur, industriel et employé d'administration, dont il est le *vade mecum*. Prix, 5 fr.

OUVRAGES RELIGIEUX

MÉDITATIONS SUR L'ÉVANGILE.

Par Bossuet, revues sur les manuscrits originaux et les édit. les plus correctes, et illustrées de 14 magnifiques gravures sur acier, d'après Raphael, Rubens, Poussin, Rembrandt, Carrache, Léonard de Vinci, etc. 1 vol. gr. in-8 jésus. 18 fr.

Demi-reliure maroquin, plats en toile, tranche dorée. . . . . 24 fr. »

Cette superbe réimpression d'un des chefs-d'œuvre de Bossuet, imprimée avec le plus grand soin par Simon Raçon, est destinée à prendre place parmi les plus beaux livres de l'époque.

LES SAINTS ÉVANGILES

(Édition Curmer.)

Selon saint Matthieu, saint Marc, saint Luc et saint Jean. 2 splendides vol. grand in-8, illustrés de 12 gravures sur acier, et ornés de vues. Brochés, 48 fr.; net 25 fr.

Reliure chagrin, tranche dorée. . . . . 11 fr. le vol.

LES ÉVANGILES

Par F. Lamennais. Traduction nouvelle, avec des notes et des réflexions. 2e édit., illustrée de 10 gravures sur acier, d'après Cigoli, le Guide, Murillo, Overbeck, Raphaël, Rubens, etc. 1 vol. in-8, cavalier vélin, 10 fr.; net, 8 fr.

Reliure demi-chagrin, plats en toile, tranche dorée. . . . . 4 fr.

LES VIES DES SAINTS

Pour tous les jours de l'année, nouvellement écrites par une réunion d'ecclésiastiques et d'écrivains catholiques, publiées en 200 livraisons, classées pour chaque jour de l'année par ordre de dates, d'après les martyrologes et Godescard; illustrées d'environ 1,800 gravures.

L'ouvrage complet forme 4 beaux vol. grand in-8; chaque vol. se compose d'un trimestre et forme un tout complet. 10 fr., le vol. Complet. 40 fr.

Reliure des 4 vol. en deux vol., demi-chagrin, plats toile, tr. dorée. 13 fr. »
Reliure des 4 vol. en deux vol., toile, tr. dorée. . . . . 11 »

Les Vies des Saints, ayant déjà obtenu l'approbation des archevêques de Paris, de Cambrai, de Tours, de Bourges, de Reims, de Sens, de Bordeaux et de Toulouse, et des évêques de Chartres, de Limoges, de Bayeux, de Poitiers, de Versailles, d'Amiens, d'Arras, de Châlons, de Langres, de la Rochelle, de Saint-Dié, de Nîmes, de Rodez, d'Angers, de Nevers, de Saint-Claude, de Verdun, de Metz, de Montpellier, de Gap, de Nancy, d'Autun, de Quimper, de Strasbourg, d'Évreux, de Saint-Flour, de Valence, de Cahors et du Mans, sont appelées à un très-grand succès.

IMITATION DE JESUS-CHRIST

Traduite par l'abbé Dassance, avec approbation de Mgr l'archevêque de Paris. Edition Curmer, avec encadrements variés, frontispice or et couleur, et 10 gravures sur acier. 1 vol. gr. in-8, 20 fr.

Reliure chagrin, tranche dorée. . . . . 12 fr. »
— demi-chagrin, tranche dorée, plats toile. 5 50

LA VIERGE

Histoire de la mère de Dieu et de son culte, par l'abbé Orsini. Nouvelle édition, ill. de grav. sur acier et de sujets dans le texte. 2 beaux vol. gr. in-8 jésus. 24 fr.

Reliure demi-chagrin, plats toile avec croix, tr. dorée, les 2 vol. en un. 6 fr. »
— — plats toile avec croix, tr. dorée le vol. 5 50
— toile, tr. dorée, mosaïque, le vol. . . . . 5 »

SAINT VINCENT DE PAUL

Histoire de sa vie, par l'abbé Orsini. 1 magnifique vol. grand in-8 jésus, illustré de 10 splendides gravures sur acier, tirées sur chine avant la lettre d'après Karl Girardet, Leloir, Meissonnier, Staal, etc., gravées par nos meilleurs artistes. 12 fr.

Reliure en toile mosaïque, riche plaque spéciale, tr. dorée. . . . . 6 fr. »
— demi-chagrin, plats en toile, avec croix, tr. dorée. 6 50

LES FÊTES DU CHRISTIANISME

Par l'abbé Casimir, curé du diocèse de Paris, illustrées de plusieurs dessins rehaussés d'or et de couleur.

C'est l'histoire des traditions qu'elles ont laissées, des costumes populaires qui en sont résultés, des grands événements religieux auxquels elles se rattachent, que nous offrons aux fidèles.

1 joli vol. grand in-8, illustré de 10 dessins rehaussés d'or et de couleur. 10 fr.

Reliure mosaïque avec plaque spéciale, et tranche dorée. . . . . 4 fr. »
— demi-chagrin, plats en toile. 4 50

HEURES NOUVELLES (édition Curmer.)

Paroissien complet, latin-français, à l'usage de Paris et de Rome, par l'abbé Dassance. 1 vol. in-8, illustré par Overbeck; texte encadré, 36 fr.; net, 15 fr.

Reliure chagrin, tranche dorée. . . . . 10 fr. »
— demi-chagrin, plats toile, tranche dorée. . . . . . . 5 »

PETITES HEURES NOUVELLES (édition Curmer.)

Texte encadré, lettres ornées, fleurons, etc. 1 vol. in-64.

Relié en chagrin plein, d. s. tr. . . . . 5 fr. »

VIE DE JÉSUS

Ou Examen critique de son histoire, par le docteur David-Frédéric Strauss, traduit de l'allemand sur la troisième édition, par E. Littré, de l'Académie des inscriptions et belles-lettres. Deuxième édition française. 4 vol. in-8, 20 fr.

ŒUVRES DE CHATEAUBRIAND

16 vol. grand in-8 jésus, illustrés de 64 gravures composées par G. Staal, Philippoteaux, etc., gravées par F. Delannoy, etc., etc., 120 fr., net. 100 fr.

On peut acheter séparément les ouvrages qui suivent :

Le Génie du christianisme, illustré de 8 belles gravures sur acier, 2 vol.
Brochés. . . . . 20 fr. »
Reliés en un seul vol., demi-chagrin, plats toile, tr. dorée. . . 5 »

Les Martyrs et le **Voyage en Amérique.** 2 vol. avec gravures sur acier.
Brochés. . . . . 20 fr. »
Reliure en un seul vol., demi-chagrin, plats en toile, tr. dorée. 5 »

Itinéraire de Paris à Jérusalem. 2 vol. avec gravures sur acier.
Brochés. . . . . 20 fr. »
Demi-reliure en un seul vol., plats toile, tranche dorée. . . . 5 »

Les Natchez et les **Poésies diverses.** 1 vol. avec grav. sur acier.
Brochés. . . . . 10 fr. »
Demi-reliure, plats toile, tranche dorée. . . . . 15 »

Atala et le **Dernier des Abencerrages.** 1 vol. in-8, 10 fr.
Demi-reliure, plats toile, tranche dorée. . . . . 15 fr. »

MÉMOIRES D'OUTRE-TOMBE

Par Chateaubriand; suivis du CONGRÈS DE VÉRONE et de la VIE DE RANCÉ; terminés par la VIE DE CHATEAUBRIAND, par M. Ancelot, de l'Académie française. 8 vol. grand in-8 jésus, ornés de gravures sur acier. 80 fr.

HISTOIRE DE FRANCE

Par Anquetil, avec continuation jusqu'à nos jours par Baude, l'un des principaux auteurs du *Million de Faits* et de *Patria*. 8 volumes grand in-8, illustrés de 120 gravures environ, renfermant la collection complète des portraits des rois, imprimés en beaux caractères, à deux colonnes, sur papier des Vosges, 50 fr.; net, 40 fr.

Demi-reliure, dos chagrin, le volume. . . . . 3 fr. 50 c.

HISTOIRE DE FRANCE D'ANQUETIL

Continuée depuis la Révolution de 1789, par Léonard Gallois. Édition ornée de 50 gravures en taille-douce. 5 vol. gr. in-8 jésus à deux colonnes, contenant la matière de 40 vol. in-8 ordinaires. 62 fr. 50 c.; net. 40 fr.

Demi-reliure, dos chagrin, le vol.. . . . . 3 fr. 50

ABRÉGÉ CHRONOLOGIQUE DE L'HISTOIRE DE FRANCE,

Par le président Hénault, continué par Michaud. 1 vol. gr. in-8 illustré de gravures sur acier. 12 fr.

Demi-reliure chagrin. . . . . 3 fr. 50
— avec les plats toile, tr. dor.. . . . . 6 fr. »

DICTIONNAIRE DE LA NOBLESSE ET DU BLASON

Par JOUFFROY D'ESCHAVANNES, héraldiste, historiographe, secrétaire-archiviste de la Société orientale de Paris. 1 vol. grand in-8, illustré de 2 planches de blason coloriées et d'un grand nombre de gravures, 15 fr.; net, 10 fr.

GALERIES HISTORIQUES DE VERSAILLES

Ce grand et important ouvrage a été entrepris aux frais de la liste civile du roi Louis-Philippe, et rédigé d'après ses instructions. Il renferme la Description de 1,200 tableaux; des Notices historiques sur plus de 676 écussons armoriés de la salle des Croisades, et des Aperçus biographiques sur presque tous les personnages célèbres depuis les temps les plus reculés de la monarchie française. Cet ouvrage, véritable Histoire de France, illustrée par les maîtres les plus célèbres en peinture et en sculpture, et destiné à être donné en cadeau à tous les hommes éminents de notre époque, n'a jamais été mis en vente.

10 vol. in-8 imprimés en caractères neufs sur beau papier, avec un magnifique album in-4 contenant 100 gravures, 80 fr.

HISTOIRE DE RUSSIE

Par A. DE LAMARTINE. Deux volumes in-8, 10 fr.

COURS D'ÉTUDES HISTORIQUES

Par M. DAUNOU, pair de France, secrétaire perpétuel de l'Académie des inscriptions et belles-lettres, professeur au Collége de France. 20 vol. in-8 et tables des matières, 160 fr.; net, 120 fr.

Cet important ouvrage, dont nous n'avons qu'un très-petit nombre d'exemplaires, contient le résultat des leçons faites au Collége de France de 1819 à 1830. Après avoir recherché quelles sont les ressources de l'histoire et de quelle manière la connaissance des choses passées a pu naître et se perpétuer, le savant auteur établit les règles de critique pour donner à l'histoire le caractère d'une véritable science composée de faits positifs dont on a reconnu la certitude ou la probabilité.

Le cours est terminé par un examen des systèmes philosophiques, appliqués à l'histoire de la philosophie, depuis Platon jusqu'au dix-neuvième siècle.

HISTOIRE DE FRANCE

Depuis les Gaulois jusqu'à nos jours, par M. MILLAC, professeur d'histoire, illustrée d'un grand nombre de vignettes sur bois par HARRISSON. 1 joli v. in-18, rel. en toile, doré sur tr. 2 fr. 50 c.

HISTOIRE DES FRANÇAIS

Par THÉOPHILE LAVALLÉE. Edition ornée de 20 magnifiques nouvelles gravures sur acier, d'après MM. Gros, Paul Delaroche, Eugène Delacroix, Horace Vernet, Steuben, Scheffer, Vinterhalter, etc. 2 forts vol. grand in-8 jésus. 24 fr.

Reliure toile mosaïque, plaque spéciale tranche dorée, le vol. .	6 fr.	»
— toile, tranche dorée, plaque spéciale, le vol.	5	»
— demi-chagrin, plats toile, tranche dorée, le vol.	5	50

HISTOIRE DE L'EMPIRE OTTOMAN

DEPUIS LES TEMPS LES PLUS ANCIENS JUSQU'A NOS JOURS

Par M. Théophile Lavallée. 1 magnifique volume grand in-8, accompagné de 18 belles gravures anglaises sur acier, représentant des scènes historiqnes, des vues, des portraits, etc. 18 fr.

Reliure en toile mosaïque, plaque spéciale, tranche dorée. . . 6 fr. »

HISTOIRE DE PARIS

Par Th. Lavallée. 207 vues par Champin. 1 vol. gr. in-8. 12 fr.

Relié toile mosaïque... . . . . 18 fr. »

HISTOIRE DE NAPOLÉON

Par Laurent, illustrée de 500 vignettes, avec les types en noir imprimés dans le texte, par Horace Vernet. 1 vol. grand in-8, 9 fr.; net 6 fr. 50 c. rel. toile, 10 fr. 50 c.

MÉMORIAL DE SAINTE-HÉLÈNE

Par feu le comte de las Cases, nouvelle édition revue avec soin, augmentée du *Mémorial de la Belle-Poule*, par M. Emmanuel de las Cases. 2 vol. grand in-8, avec portraits, vignettes nouvelles, gravés au burin sur acier par M. Blanchard. Les vues et les dessins sont de MM. Pauquet frères et Daubigny. 24 fr.; net 14 fr.

Reliure demi-chagrin, le volume. 3 fr. 50
Reliure demi-chagrin, plats en toile, tranche dorée, le volume. 5 50

HISTOIRE UNIVERSELLE

Par le comte de Ségur, de l'Académie française; contenant l'histoire des Egyptiens, des Assyriens, des Mèdes, des Perses, des Juifs, de la Grèce, de la Sicile, de Carthage et de tous les peuples de l'antiquité, l'histoire romaine et l'histoire du Bas-Empire. 9e édition, ornée de 30 gravures, d'après les grands maîtres de l'école française. 3 vol., divisés en 6 parties grand in-8, 37 fr. 50 c.

On peut acheter séparément le tome Ier, Histoire Ancienne.
— — IIe, — Romaine.
— — IIIe, — du Bas-Empire.

Reliure demi-chagrin, le volume.. 3 fr. 50
Reliure demi-chagrin, plats en toile, tranche dorée. . . . . 5 fr. 50

HISTOIRE DES DUCS DE BOURGOGNE

Par M. de Barante, membre de l'Académie française; 7e édition. 12 vol. in-8, caractères neufs, imprimés sur papier vélin satiné des Vosges, ornés de 104 grav. et d'un grand nombre de cartes. Prix: 5 fr. le vol.

La place de cet ouvrage est marquée dans toutes les bibliothèques. Il joint au mérite et l'exactitude historique une grande vérité de couleur et un grand charme de narration.

HISTOIRE DES RÉPUBLIQUES ITALIENNES DU MOYEN AGE

Par SIMONDE DE SISMONDI. Nouvelle édition, ornée de gravures sur acier. 10 vol. in-8, 50 fr.; net, 40 fr.

Reliure demi-chagrin, le volume . . . . 1 fr. 60

LA HONGRIE ANCIENNE ET MODERNE

Historique, littéraire, aristique et monumentale, publiée sous la direction de M.-J. BOLDÉNYI. 1 magnifique volume grand in-8, illustré d'un très-grand nombre de gravures, vues, monuments, portraits, costumes, dans le texte et hors texte, et d'une carte ethnographique. Broch., 12 fr.; net, 10 fr.; avec types col. 15 fr.

Reliure toile, tranche dorée, mosaïque. . . . . 6 fr. »

VOYAGE DANS L'INDE

Par le prince A. SOLTYKOFF; illustré de magnifiques lithographies à deux teintes, par DERUDDER, etc., d'après les dessins originaux de l'auteur. 2 beaux vol. gr. in-8 jésus, 24 fr.

Reliure t. mosaïque, riche plaque spéciale, genre indien, tr. dor., le vol.. 6 fr.

VOYAGE EN PERSE

Par le même; illustré, d'après les dessins de l'auteur, de magnifiques lithographies par TRAYER, etc. 1 vol. gr. in-8 jésus. 10 fr.

Reliure toile mosaïque, riche plaque spéciale, genre indien, tr. dorée. 6 fr.

ŒUVRES COMPLÈTES DE BUFFON

Avec la nomenclature linnéenne et la classification de Cuvier. Édition nouvelle, revue sur l'édition in-4 de l'Imprimerie impériale, annotée par M. FLOURENS, membre de l'Académie française, secrétaire perpétuel de l'Académie des Sciences, professeur au Muséum d'histoire naturelle.

Les *Œuvres complètes de Buffon* forment 12 v. grand in-8 jésus, illustrés de 162 planches, 800 sujets coloriés, gravés sur acier, d'après les dessins originaux de M. Victor Adam. Imprimés en caractères neufs, sur papier pâte vélin, par la typographie J. Claye. 120 fr.

M. le ministre de l'instruction publique a souscrit, pour les bibliothèques, à cette magnifique publication (aujourd'hui complétement achevée), reconnue par les hommes les plus compétents comme une édition modèle des œuvres du grand naturaliste. Le nom et le travail de M. Flourens la recommandent d'une façon toute particulière, et lui donnent un cachet spécial.

Pour satisfaire aux nombreuses demandes des personnes qui préfèrent l'acquisition par volumes à la vente par livraisons, nous avons ouvert une souscription par demi-volumes du prix de 5 fr.

Les souscripteurs peuvent retirer, dès à présent, les 24 demi-volumes.

Paris. — Imprimerie de P.-A. BOURDIER et Cie, rue Mazarine, 30.

www.ingramcontent.com/pod-product-compliance
Lightning Source LLC
Chambersburg PA
CBHW070625270326
41926CB00011B/1818
9782012585782